高等学校计算机专业规划教材

搜索引擎技术与应用开发

李群 主编 袁津生 副主编

清华大学出版社
北京

内容简介

本书从教学的角度出发，对搜索引擎的原理及开发技术进行了全面的介绍，包括搜索引擎的基本原理、网页抓取技术、网络爬虫开发技术、网页信息预处理技术、信息索引技术、信息查询与评价技术和多媒体信息检索技术，同时对搜索引擎开发技术进行了详细的讨论。

本书适合高等院校计算机科学与技术专业及相关专业的高年级学生和研究生阅读参考，也适合相关领域的工程技术人员参阅。

图书在版编目(CIP)数据

搜索引擎技术与应用开发/李群主编. —北京：清华大学出版社，2020.9(2023.1重印)
高等学校计算机专业规划教材
ISBN 978-7-302-56003-6

Ⅰ.①搜… Ⅱ.①李… Ⅲ.①搜索引擎－高等学校－教材 Ⅳ.①G254.928

中国版本图书馆 CIP 数据核字(2020)第 121768 号

责任编辑：龙启铭　薛　阳
封面设计：何凤霞
责任校对：李建庄
责任印制：宋　林

出版发行：清华大学出版社
网　　址：http://www.tup.com.cn，http://www.wqbook.com
地　　址：北京清华大学学研大厦 A 座　　**邮　　编**：100084
社 总 机：010-83470000　　**邮　　购**：010-62786544
投稿与读者服务：010-62776969，c-service@tup.tsinghua.edu.cn
质量反馈：010-62772015，zhiliang@tup.tsinghua.edu.cn
课件下载：http://www.tup.com.cn，010-83470236
印 装 者：涿州市般润文化传播有限公司
经　　销：全国新华书店
开　　本：185mm×260mm　　**印　　张**：22.75　　**字　　数**：523 千字
版　　次：2020 年 11 月第 1 版　　**印　　次**：2023 年 1 月第 2 次印刷
定　　价：69.00 元

产品编号：086344-01

前言

网络改变了人们的思维，改变了人们信息的获取方式，搜索改变了人们的生活，人们通过搜索引擎技术，筛选网络上的文字、声音、图像，通过超文本、超链接技术，对信息进行有效的获取和使用。搜索引擎的出现就好像是航船的指南针，引领着人们在网络中寻找自己想要的信息。不论是办公室工作人员，还是在校学习的学生，或者是科学研究人员，使用搜索引擎查询信息几乎成为每日必做的一件事情，搜索引擎已经成为人们的一项新的生活内容。

为了适应未来发展的需要，各个高校先后都开设了搜索引擎这门课程。我们编写本书的目的就是要系统地讨论和研究搜索引擎的基本理论，让读者学会构建自己的搜索引擎。

本书较为系统地阐述了搜索引擎的基本概念以及相关的技术，总共分为 9 章。第 1 章全面地介绍了搜索引擎的概念、搜索引擎的发展、分类及建立搜索引擎的关键技术。第 2 章讨论了搜索引擎的体系结构、工作原理，搜索引擎的数据结构、元搜索引擎以及智能搜索引擎的概念。第 3 章介绍了网页抓取技术，主要内容包括搜索引擎爬虫的工作原理、爬虫使用的关键技术和 Robots 协议。第 4 章介绍了用 Python 语言实现网络爬虫的开发技术，主要内容包括网络爬虫的常用技术、正则表达式、网络爬虫常用框架、网络爬虫实现技术。第 5 章介绍了网页信息预处理技术，主要内容有网页信息结构化、文本处理技术和 PageRank 算法。第 6 章介绍了信息索引技术，主要内容有顺排检索、倒排检索、后缀数组索引和文本压缩技术。第 7 章介绍了信息查询与评价技术，主要内容有信息检索的模型、常用的检索方法、查询服务以及相关性和评价指标查全率和查准率等。第 8 章介绍了多媒体信息检索技术，主要内容有多媒体的基本概念、多媒体数据压缩、多媒体内容的理解以及多媒体信息检索的关键技术。第 9 章介绍了基于 Lucene 的搜索引擎开发技术，主要内容有搜索引擎开发实例简介、环境的搭建与配置、网页搜集技术、网页预处理技术和查询服务。

本书可帮助读者对搜索引擎原理及开发技术有一个全面的了解和掌握，同时为更加深入地学习和研究搜索引擎打下良好的基础。希望本书的出版能够对搜索引擎的设计者、Web 站点的管理员以及广大读者有所帮助，也希望它成为搜索引擎和信息检索有关领域学生学习的参考书。

本书是作者在多年的教学基础上，参考以前出版的教材和若干资料整理而成的。在编写过程中，对基本概念、基础知识的介绍做到简明扼要；各章相互配合并附有小结和思考题，同时还有相关的实验。建议本课程为40学时，其中讲课30学时，实验10学时。

本书由李群、袁津生共同编写。其中，李群编写了本书的第1～7章，袁津生编写了本书的第8章和第9章。全书的校阅和统稿由李群完成。由于编者水平有限，书中难免有疏漏和不当之处，请读者批评指正。

编　者

2020年8月

目录

第 4 章 网络爬虫开发技术 /74

第 5 章 网页信息预处理技术 /117

第1章 搜索引擎概述

随着互联网的飞速发展,人们越来越依靠网络来查找他们所需要的信息。但是,由于网上的信息源数不胜数,所以如何有效地去发现所需要的信息,就成为一个很关键的问题。为了解决这个问题,搜索引擎随之诞生。搜索引擎自从出现就创造了一个个发展奇迹。搜索引擎的历史发展虽然很短,但是在网络应用上已经占有了不可或缺的地位。近些年来搜索引擎发展尤为迅猛,百度2005年在纳斯达克成功上市,Google在全球市场突飞猛进。搜索引擎的开发爱好者也形成了浩大的队伍,仅在开源社区SourceForge上,搜索引擎的项目就超过了10 000项。搜索引擎得到了前所未有的关注。

搜索引擎并不是一个完全创新的系统,而是借鉴了以往全文检索系统和网络软件系统开发而成的。搜索引擎采用了以往产品的很多技术和思路,尤其是继承了很多信息检索系统的技术和方法。互联网搜索引擎在继承历史技术的同时,针对互联网信息处理的特点,开发出了互联网信息查找工具。

本章主要介绍搜索引擎的概念、搜索引擎的发展史、搜索引擎的分类以及一些著名的搜索引擎。

1.1 搜索引擎的概念

搜索引擎是指根据一定的策略、运用特定的计算机程序搜集互联网上的信息,在对信息进行组织和处理后,将处理后的信息显示给用户,并为用户提供检索服务的系统。

1.1.1 搜索引擎基本概念

从使用者的角度看,搜索引擎提供一个包含搜索框的页面,在搜索框中输入词语,通过浏览器提交给搜索引擎后,搜索引擎就会返回和用户输入的内容相关的信息列表。

互联网发展早期,以雅虎为代表的网站分类目录查询非常流行。网站分类目录由人工整理维护,精选互联网上的优秀网站,并简要描述,分类放置到不同目录下。用户查询时,通过一层层的单击来查找自己想找的网站。也有人把这种基于目录的检索服务网站称为搜索引擎,但从严格意义上讲,它并不是真正的搜索引擎。

搜索引擎并不是真正搜索互联网,它搜索的实际上是预先整理好的网页索引数据库。真正意义上的搜索引擎,通常指的是收集了互联网上几千万到几十亿个网页并对网页中的每一个词(即关键词)进行索引,建立索引数据库的全文搜索引擎。当用户查找某个关键词的时候,所有在页面内容中包含该关键词的网页都将作为搜索结果被搜出来。在经过复杂的算法进行排序后,这些结果将按照与搜索关键词的相关度高低依次排列。

现在的搜索引擎普遍使用超链分析技术,除了分析索引网页本身的内容,还分析索引所有指向该网页的链接的 URL、锚文字,甚至链接周围的文字。所以,有时候,即使某个网页 A 中并没有某个词,如"信息检索",但如果有网页 B 用链接"信息检索"指向这个网页 A,那么用户搜索"信息检索"时也能找到网页 A。而且,如果有越多网页的"信息检索"链接指向网页 A,那么网页 A 在用户搜索"信息检索"时也会被认为更相关,排序也会越靠前。

1.1.2 搜索引擎的原理

搜索引擎的原理,可以分为 4 步:从互联网上抓取网页、建立索引数据库、在索引数据库中搜索排序、对搜索结果进行处理和排序。

1. 从互联网上抓取网页

利用能够从互联网上自动收集网页的爬虫程序,自动访问互联网,并沿着任何网页中的所有 URL 爬到其他网页,重复这个过程,并把爬过的所有网页收集回来。

2. 建立索引数据库

由分析索引系统程序对收集回来的网页进行分析,提取相关网页信息(包括网页所在 URL、编码类型、页面内容包含的关键词、关键词位置、生成时间、大小、与其他网页的链接关系等),根据一定的相关度算法进行大量复杂计算,得到每一个网页针对页面内容中及超链接中每一个关键词的相关度(或重要性),然后用这些相关信息建立网页索引数据库。

3. 在索引数据库中搜索排序

当用户输入关键词搜索后,由搜索系统程序从网页索引数据库中找到符合该关键词的所有相关网页。因为所有相关网页针对该关键词的相关度早已计算好,所以只需按照现成的相关度数值排序,相关度越高,排名越靠前。最后,由页面生成系统将搜索结果的链接地址和页面内容摘要等内容组织起来返回给用户。

4. 对搜索结果进行处理和排序

所有相关网页针对该关键词的相关信息在索引库中都有记录,只需综合相关信息和网页级别形成相关度数值,然后进行排序,相关度越高,排名越靠前。最后由页面生成系统将搜索结果的链接地址和页面内容摘要等内容组织起来返回给用户。

1.2 搜索引擎的历史与发展趋势

搜索引擎至今已经经历了四个发展阶段。

第一代搜索引擎出现于 1994 年,主要特征为集中式检索。这类搜索引擎一般都索引少于一百万个网页,极少重新搜集网页并去刷新索引。而且其检索速度非常慢,一般都要等待数 10s 甚至更长的时间。在实现技术上也基本沿用较为成熟的信息检索、网络、数据库等技术,相当于利用一些已有技术实现的一个 WWW 上的应用。

第二代搜索引擎系统大约出现在1996年，大多采用分布式检索方案，即多个微型计算机协同工作来提高数据规模、响应速度和用户数量。它们一般都保持一个大约五千万网页的索引数据库，每天能够响应一千万次用户检索请求。

第三代搜索引擎系统出现在1998—2000年，这一时期是搜索引擎空前繁荣的时期。第三代搜索引擎的发展具有以下几个特点。

（1）索引数据库的规模继续增大，一般的商业搜索引擎都保持在几千万甚至上亿个网页。

（2）除了一般意义上的搜索以外，开始出现主题搜索和地域搜索，很多小型的垂直门户站点开始使用该技术。

（3）由于搜索返回数据量过大，检索结果相关度评价成为研究的焦点。

目前，搜索引擎的发展处于第四代。随着信息多元化的快速发展，通用搜索引擎在目前的硬件条件下要得到互联网上比较全面的信息是不太可能的，这时，用户就需要数据全面、更新及时、分类细致的面向主题搜索引擎，这种搜索引擎采用特征提取和文本智能化等策略，相比前三代搜索引擎更准确有效，被称为第四代搜索引擎。

第四代搜索引擎，这个阶段也被称为用户体验时代。一个主要的变化是从信息检索到信息推送的转变，信息推送将主要通过个性化搜索和社交搜索实现。第四代搜索引擎具有以下几个特点。

（1）个性化的搜索。基于个人的网页浏览历史、搜索关键词历史、个人档案信息，使得即使是同一个搜索关键词，也能为不同用户呈现不同的搜索结果。

（2）社交搜索。社交搜索大大提高了网页排序质量，其影响主要在两方面：网页浏览者（普通用户）对于网页的评价（收藏行为、评分等）将可以作为排序的依据；通过用户的社交圈推测用户兴趣，通过用户间的不同程度信任关系为其提供不同权重的网页排序推荐。社交搜索也包括问答系统，用优质的设置提高信息的质量。

（3）跨媒体搜索。跨媒体搜索将打通文字、图像、声音、视频间的界限，使得用图像搜图像、用声音搜声音、用图像搜视频等都成为可能。

1.2.1 搜索引擎的发展史

在互联网发展初期，网站相对较少，信息查找比较容易。然而伴随互联网爆炸性的发展，普通网络用户想找到所需的资料简直如同大海捞针，这时为满足大众信息检索需求的专业搜索网站便应运而生了。

现代意义上的搜索引擎的祖先，是1990年由蒙特利尔大学学生Alan Emtage发明的Archie。虽然当时World Wide Web还未出现，但是网络中文件的传输还是相当频繁的，由于大量的文件散布在各个分散的FTP主机中，查询起来非常不便，因此Alan Emtage想到了开发一个可以以文件名查找文件的系统，于是便有了Archie。Archie是第一个自动索引互联网上匿名FTP网站文件的程序，但它还不是真正的搜索引擎。Archie是一个可搜索的FTP文件名列表，用户必须输入精确的文件名搜索，然后Archie会告诉用户哪一个FTP地址可以下载该文件。

由于Archie深受欢迎，受其启发，Nevada System Computing Services大学于1993

年开发了一个 Gopher(Gopher FAQ)搜索工具 Veronica(Veronica FAQ)。Jughead 是后来另一个 Gopher 搜索工具。

Robot(机器人)一词对编程者有特殊的意义。Computer Robot 是指某个能以人类无法达到的速度不断重复执行某项任务的自动程序。由于专门用于检索信息的 Robot 程序像蜘蛛(Spider)一样在网络间爬来爬去,因此,搜索引擎的 Robot 程序被称为 Spider(Spider FAQ)程序。世界上第一个 Spider 程序是 MIT Matthew Gray 的 World Wide Web Wanderer,它用于追踪互联网发展规模。刚开始它只用来统计互联网上的服务器数量,后来则发展为也能够捕获网址(URL)。

与 Wanderer 相对应,1993 年 10 月 Martijn Koster 创建了 ALIWEB(Martijn Koster Annouces the Availability of Aliweb),它相当于 Archie 的 HTTP 版本。ALIWEB 不使用网络搜寻 Robot,如果网站主管们希望自己的网页被 ALIWEB 收录,需要自己提交每一个网页的简介索引信息,类似于后来人们熟知的雅虎。

随着互联网的迅速发展,使得检索所有新出现的网页变得越来越困难,因此,在 Wanderer 基础上,一些编程者将传统的 Spider 程序工作原理做了些改进。其设想是,既然所有网页都可能有连向其他网站的链接,那么从一个网站开始,跟踪所有网页上的所有链接,就有可能检索整个互联网。到 1993 年年底,一些基于此原理的搜索引擎开始纷纷涌现,其中最负盛名的 3 个是:Scotland 的 JumpStation、Colorado 大学 Oliver McBryan 的 WWW Worm(First Mention of McBryan's World Wide Web Worm)、NASA 的 Repository-Based Software Engineering (RBSE) Spider。JumpStation 和 WWW Worm 只是以搜索工具在数据库中找到匹配信息的先后次序排列搜索结果,因此毫无信息关联度可言。而 RBSE 是第一个索引 HTML 文件正文的搜索引擎,也是第一个在搜索结果排列中引入关键字串匹配程度概念的引擎。

Excite 的历史可以追溯到 1993 年 2 月,6 个 Stanford 大学的学生的想法是分析字词关系,以对互联网上的大量信息做更有效的检索。到 1993 年年中,这已是一个完全投资项目 Architext,他们还发布了一个供网站管理员在自己网站上使用的搜索软件版本,后来被叫作 Excite for Web Servers。Excite 后来曾以概念搜索闻名,2002 年 5 月,被 InfoSpace 收购的 Excite 停止自己的搜索引擎,改用元搜索引擎 Dogpile。

1994 年年初,Washington 大学的学生 Brian Pinkerton 开始了他的小项目 WebCrawler (Brian Pinkerton Announces the Availability of WebCrawler)。1994 年 4 月 20 日,WebCrawler 正式亮相时仅包含来自 6000 个服务器的内容。WebCrawler 是互联网上第一个支持搜索文件全部文字的全文搜索引擎,在它之前,用户只能通过 URL 和摘要搜索,摘要一般来自人工评论或程序自动取正文的前 100 个字。后来 WebCrawler 陆续被 AOL 和 Excite 收购,现在和 Excite 一样改用元搜索引擎 Dogpile。

1994 年 1 月,第一个既可搜索又可浏览的分类目录 EINet Galaxy(Tradewave Galaxy)上线。除了网站搜索,它还支持 Gopher 和 Telnet 搜索。

1994 年 4 月,Stanford University 的两名博士生,美籍华人 Jerry Yang(杨致远)和 David Filo 共同创办了 Yahoo!。随着访问量和收录链接数的增长,Yahoo! 目录开始支持简单的数据库搜索。因为 Yahoo! 的数据是手工输入的,所以不能真正被归为搜索引擎,事实上只是一个可搜索的目录。Wanderer 只抓取 URL,但 URL 信息含量太小,很多信息难以单靠 URL 说清楚,搜索效率很低。Yahoo! 中收录的网站,因为都附有简介信息,所以搜索效率明显提高。Yahoo! 之后陆续使用 AltaVista、Inktomi、Google 提供搜索引擎服务;2002 年 10 月 9 日,Yahoo! 放弃自己的网站目录默认搜索,改为默认 Google 的搜索结果,成为一个真正的搜索引擎。1999 年 9 月,雅虎中国网站(www.yahoo.com.cn)正式开通,继承了雅虎全球的分类目录搜索的基因,为中国互联网用户提供了强大的搜索功能。

Lycos(Carnegie Mellon University Center for Machine Translation Announces Lycos)是搜索引擎史上又一个重要的进步。Carnegie Mellon University 的 Michael Mauldin 将 John Leavitt 的 Spider 程序接入到其索引程序中,创建了 Lycos。1994 年 7 月 20 日,数据量为 54 000 的 Lycos 正式发布。除了相关性排序外,Lycos 还提供了前缀匹配和字符相近限制,Lycos 第一个在搜索结果中使用了网页自动摘要,而它最大的优势还是远胜过其他搜索引擎的数据量,1994 年 8 月已搜集了 394 000 个文档;1995 年 1 月搜集了 150 万个文档;1996 年 11 月已超过 6000 万个文档。1999 年 4 月,Lycos 停止自己的 Spider,改由 Fast 提供搜索引擎服务。

Infoseek(Steve Kirsch Announces Free Demos Of the Infoseek Search Engine)是另一个重要的搜索引擎。Infoseek 沿袭 Yahoo! 和 Lycos 的概念,它具有友善的用户界面和大量的附加服务,而使它成为一个强势搜索引擎。当用户单击 Netscape 浏览器上的"搜索"按钮时,弹出 Infoseek 的搜索服务,而此前由 Yahoo! 提供该服务。Infoseek 后来曾以相关性闻名,2001 年 2 月,Infoseek 停止了自己的搜索引擎,开始改用 Overture 的搜索结果。

1995 年,一种新的搜索引擎形式——元搜索引擎(A Meta Search Engine Roundup)出现了。用户只需提交一次搜索请求,由元搜索引擎负责转换处理后提交给多个预先选定的独立搜索引擎,并将从各独立搜索引擎返回的所有查询结果,集中起来处理后再返回给用户。第一个元搜索引擎,是 Washington 大学硕士生 Eric Selberg 和 Oren Etzioni 开发的 Metacrawler。元搜索引擎概念上好听,但搜索效果始终不理想,所以没有哪个元搜索引擎有过强势地位。

1995 年 12 月,DEC 的 AltaVista 登场亮相,大量的创新功能使它迅速到达当时搜索引擎的顶峰。AltaVista 是第一个支持自然语言搜索的搜索引擎,也是第一个实现高级搜索语法的搜索引擎,如 AND, OR, NOT 等。用户可以用 AltaVista 搜索新闻组(Newsgroups)的内容并从互联网上获得文章,还可以搜索图片名称中的文字、搜索标题、搜索 Java Applets、搜索 ActiveX Objects。AltaVista 是第一个支持用户自己向网页索引库提交或删除 URL 的搜索引擎,并能在 24h 内上线。在面向用户的界面上,AltaVista 也做了大量革新。在搜索框下放了"tips"以帮助用户更好地表达搜索式,这些小 tip 经常更新,这样,在搜索过几次以后,用户会看到很多他们可能从来不知道的有趣功能。这一系列功能,逐渐被其他搜索引擎广泛采用。1997 年,AltaVista 发布了一个图形演示系统 LiveTopics,帮助用户从成千上万的搜索结果中找到想要的。2003 年 2 月 18 日,AltaVista 被 Overture 收购。

1995年9月26日，加州伯克利分校CS助教Eric Brewer、博士生Paul Gauthier创立了Inktomi（UC Berkeley Announces Inktomi）。1996年5月20日，Inktomi公司成立，强大的HotBot出现在世人面前，声称每天能抓取索引1000万个网页，所以有远超过其他搜索引擎的新内容。Inktomi于2002年12月23日被Yahoo！收购。

1998年10月之前，Google只是Stanford大学的一个小项目BackRub。1995年，博士生Larry Page开始学习搜索引擎设计，于1997年9月15日注册了google.com的域名。1997年年底，在Sergey Brin和Scott Hassan、Alan Steremberg的共同参与下，BackRub开始提供Demo。1999年2月，Google完成了从Alpha版到Beta版的蜕变。Google公司则把1998年9月27日定作自己的生日。Google在PageRank、动态摘要、网页快照、DailyRefresh、多文档格式支持、地图股票词典寻人等集成搜索、多语言支持、用户界面等功能上的革新，像AltaVista一样，再一次永远改变了搜索引擎的定义。在2000年以前，Google虽然以搜索准确性备受赞誉，但因为数据库不如其他搜索引擎大，缺乏高级搜索语法，所以推广并不快。直到2000年年中数据库升级后，又借着被Yahoo！选作搜索引擎的东风，才名声大震。Google自2000年开始提供中文搜索服务。2006年4月，Google宣布其中文名称为“谷歌”，这是Google第一个在非英语国家起的名字。

1999年5月，挪威科技大学的Fast公司发布了自己的搜索引擎AllTheWeb。Fast创立的目标是开发世界上最大和最快的搜索引擎。Fast（AllTheWeb）的网页搜索可利用ODP自动分类，支持Flash和PDF搜索，支持多语言搜索，还提供新闻搜索、图像搜索、视频、MP3和FTP搜索，拥有极其强大的高级搜索功能。2003年2月25日，Fast的互联网搜索部门被Overture收购。

1996年8月，Sohu公司成立，制作中文网站分类目录，曾有“出门找地图，上网找搜狐”的美誉。随着互联网网站的急剧增加，这种人工编辑的分类目录已经不适应。Sohu于2004年8月成立独立域名的搜索网站“搜狗”，自称“第三代搜索引擎”。

Teoma起源于1998年Rutgers大学的一个项目。Apostolos Gerasoulis教授带领华裔Tao Yang教授等人于新泽西Piscataway创立Teoma，2001年春初次登场，2001年9月被提问式搜索引擎Ask Jeeves收购，2002年4月再次发布。Teoma的数据库目前仍偏小，但有两个出色的功能：支持类似自动分类的Refine；同时提供专业链接目录的Resources。

Wisenut由韩裔Yeogirl Yun创立。2001年春季发布Beta版，2001年9月5日发布正式版，2002年4月被分类目录提供商LookSmart收购。Wisenut也有两个出色的功能：包含类似自动分类和相关检索词的WiseGuide；预览搜索结果的Sneak-a-Peek。

Openfind创立于1998年1月，其技术源自台湾中正大学吴升教授所领导的GAIS实验室。Openfind起先只做中文搜索引擎，鼎盛时期同时为三大著名门户——新浪、奇摩、雅虎提供中文搜索引擎，但2000年后市场逐渐被Baidu和Google瓜分。2002年6月，Openfind重新发布基于GAIS30 Project的Openfind搜索引擎Beta版，推出多元排序（PolyRankTM），宣布累计抓取网页35亿，开始进入英文搜索领域，此后技术升级明显加快。

北大天网是国家“九五”重点科技攻关项目“中文编码和分布式中英文信息发现”的研

究成果，由北大计算机系网络与分布式系统研究室开发，于 1997 年 10 月 29 日正式在 CERnet 上提供服务。2000 年年初成立天网搜索引擎新课题组，由国家 973 重点基础研究发展规划项目基金资助开发，收录网页约 6000 万，利用教育网的优势，有强大的 FTP 搜索功能。

2000 年 1 月，两位北大校友，超链分析专利发明人、前 Infoseek 资深工程师李彦宏与好友徐勇(加州伯克利分校博士后)在北京中关村创立了百度(Baidu)公司。2001 年 8 月发布 Baidu.com 搜索引擎 Beta 版(此前 Baidu 只为其他门户网站，如搜狐、新浪、Tom 等提供搜索引擎)，2001 年 10 月 22 日正式发布 Baidu 搜索引擎，专注于中文搜索。Baidu 搜索引擎的其他特色包括：百度快照、网页预览、预览全部网页、相关搜索词、错别字纠正提示、MP3 搜索、Flash 搜索。2002 年 3 月闪电计划(Blitzen Project)开始后，技术升级明显加快。2010 年谷歌退出中国地区之后，百度搜索引擎迎来了春天。在短短几年时间里，通过 SEM 的排名机制，将自己打造成全球五百强企业。

2003 年 12 月 23 日，原慧聪搜索正式独立运作，成立了中国搜索。2004 年 2 月，中国搜索发布桌面搜索引擎网络猪 1.0，2006 年 3 月中国搜索将网络猪更名为 IG(Internet Gateway)。

2005 年 6 月，新浪正式推出自主研发的搜索引擎“爱问”。2007 年起，新浪爱问使用 Google 搜索引擎。

2007 年 7 月 1 日网易全面采用其自主研发的有道搜索技术，并且合并了原来的综合搜索和网页搜索。有道网页搜索、图片搜索和博客搜索为网易搜索提供服务。其中，网页搜索使用了其自主研发的自然语言处理、分布式存储及计算技术；图片搜索首创根据拍摄相机品牌、型号，甚至季节等高级搜索功能；博客搜索相比同类产品具有抓取全面、更新及时的优势，提供“文章预览”“博客档案”等创新功能。

2009 年 7 月 29 日，微软和雅虎达成历史性协议，雅虎将逐步放弃自己的搜索技术，使用微软的必应(Bing)数据。雅虎时代正式结束了。

从 2000 年起，搜索领域的技术革新不断，以 Google 为代表的搜索引擎推出了整合搜索、个人化搜索、实时搜索、地图服务、线上文件编辑、网站统计、浏览器、网管工具、超大容量电子邮件、即时通信等新技术。这些技术，使得搜索引擎技术不断完善和更新，延长了搜索引擎的发展历程。

1.2.2 搜索引擎的发展趋势

搜索引擎经过多年的发展和摸索，越来越贴近人们的需求，搜索引擎的技术也得到了很大的发展。搜索引擎的发展趋势主要包含以下几方面的技术。

1. 自然语言检索技术

以自然语言理解技术为基础的新一代搜索引擎，即智能搜索引擎。由于它将信息检索从目前基于关键词层面提高到基于知识(或概念)层面，对知识有一定的理解与处理能力，能够实现分词技术、同义词技术、概念搜索、短语识别以及机器翻译技术等。因而这种搜索引擎具有信息服务的智能化、人性化特征，允许检索人员采用自然语言进行信息的检索，为他们提供更方便、更确切的搜索服务。

智能检索利用分词词典、同义词典、同音词典改善检索效果，进一步还可在知识层面或者说概念层面上辅助查询，通过主题词典、上下文词典、相关同级词典检索处理形成一个知识体系或概念网络，给予用户智能知识提示，最终帮助用户获得最佳的检索效果。

例如，查询“计算机”，与“电脑”相关的信息也能检索出来。智能检索可以进一步缩小查询范围至“微机”“服务器”或扩大查询至“信息技术”或查询相关的“电子技术”“软件”“计算机应用”等范畴。智能检索还包括歧义信息和检索处理，如“苹果”，究竟是指水果还是计算机品牌，“华人”与“中华人民共和国”的区分，将通过歧义知识描述库、全文索引、用户检索上下文分析以及用户相关性反馈等技术结合处理，高效、准确地反馈给用户最需要的信息。

2. 目录与关键词检索相结合

由于目录和基于机器人的搜索引擎有各自的特点，目前它们谁也无法完全取代谁，于是很多搜索站点都同时提供这两种类型的服务。国内著名的中文网站引擎搜狐和新浪都是这种模式。Google 则主要是一个基于机器人的搜索引擎，但它同时也建立了一个由人工编辑的小型目录。

3. 智能化与个性化检索技术

传统的搜索引擎使用的方法是被动搜索，未来的搜索引擎可利用智能代理技术进行主动信息检索。能够通过对用户的查询计划、意图、兴趣方向进行推理、预测并为用户提供有效的检索结果是这种系统的支柱技术。它使用自动获得的知识进行信息搜集过滤，并自动地将用户感兴趣的信息通过电子邮件或其他方式，提交给用户。智能代理具有不断学习、适应信息和用户兴趣动态变化的能力，从而提供更方便、更确切、更快捷的个性化搜索服务。研究智能检索系统已是形势所迫，并成为大众所关注的焦点。

个性化趋势是搜索引擎的一个未来发展的重要特征和必然趋势之一。一种方式是通过搜索引擎的社区化产品(即对注册用户提供服务)的方式来组织个人信息，然后在搜索引擎基础信息库的检索中引入个人因素进行分析，获得针对个人不同的搜索结果。自 2004 年 10 月雅虎推出 Myweb 测试版，11 月推出个性化功能，到 2005 年的 Google Search History，基本上都在沿着一条路走，分析特定用户的搜索需求限定的范围，然后按照用户需求范围扩展到互联网上其他的同类网站给出最相关的结果。

4. 多媒体检索技术

随着互联网宽带技术的发展，未来的互联网是多媒体数据的时代。开发出可查询图像、声音、图片和电影的搜索引擎是一个新的方向。它包括基于描述的多媒体检索和基于内容的多媒体检索。基于描述的多媒体检索就是用一个关键词来描述所要查找的图片或是音乐；基于内容的多媒体检索是直接对媒体的内容特征和上下文语义环境进行检索。

一般而言，可用于网络检索的多媒体信息的内容特征大致包括图像的颜色、纹理、形状等，声音的音频、响度、频度和音色等，影像的视频特征、运动特征等。目前，这种类型的搜索引擎还不多见，覆盖面小，检索功能不够完善，效果也不太理想，因此，多媒体搜索技术尤其是音频、视频数据的检索仍是搜索引擎的一个研究重点。

5. 本地化检索技术

本地化是一个比较明显的发展趋势。世界上许多著名的搜索引擎都在美国，他们以英语为基础，完全按他们的思维方式和观点搜集和检索资料，这对于全球不同国家的用户来说显然是不适合的。各国的文化传统、思维方式和生活习惯不同，在对网站内容的搜索要求上也就存在差异。随着互联网在全球的迅速普及，综合性的搜索引擎已经不能满足很多非美国网民的信息需求。搜索结果要符合当地用户的要求，搜索引擎就必须本地化。近年来，雅虎、Google等公司不断推出各国、各地区的本地搜索网站，搜索的本地化已经势不可挡。

6. 交叉语言信息检索技术

交叉语言信息检索是指用户用母语提交查询，搜索引擎在多种语言的数据库中进行交叉语言信息检索，返回能够回答用户问题的所有语言的文档。该技术目前还处于初步研究阶段，主要的困难在于语言之间在表达方式和语义对应上的不确定性。但对于经济全球化、互联网跨越国界的今天，交叉语言信息检索的研究和开发，无疑具有很重要的意义，是搜索引擎的发展方向之一。

7. 分布式体系结构

搜索引擎的实现可以采用集中式体系结构和分布式体系结构，两种方法各有千秋。但当系统规模达到一定程度时，必然要采用分布式体系结构，以提高系统规模和性能。搜索引擎的各个组成部分，除了用户接口之外，都可以采用分布式体系结构。搜索器可以在多台机器上相互合作、相互分工进行信息发现，以提高信息发现和更新速度；索引器可以将索引分布在不同的机器上，以减小索引对机器的要求；检索器可以在不同的机器上进行文档的并行检索，以提高检索的速度和性能。

8. 检索结果处理技术

将搜索引擎的技术开发重点放在对检索结果的处理上，提供更优化的检索结果。针对这样的技术，主要有以下几种搜索引擎。

1）纯净搜索引擎

这类搜索引擎没有自己的信息采集系统，利用别人现有的索引数据库，主要关注检索的理念、技术和机制等。

2）元搜索引擎

现在出现了许多搜索引擎，其收集信息的范围、搜索机制、算法等都不同，用户不得不去学习多个搜索引擎的用法。每个搜索引擎平均只能涉及整个WWW资源的30%～50%，这样就导致同一个搜索请求在不同搜索引擎中获得的查询结果的重复率不足34%，而每一个搜索引擎的查准率不到45%。

元搜索引擎是将用户提交的检索请求到多个独立的搜索引擎上去搜索，并将检索结果集中统一处理，以统一的格式提供给用户，因此有“搜索引擎之上的搜索引擎”之称。它的主要精力放在提高搜索速度、智能化处理搜索结果、个性搜索功能的设置和用户检索界面的友好性上，查全率和查准率都比较高。目前比较著名的元搜索引擎有InfoSpace、Dogpile、Vivisimo等，中文元搜索引擎有360综合搜索、搜星搜索引擎等。

3）集成搜索引擎

集成搜索引擎，也称为“多引擎同步检索系统”，是在一个WWW页面上链接若干种独立的搜索引擎，检索时需点选或指定搜索引擎，一次检索输入，多引擎同时搜索，用起来相当方便。

集成搜索引擎无自建数据库，不需要研发支持技术，当然也不能控制和优化检索结果。但集成搜索引擎制作与维护技术简单，可随时对所链接的搜索引擎进行增删调整和及时更新，尤其大规模专业（如 Flash、MP3 等）搜索引擎集成链接，深受特定用户群欢迎。

4）垂直搜索引擎

垂直搜索引擎是相对通用搜索引擎的信息量大、查询不准确、深度不够等问题提出来的新的搜索引擎服务模式，通过针对某一特定领域、某一特定人群或某一特定需求提供的有一定价值的信息和相关服务。其特点就是“专、精、深”，且具有行业色彩，相比较通用搜索引擎的海量信息无序化，垂直搜索引擎则显得更加专注、具体和深入。

9. 发展方向

目前，搜索引擎技术正朝着社会化搜索、实时搜索、移动搜索、个性化搜索、多媒体搜索和情境搜索等多方面发展。

传统搜索技术强调搜索结果和用户需求的相关性。例如，对某个搜索结果，传统的结果可能有成千上万条，而社会化搜索除了相关性外，还增加了搜索结果的可信赖性。社会化搜索为用户提供更准确、更值得信任的搜索结果。

实时搜索最突出的特点是时效性强，越来越多的突发事件首次发布在微博上，实时搜索核心强调的就是“快”，用户发布的信息第一时间能被搜索引擎搜索到。

移动搜索可解决随时随地搜索的问题，随着智能手机的快速发展，基于手机的移动搜索的市场占有率逐步上升。

个性化搜索的核心是根据用户的网络行为，建立一套准确的个人兴趣模型。而建立这样一套模型，就要收集与用户相关的信息，包括用户搜索历史、单击记录、浏览过的网页、发布过的信息、博客、微博等内容。比较常见的是从这些信息中提取出关键词及其权重。为不同用户提供个性化的搜索结果，是搜索引擎总的发展趋势。

目前，搜索引擎的查询还是基于文字的，即使是图片和视频搜索也是基于文本方式。那么未来的多媒体搜索技术则会弥补查询这一缺失。多媒体形式除了文字，主要包括图片、音频、视频。

情境搜索就是能够感知人与人所处的环境，针对“此时此地此人”来建立模型，试图理解用户查询的目的，理解人的信息需求。

1.3 搜索引擎的分类

搜索引擎的技术基础是全文检索技术，国外从 20 世纪 60 年代对全文检索技术就开始有研究。全文检索通常指文本全文检索，包括信息的存储、组织、表现、查询、存取等各个方面，其核心为文本信息的索引和检索，一般用于企事业单位。随着互联网信息的发展，搜索引擎在全文检索技术上逐渐发展起来，并得到广泛的应用，但搜索引擎还是不同于全文检索。搜索引擎和常规意义上的全文检索主要区别有以下几点。

（1）数据量。传统全文检索系统面向的是企业本身的数据或者是和企业相关的数据，一般索引数据库的规模多在 GB 级，数据量大的也只有几百万条；但互联网网页搜索需要处理几十亿的网页，搜索引擎的策略都是采用服务器群集和分布式计算技术。

(2) 内容相关性。信息太多，查准和排序就特别重要，Google 等搜索引擎采用网页链接分析技术，根据互联网上网页被链接次数作为重要性评判的依据；但全文检索的数据源中相互链接的程度并不高，不能作为判别重要性的依据，只能基于内容的相关性排序。

(3) 安全性。互联网搜索引擎的数据来源都是互联网上公开的信息，而且除了文本正文以外，其他信息都不太重要；但企业全文检索的数据源都是企业内部的信息，有等级、权限等限制，对查询方式也有更严格的要求，因此其数据一般会安全和集中地存放在数据仓库中以保证数据安全和管理的要求。

(4) 个性化和智能化。搜索引擎面向的是互联网的访问者，由于其数据量和客户数量的限制，自然语言处理技术、知识检索、知识挖掘等计算密集的智能计算技术很难应用，这也是目前搜索引擎技术努力的方向。而全文检索数据量小，检索需求明确，客户量少，在智能化和个性上更具有优势。

除了与全文检索系统的上述区别之外，搜索引擎按其工作方式主要可分为 4 种，分别是全文搜索引擎、目录索引搜索引擎、元搜索引擎和分布式搜索引擎。

1.3.1 全文搜索引擎

全文搜索引擎是名副其实的搜索引擎，在国外具有代表性的搜索引擎有 Google、AllTheWeb、AltaVista、Inktomi、Teoma、WiseNut 等，国内著名的有百度、中文搜索、北大天网等。它们都是通过从互联网上提取的各个网站的信息（以网页文字为主）存储到自己的数据库中，并在该数据库中检索与用户查询条件匹配的相关记录，然后按一定的排列顺序将结果返回给用户，因此它们是真正的搜索引擎。从搜索结果来源的角度，全文搜索引擎又可细分为两种：一种是拥有自己的检索程序，俗称“蜘蛛”(Spider)程序或“机器人”(Robot)程序，并自建网页数据库，搜索结果直接从自身的数据库中调用，如上面提到的搜索引擎；另一种则是租用其他搜索引擎的数据库，并按自定的格式排列搜索结果，如 Lycos 引擎。

全文搜索引擎具有全文搜索、检索功能强、信息更新速度快等优点。但同时也有其不足之处，提供的信息虽然多而全，但可供选择的信息太多反而降低相应的命中率，并且提供的查询结果重复链接较多，层次结构不清晰，给人一种繁多杂乱的感觉。

1.3.2 目录索引搜索引擎

目录索引虽然有搜索功能，但在严格意义上算不上是真正的搜索引擎，仅仅是按目录分类的网站链接列表而已。用户完全可以不用进行关键词(Key Words)查询，仅靠分类目录也可找到需要的信息。目录索引中最具代表性的是雅虎，其他的还有 Open Directory Project(DMOZ)、LookSmart、About 等。国内的搜狐、新浪、网易搜索也都属于这一类。

目录索引与全文搜索引擎的区别在于它是由人工建立的，通过“人工方式”将站点进行了分类，不像全文搜索引擎那样，将网站上的所有文章和信息都收录进去，而是首先将该网站划分到某个分类下，再记录一些摘要信息，对该网站进行概述性的简要介绍，用户提出搜索要求时，搜索引擎只在网站的简介中搜索。它的主要优点有：层次、结构清晰，易于查找；多级类目，便于查询到具体明确的主题；在内容提要、分类目录下有简明扼要的内容，可以使用户一目了然。其缺点是搜索范围较小，更新速度慢，查询交叉类目时容易遗漏。

1.3.3 元搜索引擎

元搜索引擎在接受用户查询请求时，同时在其他多个引擎上进行搜索，并将结果返回给用户。著名的元搜索引擎有 InfoSpace、Dogpile、Vivisimo 等，中文元搜索引擎中具有代表性的有 360 搜索。在搜索结果排列方面，有的直接按来源引擎排列搜索结果，如 Dogpile，有的则按自定的规则将结果重新排列组合，如 Vivisimo。

1. 非主流形式

除上述 3 大类搜索引擎外，还有以下几种非主流形式。

(1) 集合式搜索引擎。集合式搜索引擎类似于元搜索引擎，都没有自己的索引数据库。但是也有区别，集合式搜索引擎并非同时调用多个搜索引擎进行搜索，而是由用户从提供的若干搜索引擎中选择，然后搜索用户需要的内容，它的形式更像是集合几种搜索引擎供用户使用。例如，2002 年年底推出的 HotBot、2007 年年底推出的 Howsou、Duoci 等。

集合式搜索引擎的特点是集合众多搜索引擎，用户的选择更多。对比其他搜索引擎，用户可以一次性打开多种搜索引擎对需要的信息进行搜索。

(2) 门户搜索引擎。如 AOL Search、MSN Search 等虽然提供搜索服务，但自身既没有分类目录也没有网页数据库，其搜索结果完全来自其他引擎。

(3) 免费链接列表(Free For All Links，FFA)。这类网站一般只简单地滚动排列链接条目，少部分有简单的分类目录，不过规模比起雅虎等目录索引要小得多。

由于上述网站都为用户提供搜索查询服务，为方便起见，通常将其统称为搜索引擎。

2. 功能

除了上面的分类外，搜索引擎还应具有以下功能。

1) 网页搜索功能

网页搜索是一种基于程序的搜索技术，它和网站搜索最大的区别就是网站搜索是基于人工编辑和整理的，而网页搜索是程序按照预先设定的规则去各网站上抓取网页信息，并按照既定的程序规则建立索引，在用户输入关键词进行搜索的时候，按照关键词匹配等规则，将网页按照一定的顺序排列出来的搜索方式。

2) 网站搜索功能

当雅虎创建第一代搜索引擎时，采用的就是分类目录的方式。随着技术的逐步发展，现在的用户更习惯于直接输入关键词的简单搜索方式，关键词搜索成为一种主流搜索模式。网站搜索就是以关键词搜索的方式在分类目录的数据源里进行检索。

3) 图片搜索功能

图片搜索是为了满足广大用户的搜索需要而独立出来的一种专门搜索。图片搜索是基于对网页页面的文字分析和文件属性分析后的搜索结果，而不是想象中的对图片本身进行分析的结果。除了常规的搜索框之外,图片搜索还给用户提供了热门关键词、分类目录和热门排行榜,网易相册也在图片搜索里开辟了栏目。

4）新闻搜索功能

新闻搜索功能给用户提供优质、高效的新闻服务。值得一提的是,新闻搜索提供了个性化设置功能,让用户能够以自己最喜欢的方式浏览自己最想看的新闻。

5）字典搜索功能

字典搜索功能提供常规的英汉、英英互译,在线朗读服务以及成语中译英服务。

6）功能搜索功能

功能搜索可提供天气预报、电视预报、火车车次、文档查询、航班查询、手机号码、IP地址查询、邮政编码、货币兑换以及万年历等功能。

1.3.4 分布式搜索引擎

分布式搜索引擎按区域、主题或其他标准创建分布式索引服务器,索引服务器之间相互可以交换中间信息,且查询可以被重新定向。如果一个检索服务器没有满足查询请求的信息,它可以将查询请求发送到具有相应信息的检索服务器。由于分布式搜索引擎将索引数据库划分到几个分布的数据库中,每个数据库变得小一些,但所有搜索引擎覆盖的范围变大,且很少有信息重复。而作为分布式系统特性之一的可扩充也是分布式搜索引擎的优点之一,然而分布式搜索引擎需要多个索引数据库协同工作,实现较困难。

1.4 搜索引擎的关键技术

搜索引擎的关键技术主要由以下几点构成:信息收集和存储、信息预处理、关键词分析与索引技术。

1.4.1 信息收集和存储技术

网上信息收集和存储一般分为人工和自动两种方式。

人工方式采用传统信息收集、分类、存储、组织和检索的方法。研究人员对网站进行调查、筛选、分类、存储,由专业人员手工建立关键字索引,再将索引信息存入计算机相应的数据库中。

自动方式通常是由网络机器人来完成的。"网络机器人"是一种自动运行的软件,其功能是搜索因特网上的网站或网页。这种软件定期在因特网上漫游,通过网页间链接顺序地搜索新的地址,当遇到新的网页时,就给该页上的某些字或全部字添加索引并把它们加入到搜索引擎的数据库中,由此,搜索引擎的数据库得以定期更新。

一般来说,人工方式收集信息的准确性要远优于"网络机器人",但其收集信息的效率及全面性低于"网络机器人"。

1.4.2 信息预处理技术

信息预处理需要做如下的工作。

1. 关键词的提取

为了支持后面的查询服务，需要从网页源文件中提取出能够代表其内容的一些特征。从人们现在的认识和实践来看，所含的关键词即为这种特征最好的代表。于是，作为预处理阶段的一个基本任务，就是要提取出网页源文件的内容部分所含的关键词。

2. 重复或转载网页的消除

Web 上的信息存在大量的重复现象，规模统计分析表明，网页的重复率平均大约为 4。也就是说，当用户通过一个 URL 在网上看到一篇网页显示的内容的时候，平均还有另外 3 个不同的 URL 也给出相同或者基本相似的内容。消除内容重复或主题内容重复的网页是预处理阶段的一个重要任务。

3. 链接分析

大量的 HTML 标记既给网页的预处理造成了一些麻烦，也带来了一些新的机遇。HTML 文档中所含的指向其他文档的链接信息是人们近几年来特别关注的对象，认为它们不仅给出了网页之间的关系，而且还对判断网页的内容有很重要的作用。

4. 网页重要程度的计算

顾名思义，既然是在预处理阶段形成的，就是和用户查询无关的。如何确认一篇网页比另外一篇网页重要？人们参照科技文献重要性的评估方式，核心想法就是“被引用多的就是重要的”。“引用”这个概念恰好可以通过 HTML 超链接在网页之间体现得非常好，作为 Google 创立核心技术的 PageRank 就是这种思路的成功体现。这包括网页的内部链接和外部链接。

1.4.3 信息索引技术

信息索引就是创建文档信息的特征记录，以使用户能够快速地检索到所需信息。建立索引主要涉及以下几个问题。

1. 信息语词切分和语词词法分析

语词是信息表达的最小单位，由于语词切分中存在切分歧义，切分需要利用各种上下文知识。语词词法分析是指识别出各个语词的词干，以便根据词干建立信息索引。

2. 进行词性标注及相关的自然语言处理

词性标注是指利用基于规则和统计(马尔可夫链)的科学方法对语词进行标注，基于马尔可夫链随机过程的 n 元语法统计分析方法在词性标注中能达到较高的精度。可利用多种语法规则识别出重要的短语结构。自然语言处理是运用计算机对自然语言进行分析和理解，从而使计算机在某种程度上具有人的语言能力。将自然语言处理应用在信息检索中，可以提高信息检索的精度和相关性。

3. 建立检索项索引

使用倒排文件的方式建立检索项索引，一般包括“检索项”“检索项所在文件位置信息”以及“检索项权重”等内容。

4. 检索结果处理技术

搜索引擎的检索结果通常包含大量文件，用户不可能一一浏览。搜索引擎一般应按与查询的相关程度对检索结果进行排列，最相关的文件通常排在最前面。搜索引擎确定相关性的方法有概率方法、位置方法、摘要方法、分类或聚类方法等。

概率方法根据关键词在文中出现的频率来判定文件的相关性。这种方法对关键词出现的次数进行统计，关键词出现的次数越多，该文件与查询的相关程度就越高。

位置方法根据关键词在文中出现的位置来判定文件的相关性。关键词在文件中出现得越早，文件的相关程度就越高。

摘要方法是指搜索引擎自动地为每个文件生成一份摘要，让用户自己判断结果的相关性，以使用户进行选择。

分类或聚类方法是指搜索引擎采用分类或聚类技术，自动把查询结果归入到不同的类别中。

1.5　主要搜索引擎介绍

1.5.1　谷歌(Google)搜索

谷歌（Google）的网址为 http://www.google.com。Google 是万维网上最大的搜索引擎，使用户能够访问一个包含超过 80 亿个网址的索引。谷歌用户覆盖全球 250 多个国家地区，覆盖了 132 种语言和方言。Google 是由英文单词 googol 变化而来。googol 是美国数学家 Edward Kasner 的侄子 Mition Sirotta 创造的一个词，表示 1 后边带有 100 个零的数字。Google 使用这个词代表公司想征服网上无穷无尽资料的雄心。Google 已经成为目前规模最大的搜索引擎，并向 AOL、CompuServe、Netscape 等其他门户和搜索引擎提供后台网页查询服务。目前，Google 每天处理的搜索请求已达 2 亿次，而且这一数字还在不断增长。Google 数据库存有 42.8 亿个 Web 文件，属于全文（Full Text）搜索引擎。Google 通过对 30 多亿网页进行整理，为世界各地用户提供适合各自需要的搜索结果，而且搜索时间通常不到半秒。现在，Google 每天需要提供 2 亿次查询服务，几乎占了全球所有搜索量的 1/3。Google 是当前世界上最大、最受欢迎的搜索引擎，它提供了最便捷的网上信息查询方法。Google 自 2000 年开始提供中文搜索服务。

1. Google 的功能与特点

1）界面简洁

首页作为用户开始接触该搜索引擎的门户，美观、简洁是一大根本，可以使用户能直观地感觉到搜索引擎功能的存在，而且意识到其搜索功能的强大，从而有继续搜索操作的愿望。Google 的主页界面相当简洁，完全突出了搜索的功能，不但给人以开门见山的感觉，而且会使人感受到其功能的强大，并引发出强烈的搜索欲望，如图 1-1 所示。

2）资源丰富、内容广泛

Google 是全球最大的互联网文档收集者，在全球范围内已经搜集了 20 多亿网页资料，7 亿多新闻组的帖子和 3 亿多图片，还有网页快照（即当搜索内容站点或网页不存在时，用户可以调用搜索引擎事先为用户存储的大量应急网页，Google 将检索的网页都做了一番“快照”然后放在自己的服务器上，这种处理方式不仅使下载速度极快，而且可以获得互联网上已经删除的网页）的服务，最适合使用者多的门户网站。

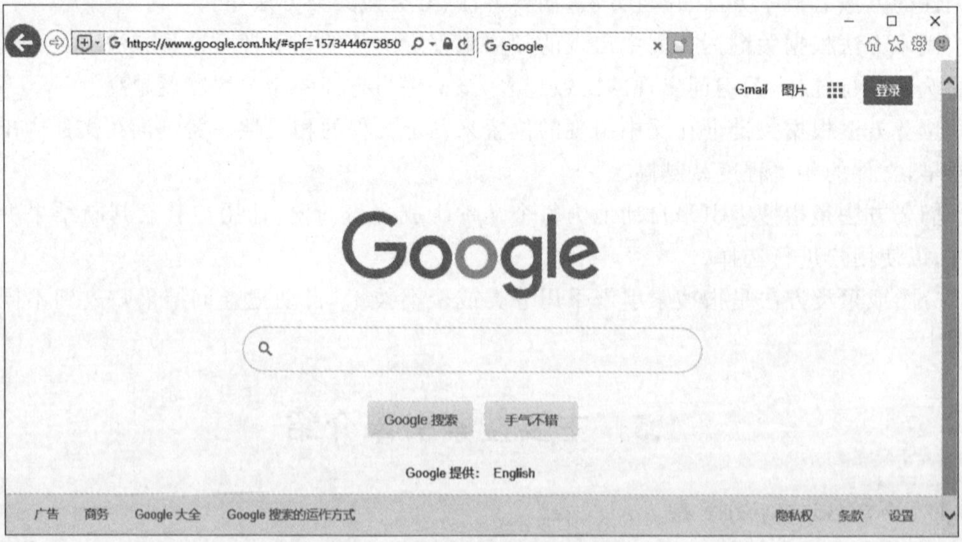

图 1-1 Google 搜索主页界面

3）相关性高

Google 可以根据网页间彼此的链接关系，把一篇网页被链接数目的多寡作为其相关性的一项指标。对于用户所输入的关键字，Google 最大限度地寻求语义上的匹配，例如，想查找有关某人的网页，但误输入同音却不同字的名字，Google 也能帮助找到想要的信息。或者，在查询框中输入作者名字，所有文章或有关的网页都会被检索到，连哪个网站有转载的结果都会准确地显示出来。此外，Google 还包含汉字的相关性，例如，对于中文简体网站，可找出对应的繁体网站，甚至是日文网站。高相关性更好地提高了 Google 搜索结果的精准度，还提高了搜索效率。

4）技术先进、搜索结果精确、排序公正

有别于其他搜索引擎，没有人能花钱买到 Google 上一个更高级别的 PageRank，这就保证了排名的客观公正。Google 搜索就是以这样诚信的服务让用户非常容易地找到高质量的网站。除了具有其他搜索引擎已有的功能外，Google 还有非常多的特色功能。例如，Google 的专利——网页级别技术能够提供高命中率的搜索结果；Google 的搜索结果摘录查询网页的部分具体内容，而不仅是网站简介；Google 智能化的“手气不错”功能，提供可能最符合要求的网站；Google 使网络井然有序、网页级别客观公正，只提供包含所有关键字的网页，遵从关键字的相对位置；查找结果可以限定在可用的 28 种语言之一，可选择语言界面有 72 种（包括简体中文和繁体中文）；具有语言翻译功能，能够把法语、德语、意大利语、葡萄牙语、西班牙语和英语互相翻译；具有股票报价、地图查询、新闻查询、电话号码本、字典查询、工具条等功能；可以查找 PDF 等 12 种文件类型。

5）搜索快速

Google 搜索速度的快捷是它的又一大特色，用户所输入的任何关键字或信息，都能得到 Google 快速的响应，且其超链接分析的算法还会将搜索结果排列出优先次序，从而使重要的结果排列在前面，节省了用户的查询时间。它在全世界拥有超过 10 000 台

Linux服务器，200多条T3级(传输速率可达44.736 Mb/s)宽带，在超过20亿的网页中搜索问题并回复极为相关网页的时间不到1.5s。目前，每天都有数千万用户登录Google，使用其网上搜索引擎，处理的网页搜索量达到了每秒两千多次，每天超过1.5亿次。这方面权威杂志IFired的评价很有代表性："由于简单有效，Google已成为广大互联网用户的宠儿"。此外，Google数据库的更新速度快，有效链接率高，这些都是使搜索快速的重要因素。

6) 使用方便

对于搜索引擎来说，它的简单、易用仍是现代用户的首选，Google首页的简洁从一个侧面已反映出其在用户操作上提供的方便、易用的特色。Google对各种类型的用户所研究、设计出的搜索引擎针对性强，适应面更广。Google的关键词输入很简捷，并且提供了详尽、具体的使用说明，用语大众化，易于理解和掌握。例如，要搜索"搜索引擎 AND 人工智能"的内容，由于Google自带"AND"功能，只需先输入"搜索引擎"，空两格后，再输入"人工智能"，单击"Google搜索"按钮，瞬间就可得到结果。

7) 功能齐全

Google除了基本的网页搜索功能以外，还具有英文在线的活词典、页面翻译、图片搜索等功能。在Google的首页中单击"图像"便可进入其图像搜索操作界面，在关键词栏内输入描述图片内容的关键词，就可以搜索到相关的图片。例如，输入"卫星图像"，马上就会搜到大量有关卫星图像的图片，搜索结果提供了一个很直观的缩略图以及对这个缩略图的简单描述，如图像文件的大小、名称等。

8) 学术搜索

谷歌学术搜索(Google Scholar)是一个可以免费搜索学术文章的网络，如图1-2所示。学术搜索是由计算机专家Anurag Acharya开发，2004年11月Google第一次发布了Google学术搜索的试用版，该项索引包括世界上绝大部分出版的学术期刊。谷歌学术搜索能够帮助用户查找包括期刊论文、学术论文、书籍、预印本、文摘和技术报告在内的学术文献，内容涉及诸多学科，并且经过了业内专家的评审，具有一定的权威性。Google学术搜索对检索到的每篇相关文献基本上按"被引频次"从高到低顺序排序，单击该链接就能显示引用该文献的所有来源文献，来源文献同样也提供了被引频次，通过单击被引频次链接能够看到引用来源文献的更新引证文献，通过分析文献之间的这种引用与被引用关系，能够确保文献越查越新。

2. Google的检索方式

输入"www.google.com"打开Google首页，之后可根据需要进行检索，其方式有简单搜索和高级搜索两种。

1) 简单搜索

Google界面中有"高级搜索"、语言工具和"使用偏好"这3个链接，其中，"使用偏好"可以选择目前28种不同的语言，Google具有自己独特的语法结构，它不支持AND、OR和*等符号的使用，而是自动带有AND的功能，当需要使用类似功能时，只需在两个关键词之间加空格即可，如"计算机 信息检索"。由于不支持OR查找，用户如需获取两种不同信息，则需分开检索。Google不支持"词干法"和"通配符"等，要求所输入的关键词

图 1-2　Google 学术搜索界面

完整、准确、一字不差，才能得到最准确的资料。要获得最实用的资料，并逐步缩小检索范围，则需要增加关键词的数量。

2）高级搜索

对于某些专用语的查询，可以单击“高级搜索”进入高级检索界面。例如，要查找名言警句等专有名词时，要在输入的专有名词上加上双引号。此外，Google 支持－、\、＋、＝、,、’等标点符号作为短语连接符，并将之作为专用语的搜索处理。Google 忽略 http 和 com 等字符以及数字和单字，因为这类字词过于频繁出现于大部分网页，既无助于查询，还大大降低了搜索速度。因此，需用＋将这些字词强加于搜索项(＋前必须留一个空格)。如查 Episode I 或 OS/2，需输入 Episode ＋I 及 OS/ ＋2。Google 支持如冒号等的某些特殊操作符，并具有相应的特殊功能，例如，查询“link：＜网址＞”，就可得到所有链接到该网址的网页。

3）查询结果

用户提交查询后，系统根据用户的检索词和查询选项返回查询结果。Google 可以自定义每页显示的结果数量，选择 10、30 或 100，Google 默认值为 10。每一项基本上显示出标题、网页/站简介、URL、长度、附带的全新功能等相关信息。此外，还会根据具体情况显示最新更新日期、类别等信息。Google 会根据其网页级别，对结果网页排列出优先次序。如果在输入关键词后选择“手气不错”，Google 将转到它所推荐的网页，无须查看其他结果，省时方便。如果单击“网页快照”链接，搜出的搜索项均用不同颜色标明，另外还有标题信息说明其存档时间日期,并提醒用户这只是存档资料。如果单击"类似网页"链接,Google 会寻找与这一网页性质相类似的网页(同一级别的网页)。而若搜索结果是 Google 所推荐的网站时,在搜索结果末尾会有 RN 标志。

3. Google 的不足

到目前为止,在满足用户的搜索需求上,Google 依然存在一些令人遗憾的地方。

(1) 其数据的更新速度无法进一步提高。

由于数据量庞大,Google 搜索引擎的数据更新无法早于 30 天,在一定程度上影响了用户对信息的时效需求,Google 目前还无法突破这一瓶颈。

(2) 无法搜索动态生成的网页。

因为大多数负责搜索网页的 Spider 软件都不敢去查找动态网页,怕被变化无穷的动态系统"黑洞"吸进去出不来,Google 在这方面的研究虽然已取得一些突破,但离真正的实用还有一段路要走。

(3) 中文状态下的 Google 没有成人内容过滤功能。

这项功能主要是防止掉入一些具有欺骗或其他不良企图的陷阱中,因为在网上这种站点很多。

1.5.2 雅虎(Yahoo!)搜索

雅虎(Yahoo!)是比较著名的网站,拥有海量般的免费信息,访问量达到 1 亿人次以上。

1. 雅虎简介

雅虎在全球共有 24 个网站,12 种语言版本,其中,中文雅虎网站(cn.yahoo.com)于 1999 年 9 月正式开通,它是雅虎在全球的第 20 个网站。中文雅虎在许多人的心目中是搜索引擎的同义词,雅虎也确有其过人之处,其分类目录查询就做得相当出色,无论从网站的数量还是分类的合理性方面都可圈可点。站点目录分为 14 个大类,每一个大类下面又分为若干子类,搜索十分方便。该站点链接速度快,包含范围广,数据容量大,简便易用,是查询各种信息的好去处,如图 1-3 所示。

中文雅虎为用户提供了强大的搜索功能,通过其 14 类简单易用、手工分类的简体中文网站目录及强大的搜索引擎,用户可以轻松地搜索到政治、经济、文化、科技、房地产、教育、艺术、娱乐、体育等各方面的信息。

2. 雅虎的功能与特点

雅虎是一个以分类目录、网站检索为主,附带网页全文检索的搜索引擎。雅虎有中文、英文,以及法、德、意、西班牙、丹麦、日、韩等十余种语言版本,各版本的内容互不相同,如英文版主要收录英文网站,日文版主要收录日文网站,可以说,每一个不同的版本都是一个不同的、相对独立的搜索引擎。

雅虎英文版除主站外,又有多个地区分站,如亚洲站 Yahoo! in Asia、加拿大站 Yahoo! Canada 等,这些网站分别以收录这一地区的英文网站为主,也可视为独立的搜索引擎。

中文雅虎主要收录全球各地的中文网站,包括简体、繁体和图形中文网站。在同类搜

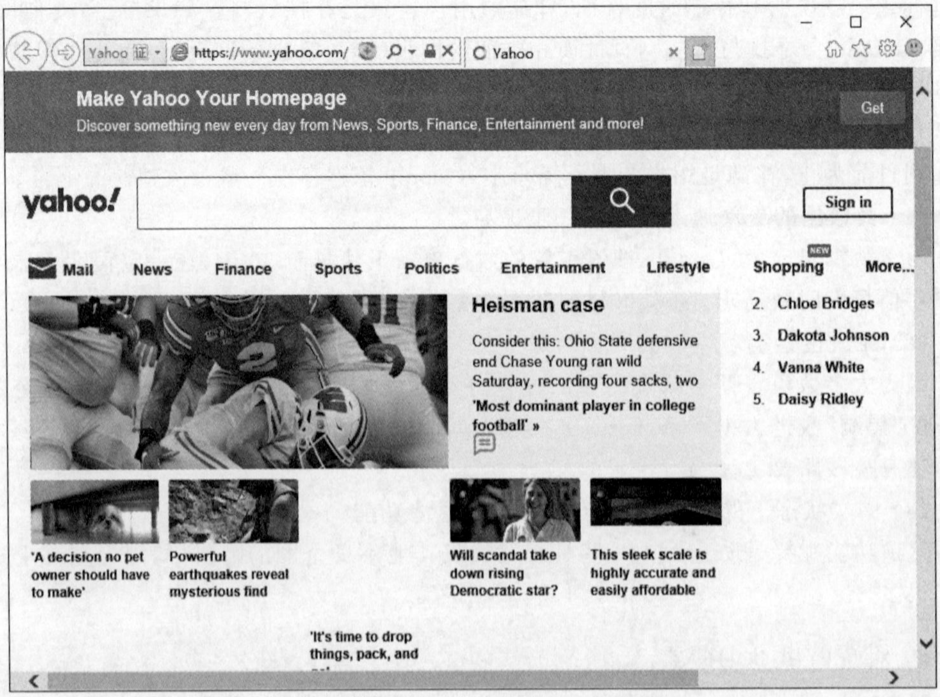

图 1-3 Yahoo! 搜索主页界面

索引擎中,它收录的网站属于比较丰富的了。

雅虎的特点如下。

(1) 界面简洁。雅虎的网站简介相当简练、严格,一般用很少的文字做客观描述,没有主观评论和类似于广告的夸张语言。网站界面友好,并且很人性化。

(2) 分类目录准确、合理。中文雅虎提供了一份规范、科学、层次丰富的中文网站分类目录,并且是通过一大批工程师手工编制的,使得在归类方面较其他网站更为准确、合理。

在雅虎分类目录中浏览得到的资料,包括网站名称及网址链接、该站的简介两项基本内容。同时,简体和繁体中文网站是分别排列的,清楚地反映了某一站点的语言版本。对于优秀的网站和新增网站,加有标志。此外,在每页的末尾还附有链接到雅虎英文版的同一类别中“雅虎英文相关网站”的指引链接到雅虎英文版的同一类别中。

(3) 数据量大,内容丰富。雅虎通过 14 个一级类目将关于政治、经济、文化、科技、房地产、教育、艺术、娱乐、体育等各方面的信息收集到数据库中,有资料称,截至目前,雅虎已收集了 20 多亿个中文网页。

(4) 反应速度快、查准率高。由于分类是通过计算机专家手工完成的,因此所收录的网页经过筛选和系统组织,质量较高,条理性较强,检索结果接近用户的信息需求。

(5) 功能齐全。雅虎提供了不同的查询功能。用户可以单击“目录”按钮,进入按目录查询的方式,在输入关键词后,单击“搜索”按钮,即刻就会得到全部相关网站的目录。

要想查询有关的图像,可以先单击“图片”按钮,则进入按图片查询的方式,在输入关键词后，单击"搜索"按钮，即刻就会得到全部相关的图片。

3. 雅虎的查询方式

雅虎也提供了两种查询方式，即简单查询和高级查询，默认的是简单查询。简单查询也提供检索框，供用户输入检索词或短语，进行自由查询，其检索规则与Google简单查询方法类似，如在检索词前冠有"＋"或"－"，分别表示检索结果必须包括或去除该词。中文版本没有提供高级检索功能。

4. 雅虎的缺点

(1) 许多网站没有简介，反馈信息中没有网站注册日期。

(2) 个别网站分类有误。

(3) 检索结果多有重复，这是由于目录交叉显示引起的；复杂条件查询功能较弱；无法控制每次反馈网站的个数和排序方式等。

(4) 简体中文版的个别地方会出现缺字，以"□"代表缺字。

(5) 英文版中许多非常出色的功能和服务，在中文版中没有。

1.5.3 百度(Baidu)搜索

网址为 http://www.baidu.com。百度是世界上规模最大的中文搜索引擎，致力于向人们提供最便捷的信息获取方式。百度有超过千亿的中文网页数据库，可以瞬间找到相关的搜索结果，每天处理来自138个国家超过数亿次的搜索请求，用户通过百度搜索引擎可以搜到世界上最新最全的中文信息。百度搜索简单方便，只需要在搜索框内输入需要查询的内容，按 Enter 键，或者鼠标单击搜索框右侧的"百度搜索"按钮，就可以得到最符合查询需求的网页内容，如图1-4所示。

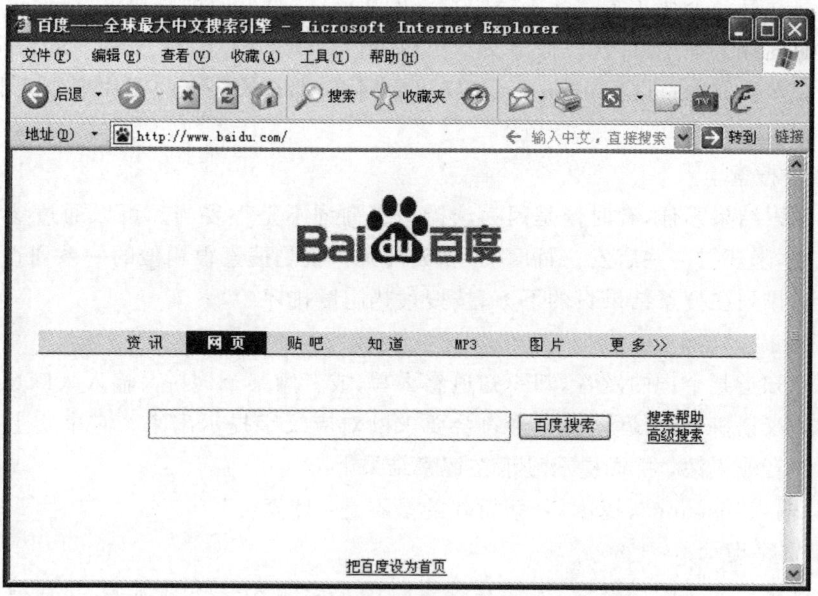

图1-4 百度搜索主页界面

1. 核心技术：超链分析

超链分析技术，是新一代搜索引擎的关键技术，已为世界各大搜索引擎普遍采用，百度总裁李彦宏就是超链分析专利的唯一持有人。在学术界，一篇论文被引用得越多就说明其越好，学术价值就越高。超链分析就是通过分析链接网站的多少来评价被链接的网站质量，这保证了用户在用百度搜索时，越受用户欢迎的内容排名越靠前。

2. 搜索速度更大、更新、更快

百度在中文互联网中支持搜索数十亿中文网页，是世界上最大的中文搜索引擎。并且，百度每天都在增加几十万新网页，对重要中文网页实现每天更新，用户通过百度搜索引擎可以搜到世界上最新最全的中文信息。

百度在中国各地分布的服务器，能直接从最近的服务器上把所搜索信息返回给当地用户，使用户享受极快的搜索传输速度。

3. 为中文用户量身定做

百度深刻理解中文用户搜索习惯，开发出关键词自动提示：用户输入拼音，就能获得中文关键词正确提示。百度还开发出中文搜索自动纠错；如果用户误输入错别字，可以自动给出正确关键词提示。百度快照是另一个广受用户欢迎的特色功能，解决了用户上网访问经常遇到死链接的问题：百度搜索引擎已先预览各网站，拍下网页的快照，为用户存储大量应急网页，即使用户不能链接上所需网站时，百度为用户暂存的网页也可救急。而且通过百度快照寻找资料往往要比常规方法的速度快得多。

4. 网页搜索的特色功能

1）百度快照

如果无法打开某个搜索结果，或者打开速度特别慢，该怎么办？每个被收录的网页，在百度上都存有一个纯文本的备份，称为“百度快照”。百度速度较快，可以通过“快照”快速浏览页面内容。不过，百度只保留文本内容，所以，那些图片、音乐等非文本信息，快照页面还是直接从原网页调用。如果无法链接原网页，那么快照上的图片等非文本内容，会无法显示。

2）相关搜索

如果搜索结果不佳，有时候是因为选择的查询词不是很妥当。可以通过参考别人是怎么搜索的，来获得一些启发。百度的“相关搜索”，就是搜索很相似的一系列查询词。百度相关搜索排列在搜索结果页的下方，按搜索热门度排序。

3）拼音提示

如果只知道某个词的发音，却不知道怎么写，或者嫌某个词拼写输入太麻烦。只要输入查询词的汉语拼音，百度就能把最符合要求的对应汉字提示出来。它事实上是一个无比强大的拼音输入法，拼音提示显示在搜索结果上方。

例如，输入“jisuanji”，提示为“您要找的是不是：计算机”。

4）错别字提示

由于汉字输入法的局限性，人们在搜索时经常会输入一些错别字，导致搜索结果不佳。对于这种情况，百度会给出错别字纠正提示，错别字提示显示在搜索结果上方。

例如，输入“吹毛求次”，提示为“您要找的是不是：吹毛求疵”。

5）英汉互译词典

随便输入一个英语单词，或者输入一个汉字词语，留意一下搜索框上方多出来的词典提示。例如，搜索“apple”，单击结果页面上的“词典”链接，就可以得到高质量的翻译结果。百度的线上词典不但能翻译普通的英语单词、词组、汉字词语，甚至还能翻译常见的成语。

6）计算器和度量衡转换

百度网页搜索内嵌计算器功能，只需简单地在搜索框内输入计算式，回车即可。例如，输入下面这个复杂计算式：

log((sin(5))^2)－3＋pi

如果要搜的是含有数学计算式的网页，而不是做数学计算，单击搜索结果上的表达式链接就可以。

在百度的搜索框中，也可以做度量衡转换，格式如下。

数量换算前单位＝?换算后单位

例如：－5摄氏度＝?华氏度

7）专业文档搜索

百度支持对Office文档(包括Word、Excel、PowerPoint)、Adobe PDF文档、RTF文档进行全文搜索。要搜索这类文档，应在普通的查询词后面加一个“filetype：”进行文档类型限定。“filetype：”后面可以有以下文件格式：DOC、XLS、PPT、PDF、RTF、ALL。其中，ALL表示搜索所有文件类型。例如，查找张飞关于交易费用方面的经济学论文，输入“交易费用 张飞 filetype：doc”，单击结果标题，直接下载该文档，也可以单击标题后的“HTML版”快速查看该文档的网页格式内容。

8）股票、列车时刻表和飞机航班查询

在百度搜索框中输入股票代码、列车车次或者飞机航班号，就能直接获得相关信息。例如，输入平安银行股票代码，搜索结果上方将显示平安银行的股票实时行情。也可以在百度常用搜索中进行上述查询。

9）天气查询

在百度搜索框中输入要查询的城市名称加上“天气”这个词，就能获得该城市当天的天气情况。例如，搜索“北京天气”，就可以在搜索结果中看到北京当天的天气情况。

10）高级搜索语法

(1) 把搜索范围限定在网页标题中——intitle。

网页标题通常是对网页内容提纲挈领式的归纳。把查询内容范围限定在网页标题中，有时能获得良好的效果。使用的方式是，把查询内容中特别关键的部分，用“intitle：”连起来。

例如，查找程媛媛的写真，就可以这样查询：

写真 intitle:程媛媛

注意，“intitle:”和后面的关键词之间不要有空格。

(2) 把搜索范围限定在特定站点中——site。

有时候，如果知道某个站点中有自己需要找的东西，就可以把搜索范围限定在这个站点中，提高查询效率。使用的方式是，在查询内容的后面加上“site：站点域名”。

例如，天空网下载软件不错，就可以这样查询：

msn site:skycn.com

注意，“site:”后面跟的站点域名不要带“http://”；另外，“site:”和站点名之间不要带空格。

(3) 把搜索范围限定在 URL 链接中——inurl。

网页 URL 中的某些信息，常常有某种有价值的含义。如果对搜索结果的 URL 做某种限定，就可以获得良好的效果。实现的方式是，在“inurl:”后跟需要在 URL 中出现的关键词。

例如，查找关于 Photoshop 的使用技巧，可以这样查询：

Photoshop inurl:jiqiao

上面这个查询串中的“Photoshop”，可以出现在网页的任何位置，而“jiqiao”则必须出现在网页 URL 中。

注意，“inurl:”语法和后面所跟的关键词之间不要有空格。

(4) 精确匹配——双引号和书名号。

如果输入的查询词很长，百度在经过分析后，给出的搜索结果中的查询词可能是拆分的。给查询词加上双引号就可以达到不拆分查询词的目的。例如，搜索北京林业大学，如果不加双引号，搜索结果将被拆分，效果不是很好，但加上双引号后，“北京林业大学”获得的结果就全是符合要求的了。

中文书名号是可被查询的。加上书名号的查询词，有两层特殊功能：一是书名号会出现在搜索结果中；二是被书名号括起来的内容不会被拆分。书名号在某些情况下特别有效果，例如，查询名字很通俗和常用的那些电影或者小说，如查电影“手机”，如果不加书名号，很多情况下查出来的是通信工具——手机，而加上书名号后，《手机》的结果就都是关于电影方面的了。

(5) 要求搜索结果中不含特定查询词。

如果发现搜索结果中有某一类网页是不希望看见的，而且这些网页都包含特定的关键词，那么用减号语法，就可以去除所有这些含有特定关键词的网页。

例如，搜索“神雕侠侣”，希望是关于武侠小说方面的内容，却发现很多关于电视剧方面的网页。那么就可以这样查询：神雕侠侣 -电视剧。

注意，前一个关键词和减号之间必须有空格，否则减号会被当成连字符处理，而失去减号语法功能。减号和后一个关键词之间有无空格均可。

1.5.4 360 搜索

网址为 https://www.so.com。360 搜索属于全文搜索引擎，是目前广泛应用的主流搜索引擎。360 搜索包括新闻、网页、问答、视频、图片、音乐、地图、百科、良医、购物、软件、手机等应用，如图 1-5 所示。

“360 搜索”推出了包括摸字搜、照妖镜、安心购、良心医、周边号、万花筒以及随心谈“七种武器”，从便利性、安全、可信赖、实时性、本地化服务、社交功能等多个方面，满足用户在移动环境下使用搜索的习惯和需求。

图 1-5　360 搜索主页界面

360 搜索是具有自主知识产权的搜索引擎，包含网页、新闻、影视等搜索产品，为用户带来更安全、更真实的搜索服务体验。360 不仅掌握通用搜索技术，而且独创 PeopleRank 算法、拇指计划等创新技术。目前已建立由数百名工程师组成的核心搜索技术团队，拥有上万台服务器，庞大的蜘蛛爬虫系统每日抓取网页数量高达十亿，引擎索引的优质网页数量超过数百亿，网页搜索速度和质量都已领先业界。

小　　结

本章主要介绍了搜索引擎的概念、搜索引擎的发展史、搜索引擎的分类以及一些著名的搜索引擎。主要内容如下。

1. 搜索引擎的概念

搜索引擎通常指的是收集了 Internet 上几千万到几十亿个网页并对网页中的每一个词(即关键词)进行索引，建立索引数据库的全文搜索引擎。当用户查找某个关键词的时候，所有在页面内容中包含该关键词的网页都将作为搜索结果被搜出来。在经过复杂的算法进行排序后，这些结果将按照与搜索关键词的相关度高低依次排列。

2. 搜索引擎的历史

最早的搜索引擎是 Archie 和 Gopher，后来出现了机器人(Robot)并开发了 Spider 程序，这样使得搜索引擎快速得到发展。比较著名的搜索引擎英文的有 Yahoo!、AltaVista、Excite、Infoseek、Lycos、AOL 等；中文的有 Google、百度(Baidu)、北大天网、爱问(iask)、雅虎(Yahoo!)、搜狗(Sogou)等。

搜索引擎至今已经经历了三代发展阶段：第一代搜索引擎出现于1994年，主要特征为集中式检索。第二代搜索引擎系统大约出现在1996年，大多采用分布式检索方案，即多个微型计算机协同工作来提高数据规模、响应速度和用户数量。第三代搜索引擎系统出现在1998—2000年，有以下几个特点：索引数据库的规模继续增大，开始出现主题搜索和地域搜索，检索结果相关度评价成为研究的焦点。

3. 发展趋势

搜索引擎的发展趋势主要包含以下几方面的技术：自然语言检索技术、目录与关键词检索相结合技术、智能化与个性化检索技术、多媒体检索技术、本地化检索技术、交叉语言检索技术、分布式体系结构、检索结果处理技术。

4. 搜索引擎的分类

搜索引擎按其工作方式主要可分为4种，分别是全文搜索引擎、目录索引类搜索引擎、元搜索引擎和分布式搜索引擎。

5. 搜索引擎的关键技术

主要有：信息收集和存储技术、信息预处理技术和信息索引技术。

6. 当代主要搜索引擎介绍

1）Google 简体中文

Google 的使命是整合全球范围的信息，使人人皆可访问并从中受益。完成该使命的第一步就是 Google 的创始人 Larry Page 和 Sergey Brin 共同开发的全新的在线搜索引擎。该技术诞生于斯坦福大学的一个学生宿舍里，然后迅速传播到全球的信息搜索者。Google 目前被公认为全球最大的搜索引擎，它提供了简单易用的免费服务，用户可以在瞬间返回相关的搜索结果。

在访问 Google 主页时，可以使用多种语言查找信息、查看新闻标题、搜索超过10亿幅的图片，并能够细读全球最大的 Usenet 消息存档，其中提供的帖子超过10亿个，时间可以追溯到1981年。

2）百度

百度搜索引擎拥有目前世界上最大的中文搜索引擎，总量超过3亿页以上，并且还在保持快速的增长。百度搜索引擎具有高准确性、高查全率、更新快以及服务稳定的特点，能够帮助广大网民快速地在浩如烟海的互联网信息中找到自己需要的信息，因此深受网民的喜爱。

3）雅虎搜索

雅虎（Yahoo!）全球性搜索技术（Yahoo! Search Technology，YST）是一个涵盖全球120多亿网页的强大数据库，拥有数十项技术专利、精准运算能力，支持38种语言，近10 000台服务器，服务全球50%以上互联网用户的搜索需求。

思 考 题

1. 搜索引擎的定义是什么？
2. 目前常用的搜索引擎有哪些？

3. 简述搜索引擎的分类。

4. 写出你自己最常使用的搜索引擎的特点及使用方法。

5. 查文献撰写目前中文搜索引擎研究的进展。

6. 简述建立搜索引擎的关键技术。

7. 你最喜欢使用哪个搜索引擎？为什么？

8. 在百度或谷歌上查找带有双引号的“搜索引擎基础”和不带双引号的搜索引擎基础，比较查找所用的时间和找到的相关网页。解释为什么是这样的结果。

第2章 搜索引擎基础

搜索引擎是指以一定的策略搜集互联网上的信息，在对信息进行组织和处理后，为用户提供检索服务的系统。从使用者的角度看，搜索引擎提供一个包含搜索框的页面，在搜索框中输入词语，通过浏览器提交给搜索引擎后，搜索引擎就会返回与用户输入的内容相关的信息列表。

早期的搜索引擎是把因特网中的资源服务器的地址收集起来，由其提供的资源的类型不同而分成不同的目录，再一层层地进行分类。人们要找自己想要的信息可按它们的分类一层层进入，最后就能到达目的地，找到自己想要的信息。随着因特网信息呈几何式增长，出现了真正意义上的搜索引擎，这些搜索引擎知道网站上每一页的开始，随后搜索因特网上的所有超级链接，把代表超级链接的所有词汇放入一个数据库。这就是现在搜索引擎的原型。

随着雅虎的出现，搜索引擎的发展也进入了黄金时代，相比以前其性能更加优越。现在的搜索引擎已经不只是单纯地搜索网页的信息了，它们已经变得更加综合化、完美化了。

1998年，以Google和DirectHit为代表的第二代搜索引擎出现在互联网上，这些引擎的主要特点是提高了查准率，可以用“求精”来描述。Google搜索引擎采用新的搜索方式，通过一种复杂的数学分析，通过估算反馈网页质量及相关程度来决定排名次序。要知道一个网页的质量，Google可以通过有多少网页与它链接来判断，这是因为人们一般不会与低质量的网页做链接。Google使用一种包含对整个网络的链接结构进行分析和大规模资料挖掘的技术。Google不仅扫描搜索关键词，还阅读页面全文，考虑图像和所有链接，然后把该页面与类似页面区分开来。

本章主要介绍搜索引擎的体系结构、工作原理、网页搜集、网页处理和网页的查询服务。

2.1 搜索引擎的体系结构

搜索引擎主要由搜索器、索引器、检索器和用户接口四大部分组成，其体系结构如图2-1所示。

2.1.1 搜索器

1. 网络爬虫

搜索引擎系统结构的搜索器(Spider)俗称网络爬虫或蜘蛛，是一个自动收集网页的

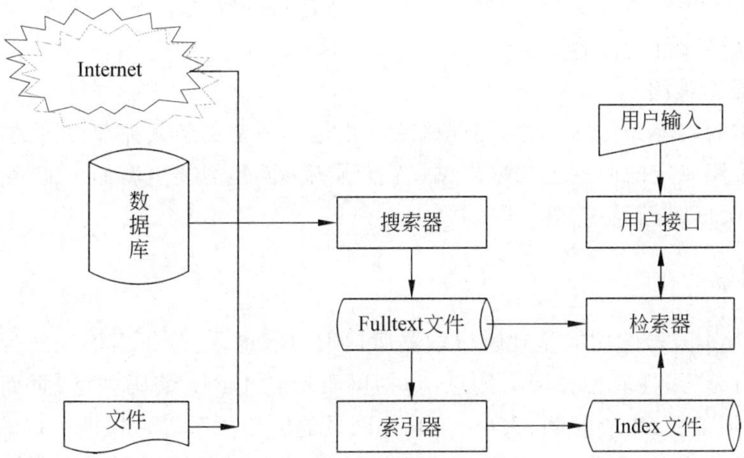

图 2-1 搜索引擎的体系结构

系统程序，其功能是日夜不停地在互联网中漫游，搜集信息。它要尽可能多、尽可能快地搜集各种类型的新信息，还要定期更新已经搜集过的旧信息，以避免出现死链接。目前有以下两种搜集信息的策略。

(1) 从一个起始 URL 集合开始，顺着这些 URL 中的超链接(Hyperlink)，以广度优先、深度优先或启发式方式循环地在互联网中发现信息。它沿着任何网页中的所有 URL "爬"到其他网页，重复这个过程，并把搜集到的所有网页存储起来。这些起始 URL 可以是任意的 URL，但常常是一些非常流行、包含很多链接的站点。

(2) 将 Web 空间按照域名、IP 地址或国家域名划分，每个搜索器负责一个子空间的穷尽搜索。搜索器搜集的信息类型多种多样，包括网页文件(如 HTML、XML、JSP、ASP 等格式)，有的搜索器能处理文档(如 Word、Excel、PowerPoint、PDF、RTF 等格式)，甚至数据库文件等。搜索器将搜索回的每个文档过滤掉格式符，提取文本数据 Fulltext。每个文档对应着一个 Fulltext 文件，内容包括网页标题、网页 URL、大小、时间、类型、分类等属性及文本内容，所有生成的这些文件交给 Indexer 进行索引处理。搜索器的实现常用分布式并行计算技术，以提高信息发现和更新的速度。

2. 内容提取

对于网页内容的提取，一直是网络爬虫中重要的技术。整个系统一般采用插件的形式，通过一个插件管理服务程序，遇到不同格式的网页采用不同的插件处理。搜索引擎建立索引、处理的对象是文本文件。对于网络爬虫来说，抓取下来的网页包括各种格式，如 HTML、图片、DOC、PDF、多媒体、动态网页及其他格式等。这些文件抓取下来后，就要把这些文件中的文本信息提取出来。

对于 DOC、PDF 等这种由专业厂商提供的软件生成的文档，厂商都会提供相应的文本提取接口。网络爬虫只需要调用这些插件的接口，就可以轻松地提取文档中的文本信息和文件其他相关的信息。HTML 等文档不一样，HTML 有一套自己的语法，通过不同的命令标识符来表示不同的字体、颜色、位置等版式。提取文本信息时需要把这些标识符都过滤掉。同时，对于 HTML 网页来说，会有许多广告链接以及公共的频道链接，也需要过滤掉。对于多媒体、图片等文件，一般是通过链接的锚文本（链接文本）和相关的文件注释来判断这些文件的内容。

3. 定期更新策略

由于网站的内容经常在变化，因此网络爬虫也不断地更新其抓取网页的内容，这就需要网络爬虫按照一定的周期去扫描网站，查找哪些页面是需要更新的页面，哪些页面是新增页面，哪些页面是已经过期的死链接。

2.1.2 索引器

索引器(Indexer)的功能是理解搜索器所搜索的信息，由分析索引系统程序对收集回来的网页进行分析，提取相关网页信息（包括网页所在 URL、编码类型、页面内容包含的关键词、关键词位置、生成时间、大小、与其他网页的链接关系等），根据一定的相关度算法进行大量复杂计算，得到每一个网页针对页面内容中及超链接中每一个关键词的相关度（或重要性），然后用这些相关信息建立网页索引数据库。

1. 索引器的工作过程

索引器的工作过程为：索引器读入 Spider 生成的 Fulltext 文件，采用基于位置倒排索引。首先进行分词处理生成索引项，并做归类排序，生成 Index 文件和 inv 文件。inv 文件为倒排表（Inversion List），即由索引项查找相应的文档；Index 文件形成分词-倒排表对应关系，内容为分词在倒排表中相应的文档块起始地址，含有该词的文档数量等信息。索引器可以使用集中式索引算法或分布式索引算法。当数据量很大时，必须实现即时索引，否则将不能跟上信息量急剧增加的速度。索引算法对索引器的性能（如大规模峰值查询时的响应速度）有很大的影响。一个搜索引擎的有效性在很大程度上取决于索引器的质量。

索引项有客观索引项和内容索引项两种：客观索引项与文档的语意内容无关，如作者名、URL、更新时间、编码、长度、链接流行度（Link Popularity）等；内容索引项是用来反映文档内容的，如关键词及其权重、短语、单字等。内容索引项可以分为单索引项和多索引项（短语索引项）两种。单索引项对于英文来讲是英语单词，比较容易提取，因为单词之间有天然的分隔符（空格）；对于中文等连续书写的语言，必须进行词语的切分（分词）。

2. 词法分析

词法分析是对自然语言的形态进行分析，判定词的结构、类别和性质的过程。对于以英文为代表的形态丰富的语言来说，英文的词法分析的一个重要过程是形态分析，即将英文词还原成词干。而汉语形态变化很少，其主要的问题在于书写时词与词之间没有空格。所以通常中文词法分析的关键是分词，分词往往是后续进一步处理的基础。

1）英文词法分析

英语的词常常由前缀、词根、后缀等部分组成。具体到句子中，词还有性、数、格以及时态引起的词形变化。英文的形态分析的主要目标是将句子中的词从词形还原到词甚至词根。英文的形态分析常常也称为 Stemming，分析器称为 Stemmer。形态分析常常采用基于自动机的规则方法，即将词形变化的规律总结成规则，然后通过自动机的方法对词形进行转换。转换的过程当中可使用或者不使用词典。

2）中文分词技术

中文分词方法可以总结为两大类：基于机械匹配和基于概率统计的分词方法。前者通过对已有词典的机械匹配来得到分词结果；后者不需要任何词典就可以得到分词结果，或者对粗切分结果进行基于概率统计的后处理来得到最终的分词结果。

中文分词技术面临的两个最大问题是切分歧义和未定义词问题。前者要解决在上下文环境下不同切分结果的选择；后者要解决词典中未收录词（如人名、地名、机构名等）的识别。可以在机械匹配的基础上通过规则的方法来求解上述两个问题。然而规则方法很难穷尽真实文本的各种现象。目前比较主流的方法是通过对真实文本的概率统计来求解切分歧义和未定义词问题。

2.1.3　检索器

检索器的功能是针对用户的查询请求在索引库中快速检出文档，采用一定的信息检索模型进行文档与查询的相关度评价，对将要输出的结果进行排序、聚类等操作，并实现某种用户相关性反馈机制。信息检索模型有以下几种：布尔逻辑模型、模糊逻辑模型、向量空间模型以及概率模型、混合模型等。

检索器的工作过程如下：检索器对用户接口（User Interface，UI）提出的查询要求进行递归分析，在 UI 中一般采用基本语法来组织要检索的条件。检索器通常支持多种语法规则，如逻辑操作符 AND、OR、NOT，使用“+、-”连接号和通配符，使用逗号、括号或引号进行词组查找等。对于每个索引项，匹配 Index 文件，查到倒排表（inv 文件）中包含该索引项的文档，并对所有查找出的文档进行集合运算，将结果集按照基于内容和基于链接分析的方法进行相关度评价并排序，最大限度地保证检索出的结果与用户查询串有很高的相关性，将最终形成的有序文档结果集合返回给 UI。

当用户输入关键词后，由搜索系统程序从网页索引数据库中找到符合该关键词的所有相关网页。因为所有相关网页针对该关键词的相关度早已算好，所以只需按照现成的相关度数值排序，相关度越高，排名越靠前。最后，由页面生成系统将搜索结果的链接地址和页面内容摘要等内容组织起来返回给用户。

搜索引擎的 Spider 一般要定期重新访问所有网页，更新网页索引数据库，以反映出网页内容的更新情况，增加新的网页信息，去除死链接，并根据网页内容和链接关系的变化重新排序。这样，网页的具体内容和变化情况就会反映到用户查询的结果中。

对于互联网来说，由于各搜索引擎的能力和偏好不同，所以抓取的网页各不相同，排序算法也各不相同。大型搜索引擎的数据库存储了互联网上几亿至几十亿的网页索引，数据量达到几千 GB 甚至几万 GB。但即使搜索引擎建立超过 20 亿网页的索引数据库，也只能占到互联网上普通网页的 30％不到，不同搜索引擎之间的网页数据重叠率一般在 70％以下。我们使用不同搜索引擎的重要原因，就是它们能分别搜索到不同的内容。

2.1.4　用户接口

用户接口（UI）的作用是输入用户查询，显示查询结果，提供用户相关性反馈机制。UI 的主要目的是方便用户使用搜索引擎，高效率、多方式地从搜索引擎中得到有效、及时的信息。UI的设计和实现使用人机交互的理论和方法,以充分适应人类的思维习惯。

用户输入接口可以分为简单接口和复杂接口两种。简单接口只提供用户输入查询串的文本框;复杂接口可以让用户对查询进行限制,如逻辑运算(与、或、非等)、相近关系(相邻、near)、域名范围(如.edu、.com)、出现位置(如标题、内容)、信息时间、长度等。目前一些公司和机构正在考虑制定查询选项的标准。

当互联网用户通过用户接口UI提交查询时,检索器程序根据用户输入的查询关键词,在已由索引器完成索引和初步排序的存储桶(Barrel)中进行查找,并采用特定的页面优先度算法对其结果进行最终排序,使之尽可能符合用户查询需求。最后,用户接口UI将最终查询结果呈现在互联网用户面前。

2.2 搜索引擎的工作原理

搜索引擎的工作原理可分为3步:从互联网上抓取网页、建立索引数据库、在索引数据库中搜索排序。

从互联网上抓取网页,就是利用能够从互联网上自动收集网页的Spider系统程序,自动访问互联网,并沿着任何网页中的所有URL爬到其他网页,重复这个过程,并把爬过的所有网页收集回来。

建立索引数据库,就是由分析索引系统程序对收集回来的网页进行分析,提取相关网页信息,根据一定的相关度算法进行大量复杂计算,得到每一个网页针对页面内容中及超链接中每一个关键词的相关度(或重要性),然后用这些相关信息建立网页索引数据库。

在索引数据库中搜索排序,就是当用户输入关键词搜索后,由搜索系统程序从网页索引数据库中找到符合该关键词的所有相关网页。因为所有相关网页针对该关键词的相关度早已算好,所以只需按照现成的相关度数值排序,相关度越高,网站排名越靠前。最后,由页面生成系统将搜索结果的链接地址和页面内容摘要等内容组织起来返回给用户。

2.2.1 网页搜集

搜索引擎网页的搜集过程并不是在用户提交关键词后进行及时的搜索,而是预先将网页搜集好并进行相关的处理之后等待用户的查询。我们知道,在网络比较畅通的情况下,从网上下载一篇网页大约需要1s左右,因此如果用户在查询的时候即时去网上抓来成千上万的网页,一个个分析处理后再和用户的查询匹配,这样查询的时间就会很慢也不可能满足用户的需求。有可能多个用户重复抓取同一个网页,使系统的效益降低。面对大量的用户查询,不可能每来一个查询,系统就到网上"搜索"一次。大规模的搜索引擎是将一批预先搜集好的网页进行管理和维护。目前有以下两种基本的维护方法。

1. 定期搜集法

每次搜集替换上一次的内容,称为"批量搜集"。由于每次都是重新来一次,对于大规模搜索引擎来说,每次搜集通常会花费几周的时间。这样做的开销比较大,通常两次搜集的间隔时间也很长(如Google有一段时间曾是每隔28天搜索一次)。这种方法的好处是系统实现比较简单,缺点是实时性不高,还有重复搜集所带来的额外带宽的消耗。

2. 增量搜集法

最初时搜集好一批数据，以后只是搜集新出现的网页和改变的网页并删除不再存在的网页。除了新闻网站外，许多网页的内容并不是经常变化的，这样一来，每次搜集的网页量不会很大，于是可以经常进行搜集。例如，对于30万个网页，使用一台普通的计算机，在一般的网络条件下，半天也就搜集完了。这样的系统表现出来的信息时实性就会比较高，主要缺点是系统实现比较复杂。

在具体搜集过程中，如何抓取一篇篇的网页，可以有不同的考虑。最常见的一种是所谓的"爬取"，具体过程是，将Web上的网页集合看成一个有向图，搜集过程从给定起始URL集合 S（或者说"种子"）开始，沿着网页中的链接，按照深度优先、广度优先或者某种其他的策略遍历，不停地从 S 中移除URL，下载相应的网页，解析出网页中的超链接URL，看是否已经被访问过，将未访问过的那些URL加入集合 S。整个过程可以形象地想象为一个蜘蛛（Spider）在蜘蛛网（Web）上爬行。一个真正的系统其实是多个"蜘蛛"同时在爬取。

这种方法实现起来不算困难，但需要注意的是在实现过程中通过一定的策略，使搜集到的某些网页相对比较"重要"。任何搜索引擎都不可能将Web上的网页搜集完全，通常都是在某些条件的限制下来结束搜集的过程（如磁盘满，或者搜集时间已经太长了）。因此就有一个尽量使搜到的网页比较重要的问题，这对于那些并不追求很大的数量覆盖率的搜索引擎特别重要。一般情况下，按照广度优先搜索方式得到的网页集合要比深度优先搜索得到的集合重要。

另外一种可能的方式是在第一次全面网页搜集后，系统维护相应的URL集合S，往后的搜集直接基于这个集合。每搜到一个网页，如果它发生变化并含有新的URL，则将它们对应的网页也抓回来，并将这些新URL也放到集合 S 中；如果 S 中某个URL对应的网页不存在了，则将它从 S 中删除。这种方式也可以看成是一种极端的限宽搜索，即第一层是一个很大的集合，往下最多只延伸一层。

还有一种方法是让网站拥有者主动向搜索引擎提交他们的网址，系统在一定时间内向那些网站派出"爬虫"程序，扫描该网站的所有网页并将有关信息存入数据库中。大型商业搜索引擎一般都提供这种功能。

2.2.2 网页处理

互联网上大部分信息都是以HTML格式存在，对于索引来说，只处理文本信息。因此需要把网页中的文本内容提取出来，过滤掉一些脚本标识符和一些无用的广告信息，同时记录文本的版面格式信息。网页处理主要包括四个方面：关键词的提取、重复或转载网页的消除、链接分析和网页重要程度的计算。

1. 关键词的提取

由于HTML文档产生来源的多样性，许多网页在内容上比较随意，不仅文字不讲究规范、完整，而且还可能包含许多和主要内容无关的信息（如广告、导航条、版权说明等）。为了支持查询服务，需要从网页源文件中提取出能够代表它的内容的一些特征——关键词。

网页处理阶段的一个基本任务，就是要提取出网页源文件的内容部分所包含的关键词。对于中文来说，就是要根据一个词典 Σ，用一个“切词软件”，从网页文字中切出 Σ 所含的词语来。这样一篇网页就可以由一组词来近似代表了，$p=\{t_1,t_2,\cdots,t_n\}$。一般来讲，我们可能得到很多词，同一个词可能在一篇网页中多次出现。从效果和效率考虑，不应该让所有的词都出现在网页的表示中，要去掉诸如“的”“在”等没有内容指示意义的词，称为“停用词”(Stop Word)。这样，对一篇网页来说，有效的词语数量大约在 200 个左右。

2. 重复或转载网页的消除

Web 上的信息存在大量的重复现象。统计分析表明，网页的重复率平均大约为 4。也就是说，当通过一个 URL 在网上看到一篇网页的时候，平均还有另外 3 个不同的 URL 也给出相同或者基本相似的内容。这种现象对于搜索引擎来说，在搜集网页时会消耗机器时间和网络带宽资源，而且如果在查询结果中出现，将消耗查询者计算机的资源，也会引来用户的抱怨。因此，消除内容重复或主题重复的网页是网页处理阶段的一个重要任务。

网页净化和消重是大规模搜索引擎系统预处理环节的重要组成部分。网页净化就是识别和清除网页内容中的噪声内容(如广告、版权信息等)，并提取网页的主题以及和主题相关的内容；消重是指去除所收集网页集合中主题内容重复的网页。建立索引一般是在消重后的网页集上进行的，这样就可以保证用户在查询时不会出现大量内容重复的网页。

3. 链接分析

从信息检索的角度讲，如果系统面对的仅仅是内容的文字，我们能依据关键词和词在文档集合中出现的频率来统计该词的相对重要性以及和某些内容的相关性。有了 HTML 标记后，情况还可能进一步改善，例如，在同一篇文档中，<H1>和</H1>之间的信息很可能就比在<H4>和</H4>之间的信息更重要。尤其是 HTML 文档中所含的指向其他文档的链接信息是人们特别关注的对象，认为它们不仅给出了网页之间的关系，而且还对判断网页的内容有很重要的作用。

4. 网页重要程度的计算

搜索引擎返回给用户的是一个和用户查询相关的结果列表。列表中条目的顺序是很重要的一个问题。不同的顺序达到的结果是不一样的，因此搜索引擎实际上追求的是一种统计意义上的满意。例如，人们认为用 Google 查询比较好，是因为在多数情况下 Google 返回的内容要更符合用户的需要。

如何对查询结果进行排序有很多因素需要考虑，如何理解一篇网页比另外一篇网页重要？人们参照科技文档重要性的评估方式，核心想法就是“被引用多的就是重要的”。“引用”这个概念恰好可以通过在网页之间的超链接进行体现，作为 Google 创立核心技术的 PageRank 就是这种思路的成功体现。除此以外，人们还注意到网页和文档的不同特点，即一些网页主要是大量对外的链接，其本身基本没有一个明确的主题内容，而另外有些网页则被大量的其他网页链接。从某种意义上讲，这形成了一种对偶的关系，这种关系使得人们可以在网页上建立另外一种重要性指标。这些指标有的可以在网页处理阶段计算，有的则要在查询阶段计算，但都是作为在查询服务阶段最终形成结果排序的部分参数。

2.2.3 查询服务

为了完成查询服务，需要选择相应的元素，这些元素主要有原始网页文档、URL和标题、编号、所含的重要关键词的集合以及它们在文档中出现的位置信息、其他一些指标，如重要程度、分类代码等。

用户通过搜索引擎看到的不是一个“集合”，而是一个“列表”。如何从集合生成一个列表，是服务子系统的主要工作。服务子系统是在服务进行的过程中涉及的相关软件程序，而网页处理子系统事先为这些软件程序准备了相应的数据。服务子系统的工作原理，主要有以下4个方面。

1. 查询方式和匹配

查询方式指的是系统允许用户提交查询的形式。对于普通用户来说，最自然的方式就是“需要查询什么就输入什么”。例如，用户输入“搜索引擎”，可能是他想了解有关搜索引擎的定义、概念和相应的知识；也可能是他想了解目前有哪些搜索引擎，如何进行搜索等内容；也有可能用户关心的是间接的信息。目前用一个词或者短语来进行查询，依然是主流的查询模式。这种模式比较简单且容易实现。

词的识别是搜索引擎中非常关键的一部分，通过字典文件对网页内的词进行识别。对于英文信息来说，需要识别词的不同形式，例如，单复数、过去式、组合词、词根等，对于一些亚洲语言（中文、日文、韩文等）需要进行分词处理。识别出网页中的每个词，并分配唯一的wordID，用于为数据索引中的索引模块服务。

例如，当用户输入“搜索引擎技术”进行搜索时，系统首先将这个短句进行分词处理，将其分为“搜索 引擎 技术”，然后删除那些没有查询意义或者在每篇文档中都会出现的词，最后形成一个用于参加匹配的查询词表，该词表的数据结构是一个用对应的分词作为索引的倒排文件，它的每一个元素都对应倒排文件中的一个倒排表。这样系统就完成了查询和文档的匹配。

2. 索引库的建立

索引库的建立是数据索引中结构最复杂的一部分。一般需要建立两种索引：文档索引和关键词索引。文档索引分配每个网页一个唯一的docID，根据docID索引出在这个网页中出现过多少个wordID，每个wordID出现的次数、位置、大小写格式等，形成docID对应wordID的数据列表；关键词索引其实是对文档索引的逆索引，根据wordID索引出这个词出现在哪些网页（用wordID表示），出现在每个网页的次数、位置、大小写格式等，形成wordID对应docID的列表。

3. 结果排序

结果就是将查询结果的集合在屏幕上以列表的方式显示出来。所谓列表，就是按照某种评价方式，确定出查询结果集合中元素的顺序，让这些元素以某种顺序呈现出来，这就是相关性。相关性是形成这种查询顺序的基本因素，有效地定义相关性本身是很困难的，从原理上讲它不仅和查询词有关，而且还和用户的背景，以及用户的查询历史有关。不同需求的用户可能输入同一个查询，同一个用户在不同的时间输入的相同的查询可能是针对于不同的需求的。

一般来讲,结果排序的方法是基于词汇出现的频率,也就是说,在一篇文档中包含的查询词越多,则该文档就应该越排在前面。这样一种思路有一定的道理,而且在倒排文件数据结构上很容易实现。当我们通过关键词的提取过程,形成一篇文档的关键词的集合后,很容易同时得到每一个词在该文档中出现的次数,即词频,而倒排文件中每个倒排表的长度则对应着一个词所涉及的文档的篇数,即文档频率。然而,由于网页编写的自发性、随意性较强,仅针对词的出现来决定文档的顺序,在 Web 上做信息检索表现出明显的缺点,需要有其他技术的补充。这方面最重要的成果就是 PageRank。通过在网页处理阶段为每篇网页形成一个独立于查询词(和网页内容无关)的重要性指标,将它和查询过程中形成的相关性指标结合形成一个最终的排序,是目前搜索引擎给出查询结果排序的主要方法。

搜索的处理过程是对用户的搜索请求进行满足的过程,通过用户输入搜索关键字,搜索服务器对应关键词字典,把搜索关键词转换为 wordID,然后在索引库中得到 docID 列表,对 docID 列表进行扫描和 wordID 的匹配,提取满足条件的网页,然后计算网页和关键词的相关度,根据相关度的数值返回给用户。

4. 文档摘要

搜索引擎给出的结果是一个有序的条目列表,每一个条目有 3 个基本的元素(标题、网址和摘要),其中的摘要需要从网页正文中生成。

一般来讲,搜索引擎在生成摘要时可以归纳为两种方式:一种是“静态”方式,即独立于查询,按照某种规则,事先在预处理阶段从网页内容提取出一些文字,如截取网页正文的开头 512 字节(对应 256 个汉字),或者将每一个段落的第一个句子拼起来,等等。这样形成的摘要存放在查询子系统中,一旦相关文档被选中与查询项匹配,就读出返回给用户。这种方式的优点是实现起来比较容易,缺点是摘要可能和查询的内容无关,因为一篇网页有可能是多个不同查询的结果。另一种是“动态”方式,即在响应查询的时候,根据查询词在文档中的位置,提取出周围的文字来,在显示时将查询词标亮。这是目前大多数搜索引擎采用的方式。为了保证查询的效率,需要在预处理阶段分词的时候记住每个关键词在文档中出现的位置。

2.3 搜索引擎的数据结构

数据结构是一切系统的基础。对于搜索引擎来讲,数据结构更是非常重要,因为构建搜索引擎所能用到的算法大部分已经成型,非常成熟,而其数据结构可根据具体的需求、具体的硬件设备而出现很多不同的选择。每种数据结构都有其特有的性能指标,最好的却不一定是最适合的,因此在设计搜索引擎时要根据具体需要,选择一种适合的数据结构。

2.3.1 存储结构

目前主流的搜索引擎能够检索的文档数量,基本都在 10 亿以上,如此巨大的文档如何存储，并且如何在1s内返回搜索结果，确实是一项挑战，那么一个好的存储结构便是这一切能够得以实现的基础。

1. 顺序存储方法

顺序存储方法是将数据在物理位置上进行连续存储。顺序存储的数据都是相邻且连续存放的，因此能够换来很高的扫描速度。但其随机存取效率很低，所以对一些相对固定的不易发生改变的数据应当采取顺序存储方法。

2. 链接存储方法

链接存储方法不要求数据在物理位置上连续存放，各个数据节点之间用指针进行链接，如图2-2所示。

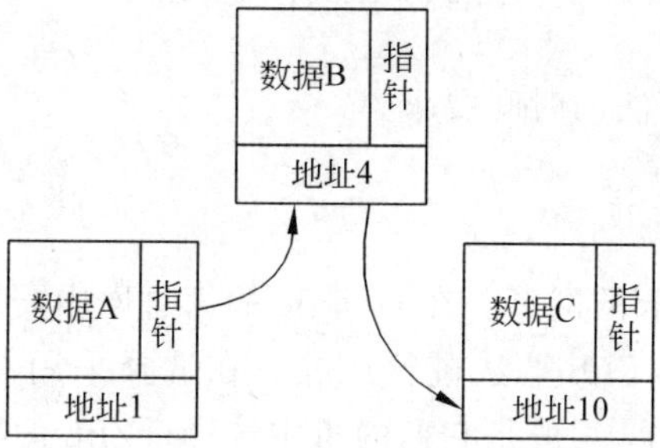

图2-2　链接存储方法

链接存储相对于顺序存储来讲，不需要事先开辟一整块存储空间，所以，提高了存储空间的利用率，但是扫描数据时，效率比顺序存储要低。

3. 索引存储方法

索引表由若干索引项组成。若每个节点在索引表中都有一个索引项，则该索引表被称为稠密索引(Dense Index)。若一组节点在索引表中只对应一个索引项，则该索引表称为稀疏索引(Spare Index)。索引项的一般形式是关键字、地址。在实际应用中，有时需要按某些关键字的值查找记录，为此可以按关键字建立索引，这种索引叫作倒排索引，带有倒排索引的文件叫作倒排索引文件，又称为倒排文件。倒排文件可以实现快速检索，这种索引存储方法是目前搜索引擎最常用的存储方法，尤其是倒排索引更是搜索引擎的核心内容。

4. 散列存储方法

该方法的基本思想是：根据节点的关键字直接计算出该节点的存储地址，如图2-3所示。

散列存储类似于哈希表，即根据记录中的关键字特点设计一种哈希函数(也叫散列函数)和处理冲突的方法来确定记录的存储位置，将记录散列在存储介质上，这样的文件被称作散列文件。散列文件的随机存取效率很高，对于关键字的值，可以直接由散列函数及冲突处理方法求得在存储介质上的存储位置，从而方便存取。但散列文件不适宜顺序存取和成批处理。

4种基本存储方法，既可单独使用，也可组合使用。同一逻辑结构采用不同的存储方法，可以得到不同的存取结构。选择何种存储结构来表示相应的逻辑结构，视具体要求而

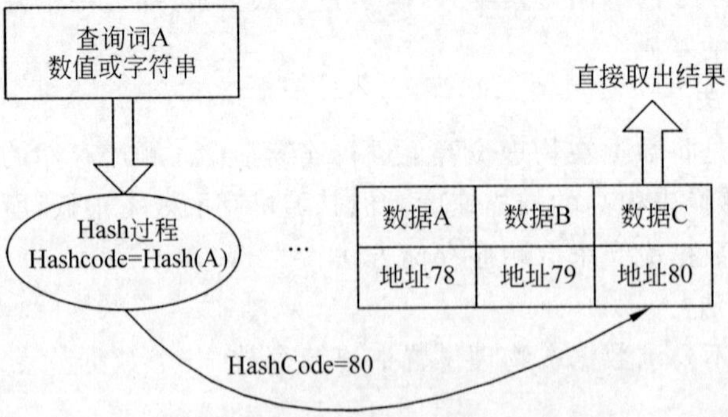

图 2-3 散列存储方法

定,主要考虑运算方便及算法的时间要求。

2.3.2 信息库

信息库用来存放所获取的网页。在 Google 的信息库中需要包含每个网页的 HTML 文档,其中每个页面都通过 Zlib 算法进行压缩。在选择采用具体压缩算法的时候,要综合考虑速度和压缩率的关系,一般是它们的折中选择。Zlib 的压缩率一般为 3∶1。

Zlib 算法是以 Huffman 树编码法和 LZ77 编码法为编码基础,采用了统计模型和字典模型,实际上是 Huffman 算法与 LZ77 算法的改进算法。它根据两个算法的优缺点能够互补的特点,将两个算法的优点有机地结合起来,使压缩效果更好。

Zlib 算法继承了字典压缩算法的思想,将此思想与滑动窗口(在内存中开辟的一个固定长度的缓冲区)相结合,把滑动窗口看成是字符匹配的字典,找出超前查看缓冲区(与滑动窗口的缓冲区相邻)中能与滑动窗口的字符串相匹配的最长的字符串,并将此串按照 LZ77 编码法进行编码。当两个缓冲区中没有相匹配的字符时,便采用自适应的 Huffman 编码法进行编码,在编码的过程中将已编好的压缩码实时写入压缩文件中。解码过程是编码的逆过程,同样用到 Huffman 算法和 LZ77 算法的编码算法,工作过程与编码过程相似。

信息库中的文档按照如图 2-4 所示的格式存放。

docID	encode	urllen	pagelen	url	page

图 2-4 信息库数据结构

在图 2-4 中,docID 为文档的唯一标识,encode 表示文档被存放时所采用的编码方式,urllen 表示该文档来源的 URL 地址的长度,pagelen 表示该文档的长度,url 表示存放该文档来源的 URL,page 表示存放该文档的内容。这种存放格式充分考虑了 HTML 的特点,而且方便存取。

为了便于从信息库中进行信息的查找,需要对这些信息建立索引。对于搜索到的巨大的信息量来说,必须建立一种合适的、紧凑的数据结构来存放索引。

2.3.3 文本索引

文本索引需要按照一定的次序来保存每个文档的信息，以便于信息的查找。在Google中利用了固定长度的ISAM(索引序列访问模式)进行索引，该索引按照docID排序。在每个索引条目中包含当前文本的状态、一个指向信息库的指针、一个文本的检查值和一些统计信息。如果文本已经被取回，则该条目还包含指向一个可变长度文件的指针，该文件包含文本的URL和标题；否则，该指针只指向一个URLlist(只包含URL)。这种数据结构可以保证数据的紧凑性和在搜索过程中能够通过一次寻道就取回记录。

另外，还有一个用来将URL转换成docID的对照文件。该文件包含URL校验值和它相应的docID。该文件按照URL的校验值排序。为了能够方便地根据URL找到对应的docID，首先计算该URL的校验值，然后根据二分查找算法在校验值文件中查找对应的docID。一些URL可以批量地被转换成对应的docID。这种批量转换算法是必要的，因为如果对每个URL都进行一次查找，那么对于一个包含3亿个URL的URL集合来说，系统将要花费大约一个月的时间来进行这种转换。

2.3.4 词典

不同搜索引擎采用的词典不一样。与早期系统中的词典不同的是，现在的词典可以全部存放在内存中。在Google中，词典存放在内存中，大约占256MB内存。该词典包含大约14 000 000个词。Google的词典由两部分组成：第一部分是一个通过空格分隔的词表，另一部分是由指针组成的散列表。

2.3.5 采样表

在Google中，文档中的每个词对应一个采样，采样包含该词在该文档中的位置、字体和大小写信息。采样表在前向和后向索引中占据主要的存储空间。这就必须高效地对这些信息进行编码。现有的编码方法有：简单编码法(通过一个整数的三元组)，紧凑编码法(一种位分配技术)和哈夫曼编码法。Google在构建采样表的过程中选择了紧凑编码法，它比简单编码法节省空间，比哈夫曼编码法运算速度快。

在紧凑编码法中，每个采样占用两个字节(如图2-5所示)。采样分为特定采样和普通采样。特定采样包括出现在URL、标题、锚点文本和Meta标记中的采样，其他采样统称普通采样。在普通采样中，包含1个大小写位、3个字体大小位和用12位表示的文档位置。字体通过相对表示法(相对其他的文本)表示，占据3位(由于111表示该采样为普通采样，因此字体大小只有7种选择)。在特定采样中，包含一个大小写位、字体位设为7表示该采样为特定采样，用4位表示该特定采样的类型，用8位表示在文档中的位置。对

<table>
<tr><td>普通采样：</td><td>大小写：1</td><td>字体大小：3</td><td colspan="3">位置：12</td></tr>
<tr><td>特定采样：</td><td>大小写：1</td><td>7</td><td>类型：4</td><td colspan="2">位置：8</td></tr>
<tr><td>锚：</td><td>大小写：1</td><td>7</td><td>类型：4</td><td>散列值：4</td><td>位置：4</td></tr>
</table>

图2-5 采样的结构(两字节)

于锚采样来说，8位被分成两个部分，其中4位用来表示在锚信息中的位置，另外4位用来表示出现该锚信息的文档的docID的散列值。

一个采样表的长度被存放在这些采样的前面。为了节省空间，在前向索引中，采样表的长度和wordID结合起来存放；在倒排索引中，采样表的长度和docID结合起来存放。

2.3.6 前向索引

前向索引是文档到词的索引，在处理文档的时候以文档为单位建立这种索引比较方便。在Google中，前向索引存放在64个存储桶中，每个桶容纳一定范围内的wordID(如图2-6所示)。如果一个文档包含的单词属于某个桶的话，那么该桶首先记录该文档的docID，后面跟随wordID和对应的采样表。这种方法将导致同一个docID出现在不同的桶中，从而造成一定程度的空间膨胀。这种空间的膨胀对于一定数量的存储桶来说不会太大，但是却可以大大提高索引阶段的效率和减少编码的复杂性。为了进一步节省存储空间，由于各个桶存放一定范围之内的wordID，这样就可以只存储wordID相对于该桶中最小wordID的相对值，这种相对值可以用24位数据表示。

docID	wordID：24	采样的个数：8	采样 采样 采样 采样
	wordID：24	采样的个数：8	采样 采样 采样 采样
	空 wordID		
docID	wordID：24	采样的个数：8	采样 采样 采样 采样
	wordID：24	采样的个数：8	采样 采样 采样 采样
	wordID：24	采样的个数：8	采样 采样 采样 采样
	空 wordID		
	…		

图2-6 前向索引数据结构

2.3.7 后向索引

前向索引便于建立，但是在信息查找的过程中，是根据词来找文档的，因此为了提高文档检索的速度，必须建立词到文档的索引，即后向索引。在Google的后向索引中，也包含与前向索引类似的存储桶(如图2-7所示)，只不过后向索引经过排序处理。对于每个有效的wordID，词典包含一个指向该wordID所在桶的指针。该指针指向一个docID的列表和与该wordID相关的采样表。该docID的列表包含所有出现该wordID所对应的词的文档。

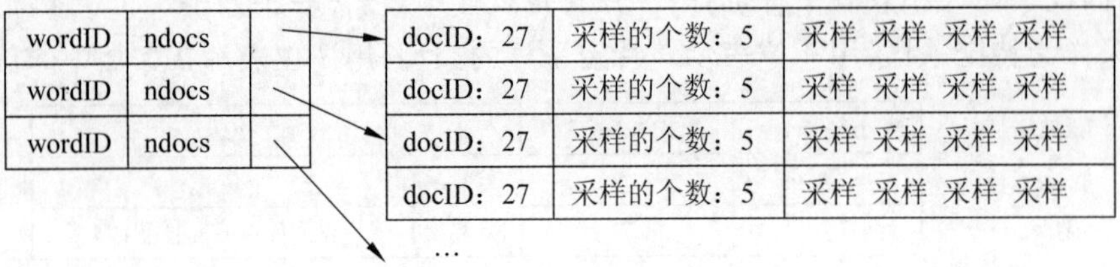

图2-7 后向索引数据结构

在后向索引中，一个主要的问题是如何对docID列表中的docID进行排序。这些docID可以简单地按照docID进行排序。这种方法可以与实现多词查询时的docID列表合并。另外一种想法是按照每个文档中该词出现的频率对docID列表进行排序。这种方法便于单个词的查询，而且在多词查询时很容易在docID列表的头部找到结果，但是这种方法不利于多个docID列表的合并。Google采取了折中的方法，将后向索引桶分成两类：一个存放标题或者锚信息的采样表，另一个存放所有的采样表。如果在第一类桶中没有足够匹配结果的话再在第二类桶中进行匹配。

2.4　元搜索引擎

元搜索引擎，就是指在统一的用户查询界面与信息反馈的形式下，共享多个独立搜索引擎的资源库为用户提供信息服务的系统。这些被共享的独立搜索引擎，称为元搜索引擎。元搜索引擎与搜索引擎的最大不同之处就在于它可以没有自己的资源库和爬虫程序(如Spider)，它充当的是一个中间代理角色，接受用户的查询请求，将请求翻译成相应搜索引擎的查询语法。在向各个独立搜索引擎发送查询请求并获得反馈之后，首先进行综合相关度排序，然后将整理抽取之后的查询结果提供给用户。这样由于信息源范围的扩大，不仅提高了检索效率，也大大增加了找到所需信息的可能性。

元搜索引擎没有自己的数据，而是将用户的查询请求同时向多个搜索引擎递交，将返回的结果进行重复排除、重新排序等处理后，作为自己的结果返回给用户。服务方式为面向网页的全文检索。这类搜索引擎的优点是返回结果的信息量更大、更全，缺点是不能够充分使用搜索引擎的功能，用户需要做更多的筛选。

2.4.1　元搜索引擎的基本构成

独立搜索引擎根据用户的查询请求，按照一定的算法从索引数据库中查找对应的信息返回给用户。为了保证用户查找信息的精度和新鲜度，搜索引擎需要建立并维护一个庞大的索引数据库。在独立搜索引擎中，索引数据库中的信息是通过网络爬虫从互联网采集而得的网页。所以一般独立搜索引擎主要由网络爬虫、索引与搜索引擎软件等部分组成。

元搜索引擎把用户的查询串分配给几个指定的独立搜索引擎，再将各独立搜索引擎所得结果分级排序，删去重复内容，然后给出查询结果。也就是说，元搜索引擎是建立于独立搜索引擎之上的搜索引擎。

与独立搜索引擎相比，元搜索引擎不需要维护庞大的索引数据库，也不需要网络爬虫去采集网页。具体说来，元搜索引擎主要由三部分组成(如图2-8所示)：请求提交代理、检索接口代理、结果显示代理。

1. 请求提交代理

请求提交代理负责实现用户个性化的检索设置要求，包括调用哪些搜索引擎、检索时间限制、结果数量限制等并负责将用户的请求分发给独立搜索引擎。一般的元搜索引擎设定了它所调用的独立搜索引擎。有些元搜索引擎让用户自己选择所用的搜索引擎。还

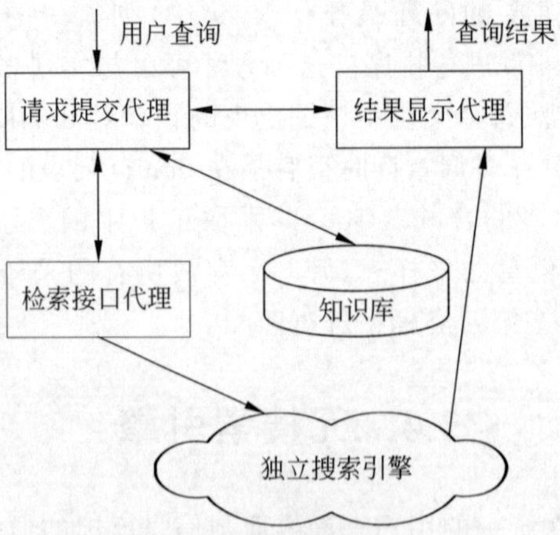

图 2-8 元搜索引擎原理图

有一种通过分析用户的兴趣和网络的实际情况来选择搜索引擎，这有利于提高用户查询的准确度和对用户的响应速度。

2. 检索接口代理

检索接口代理负责将用户的检索请求“翻译”成满足不同搜索引擎“本地化”要求的格式。由于不同的搜索引擎所支持的查询方式不同，比如有些搜索引擎支持 Stemming(词干法)方式。即便是同一种方式，也有不同的表达方法，所以必须将元搜索引擎中的查询请求映射到对应的搜索引擎中，而且不能丢失语义信息。

3. 结果显示代理

结果显示代理负责所有源搜索引擎检索结果的去重、合并、输出处理等。元搜索引擎的结果一般由网页标题、内容摘要、所指网页的 URL、相关度、信息返回时间、所采用的引擎标志等组成。这些搜索结果是多个独立搜索引擎的并集。元搜索引擎的结果应该具有多种排序方式，以满足不同用户的需要。元搜索引擎常用的排序方式有相关度排序、时间排序、域名分类排序、搜索引擎排序等。

元搜索引擎的工作过程如下：用户通过 WWW 服务访问元搜索引擎，并向 Web 服务器提出检索式，当 Web 服务器收到查询任务时，首先访问结果数据库，看在近期是否有相同的检索。如果有则直接返回保存的结果，完成查询；如果没有，那么就将检索式进行处理，分析并转换成与所要查找的搜索引擎相应的检索式格式，然后送至 Web 处理接口部分。Web 处理接口通过并行的方式同时查询多个搜索引擎，集中所有的查询结果。根据各引擎的重要性，以及所得结果的相关度，通过算法对结果进行抽取和排序，并生成最终结果网页返回给用户。与此同时，将此次结果保存在结果数据库中，以备下次查询参考。这就是整个元搜索引擎的服务过程。

其中对于结果数据库中记录的处理，要指定一个生存期，也就是超过一定时间的检索结果要予以剔除，以保证检索的时效性。需要指出的是，首先由于大部分搜索引擎互不兼容，相互操作性差，而且用户接口不一致，使得检索式处理非常复杂。这不仅要求精确掌握各个搜索引擎在查询时调用 CGI 的格式，还要做到将当前检索式转换成相应格式。其次，由于不同搜索引擎反馈的结果页面格式相差很大，对于这些页面的处理难度也相当大，一方面要解析页面找到的查询结果，另一方面还要能够把这些结果的内容抽取出来，目前采用最多的是固定查找和智能判断相结合的策略。

作为一个元搜索引擎，如何能够将获取的信息按照相关度进行排序也是非常复杂的问题，因为不同搜索引擎在本身查询结果排序过程中采用的算法相差很大，甚至有些未知的算法，而元搜索引擎必须结合这些使用不同排序算法产生的结果，并以统一的结果形式返回给用户。这些都是在研究元搜索引擎中遇到的难点，也是能否成功实现一个元搜索引擎的关键。

2.4.2　元搜索引擎的分类

元搜索引擎有多种分类方式，在数据处理方面，元搜索引擎分为并行处理式和串行处理式两大类。并行处理式元搜索引擎将用户的查询请求同时转送给它调用链接的多个独立型搜索引擎进行查询处理；串行处理式元搜索引擎将用户的查询请求依次转送给它调用链接的每一个独立型搜索引擎进行查询处理。按功能划分，元搜索引擎包括多线索式搜索引擎和 All-in-One 式搜索引擎。按运行方式的差异可分为在线搜索引擎和桌面搜索引擎。

一款理想的元搜索引擎应该具备以下特点和功能：第一，涵盖较多的搜索资源，可随意选择和调用源搜索引擎；第二，具备尽可能多的可选择功能，如资源类型（网站、网页、新闻、软件、FTP、MP3、图像等）选择、返回结果数量控制、结果时段选择、过滤功能选择等；第三，强大的检索请求处理功能（如支持逻辑匹配检索、短语检索、自然语言检索等）和不同搜索引擎间检索语法规则、字符的转换功能（如对不支持 NEAR 算符的搜索引擎，可自动实现由 NEAR 向 AND 算符的转换等）；第四，详尽全面的检索结果信息描述（如网页名称、URL、文摘、源搜索引擎、结果与用户检索需求的相关度等）；第五，支持多种语言检索。

可以将元搜索引擎分为简单元搜索引擎和复杂元搜索引擎。根据请求提交代理、检索接口代理和结果显示代理所在位置的不同，又可将复杂元搜索引擎分为桌面型元搜索引擎和基于 Web 的元搜索引擎。

1. 简单元搜索引擎

简单元搜索引擎原则上并不能称为搜索引擎。它只是给用户提供一个搜索引擎列表，用以选择搜索引擎。用户输入查询请求，然后直接以 CGI 方式调用对应的搜索引擎。由于具体搜索引擎是由用户选择的，而且查询请求只能发送给一个搜索引擎，所以请求提交代理和检索接口代理的设计就非常简单，可以直接设计在静态网页中。简单元搜索引擎不进行搜索结果的处理，这就省去了图 2-8 中的结果显示代理。

2. 桌面型元搜索引擎

桌面型元搜索引擎以程序的方式提供给用户。它运行在用户的机器上，用户的查询请求直接由用户端分发给它所调用的搜索引擎，然后对返回的搜索结果进行集成后以一定的方式显示。对桌面型元搜索引擎来说，图 2-8 中的请求提交代理、检索接口代理和结果显示代理都在用户端。

3. 基于 Web 的元搜索引擎

基于 Web 的元搜索引擎以 Web 方式为用户提供元搜索服务。请求提交代理、检索接口代理和结果显示代理都存放在元搜索引擎所在的服务器端。在这种方式中，用户的元查询请求经过服务器端的请求提交代理和检索接口代理将查询请求分发给它所调用的独立搜索引擎，这些独立搜索引擎返回的搜索结果由服务器端的结果显示代理处理后再返回给用户。由于 Web 易用性的特点，基于 Web 的元搜索引擎使用得更为广泛。

2.4.3 常用元搜索引擎介绍

目前运营的元搜索引擎各具特色，功能各有侧重，完全“理想”的尚不多见。一些元搜索引擎在某些方面较为优秀，而其他功能则欠缺或需改进。例如，大多元搜索引擎不支持多语种，尤其是汉语检索；一些元搜索引擎实现检索语法转换的能力有限，不支持指定字段检索，不能充分发挥各个独立搜索引擎的高级检索功能；部分元搜索引擎无源搜索引擎列表，用户不能自主选择和调用源搜索引擎；大部分元搜索引擎仅支持调用 AltaVista、Excite、GoTo.com、Yahoo!、InfoSeek、Lycos 等常用的搜索引擎，一些大型搜索引擎如 Northern Light、HotBot 等被排除在外，人为地限制了搜索资源的利用。在检索结果上，元搜索引擎只能返回十几条或数十条“相关度”较高的结果，大量可能有价值的源搜索引擎的检索结果被忽视，影响检索结果的全面性。

元搜索引擎的功能受源搜索引擎和元搜索技术的双重制约：一方面，源搜索引擎的各具特色的强大功能在元搜索引擎中受到限制而不能充分体现；而另一方面，任何一种元搜索技术都不能发掘和利用源搜索引擎的全部功能。

下面列举一些常用的元搜索引擎。

1. 中文元搜索引擎

目前常用的中文元搜索引擎是 MEZW 聚合搜索引擎（https://so.mezw.com/）。MEZW 搜索是一家聚合搜索引擎网站，致力于为用户提供准确、干净的网页内容搜索服务，搜索结果来自海内外不同内容渠道的聚合，用户登录后还可以设置屏蔽掉任何不希望看到的网站。

2. 英文元搜索引擎

1）Mamma（https://www.mamma.com）

1996 年面世，自称为“搜索引擎之母”的并行元搜索引擎，可同时调用 AltaVista、Excite、InfoSeek、Lycos、WebCrawler、Yahoo! 等常用的独立搜索引擎，并且可查询网上商店、新闻、股票指数、图像和声音文件等资源。其特点是检索界面友好，检索选项丰富，主要包括：可控制调用的独立搜索引擎、选择使用短语检索功能、设定检索时间、设定每页可显示记录数等。另外，Mamma 支持常用检索语法在不同搜索引擎中的转换，还提供了专门检索页面文件标题的特殊检索服务，以及通过 E-mail 传输检索结果的特色功能。检索结果以相关性排序，内容包括网页名称、URL、文摘、源搜索引擎。

2）ProFusion（http://www.profusion.com）

1995 年在堪萨斯大学创制的并行式元搜索引擎，拥有智能化的搜索技术，可同时调用 AltaVista、Excite、HotBot、InfoSeek、Lycos、Magellan、OpenText、WebCrawler 和

Yahoo！9个独立搜索引擎，提供诸如搜索引擎选择、检索类型、结果显示、摘要选项、链接检查等较多的检索选项，支持个性化设置，可以选择三个最好的搜索引擎（InfoSeek、AltaVista、Excite），或三个最快的搜索引擎（InfoSeek、Yahoo！、Magellan），或全部搜索引擎，或手工选择任意几个搜索引擎来进行搜索。自动实现符合特殊检索语法要求的转换，如在调用 Excite、InfoSeek、WebCrawler 时将“NEAR”转换成“AND”，在调用 GoTo、Yahoo！时将“NOT”删除等。原为堪萨斯州大学所有，2000 年 4 月被 Intelliseek 搜索公司购买。

3）Dogpile（http://www.dogpile.com）

Dogpile 是一个比较著名的元搜索引擎，曾经在 2004 年获得年度最佳创新奖。Dogpile 可以同时调用 25 个万维网搜索引擎（Web Search Engine）、新闻论坛搜索引擎（Usenet Search Engine）和 FTP 搜索引擎（FTP Search Engine）等。它采用独特的并行和串行相结合的查询方式：首先并行地调用 3 个搜索引擎，如果没有得到 10 个以上的结果，则并行地调用另外 3 个搜索引擎，如此重复直到获得至少 10 条结果为止。可使用布尔算符和模糊查询，即使是高级运算符和连接符，它也能将其转换为符合每个搜索引擎的语法，可以使用 * 作为通配符，支持＋、－词操作，美中不足是不能够指定选择使用独立搜索引擎。

4）Cyber411（http://www.cyber411.com）

并行式元搜索引擎，可以同时调用 AltaVista、Excite、InfoSeek、Lycos、WebCrawler 和 Yahoo！等 15 个独立搜索引擎，它可以选择源搜索引擎，对查出结果进行组织并指出信息源，但其高级查询功能尚不完善。

5）Highway61（http://www.highway61.com）

并行式元搜索引擎，可以同时调用 AltaVista、Excite、InfoSeek、Lycos、WebCrawler、Yahoo！6 个独立引擎，提供 AND 和 OR 两种逻辑组合选择搜索，每次查询的参数保存在 Cookie 中，下次查询时会自动设置好，对查出结果进行组织，按页面评分排序，并在查询结果中指出信息源。

2.4.4　元搜索引擎的特点

从图 2-8 中元搜索引擎的结构中可以知道，元搜索引擎的技术重心在于查询前的处理（请求提交代理和检索接口代理）和结果的集成。元搜索引擎可以灵活地选择所要采用的独立搜索引擎。它一般都是选择那些比较典型的、性能优异的独立搜索引擎。这种强强联合的结果保证了搜索结果的权威性和可靠性。它还可以充分发挥各个独立搜索引擎在某个搜索领域的功能，弥补独立搜索引擎信息覆盖面的局限性。总的来说，元搜索引擎与独立搜索引擎相比，具有如下优点。

1. 信息的覆盖面广

元搜索引擎一般都要默认调用它自己认为比较好的若干个普通搜索引擎，而且大多数元搜索引擎都提供给用户在一定范围内选择搜索引擎的功能。有些元搜索引擎还以频道的方式为用户提供专业搜索引擎的分类。这样，用户可以根据自己的喜好和要查询的内容选择相应的搜索引擎。

2. 搜索结果的权威性和可靠性

在独立搜索引擎中，索引数据库的更新需要一定的周期，而且搜集的信息也各有一定的侧重，元搜索引擎调用多个独立搜索引擎获取搜索结果，这种方式首先保证了信息的互补性，其次与独立搜索引擎相比，提高了信息的新鲜度。如果同样的搜索结果在多个独立搜索引擎中同时出现，那么说明这个搜索结果比较重要。这样就避免了一些独立搜索引擎人工干预搜索排名的缺点，使得搜索结果的排序更加公正。有些元搜索引擎还检查搜索结果链接的存在性，这样可以保证用户得到搜索结果的可靠性。

3. 易维护性

易维护性是针对元搜索引擎的管理者而言的。元搜索引擎省却了独立搜索引擎中收集和存储网页、建立和存储索引的工作。它将自己所调用的搜索引擎看成一个可以独立完成一定功能的实体，不需要去维护它们，只需知道它们的调用接口即可。元搜索引擎的查询精度在很大程度上依赖于它所调用的搜索引擎的查询精度，所以在设计元搜索引擎时可以把主要精力放在搜索引擎的选择、查询请求的优化和搜索结果的优化等方面。一般的元搜索引擎都提供了对应的优化机制。

如果要尽快查询到一个独特的术语或某个课题的概述，那么可以使用元搜索引擎；当用其他独立搜索引擎查询得不到所需文件时，也可以改用元搜索引擎，即元搜索引擎主要用于提高搜索的广度。如果对其他搜索引擎不是很熟悉，也可以使用元搜索引擎作为通向其他搜索引擎的门户。

2.4.5 主要技术指标

作为一种搜索引擎，元搜索引擎也有普通搜索引擎的一些基本指标，如响应速度、准确率等。但是元搜索引擎个体差异很大，很难进行精确的比较。下面给出元搜索引擎的几个主要指标，并对其中的一些指标进行比较。

1. 选择独立搜索引擎的策略

有些元搜索引擎固定地调用几个独立搜索引擎，用户不能修改。有些元搜索引擎的高级特性中会提供选项让用户选择调用哪些搜索引擎。这种方式对于那些对独立搜索引擎比较了解的用户来说，是可取的；而对于不了解的用户来说，则可能无法选择适合自己查询的搜索引擎。独立搜索引擎的各种技术飞速发展，性能也随之不断地提高。元搜索引擎只能选择几个（一般不超过 16 个）搜索引擎同时进行检索，因为选择的搜索引擎越多，固然得到的搜索结果更全面，但是结果的集成将花费大量的时间。元搜索引擎如果一直固定地调用几个搜索引擎，将可能跟不上搜索引擎的发展潮流。

2. 覆盖网络资源的程度

元搜索引擎由于不需要建立自己的索引，避免了对大量信息的存储和处理。一般的元搜索引擎会尽量覆盖多种网络资源。有些元搜索引擎还支持更加专业的搜索，比如 MP3、各种专业论文、健康医药的查找等。

3. 提供丰富的检索选项

这里包括是否提供高级检索服务，是否可以限定最长检索时间，是否可以设置每个搜索引擎返回的结果数量，是否可以设置每页显示的结果数目，是否可以设置标题长度（搜索引擎可以从 title 标记中显示的最大字符数）和摘要长度（搜索引擎所显示的结果中摘要的最大字符数），是否提供显示选项（用户可以通过它来设置结果的其他显示方式，如只显示标题、按照时间排序等）等。检索选项越多，用户使用的时候就越灵活。但是由于元搜索引擎的检索特性向它所调用的独立搜索引擎检索特性转换所具有的复杂性，许多元搜索引擎不提供复杂的检索特性。大多数元搜索引擎提供通用的布尔检索。而对于如高级布尔检索、短语检索、自然语言检索等高级特性则只有少数几个元搜索引擎能够提供。

4. 搜索结果的处理能力

对独立搜索引擎返回的搜索结果的处理是元搜索引擎的又一重要技术。它包括结果的处理和结果的显示。有些元搜索引擎提供多种显示结果的方式，比如有些元搜索引擎提供让用户按照时间、按照搜索引擎、按照相关度等排序的选项。有的元搜索引擎提供了让用户定制搜索结果的聚类方式，如按照域名聚类、按照主题聚类等。

5. 相关度指标

每个搜索引擎开发商为了将最满意的结果放得更靠前，不遗余力地创建出各种相关度指标体系，从检索词的位置、频率到链接和流行度等。虽然没有一种方法是完美的，但都有创新和独到之处。面对众多的相关度评价指标，按照怎样的方式对从独立搜索返回的结果进行一致性的排序是元搜索引擎结果处理部分面临的主要问题。元搜索引擎的结果排序有多种方法。有根据搜索结果在元搜索引擎中的位置进行排序的方法，有根据搜索结果的摘要信息进行排序的方法，还有的干脆获取这些网页，然后按照位置、频率对搜索结果进行一致性排序。

元搜索引擎的出现基本上解决了信息检索中的查全率问题，但它也存在着不足。

(1) 众多搜索引擎同时集中在一个界面下，不同搜索引擎具有不同的搜索方式和检索策略，要系统同时适应这些检索策略，必然会牺牲某些搜索引擎的特殊性能，因而从整体上降低了检索性能，而非 1＋1＝2。实际上，元搜索引擎的统一是以牺牲单个搜索引擎的个性而取得的。

(2) 每一个元搜索引擎使用的当前的搜索引擎的数量是有限的，一般为 3～5 个，这就存在着搜索引擎的选择问题，选择哪些搜索引擎能够满足查全的要求，以及对这些搜索引擎的性能进行评价就成了至关重要的问题。同时，这些搜索引擎收录范围会有交叉，增加了系统去重及判断时间，从某种程度上增加了系统的开销。

(3) 检索结果返回给用户是以统一的用户界面形式来完成的，系统要进行不同格式的转换，因此检索速度可能会受到影响，同时，对不同格式的结果进行处理也存在着一定技术困难。

2.5　个性化搜索引擎

搜索技术满足了人们一定的需要，但由于其通用的性质，仍然不能满足不同背景、不同目的和不同时期的查询请求。个性化服务技术就是针对这个问题而提出的，它为不同用户提供不同的服务，以满足不同的需求。个性化服务通过收集和分析用户信息来学习用户的兴趣和行为，从而实现针对不同用户进行相应信息筛选的目的。个性化服务技术能够充分提高搜索引擎的服务质量和访问效率，以吸引更多的访问者。

目前，个性化服务技术主要分为两种：基于规则的系统和信息过滤系统。基于规则的系统允许系统管理员根据用户的静态特征和动态属性来制定规则，规则决定了在不同情况下如何提供不同的服务。其主要优点是简单直接，缺点是规则质量难以保证，可扩展性差，对于大数据量、大用户量的情况难以维护和管理。基于内容过滤的系统则利用资源与用户兴趣相似性来过滤评价信息，相比于基于规则的系统，其优点是自动化程度高、可扩展性好。

2.5.1 系统模块及其功能

个性化搜索引擎系统主要包括用户代理模块、查询扩展和分析模块、独立搜索引擎接口模块、信息过滤模块、结果反馈模块、数据库模块等部分。

1. 用户代理模块

主要是向系统发出请求和接受系统的查询结果，给用户提供一个友好的交互界面。根据用户的输入检索信息，结合搜索引擎的检索器的接受输入格式，对复杂的搜索引擎的语法进行研究并做相应的转换，从而使独立搜索引擎可以更好地理解用户的需求信息，更好地发挥独立搜索引擎的检索优势，这样就提高了搜索引擎的关键词语法转换能力，从而减少因语法转换造成的信息丢失。

2. 查询扩展和分析模块

主要是根据用户兴趣库内容和信息反馈模块来对输入信息进一步进行归纳和综合整理，从而可以全面地理解和识别用户的实际需求信息，可以进一步提高搜索引擎的查全率和查准率。

3. 独立搜索引擎接口模块

根据用户查询的信息内容不同以及各个搜索引擎的查询优势不同，合理地选择独立搜索引擎进行搜索查询。

4. 信息过滤模块

实现信息过滤，根据信息过滤算法和用户兴趣库对独立搜索引擎返回的信息检索结果做进一步处理，去掉重复文档并按相关度排序后提交给用户，过滤掉与用户背景知识无关或用户不感兴趣的信息，提高查准率。

5. 结果反馈模块

主要是根据用户对查询结果的查看以及评价信息，对查询结果进行分析和归纳，并对分析结果做出相应的处理，将用户输入感兴趣的内容信息传递到用户兴趣库中，并把语义相关的关键词保存到关键词库中，根据相应的算法做相关度处理。搜索引擎可据此信息过滤下次搜索的不相关或相关度不大的检索结果，精简检索结果，并且从用户反馈和检索结果中提取用户偏好信息，动态地修改用户兴趣库和语义相关库。

6. 数据库模块

主要包括以下两部分。

(1) 用户兴趣库：为了提供面向用户的检索，系统必须维护用户的相关特征。一般地，用户信息应该包括用户感兴趣的主题、浏览方式、用户的领域知识、用户目标、背景、使用经验以及相应爱好等。

(2)语义相关库：建立语义相关信息库，主要是通过各种反馈技术与数据挖掘技术相结合来对同一关键词做进一步分析，从而得到更多的相关语义信息，进而准确理解用户的需求信息，提高搜索引擎的查全率。

2.5.2 个性化搜索引擎的关键技术

1. 个性化信息服务

个性化信息服务是针对用户提出的检索要求，根据用户的兴趣在海量信息库中筛选提供符合用户的信息。个性化信息服务主要包括两个方面的含义：一是信息服务方式的个性化，即根据个人的爱好或特色进行服务；二是信息服务内容的个性化，即让人们从个人的职业、兴趣等方面获得信息。

具体来说，Apple既指水果也指计算机，如果用户在计算机中输入Apple时，现有的搜索引擎在进行检索时不能判断用户究竟是想搜索关于水果的信息还是搜索关于计算机方面的信息。也就是说，现有的搜索引擎会将关于Apple的信息全部输出，即不同用户输入相同的关键字进行查询时，输出的结果是完全一样的，而与用户本身的特点没有任何关系。而个性化搜索引擎能够根据用户自身的信息，搜索出符合用户要求的信息。个性化搜索引擎在进行信息搜索时，主要根据各个用户自身的特点，搜索出符合他们兴趣要求的信息。比如不同的年龄、不同的职业、不同的性别等，我们把这些称为"个人偏好"。当用户输入关键字进行查询时，他要得到的结果和他的个人偏好必然存在一定的联系。所以，个性化搜索引擎在搜索时，将用户输入的关键字和该用户的个人偏好联系起来进行查询，据此猜测该用户可能想要得到的信息，从而将该用户最可能需要的信息链接在最前面。例如，在理想情况下希望得到这样的结果：一个年龄为30岁，职业为程序员的人搜索Apple时，搜索引擎根据他的个人信息，判断他可能需要计算机方面的信息，而一个年龄为70岁的退休工人输入Apple时，搜索引擎猜测他需要的可能是关于水果方面的信息。

从以上的分析中可以看出，个性化信息服务满足了"用户第一"的服务理念，用户满意是其出发点，主动服务是其基本模式，双向沟通是其成功的要因。个性化信息服务真正能够实现"所需即所求"的信息服务模式。

2. Agent技术

所谓Agent，可以理解为是一个自包含的程序，能够控制自己的动作与决策，基于对自己所在环境的感知，追求一个或多个目标。它就好比一个会学习的软件，能够记住你擅长什么，过去做过什么，并试着预测难题，提出解决方法，它自己能够寻找用户变化多端的兴趣，一旦找到了规律，它就可以代替用户做同一件事。一般认为，Agent具有如下特征。

(1)自主性。是指Agent能够在没有人或其他Agent直接干预的情况下持续运行，并能控制其自身的动作和内部状态。

(2)反应性。Agent能够感知外界环境，并对外界环境的变化适时做出反应。

(3)适应性。Agent具有学习能力，它不仅能够对外界环境变化做出反应，而且能够采用一种面向目标的行为。

(4)通信能力。Agent能够通过某种Agent通信语言与其他Agent进行交互。

(5) 生存能力。Agent 能适应其所在环境,并在一定时间基础上进行自我调整。

个性化搜索引擎把 Agent 的这些特性应用到信息检索领域中,使得 Agent 的优势能够得到充分的发挥,提高信息检索的自主性、灵活性和精确性,给用户带来更多的便利,能够为用户提供个性化的服务。

3. 用户兴趣学习

用户兴趣学习是根据用户对浏览信息的选择,采取某种学习方法来逐步明确用户兴趣的一个过程。实质上它是一个机器学习的过程,可以采用多种机器学习的方法来实现它。个性化搜索引擎通过学习用户兴趣,可以做到真正向用户推送用户感兴趣的信息。在学习时,可以采用 BP 神经网络来学习用户的兴趣。

BP 神经网络模型是一个有监督的学习算法。神经网络输入文档的特征向量,输出评价值。网络通过训练,实现文档向量向评价值的映射,从而实现了区别不同用户兴趣的任务,能够做到把用户感兴趣的信息提交给用户。

4. 信息过滤

信息过滤技术是实现个性化搜索引擎的另一项关键技术。个性化搜索引擎通过信息过滤技术,过滤出用户真正感兴趣的信息。信息过滤系统主要包括 3 个基本的逻辑单元:信源、过滤器、用户。信源向过滤器提供信息及特征描述,过滤器根据用户兴趣有选择地向用户递送信息,用户可以决定是否向过滤器发反馈信息指明他们的要求,使过滤器通过学习、调整,可以更好地提供符合用户个性化需求的信息。

2.6 智能搜索引擎

2.6.1 智能搜索引擎特征

智能化搜索引擎是基于人工智能,融合专家系统、自然语言理解、用户模型、模式识别、数据挖掘及信息检索领域的知识和先进技术发展起来的。智能化搜索引擎具有与传统搜索引擎不同的特征。

1. 搜索信息准确

传统的搜索引擎使用方法是被动搜索,通常执行基于关键词的信息检索方式。准确的搜索应该建立在对收录信息和搜索请求的理解之上,智能化搜索引擎使用自然语言理解技术,能实现分词、同义词理解和短语识别,将信息检索提升到知识(概念)层面,可以同用户进行自然语言交谈,并深刻理解用户的搜索请求,查询的结果更加准确。

2. 搜索智能化

智能化搜索引擎除了提供传统搜索引擎的快速检索、相关度排序等功能外,还提供信息服务;智能化搜索引擎具有跨平台工作和处理多种混合文档结构的能力,能处理 HTML、XML、TXT、Word 或 WPS 文档以及其他相关类型的文档;智能化搜索引擎支持多语言检索处理和转换功能,实现机器翻译技术,用户可以使用母语检索其他语言表示的信息。

3. 信息服务个性化

智能化搜索引擎提供用户角色登记、用户兴趣自动识别、智能化信息过滤和信息推送主动服务等功能,能提供更加方便的符合特定需求的信息服务。

2.6.2 智能搜索引擎主要技术

1. 智能代理技术

智能代理自20世纪90年代出现以来一直作为人工智能研究领域的热点技术得到不断推广,被广泛用在信息服务、网络管理、电子商务以及教育娱乐等实际应用上。智能代理是一段计算机程序或具体硬件系统,能依据一定的需求,自主地完成相关的功能或任务。

智能搜索引擎采用了功能不同的Agents以提供更好的信息服务。例如,作为用户接口的Agents具有学习用户行为和操作的能力,并在用户下次执行同样的操作或特定需要时做出正确适当的反应。具有通过事例学习的能力。

2. Web挖掘技术

数据挖掘,也称为数据库中的知识发现(KDD),是近几年来随着数据库和人工智能发展起来的一门新兴的数据库技术,帮助人们从庞大的目标数据集合中抽取出可信的、新颖的、有效的并被人们理解的知识。互联网是一个巨大的信息资源库,其分布广泛,涉及诸多信息服务,并包含丰富的超链接信息和Web页面使用访问信息,结合机器学习的方法,合理地对这些信息进行挖掘,建立用户规则库和信息资源知识库,可以为搜索引擎提供智能化的信息服务提供保证。

Web内容挖掘对搜索器收集的Web页面中的文本进行适当的分析解释,避免传统搜索引擎分析方法的简单化,结合索引器建立更加精确的Web文档索引库。为了有效地进行Web文档挖掘,必须解决好文档的表示问题,实现文本的自动分类和检索结果的联机聚类,文本的自动分类可称为有导师学习,基于一组预先分类好的文档,对新收集的Web文档加以分类,从而建立更加精确的分类索引数据库,便于用户检索。常用的自动分类法有朴素贝叶斯分类和K-最邻近分类等。检索结果从某种角度讲可算是大量返回信息组成的Web文档,通过对检索结果文档集合进行聚类,使与用户检索需求相关的文档聚类较近并提交这样的结果给用户。

Web行为挖掘是通过对用户以往使用搜索引擎的日志文件(包括检索时间、检索词、路径以及检索中浏览的检索结果)进行分析,总结出用户检索行为的模式,实现智能性信息过滤、个性化和主动信息服务。

3. 自然语言理解技术

自然语言理解是人工智能研究领域的一个重大课题,旨在通过研究开发实现计算机对人们日常交流的自然语言的分析和回答,从而达成更加有效的人机交互,确保搜索结果描述的准确性、相关性和相似性,而且自然语言理解关系到智能化搜索引擎建立知识库的效果。自然语言理解涉及语言学研究方面的技术,如汉语分词、短语识别等技术。

4. 分布式并行计算技术

计算机网络技术的发展使系统间的资源(包括计算机软硬件)共享成为可能,从而摆脱了应用计算依附少量大型计算机的局面,相关应用真正实现了分布式数据存储和分布式计算的功能,极大地提高了应用实现的灵活性和工作效率。

智能搜索引擎面向的是一个分布、异构的信息库系统，其收集和索引的 Web 信息实现了分布式存储，关键是对这些资源进行有效的整合，以方便用户的高效检索。例如，元搜索引擎利用了别的独立搜索引擎的索引数据库，面向的是分布的各数据库系统。同样，智能化搜索引擎可以利用计算机最新发展技术建立自主的分布的索引数据库、知识库和用户规则模式库，并提供一定的镜像支持。智能化搜索引擎派出的多个搜索代理可以独立地进行信息收集和使用分布式并行计算的功能，并将信息提交给多个索引代理协同或独自创建索引数据库和知识库等。

小　　结

本章主要介绍了搜索引擎的基本结构、工作原理以及工作的过程，具体内容如下。

1. 搜索引擎的体系结构

搜索引擎主要由搜索器、索引器、检索器和用户接口组成。

搜索引擎系统结构的搜索器(Spider)俗称蜘蛛或网络爬虫，是一个自动收集网页的系统程序，其功能是日夜不停地在互联网中漫游，搜集信息；索引器是理解搜索器所搜索的信息，由分析索引系统程序对收集回来的网页进行分析，提取相关网页信息，根据一定的相关度算法进行大量复杂计算，得到每一个网页针对页面内容中及超链接中每一个关键词的相关度，然后用这些相关信息建立网页索引数据库；检索器是根据用户的查询在索引库中快速检出文档，进行文档与查询的相关度评价，对将要输出的结果进行排序，并实现某种用户相关性反馈机制；用户接口的作用是输入用户查询，显示查询结果，提供用户相关性反馈机制。

2. 搜索引擎的工作原理

可分为 3 步：从互联网上抓取网页、建立索引数据库、在索引数据库中搜索排序。

(1) 从互联网上抓取网页，称为网页搜集。就是利用能够从互联网上自动收集网页的 Spider 系统程序，自动访问互联网，并沿着任何网页中的所有 URL 爬到其他网页，重复这个过程，并把爬过的所有网页收集回来。

(2) 建立索引数据库，称为网页处理。就是由分析索引系统程序对收集回来的网页进行分析，提取相关网页信息，根据一定的相关度算法进行大量复杂计算，得到每一个网页针对页面内容中及超链接中每一个关键词的相关度(或重要性)，然后用这些相关信息建立网页索引数据库。

(3) 在索引数据库中搜索排序，就是当用户输入关键词搜索后，由搜索系统程序从网页索引数据库中找到符合该关键词的所有相关网页。因为所有相关网页针对该关键词的相关度早已算好，所以只需按照现成的相关度数值排序，相关度越高，网站排名越靠前。

为了完成查询服务，需要有相应的元素来进行表达，这些元素主要有：原始网页文档、URL 和标题、编号、所含的重要关键词的集合以及它们在文档中出现的位置信息、其他一些指标，如重要程度、分类代码等。

最后，由页面生成系统将搜索结果的链接地址和页面内容摘要等内容组织起来返回给用户。

3. 搜索引擎的数据结构

搜索引擎的存储结构主要有：顺序存储、链接存储、索引存储和散列存储。搜索引擎的信息库包含每个网页的HTML文档，每个页面都通过Zlib算法进行压缩。文本索引需要按照一定的次序来保存每个文档的信息，以便于信息的查找。不同搜索引擎采用的词典不一样，现在的词典全部存放在内存中以便快速地查找。文档中的每个词对应一个采样，采样包含该词在该文档中的位置、字体和大小写信息。前向索引是文档到词的索引，在处理文档的时候以文档为单位建立这种索引比较方便。后向索引是词到文档的索引，主要目的是为了提高文档检索的速度。

4. 元搜索引擎

元搜索引擎，就是指在统一的用户查询界面与信息反馈的形式下，共享多个搜索引擎的资源库为用户提供信息服务的系统。

元搜索引擎与独立搜索引擎的最大不同之处就在于它可以没有自己的资源库和机器人，它充当的是一个中间代理角色，接受用户的查询请求，将请求翻译成相应搜索引擎的查询语法。在向各个搜索引擎发送查询请求并获得反馈之后，首先进行综合相关度排序，然后将整理抽取之后的查询结果提供给用户。这样由于信息源范围的扩大，不仅提高了检索效率，也大大增加了找到所需信息的可能性。

元搜索引擎主要由3部分组成：请求提交代理、检索接口代理、结果显示代理。

元搜索引擎的主要技术指标有：选择独立搜索引擎的策略、覆盖网络资源的广度、是否提供足够的检索选项、对搜索结果的处理能力以及相关度指标。

5. 个性化搜索引擎

个性化搜索引擎是一种通过机器主动学习用户兴趣，并根据用户兴趣帮助用户进行信息筛选的新一代智能化搜索引擎。个性化信息服务是针对用户提出的检索要求，根据用户的兴趣在海量信息库中筛选提供符合用户的信息。

6. 智能搜索引擎

智能搜索引擎是基于人工智能，融合专家系统、自然语言理解、用户模型、模式识别、数据挖掘及信息检索领域的知识和先进技术发展起来的。

智能搜索引擎的主要技术有：智能代理技术、Web挖掘技术、自然语言理解技术和分布式并行计算技术。

思 考 题

1. 网络搜索引擎是怎样工作的？
2. 搜索引擎由哪些部分组成？
3. 网页的搜集需要做哪些工作？
4. 如何对网页的内容进行提取？
5. 查询服务子系统是如何工作的？
6. 上网查询搜索引擎的评价指标和一些参数。

7. 简述元搜索引擎的基本构成及工作原理。

8. 比较元搜索引擎与独立搜索引擎的优缺点。

9. 使用百度搜索(http://www.baidu.com)和搜狗(http://www.sogou.com/)同时搜索词组“搜索引擎”,比较搜索结果。

10. 简述智能搜索引擎的特征和使用的主要技术。

第3章 网页抓取技术

在搜索引擎系统中，网页抓取技术是整个系统的基础。网络爬虫根据 HTTP，向网站服务器发送请求报文，网站服务器接收并分析请求，向网络爬虫返回网页报文。本章详细讲解网络爬虫的基本原理、抓取策略和关键技术。

3.1 搜索引擎爬虫

网络爬虫(Crawler)，也称为蜘蛛程序(Spider)，或网络机器人(Robots)。网络爬虫是一个自动提取网页的程序，是搜索引擎的重要组成部分。作为爬虫，就是尽可能多和快地给索引部分输送网页，实现强大的数据支持。网络爬虫是通过网页的链接地址来寻找网页，从网站某一个页面(通常是首页)开始，读取网页的内容，找到在网页中的其他链接地址，然后通过这些链接地址寻找下一个网页，这样一直循环下去，直到把这个网站所有的网页都抓取完为止。如果把整个互联网当成一个网站，那么网络爬虫就可以用这个原理把互联网上所有的网页都抓取下来。

3.1.1 网络爬虫工作原理

在互联网中，网页之间的链接关系是无规律的，它们的关系非常复杂。如果一个爬虫从一个起点开始爬行，那么它将会遇到无数多的分支，由此生成无数条的爬行路径，如果任意爬行，就有可能永远也爬不到头，因此要对它加以控制，制定其爬行的规则。世界上没有一种爬虫能够抓取全互联网所有的网页，所以就要在提高其爬行速度的同时，提高其爬行网页的质量。

网络爬虫在搜索引擎中占有重要位置，对搜索引擎的查全、查准都有影响，决定了搜索引擎数据容量的大小，而且网络爬虫的好坏直接影响搜索结果页中的死链接(即链接所指向的网页已经不存在)的个数。搜索引擎爬虫有深度优先策略和广度优先策略。另外，识别垃圾网页、避免抓取重复网页，也是高性能爬虫的设计目标。

爬虫的作用是为搜索引擎抓取大量的数据，抓取的对象是整个互联网上的网页。爬虫程序不可能抓取所有的网页，因为在抓取的同时，Web 的规模也在增大，所以一个好的爬虫程序一般能够在短时间内抓取更多的网页。一般爬虫程序的起始点都选择在一个大型综合性的网站，这样的网站已经涵盖了大部分高质量的站点，爬虫程序就沿着这些链接爬行。在爬行过程中，最重要的就是判断一个网页是否已经被爬行过。爬虫的运行过程如图 3-1 所示。

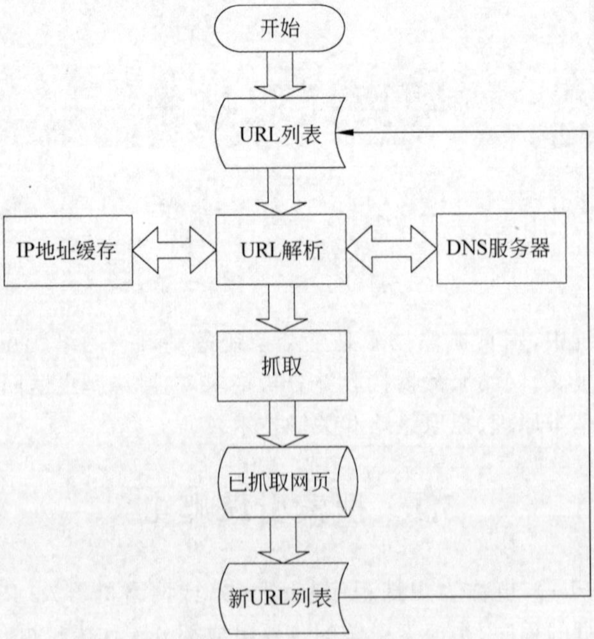

图 3-1 爬虫的运行过程

在爬虫开始的时候，需要给爬虫输送一个 URL 列表，这个列表中的 URL 地址便是爬虫的起始位置，爬虫从这些 URL 出发，开始爬行，一直不断地发现新的 URL，然后再根据策略爬行这些新发现的 URL，如此永远反复下去。一般的爬虫都自己建立 DNS 缓冲，建立 DNS 缓冲的目的是加快 URL 解析成 IP 地址的速度。

Google 为了获取上亿的网页，设计了一个分布式的爬行系统。一个 URL 服务器将 URL 列表提供给网络爬行器(Google 同时运行 3 个爬行器)。每个爬行器同时保持大约 300 个网络连接。在最高速度的时候，通过 4 个爬行器，该系统可以每秒钟获取超过 100 个网页。影响爬行速度的一个重要因素是 DNS 查询，为此，每个爬行器都要维护一个自己的 DNS 缓冲。这样每个连接都处于不同的状态，包括：DNS 查询、连到主机、发送请求、得到响应。这些因素综合起来使得爬行器变成一个非常复杂的系统。它通过异步输入/输出来管理事件，通过一定数量的队列来管理获取网页过程中的状态迁移。

3.1.2 开源网络爬虫简介

1. Heritrix 爬虫

Heritrix 工程始于 2003 年年初，最初的目的是开发一个特殊的爬虫，对网上的资源进行归档，建立网络数字图书馆。Heritrix 的最出色之处在于它的可扩展性，开发者可以随意地扩展它的各个组件，来实现自己的抓取逻辑。缺点是单实例的爬虫，之间不能进行合作，配置比较麻烦。下载网址为 https://sourceforge.net/projects/archive-crawler/。

爬虫的执行过程是递归进行的，主要有以下几步。

(1) 在预定的 URL 中选择一个。

(2) 获取 URL。

(3) 分析,归档结果。

(4) 选择已经发现的感兴趣的 URL,加入预定队列。

(5) 标记已经处理过的 URL。

Heritrix 主要有 3 大部件:范围部件、边界部件和处理器链。

(1) 范围部件:主要按照规则决定将哪个 URL 入队。

(2) 边界部件:跟踪哪个预定的 URL 将被收集,以及已经被收集的 URL,选择下一个 URL,剔除已经处理过的 URL。

(3) 处理器链:包含若干处理器获取 URL,分析结果,将它们传回给边界部件。

2. WebLech 爬虫

WebLech 是一个功能强大的 Web 站点下载与镜像工具,它支持按功能需求来下载 Web 站点并且能够尽可能模仿标准 Web 浏览器的行为。WebLech 是多线程的,提供了一个 GUI 控制台。下载网址为 http://weblech.sourceforge.net/。

WebLech 爬虫的工作过程如下。

(1) 抓取网页。通过对某一网站主页进行分析,选择其上面的所有链接,然后把这些网址加入到要下载的队列中。

(2) 加入队列。加入到队列时,可以广度优先,也可以深度优先。一般情况下,是广度优先,一般搜索引擎只抓取网站的前三层网页。通常超过三层的网页,网页质量一般不高。

(3) 多线程技术。爬虫是很注重效率的,所以一般采取多线程或多进程技术,WebLech 的做法是,多线程访问维护下载队列,把所有要下载的网址加入到队列中去,每一个线程依次从队列中取出网址进行下载,当然队列的访问是互斥的。

(4) 程序中断处理。一般情况下网络爬虫会因为网络的不确定性而经常中断,WebLech 的做法是设置一个时间间隔,之后对队列状态进行维护,然后进行下载。

(5) 防止对同一网址多次下载。一般会把所下载过的网址写入 Hash 表,从而避免下载同一网页。

(6) 像一些著名搜索引擎,爬虫肯定都是分布式的,但 WebLech 不是分布式的,所以 WebLech 相对简单些。

(7) 过滤网址。WebLech 可以设 urlMatch 的值对网址进行过滤,也就是说,网址中必须出现子串 urlMatch,这样可以更好地定制网址。

3. JSpider 爬虫

JSpider 是一个完全可配置和定制的 Web Spider 引擎,可以利用它来检查网站的错误,检查网站内外部链接,分析网站的结构(可创建一个网站地图),下载整个 Web 站点。JSpider 的行为是由配置文件具体配置的,比如采用什么插件,结果存储方式等都在 conf\[ConfigName]\目录下设置。JSpider 默认的配置种类很少,用途也不大。但是 JSpider 非常容易扩展,可以利用它开发强大的网页抓取与数据分析工具。要做到这些,需要对 JSpider 的原理有深入的了解,然后根据自己的需求开发插件,撰写配置文件。其下载网址为 http://j-spider.sourceforge.net/。

JSpider 的运行非常简单：

(1) 首先下载 jspider-0.5.0-dev.zip，然后解压缩。

(2) 单击“开始”→“运行”→cmd，进入命令行窗口，然后进入 jspider-0.5.0-dev/bin 目录。

(3) 例如，要抓取网站 http://www.bjfu.edu.cn 的内容，可在命令窗口中输入命令：

```
jspider http://www.bjfu.edu.cn download
```

(4) 运行一会儿后，关闭窗口，到根目录下的 output 文件夹中就可以看到抓取到的网页了。

4. WebSPHINX 爬虫

WebSPHINX 是一个 Java 类包和 Web 爬虫的交互式开发环境，主要由工作平台和类库构成。它能根据用户提供的 URL，自动提取网页中的链接。并且根据判断出的链接自动实现在 Internet 中的漫游。下载网址为：http://www.cs.cmu.edu/~rcm/websphinx/。

WebSPHINX 分为简单模式和高级模式。在简单模式中可设置 Robot 在一个服务器内或在整个 Internet 中的漫游，采取超链接加图片链接访问方式，具有可选性。此外，还可设置访问是广度优先还是深度优先。高级模式除了具备简单模式的所有功能外，还能设置规则，如 HTML 标签、XML 标签、脚本语言、锚等，从而实现更细化的查询。高级模式中还可以设置访问网络的线程数、访问超时、页面大小、保存、提取等动作。

WebSPHINX 遍历整个网络时，用一个哈希表来存放它所访问过的 URL，并用 URL 作为哈希表中的关键字，这样就不会因重复访问同一个 URL 而使搜索程序陷入死循环。在访问过程中，它还可以检查 URL 在网络中的位置，并根据该位置来设定它的优先级数。

5. Arachnid 爬虫

Arachnid 是一个基于 Java 的 Web Spider 框架。它包含一个简单的 HTML 剖析器，能够分析包含 HTML 内容的输入流。通过实现 Arachnid 的子类就能够开发一个简单的 Web Spiders，并能够在 Web 站上的每个页面被解析之后增加几行代码调用。Arachnid 的下载包中包含两个 Spider 应用程序例子用于演示如何使用该框架。

下载网址为 http://arachnid.sourceforge.net/。

3.1.3 网页信息的抓取

搜索引擎建立网页索引，处理的对象是文本文件。对于网络爬虫来说，抓取下来的网页包括各种格式，如 HTML、图片、DOC、PDF、多媒体、动态网页及其他格式等。这些文件抓取下来后，需要把这些文件中的文本信息提取出来。准确提取这些文档的信息，一方面对搜索引擎的搜索准确性有重要作用，另一方面对于网络爬虫正确跟踪其他链接有一定影响。

1. 普通网页信息的抓取

对于 DOC、PDF 等文档，这种由专业厂商提供的软件生成的文档，厂商都会提供相应的文本提取接口。搜索引擎爬虫只需要调用这些插件的接口，就可以轻松地提取文档中的文本信息和文件其他相关的信息。

HTML等文档不一样，HTML有一套自己的语法，通过不同的命令标识符来表示不同的字体、颜色、位置版式等，提取文本信息时需要把这些标识符都过滤掉。过滤标识符并非难事，因为这些标识符都有一定的规则，只要按照不同的标识符取得相应的信息即可。但在识别这些信息的时候，需要同步记录许多版式信息，例如，文字的字体大小、是否是标题、是否是加粗显示、是否是页面的关键词等，这些信息有助于计算单词在网页中的重要程度。同时，对于HTML网页来说，除了标题和正文以外，会有许多广告链接以及公共的频道链接，这些链接和文本正文一点儿关系也没有，在提取网页内容的时候，也需要过滤这些无用的链接。例如，某个网站有"产品介绍"频道，因为导航条在网站内每个网页都有，若不过滤导航条链接，在搜索"产品介绍"的时候，则网站内每个网页都会搜索到，无疑会带来大量垃圾信息。过滤这些无效链接需要统计大量的网页结构规律，抽取一些共性，统一过滤；对于一些重要而结果特殊的网站，还需要个别处理。这就需要搜索引擎爬虫的设计有一定的扩展性。

对于多媒体、图片等文件，一般是通过链接的锚文本（即链接文本）和相关的文件注释来判断这些文件的内容。例如，有一个链接文字为"故宫的照片"，其链接指向一张bmp格式的图片，那么搜索引擎爬虫就知道这张图片的内容是"故宫的照片"。这样，在搜索"故宫"和"照片"的时候都能让搜索引擎找到这张图片。另外，许多多媒体文件中有文件属性，考虑这些属性也可以更好地了解文件的内容。

2. 动态网页信息的抓取

动态网页一直是网络蜘蛛面临的难题。动态网页是相对于静态网页而言的，是由程序自动生成的页面，这样的好处是可以快速统一更改网页风格，也可以减少网页所占服务器的空间，但这样给网络爬虫的抓取带来一些麻烦。由于开发语言不断增多，动态网页的类型也越来越多，如asp、jsp、php等。这些类型的网页对于网络爬虫来说，可能还稍微容易一些。网络爬虫比较难于处理的是一些脚本语言（如VBScript和JavaScript）生成的网页，如果要完善地处理好这些网页，网络爬虫需要有自己的脚本解释程序。对于许多数据是放在数据库中的网站，需要通过本网站的数据库搜索才能获得信息，这些给网络爬虫的抓取带来很大的困难。对于这类网站，如果网站设计者希望这些数据能被搜索引擎搜索，则需要提供一种可以遍历整个数据库内容的方法。

网页内容的提取，一直是网络爬虫中重要的技术。整个系统一般采用插件的形式，通过一个插件管理服务程序，遇到不同格式的网页采用不同的插件处理。这种方式的好处在于扩充性好，以后每发现一种新的类型，就可以把其处理方式制作成一个插件补充到插件管理服务程序之中。

3. 爬虫更新周期

由于网站的内容经常在变化，因此网络爬虫也需不断地更新其抓取网页的内容，这就需要网络爬虫按照一定的周期去扫描网站，查看哪些页面是需要更新的页面，哪些页面是新增页面，哪些页面是已经过期的死链接。

搜索引擎的更新周期对搜索引擎搜索的查全率有很大影响。如果更新周期太长，则总会有一部分新生成的网页搜索不到;如果周期过短,技术实现会有一定难度,而且会对带宽、服务器的资源都有浪费。网络爬虫并不是所有的网站都采用同一个周期进行更新,对于一些重要的更新量大的网站,更新的周期短,如有些新闻网站,几个小时就更新一次;相反对于一些不重要的网站,更新的周期就长,可能一两个月才更新一次。

一般来说,网络爬虫在更新网站内容的时候,不用把网站网页重新抓取一遍,对于大部分的网页,只需要判断网页的属性(主要是日期),把得到的属性和上次抓取的属性相比较,如果一样则不用更新。

4. Ajax 网站内容的抓取

随着以 Ajax(Asynchronous JavaScript and XML)驱动为代表的 Web 2.0 应用的大规模流行,如何抓取 Ajax 网站的内容成了目前搜索引擎爬虫的巨大难题。

现有的网络爬虫只需模拟用户的超级链接请求并解析对应的响应页面,然后再分析页面内容、语义以及衍生的超级链接,以此进行网页内容的抓取。Ajax 与以往应用的最大不同之处在于将超级链接驱动的请求/响应更多地改用了 JavaScript 驱动的异步请求/响应。而对于现有的网络爬虫,一般来说,它们对 JavaScript 是缺乏语义理解的,它们很难再去模拟触发 JavaScript 的异步调用并解析返回的异步回调逻辑和内容。

Ajax 应用打破了以往基于纯 HTTP 请求/响应协议的网络爬虫机制,即默认所有的页面资源都是直接由超级链接所触发并指向的。对于传统的 Web 应用网络爬虫来说,它们默认每个页面的 DOM 结构是相对静态不变的。对于用户的操作,JavaScript 会对 DOM 结构进行大量的变动,甚至页面所有的内容都是通过 JavaScript 直接从服务器端读取并动态绘制出来的。

传统的网络爬虫引擎大都是协议驱动的,而面对抓取 Ajax 的爬虫引擎需要的是事件驱动。这样,在新的引擎中,要做到事件驱动,需要考虑以下 3 大关键问题。

(1) JavaScript 的交互分析和解释。

(2) DOM 事件的处理和解释分发。

(3) 动态 DOM 内容语义的抽取。

在新一代的 Web 应用中,这个网络爬虫机制的问题除了在 Ajax 中存在之外,在其他的 Flash/Flex 以及 WPF/E、XUL 应用等中也是普遍存在的。而且对于 Flash/Flex 来说,问题可能更为严重,因为所有的 ActionScript 代码是编译执行的,这在效率提高的同时,又无疑带给了网络爬虫巨大的困难。

3.2 搜索引擎爬虫的关键技术

网络爬虫是搜索引擎的关键部分。爬虫从互联网上获取消息,然后交给搜索引擎的其他部分进行处理,最后返回给用户。下面讨论爬虫在工作时采取哪些技术和算法,以及用何种策略进行网页的抓取。

3.2.1 网页抓取优先策略

网页抓取优先策略也称为“页面选择问题”(Page Selection),通常是尽可能地首先抓取重要的网页，这样保证在有限的资源内尽可能地照顾到那些重要性高的网页。重要性度量由链接欢迎度、链接重要度和平均链接深度这3个方面决定。

1. 链接欢迎度

链接欢迎度 IB(*P*)主要由反向链接(Backlinks)的数目和质量决定。对于数目，一个网页有越多的链接指向它(反向链接数多)，那么表示其他网页对其的认可度就越高，同时这个网页被访问的机会就越大，这样推测出网页的重要性也就越高。对于质量，这个网页如果被很多重要性高的网页所指向，那么其重要性也就越高。如果不考虑质量，就会出现局部最优，而不是全局最优的问题。最典型的就是作弊网页，人为地在一些网页中设置了大量反向链接指向其自身的网页，以提高该网页的重要性。如果不考虑链接质量，就会被这些作弊者所利用。

2. 链接重要度

链接重要度 IL(*P*)是一个关于 URL 字符串的函数，考察的是字符串本身。链接重要度主要通过一些模式来确认，如认为包含".com"或者"home"的 URL 重要度高，以及具有较少斜杠的 URL 重要度高等。

3. 平均链接深度

平均链接深度为 ID(*P*)，表示在一个种子站点集合中，每个种子站点如果存在一条链路(广度优先遍历规则)到达该网页，那么平均链接深度就是一个重要性指标。因为距离种子站点越近，说明被访问的机会越多，因此重要性越高。可以认为种子站点是那些重要性最高的网页，离种子站点越远，重要性越低。事实上，按照广度优先的遍历规则即可满足这种重要性高的网页被优先抓取的需要。

4. 网页重要性度量

网页重要性的度量为 $I(P)$，它由以上两个量化值线性决定，即

$$I(P)=\alpha\times \mathrm{IB}(p)\times\beta\times \mathrm{IL}(p)$$

其中 α 和 β 是介于0到1之间的参数。

平均链接深度由广度优先的遍历规则保证，因此不作为重要性评价的指标。在抓取能力有限的情况下，如果能够把重要性高的网页尽可能地抓完，是合理科学的，最终被用户查询到的网页也往往是那些重要性高的网页。

除此之外，还要考虑到万维网随时间而动态变化的一面。例如，如何抓取那些新增的网页，如何重访那些被修改了的网页，如何发现那些被删除了的网页。因此，为了保持和万维网网页的同步变化，就必须有网页重访策略。通过该策略可以识别增加、修改及删除网页变化的情况。

3.2.2 深度优先策略

深度优先策略类似于中华民族家族继承的策略，典型的如帝位的继承。通常为长子继承，如果长子过世，长孙的优先级大于次子的优先级。如长孙过世且长孙无子，那么次子继承，这种在继承上的优先关系也称为深度优先策略。

为了方便描述深度优先策略，下面给出一个如图3-2所示的网页链接模型。在这里，假设没有一对网页是互相指向对方的。

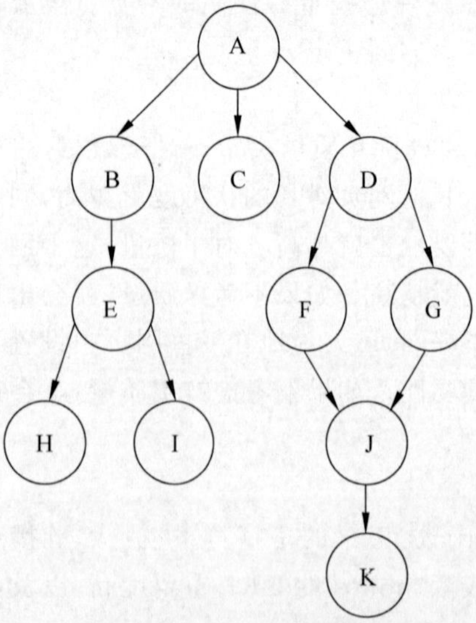

图 3-2 简化的网页链接模型

假设搜索引擎爬虫从 A 出发，根据深度优先的策略，所走的路径为：

① A→B→E→H

② A→B→E→I

③ A→C

④ A→D→F→J→K

⑤ A→D→G→J→K

通过所走的路径，我们看到深度优先的策略是尽量往最远的地方走，直到不能再走为止。但是，我们也发现，爬虫爬行了很多重复的节点，所以一定要有一个较好的算法来控制爬虫爬行的路径避免重复。

在实际应用中，如何确定爬行到停止的程度？一般来说，可以手动来制定爬行的深度。例如，可以制定爬行到 3 层或者 4 层，具体要根据实际情况来决定。

在爬行过程中，爬虫要做一些计算，首先判断"是否要继续向深层爬行"，每次爬行一个链接都要访问一下总链接库，并询问"这个链接是否已经爬行过了"，然后还要记录每次爬行的分支节点，为下次爬行做准备。

另外，如果搜索引擎只是检索简体中文网页，则一旦遇到一个网页的 IP 属于国外 IP，就立即停止，不再进行爬行，否则就有可能爬到国外网站上去了。

3.2.3 广度优先策略

广度优先也称为"层次优先"，它是一种层次型距离不断增大的遍历方法。在图 3-3 中，将这个链接模型划分为 5 层。

第 1 层：A

第 2 层：B、C、D

第 3 层：E、F、G

第 4 层：H、I、J

第 5 层：K

第 1 层优先级最高，第 2 层优先级大于第 3 层，每层的内部优先级从左到右排列。广度优先策略不需要记录上次爬行的分支节点，这一点大大降低了控制的难度。

在抓取策略上，选择广度优先有 3 点优越性。

(1) 重要的网页往往离种子站点距离较近，这符合直觉。通常打开某主要网站的时候，主要内容在主页上，随着不断浏览(可以理解为深度不断加深)，所看到网页的重要性越来越低。

(2) 互联网的深度没有想象的深，到达某一个网页的路径通常很多，总会存在一条很短的路径。

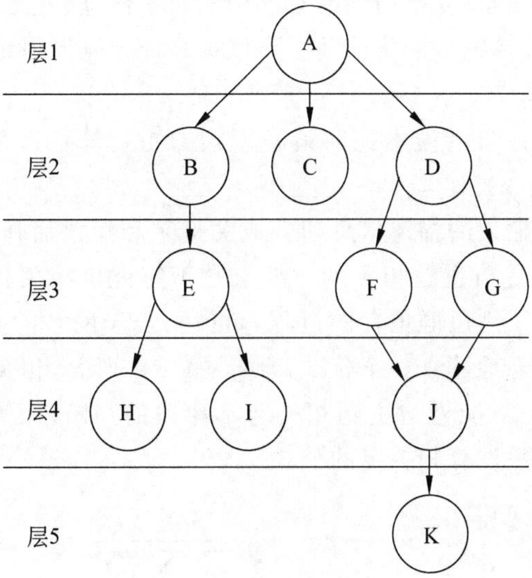

图 3-3　广度优先爬行策略

(3) 广度优先也更适合爬虫的分布式处理，启动多个爬虫，每个爬虫负责一层。

进行广度优先遍历时，必须有一个队列数据结构支持。这个队列可以理解为工作负载队列，只要没有完成抓取任务，就需要提取头部位置的网页继续抓取。直到完成全部抓取任务、工作负载队列为空为止。具体构成如下。

① 爬虫提取工作负载队列中的网页A(见图3-3)，抓取后，通过对网页A的链接分析提取指向网页B、C、D的链接放到工作队列中去。此时，工作负载队列中增加了网页B、网页C和网页D。

② 工作负载队列中的网页A抓取完毕，继续抓取工作队列中第1个任务，即网页B。并提取指向网页E的链接放到工作队列中。此时工作队列中的排列顺序为：网页B、C、D、E。

③ 根据广度优先策略，当网页B抓取完毕后，爬虫继续抓取网页C以及网页D。当抓取网页D时，提取指向网页F和网页G的链接并放入工作队列中。此时工作队列中的排列顺序为：网页D、E、F、G。

④ 继续抓取网页D的内容，直到结束。然后进行余下的步骤，直到全部抓取完毕。

3.2.4　最佳优先策略

最佳优先策略的算法是按照一定的网页分析算法，预测候选的URL与目标网页的相似度，或者是与这个网页的主题的相关性，并选取评价最好的一个或几个URL进行抓取。它只访问经过网页分析算法预测"有用"的网页。这种算法是在抓取网页成功以后，要对网页进行相对准确的抽取，然后对次级URL和URL的相关性进行分析，最后根据这些信息来分析结果，判定哪些链接是下一步抓取的目标。

目前流行的有两大类最佳优先策略：基于立即回报价值评价的搜索抓取策略模式和基于未来回报价值评价的搜索抓取策略模式。前者计算链接的价值的依据主要是在抓取的过程中“在线”获得的信息，如已访问的页面中的文本信息、链接周围的文本信息和页面之间的结构信息；后者计算链接的价值的主要依据是经预先训练获得的某些经验，用于对远期回报的预测。

基于立即回报价值评价的搜索抓取策略模式的主要算法有鱼群算法(Fish-Search)和鲨鱼算法(Shark-Search)。

鱼群算法是将用户输入的描述信息切分成关键字和短语后作为主题，将其下一级抓取链接的描述信息看作是与主题相关的。缺点是不能评价相关程度的高低，有局限性。例如，把 Web 的爬取看作是鱼群觅食的过程，鱼就相当于网站的 URL，食物则相当于相关的网页。我们可以动态地建立一个优先爬取的 URL 列表，相关度用 0、1 表示，0 表示不相关，1 表示相关，对此只能做与主题相关与不相关的判断，而不能获得相关程度高低的评价。以下为鱼群算法计算相关度的公式。

$$\mathrm{sim}(q,p)=\frac{\sum w_{qk}\times w_{pk}}{\sqrt{\sum w_{qk}^2\sum w_{pk}^2}}$$

其中，q 表示主题切分后的关键字集合，代表页面链接文本集合；w_{tk} 表示 t 中单词 k 对某一主题的重要程度，t 可以是 q，也可以是 p。通常 w_{tk} 由下面的公式计算。

$$w_{tk}=\mathrm{TF}_{tk}\times\mathrm{IDF}_{tk}=\frac{\mathrm{tf}(tk,p)}{\sum_{i=1}^{n}\mathrm{tf}(ti,p)}\times\log\left(\frac{N}{nk}\right)$$

其中，$\mathrm{tf}(tk,p)$是主题 tk 在 p 中出现的频率，N 为文档集中的所有文档数，nk 为 tk 中出现的文档数。这样就可以判断是否与主题相关。

鲨鱼算法是一种基于鱼群算法的改进，优点是可以获得一个 URL 与主题的相关程度。

(1) 判断与父节点的相关性的公式。

$$\mathrm{Inherited}(\mathrm{child_{url}})=\begin{cases}\delta\times\mathrm{sim}(q,\mathrm{current_{url}}), & \mathrm{sim}(q,\mathrm{current_{url}})<0\\ \delta\times\mathrm{inherited}(\mathrm{current_{url}}), & \text{其他}\end{cases}$$

其中，$\delta<1$，表示一个常量。

(2) 通过链接文本计算链接上下文相关程度的公式。

$$\mathrm{anchor}_{\mathrm{context(url)}}=\begin{cases}1, & \mathrm{anchor(url)}>0\\ \mathrm{sim}(q,\mathrm{anchor_{text}}), & \text{其他}\end{cases}$$

当 $\mathrm{anchor(url)}>0$ 时它的值都是等于 1 的，其他时候它的值等于 $\mathrm{sim}(q,\mathrm{anchor_{text}})$，这样通过对一个鱼群算法的改进，就可以获得 URL 与主题的相关程度。

3.2.5 不重复抓取策略

不重复的关键在于爬虫记住爬行的历史，只有记住过去才可能不重复。爬虫记录历史的方式是哈希表(也称为“杂凑表”)，每一条记录是否被抓取的信息存放在哈希表的某一个槽位上。如果某网页在过去的某个时刻已经被抓取，则将其对应的槽位的值置 1；反之置 0。而具体映射到哪一个槽位，则由哈希函数决定。

1. MD5 签名函数

在介绍哈希表前，首先简单了解一下 MD5 签名函数。MD5 签名是一个哈希函数，可以将任意长度的数据流转换为一个固定长度的数字（通常为 4 个整型数，即 128 位）。这个数字称为“数据流的签名”或者“指纹”，并且数据流中的任意一个微小的变化都会导致签名值发生变化。

将 URL 字符串数字化是通过某种计算将任何一个 URL 字符串唯一地计算成一个整数。在一个 URL 哈希函数映射下，任意一个字符串都唯一地对应一个整数。一个 64 位整数可以表达 1800 万 TB(1TB=1024GB)，而字符串空间的大小远远大于 64 位整数所表达的整数空间大小，因此碰撞是不可避免的。碰撞是指那些字符串不同，而计算出相同的签名值的情况。然而如果哈希函数设计得足够好，则相互碰撞的机会可以小到忽略不计。

标准 MD5 签名的整数空间很大，128 位整数能表达 2^{128} 个不同的数，这是十分巨大的，而实际分配的哈希表空间十分有限，一个普通 32 位处理器，理论上最多可以分配 2^{32} 大小的内存，即 4GB 大小的内存。

因此，在实际处理中将签名值进行模运算映射到实际的哈希表中（可以理解为哈希表存放在内存中）。因此实际的哈希函数是 MD5(URL)%n（%表示取模运算），这样使得一个 URL 被映射到大小为 n 的哈希表的某个槽位上。

2. 哈希表

哈希表是简单的顺序表，即数组。从实际应用的角度看，这个数组要足够大，而且尽可能地全部放在内存中，以保证每一个 URL 的签名都可以通过查找哈希表来确定是否曾经抓取过，如图 3-4 所示。

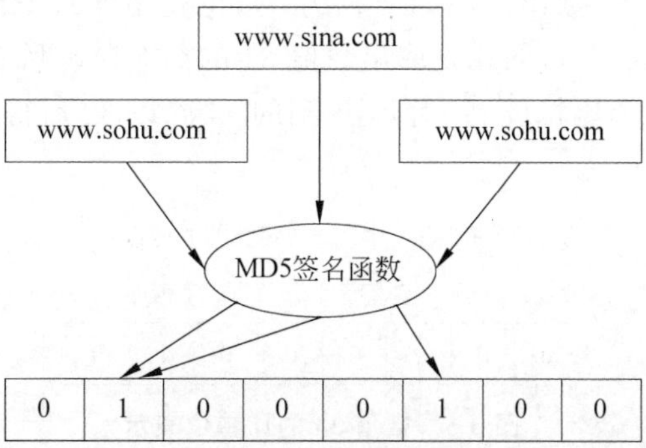

图 3-4　哈希函数示例

假定抓取顺序为 www.sohu.com、www.sina.com 和 www.sohu.com。首先在抓取 www.sohu.com 时为该 URL 做签名运算，然后取模，假定得到的结果为 2，存放在数组的第 2 个槽上。这个过程只要将第 2 个槽位置 1，表示已访问过。继续抓取 www.sina.com，以同样的方法，假定将其存放在数组的第 6 个槽位上，之后重复抓取到了 www.sohu.com。由于 MD5 签名函数的特性，任何一个自变量唯一对应一个因变量，因此计算 www.sohu.com 的签名，同样得到结果为 2。当查询第 2 个槽位时，发现该槽位已经置 1，说明已经访问过；因此不再重复访问。

目前中文网页总数已经超过 2000 亿，如果要存放 2000 多亿网页是否被抓取过这样一个历史信息，那么需要的哈希表将会非常大。如果哈希表每一个单元为 1B(8 位)，则至少需要 10GB 的容量。而且为了保证碰撞的概率极低，实际需要的容量远大于 10GB。对于 32 位操作系统来说，最大寻址空间为 4GB，即理论上最大的物理内存为 4GB，因此在内存中不可能分配一个如此巨大的哈希表。

为了能够将整个哈希表装入内存，通常采用 Bitmap 的数据结构压缩内存用量，Bitmap 需要借助按位与(&)和按位或(|)，以及左移(≪)和右移(≫)这 4 种基本位运算。

3. Bitmap 结构

Bitmap 结构使用整型作为基本单元；一个整型为 32 位；一个 int Hash[8]数组仅通过 8 个单元来记录历史。而如果将比特作为最小单元，则能扩展到 256 个单元。

例如，定义这样一个哈希表，即 int Hash[8]。将“www.sohu.com”作为字符串执行一次 MD5 签名，假定得到的签名值为 34。

用 34 除以 32(一个整型为 32 位)，得到商数为 1，然后用 1 对 8 取模运算得到 1。此结果表示槽位在 Hash[1]中。

用 34 除以 32，得到余数为 2，表示 34 映射到 Hash[1]这个 32 位整数的第 3 个比特位上(从低位算起，余数为 0 映射到第 1 个比特位，余数为 1 映射到第 2 个比特位，以此类推)。

将第 3 个比特位置 1，则 Hash[1]的值为 4，这是因为 Hash[1]的第 3 个比特位被置 1。

将 34 按比特位的方式展开如图 3-5 所示。数值 34 的二进制的前 3 位 001 决定了它存在数组的第 2 个位置上(数组的起始下标为 0)，也就是数组 Hash[1]中。前面提到的用 34 除以 32 后，对 8 取模，目的就是取出数值 34 的前 3 位。后 5 位为 00010，表示存放在数组 Hash[1]的第 3 个比特位上。前面提到的 34 除以 32 后得到的余数就是这里的后 5 位。

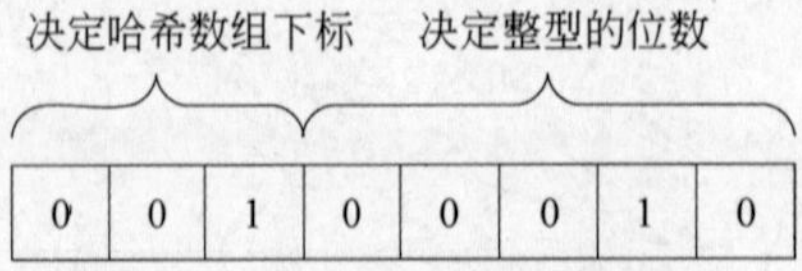

图 3-5 数值 34 的比特位表示

通过前面的计算，Hash[1]的实际值为 4，表示其第 3 个比特位被置 1。这样在 Hash[1]中用 4 这个数值完整地表示了 34 这个签名值。

通过 Bitmap 结构，利用计算机快速地按位与、按位或和移位运算能够高效地实现记住历史、不重复抓取的策略，同时也将原来的哈希表压缩了 1/32。

4. Bloom filter 算法

一个网址是否被访问过，最直接的方法就是将集合中全部的元素存在计算机中，遇到一个新元素时，将它和集合中的元素直接比较即可。一般来讲，计算机中的集合是用哈希表来存储的。它的好处是快速准确，缺点是费存储空间。当集合比较小时，这个问题不显著，但是当集合巨大时，哈希表存储效率低的问题就显现出来了。例如，全世界少说也有几十亿个网站的地址，将它们都存起来则需要大量的网络服务器。如果用哈希表，每存储一亿个网站地址，就需要 1.6GB 的内存。用哈希表实现的具体办法是将每一个网站地址对应成一个 8B 的信息指纹，然后将这些信息指纹存入哈希表。由于哈希表的存储效率一般只有 50%，因此一个网站地址需要占用 16B。一亿个地址大约要 1.6GB，即 16 亿字节的内存。因此存储几十亿个网站地址可能需要上百 GB 的内存。除非是超级计算机，一般服务器是无法存储的。

Bloom filter（布隆过滤器）是由巴顿·布隆于 1970 年提出的。它实际上是一个很长的二进制向量和一系列随机映射函数。下面通过一个例子来说明其工作原理。

假定存储一亿个网站地址，先建立一个 16 亿二进制（比特），即 2 亿字节的向量，然后将这 16 亿个二进制全部设置为零。对于每一个网站地址 X，用 8 个不同的随机数产生器（$F_1, F_2, \cdots, F_8$）产生 8 个信息指纹（$f_1, f_2, \cdots, f_8$）。再用一个随机数产生器 G 把这 8 个信息指纹映射到 1～16 亿中的 8 个自然数（$g_1, g_2, \cdots, g_8$）。现在把这 8 个位置的二进制全部设置为 1。当对这 1 亿个网站地址都进行这样的处理后，一个针对这些网站地址的 Bloom filter 就建成了，如图 3-6 所示。

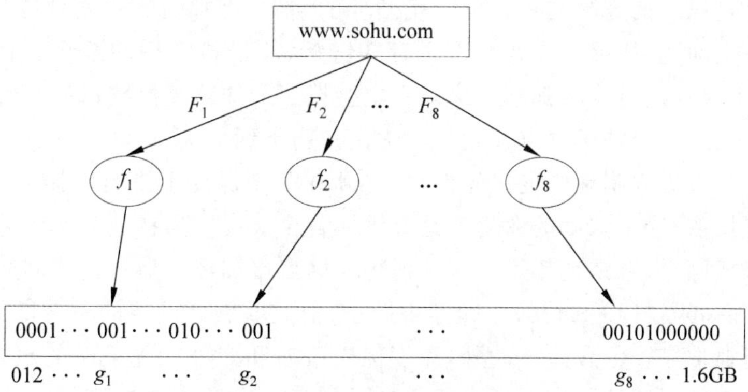

图 3-6　Bloom filter 原理

用相同的 8 个随机数产生器（$F_1, F_2, \cdots, F_8$）对这个地址产生 8 个信息指纹（$s_1, s_2, \cdots, s_8$），然后将这 8 个指纹对应到 Bloom filter 的 8 个二进制位，分别是 $t_1, t_2, \cdots, t_8$。如果网站 Y 在其中，显然，$t_1, t_2, \cdots, t_8$ 对应的 8 个二进制一定是 1。这样就能准确地发现网站 Y 了。

Bloom filter 不会漏掉任何一个爬行过的地址。但是，它有可能将一个不在名单中的网站地址判定为在名单中，因为有可能某个网站的地址正巧对应 8 个都被设置成 1 的二进制位。好在这种可能性很小，我们把它称为误识概率。一般情况下，误识概率在万分之一以下。

利用 Bloom filter 算法可以更加经济地利用好哈希表中的比特位，使得更加经济地、灵活地使用内存。下面通过图 3-7 来进一步理解。对于一个字符串独立地使用 m 哈希函数计算，然后将它映射到哈希表的 m 槽上。如果这 m 个槽都置 1，说明该字符串已经在历史上出现过；否则说明该字符串是第 1 次出现，将 m 个槽都置 1。

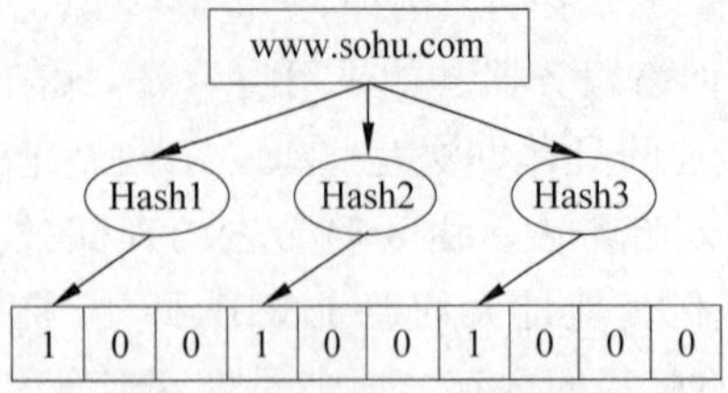

图 3-7 Bloom filter 算法原理

在抓取到 www.sohu.com 时，假设执行 3 次独立的不同的哈希函数（Hash1、Hash2 和 Hash3）运算，映射到哈希表的 3 个槽上。假定是 1、4 和 7 槽位。接下来，如果爬虫又抓取到了 www.sina.com，经过同样的 3 次哈希函数运算，假定计算的结果是 1、4 和 6，很明显可以看出槽 6 是之前没有被置位的，也就是说，www.sina.com 没有被抓取过。成功抓取 www.sina.com 后，将槽位 6 置 1。Bloom filter 算法一方面提高了哈希数组的利用效率，并被证明适宜于应用在大规模集合查找计算中，同时在网络应用中也被大量采用。

5. 不重复抓取策略的使用

在抓取过程中，可以使用多个爬虫来合作抓取，这样可以进一步降低每个爬虫的用于记录历史抓取情况的哈希表大小。如果有 n 个爬虫，则可将哈希表继续压缩到原有大小的 n 分之一。如果 n 个爬虫分别运行在不同的机器上，那么每个机器被哈希表占用的内存用量将非常少。通常保持抓取历史记录所需要的内存在百兆字节左右是恰当的。

通过不重复抓取的方法初步解决了死循环的问题，即抓过的不再抓。然而实际操作中还有这样一个问题，如果任意两个网页存在链接，则链接它们的最短路径值为 17。这样，爬虫无论用何种遍历方法都不能保证一定会按照最佳路径抓取每一个网页，因为任何一个网页都可能从多个种子站点开始广度优先被遍历到。

为了防止爬虫无限制地广度优先抓取，必须在某个深度上进行限制。到达这个深度后就应该停止抓取，这个深度的取值就是万维网直径长度。当在最大深度上停止时，那些深度过大的未抓网页，总是期望可以从其他种子站点更加经济地到达。例如，种子站点 B 和 C 在抓取到深度为 17 的时候，立即停止抓取，把抓取剩余网页的机会留给从种子站点 A 出发的进行抓取工作的爬虫。此外，深度优先策略和广度优先策略的组合可以有效地保证抓取过程中的封闭性。即在抓取过程（遍历路径）中总是在抓取相同域名下的网页，而很少出现其他域名下的网页。

3.2.6 网页重访策略

网络爬虫的任务就是不断地下载各种各样的网页，但是，网页是在不断变化的，刚刚下载的网页有可能变化了，因此爬虫不得不周期性地刷新，重访那些已经下载的网页。通过重访以使得这些网页能够与万维网的变化一致。目前，网页重访策略大致可以归为以下两类。

1. 统一的重访策略

网络爬虫用同样的频率重访那些已经抓取的全部网页，以获得统一的更新机会，所有的网页不加区别地按照同样的频率被爬虫重访。

2. 个体的重访策略

不同网页的改变频率不同，爬虫根据其更新频率来决定重访该个体页面的频率。即对每一个页面都量身定做一个爬虫重访频率，并且网页的变化频率与重访频率的比率对任何个体网页来说都是相等的。即对于任意网页 P_i，其固有的更新频率为 λ_i（次数/单位时间），爬虫对其重访的频率为 f_i，则 λ_i/f_i 为一个常数。即对于网页 P_i 和 P_j，有 $\lambda_i/f_i=\lambda_j/f_j(i\neq j)$。那些更新频率高的网页，重访频率就高，更新频率低的网页，重访频率就低。

研究表明，网页的更新过程符合泊松过程，网页更新时间间隔符合指数分布，因此，可以对不同类型的网页采用不同的更新策略。

泊松分布是一种统计与概率学里常见到的离散概率分布，由法国数学家西莫恩・德尼・泊松（Siméon-Denis Poisson）在 1838 年时发表。泊松分布的概率密度函数为：

$$P(X=k)=\mathrm{e}^{-\lambda}\frac{\lambda^k}{k!}\quad k=0,1,2,\cdots$$

其中，$\lambda>0$ 是常数，则称 X 服从参数为 λ 的泊松分布。泊松分布的参数 λ 是单位时间（或单位面积）内随机事件的平均发生率。泊松分布适合于描述单位时间内随机事件发生的次数。例如，某一服务设施在一定时间内到达的人数、电话交换机接到呼叫的次数、汽车站台的候客人数、机器出现的故障数、自然灾害发生的次数，等等。

3.2.7 网页抓取提速策略

1. 策略

网页抓取提速策略又称为合作抓取策略，通常可以采用下面几种方法。

(1) 提高抓取单个网页的速度。

(2) 尽可能减少不必要的抓取任务。

(3) 增加同时工作的爬虫数量。

对于第(1)种方法，单个网页的抓取速度受到下载带宽的限制，在现有技术条件下很难提高。第(2)种方法难度比较大，由于需要和万维网的变化保持紧密同步，如果要减少不必要的抓取，将会导致网页重访不及时，这样就不能快速同步目标网页的变化。第(3)种方法通过增加爬虫数量，是目前广泛使用的方法。

2. 任务分解

在多个爬虫抓取的情况下，就要解决一个网页交给哪一个爬虫抓取的问题。如果分工不明，很可能多个爬虫抓取了相同的网页，从而引入额外的开销。通常采用以下两种方法来进行抓取任务的分解。

(1) 通过 Web 主机的 IP 地址来分解，使某个爬虫仅抓取某个地址的网页。

(2) 通过网页的域名来分解，使某个爬虫仅抓取某个域名段的网页。

对于大型网站来说，通常采用负载均衡的 IP 组技术，即一个域名对应于多个 IP 地址技术；对于小型网站来说，通常采用多个域名对应一个 IP 地址的技术。鉴于多域名对应相同 IP 和同域名对应多个 IP 的情况，通常的做法是按照域名分解任务，即只要保证不重复抓取大型网站的网页、小型网站即便重复抓取也可以接受的策略分配任务。这种分配方法将不同的域名分配给不同的爬虫抓取，某一个爬虫只抓取“指定”的一个域名集合下的网页。

3. 调度

为了使按照域名分解的策略更加合理，在下载系统中，按照域名分解抓取任务（网页集合)的工作由一个称为“调度员”的模块来处理,通过域名分解将不同的网页调度给不同的爬虫进行抓取。因此,下载系统主要由爬虫和调度员构成。

形式化的调度分配方式如下。

首先假定有 n 个爬虫可以并行工作,并且定义一个可以提取 URL 域名的函数 domain。具体过程如下。

(1) 对于任意的 URL,利用 domain 函数提取 URL 的域名。

(2) 用 MD5 签名函数签名域名: MD5(domain(URL))。

(3) 将 MD5 签名值对 n 取模运算: int spider_no=MD5(domain(URL))%n。

(4) 该 URL 分配给编号为 spider_no 的爬虫进行抓取。

3.2.8 Robots 协议

Robots 协议是 Web 站点和搜索引擎爬虫交互的一种方式,robots.txt 是存放在站点根目录下的一个纯文本文件。该文件可以指定搜索引擎爬虫只抓取指定的内容,或者是禁止搜索引擎爬虫抓取网站的部分或全部内容。当一个搜索引擎爬虫访问一个站点时,它会首先检查该站点根目录下是否存在 robots.txt,如果存在,搜索引擎爬虫就会按照该文件中的内容来确定访问的范围,如果该文件不存在,那么搜索引擎爬虫就沿着链接抓取。

另外,robots.txt 必须放置在一个站点的根目录下,而且文件名必须全部小写。

如果搜索引擎爬虫要访问的网站地址是 http://www.w3.org/,那么 robots.txt 文件必须能够通过 http://www.w3.org/robots.txt 打开并看到里面的内容。

```
#robots.txt for http://www.w3.org/
#
#$Id: robots.txt,v 1.84 2019/03/22 22:48:24 gerald Exp $
#

#For use by search.w3.org
User-agent: W3C-gsa
Disallow: /Out-Of-Date

User-agent: W3T_SE
Disallow: /Out-Of-Date

User-agent: Mozilla/4.0 (compatible; MSIE 6.0; Windows NT; MS Search 4.0 Robot)
Disallow: /

#W3C Link checker
User-agent: W3C-checklink
Disallow:

#various other access-controlled or expensive areas
```

```
Disallow: /2004/ontaria/basic
Disallow: /Team/
Disallow: /Project
Disallow: /Web
Disallow: /Systems
Disallow: /Out-Of-Date
Disallow: /2005/06/blog/
Disallow: /2004/08/W3CTalks
Disallow: /2007/11/Talks/search
Disallow: /People/all/
Disallow: /RDF/Validator/ARPServlet
Disallow: /RDF/Validator/rdfval
Disallow: /2003/03/Translations/byLanguage
Disallow: /2003/03/Translations/byTechnology
Disallow: /2005/11/Translations/Query
Disallow: /2000/06/webdata/xslt
Disallow: /2000/09/webdata/xslt
Disallow: /2005/08/online_xslt/xslt
Disallow: /Bugs/
```

具体使用格式如下。

(1) User-agent：用于描述搜索引擎爬虫的名字，在 robots.txt 文件中，如果有多条 User-agent 记录，说明有多个搜索引擎爬虫会受到该协议的限制，对该文件来说，至少要有一条 User-agent 记录。如果该项的值设为 *，则该协议对任何搜索引擎爬虫均有效，在 robots.txt 文件中，User-agent：* 这样的记录只能有一条。

(2) Disallow：用于描述不希望被访问到的一个 URL，这个 URL 可以是一条完整的路径，也可以是部分的，任何以 Disallow 开头的 URL 均不会被 Robot 访问到。

下面举例来说明 robots.txt 的具体用法。

例 1 通过/robots.txt 禁止所有搜索引擎爬虫抓取/bin/cgi/目录，以及/tmp/目录和/foo.html 文件，设置方法如下。

```
User-agent:*
Disallow:/bin/cgi/
Disallow:/tmp/
Disallow:/foo.html
```

例 2 通过/robots.txt 只允许某个搜索引擎抓取，而禁止其他的搜索引擎抓取。例如，只允许名为 slurp 的搜索引擎爬虫抓取，而拒绝其他的搜索引擎爬虫抓取/cgi/目录下的内容，设置方法如下。

```
User-agent:*
Disallow:/cgi/
User-agent:slurp
Disallow:
```

例 3 禁止任何搜索引擎抓取自己的网站,设置方法如下。

```
User-agent:*
Disallow:/
```

例 4 只禁止某个搜索引擎抓取自己的网站。例如,只禁止名为 slurp 的搜索引擎爬虫抓取,设置方法如下。

```
User-agent:slurp
Disallow:/
```

搜索引擎爬虫必须要遵守 Robots 协议并执行 Web 站点的要求,因此搜索引擎爬虫需要有一个分析 Robots 协议的模块,并严格按照 Robots 协议的规定抓取 Web 主机允许访问的目录和网页。

当然,robots.txt 只是一个协议,如果搜索引擎爬虫的设计者不遵循这个协议,网站管理员也无法阻止搜索引擎爬虫对于某些页面的访问,但一般的搜索引擎爬虫都会遵循这些协议,而且网站管理员还可以通过其他方式来拒绝网络爬虫对某些网页的抓取。

搜索引擎爬虫在下载网页的时候,会去识别网页的 HTML 代码,在其代码的部分会有 META 标识。通过这些标识,可以告诉搜索引擎爬虫本网页是否需要被抓取,还可以告诉搜索引擎爬虫本网页中的链接是否需要被继续跟踪。例如,表示本网页不需要被抓取,但是网页内的链接需要被跟踪。

现在一般的网站都希望搜索引擎能更全面地抓取自己网站的网页,因为这样可以让更多的访问者能通过搜索引擎找到此网站。为了让本网站的网页更全面地被抓取到,网站管理员可以建立一个网站地图,即 Site Map。许多搜索引擎爬虫会把 sitemap.htm 文件作为一个网站网页爬取的入口,网站管理员可以把网站内部所有网页的链接放在这个文件里面,那么搜索引擎爬虫就可以很方便地把整个网站抓取下来,避免遗漏某些网页,也会减小网站服务器的负担。

小　结

1. 搜索引擎爬虫

网络爬虫,也称为蜘蛛程序(Spider),是一个自动提取网页的程序,是搜索引擎的重要组成部分。爬虫的作用是为搜索引擎抓取大量的数据,抓取的对象是整个互联网上的网页。爬虫程序不可能抓取所有的网页,因为在抓取的同时,Web 的规模也在增大,所以一个好的爬虫程序一般能够在短时间内抓取更多的网页。

网络爬虫在搜索引擎中占有重要位置,对搜索引擎的查全、查准都有影响,决定了搜索引擎数据容量的大小,而且网络爬虫的好坏直接影响搜索结果页中的死链接的个数。

在爬虫开始的时候,需要给爬虫输送一个 URL 列表,这个列表中的 URL 地址便是爬虫的起始位置,爬虫从这些 URL 出发,开始爬行,一直不断地发现新的 URL,然后再根据策略爬行这些新发现的 URL,如此永远反复下去。

对于网络爬虫来说,抓取下来的网页包括各种格式,如 HTML、图片、DOC、PDF、多媒体、动态网页及其他格式等。这些文件抓取下来后，需要把这些文件中的文本信息提取出来。准确提取这些文档的信息，一方面对搜索引擎的搜索准确性有重要作用，另一方面对于网络爬虫正确跟踪其他链接有一定影响。

搜索引擎的更新周期对搜索引擎搜索的查全率有很大影响。如果更新周期太长，则总会有一部分新生成的网页搜索不到；周期过短，技术实现会有一定难度，而且会对带宽、服务器的资源都有浪费。

2. 爬虫使用的关键技术

网页重要性度量由链接欢迎度、链接重要度和平均链接深度这 3 个方面决定。

网络爬虫采取的抓取策略主要有：深度优先策略、广度优先策略、不重复抓取策略、网页抓取优先策略、最佳优先策略、网页重访策略和网页抓取提速策略。

Robots 协议是 Web 站点和搜索引擎爬虫交互的一种方式，robots.txt 是存放在站点根目录下的一个纯文本文件。该文件可以指定搜索引擎爬虫只抓取指定的内容，或者是禁止搜索引擎爬虫抓取网站的部分或全部内容。

思 考 题

1. 搜索引擎中的爬虫是如何工作的？
2. 除了书中介绍的开源爬虫之外，还有哪些搜索引擎的爬虫？它们有什么特点？
3. 从网上下载 JSpider 爬虫，抓取指定的一个网站，然后分析下载后网页的特点。
4. 简述深度优先策略和广度优先策略，并比较它们的特点。
5. 除了普通搜索引擎之外，还有很多特殊的搜索引擎。上网查找资料，简述网页库级垂直搜索引擎所使用的技术及其特点。
6. 简述布隆过滤器的基本工作原理。
7. 编写 robots.txt 文件，禁止所有搜索引擎爬虫抓取/main/目录，以及/www/目录下的 index.html 文件。

第4章 网络爬虫开发技术

随着大数据时代的来临，网络信息量也变得越来越多，人们经常需要在海量数据的互联网环境中搜集一些特定的数据，并对其进行分析，也可以使用网络爬虫对这些特定的数据进行爬取，并对一些无关数据进行过滤，将目标数据筛选出来。本章将通过 Python 语言实现网络爬虫的常用技术，以及常见的网络爬虫框架。

4.1 网络爬虫的常用技术

Python 爬虫工作原理分为以下 4 步。

(1) 发送请求。使用 HTTP 库向目标站点发起请求，即发送一个 Request，Request 包含：请求头、请求体等。

(2) 获取响应内容。如果 Request 的内容存在于目标服务器上，那么服务器会返回请求内容。Response 包含：HTML、Json 字符串、图片、视频等。

(3) 解析内容。对用户而言，就是寻找自己需要的信息。对于 Python 爬虫而言，就是利用正则表达式或者其他库提取目标信息。解析 HTML 数据可用正则表达式(RE 模块)、第三方解析库如 Beautifulsoup、Pyquery 等；解析 JSON 数据可用 Json 模块；解析二进制数据，可用 wb 的方式写入文件。

(4) 保存数据。解析得到的数据可以有多种形式，如文本、音频、视频保存在本地，也可以保存到数据库(MySQL，MongoDB、Redis)文件中。

4.1.1 网络爬虫工作流程

网络爬虫可以按照指定的规则自动浏览或抓取网页中的信息，通过 Python 可以轻松地编写爬虫程序或者是脚本。

一个通用的网络爬虫基本工作流程如图 4-1 所示。

网络爬虫的基本工作流程如下。

(1) 获取初始的 URL，该 URL 地址是用户自己指定的初始爬取网页的地址。

(2) 爬取对应的 URL 地址的网页，获取新的 URL 地址。

(3) 将新的 URL 地址放入队列中。

(4) 从 URL 队列中读取新的 URL，然后根据新的 URL 爬取网页，同时从新的网页中获取新的 URL 地址，重复上述爬行过程。

(5) 设置停止条件。如果没有设置停止条件，爬虫就会一直爬下去，直到无法获取新

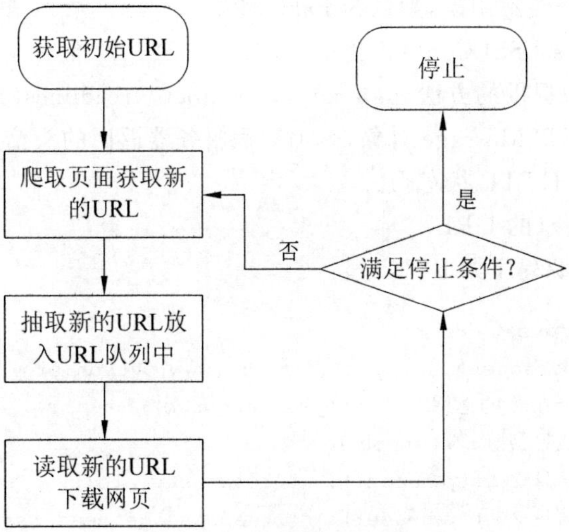

图 4-1　网络爬虫工作流程

的 URL 地址为止。设置了停止条件后，爬虫将会在满足停止条件时停止爬取。

4.1.2　网络请求技术

Python 中实现 HTTP 网络请求，常用的模块有 Urllib、Urllib3、Requests 等。

1. Urllib 模块

Python 内置了 Urllib 包，这个 Urllib 包主要处理来自 HTTP 的请求。Urllib 是最底层的库，使用时，需要用到里面的请求方法。Urllib 常用的子模块如下。

(1) urllib.request：该模块定义了打开 URL 的方法和类，例如，身份验证、重定向、Cookie 等。

(2) urllib.error：该模块中主要包含异常类，基本的异常类是 URLError。

(3) urllib.parse：该模块定义的功能分为两大类——URL 解析和 URL 引用。

(4) urllib.response：响应模块。

(5) urllib.robotparser：该模块用于解析 robots.txt 文件。

主要方法：

```
urllib.request.urlopen(url, data=None, [timeout,] *, cafile=None, capath=None, cadefault=False, context= None)
```

其中：

url：访问的地址，一般不只是地址。

data：此参数为可选字段。通常为 None，若指定参数，当请求变为 post 传递方式时，其中传递的参数需要转换为 bytes，一般情况下只需要通过 urllib.parse.urlencode 转换即可。

timeout：设置网站的访问超时时间。

cafile 和 capath：指定 CA 证书和它的路径，在请求 HTTPS 链接时会有用。

cadefault：现在已经不用了，默认为 False。

context：必须是 ssl.SSLContext 类型，用来指定 SSL 设置。

urlopen 返回对象提供的方法有：read()，readline()，readlines()，fileno()，close()。

info()：返回 HTTPMessage 对象，表示远程服务器返回的头信息。

getcode()：返回 HTTP 状态码。

geturl()：返回请求的 URL。

显示以上内容的源程序如下。

```
import urllib.request
response=urllib.request.urlopen('https://www.python.org/')
print("查看 response 的返回类型:",type(response))
print("查看响应地址信息:",response)
print("查看头部信息 1(http header):\n",response.info())
print("查看头部信息 2(http header):\n",response.getheaders())
print("输出头部属性信息:",response.getheader("Server"))
print("查看响应状态信息 1(http status):\n",response.status)
print("查看响应状态信息 2(http status):\n",response.getcode())
print("查看响应 url 地址:\n",response.geturl())
page=response.read()
print("输出网页源码:",page.decode('utf-8'))
```

运行结果如图 4-2 所示。

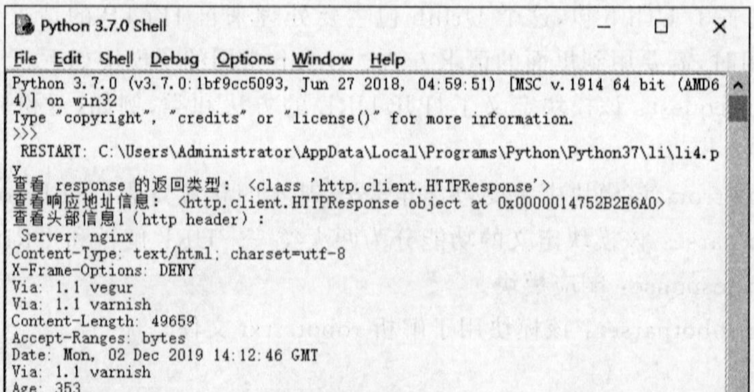

图 4-2 运行结果

通过 urllib.request 模块实现发送请求，并读取网页内容的例子如下。

```
#urllib 模块
import urllib.request
import urllib.parse
#get 请求
resu =urllib.request.urlopen('http://xueshu.baidu.com')
data =resu.read().decode()
```

```
#打开文件
fo =open('test.txt','a+')
fo.write(data)                          #写入文件
fo.close()                              #关闭文件
```

上面的示例中,是用不带 HTTP 参数的方法获取百度学术首页的内容。下面看一下带参数的 HTTP 请求,这里以搜狐天气为例。

```
import urllib.request
import urllib.parse
url ='http://weather.news.sohu.com/c/?'
#请求参数
params={"wd":"cid=110000"}
#将请求参数转换成 url 编码格式(字符串)
paramsStr=urllib.parse.urlencode(params)
url=url+paramsStr
resq =urllib.request.urlopen(url)
#定义一个响应返回数据 respData,也就是读取查询北京天气的页面
respData =resq.read()
#打印北京天气查询结果页的源代码
print(respData)
```

运行一下,就可以看到北京天气查询结果页的源代码输出。

使用 urllib.request 模块的 POST 请求也可以实现获取网页信息的内容。示例如下。

```
import urllib.request
import urllib.parse
#设定需要访问的网址
url ='http://httpbin.org/post'
#将数据使用 urlencode 编码处理后,再使用 encoding 设置为 utf-8 编码
data =bytes(urllib.parse.urlencode ({"word":"hello"}),encoding='utf8')
#打开指定需要爬取的网页
response =urllib.request.urlopen(url,data=data)
#读取网页代码
html=response.read()
#打印读取内容
print (html)
```

显示内容如图 4-3 所示。

2. Urllib3 模块

Urllib3 是一个功能强大、条理清晰、用于 HTTP 客户端的 Python 库,许多 Python 的原生系统已经开始使用 Urllib3。Urllib3 提供了很多 Python 标准库里所没有的重要特性:

(1) 线程安全。

(2) 连接池。

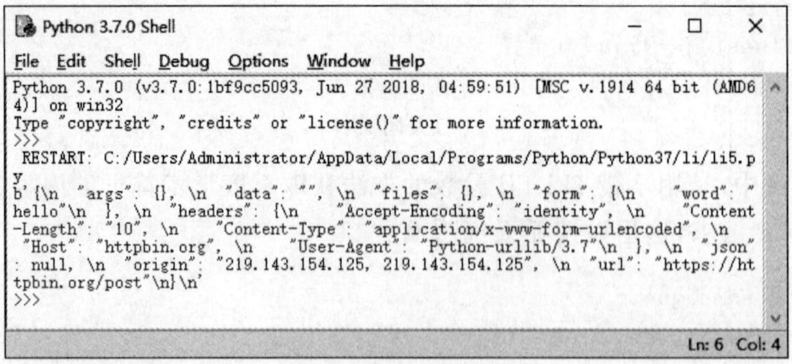

图 4-3 运行结果示例

(3) 客户端 SSL/TLS 验证。

(4) 文件分部编码上传。

(5) 协助处理重复请求和 HTTP 重定位。

(6) 支持压缩编码。

(7) 支持 HTTP 和 SOCKS 代理。

通过 Urllib3 模块实现发送请求的示例代码如下。

```
import urllib3
import requests
#忽略警告
requests.packages.urllib3.disable_warnings()
#通过一个 PoolManager 实例来生成请求
http =urllib3.PoolManager()
#通过 request()方法创建一个请求
response =http.request('GET', 'http://www.baidu.com/')
print(response.status)                #响应状态 200
#获得 HTML 源码,utf-8 解码
print(response.data.decode())
```

运行结果如图 4-4 所示。

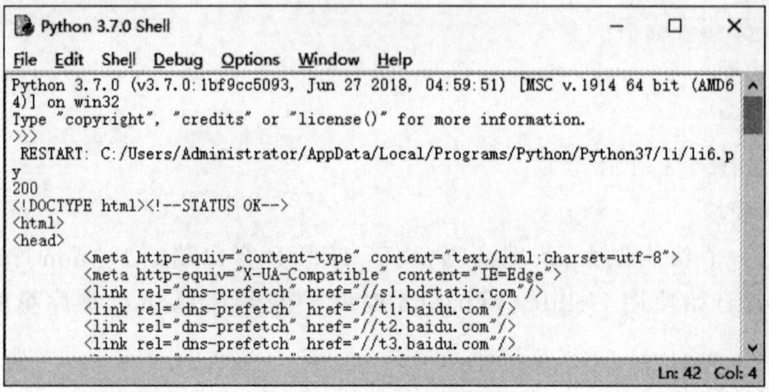

图 4-4 运行结果示例

若使用 POST 请求实现获取网页信息的内容，可将上面程序中的

```
response =http.request('GET', 'http://www.baidu.com/')
```

改为

```
response =http.request('POST', 'http://httpbin.org/post',fields={'word': '
hello'})
```

即可。

3. Requests 模块

Requests 比 Urllib3 模块更简洁。Requests 支持 HTTP 连接保持和连接池，支持使用 Cookie 保持会话，支持文件上传，支持自动响应内容的编码，支持国际化的 URL 和 POST 数据自动编码。

Requests 在 Python 内置模块的基础上进行了高度的封装，从而使得 Python 进行网络请求时，变得人性化，使用 Requests 可以轻而易举地完成浏览器可有的任何操作。Requests 会自动实现持久连接 keep-alive。

下面以 GET 请求方式为例，获取多种信息。

```
import requests                     #导入模块

#最基本的不带参数的 get 请求
response =requests.get('http://www.baidu.com')

print(response.status_code)         #打印状态码
print(response.url)                 #打印请求 URL
print(response.headers)             #打印头部信息
print(response.cookies)             #打印 Cookie 信息
print(response.text)                #以文本形式打印网页源码
print(response.content)             #以字节流形式打印网页源码
```

其中，响应的内容如下。

response.encoding：获取当前的编码。

response.encoding='utf-8'：设置编码。

response.text：以 encoding 解析返回内容。字符串方式的响应体，会自动根据响应头部的字符编码进行解码。

response.content：以字节方式(二进制)返回。字节方式的响应体，会自动解码 gzip 和 deflate 压缩。

response.headers：以字典对象存储服务器响应头，但是这个字典比较特殊，字典键不区分大小写，若键不存在则返回 None。

response.status_code：响应状态码。

response.raw：返回原始响应，也就是 urllib 的 response 对象，使用 response.raw.read()。

response.ok：查看 response.ok 的布尔值便可以知道是否登录成功。

若使用带参数的 GET 请求，可写成如下形式。

```
import requests                                                    #导入模块

#带参数的 get 请求
response =requests.get(url='http://dict.baidu.com/s', params={'wd': 'python'})
print(response.url)                                                #打印请求 URL
print(response.headers)                                            #打印头部信息
print(response.cookies)                                            #打印 Cookie 信息
print(response.text)                                               #以文本形式打印网页源码
```

另外，实用时还可以使用以下的方法。

```
requests.get('https://github.com/timeline.json')                   #GET 请求
requests.post('http://httpbin.org/post')                           #POST 请求
requests.put('http://httpbin.org/put')                             #PUT 请求
requests.delete('http://httpbin.org/delete')                       #DELETE 请求
requests.head('http://httpbin.org/get')                            #HEAD 请求
requests.options('http://httpbin.org/get')                         #OPTIONS 请求
```

4.1.3 网页抓取技术

一个网页的抓取可以使用 3 种技术。首先是正则表达式，然后是流行的 Beautiful Soup 模块，最后是功能强大的 Lxml 模块。

正则表达式又称规则表达式，通常被用来检索、替换那些符合某个模式（规则）的文本。

Beautiful Soup 是 Python 的一个库，最主要的功能是从网页抓取数据。Beautiful Soup 提供一些简单的、Python 式的函数用来处理导航、搜索、修改分析树等功能。它是一个工具箱，通过解析文档为用户提供需要抓取的数据，因为简单，所以不需要多少代码就可以写出一个完整的应用程序。Beautiful Soup 自动将输入文档转换为 Unicode 编码，输出文档转换为 utf-8 编码。Beautiful Soup 除了支持 Python 标准库中的 HTML 解析器之外，还支持一些第三方的解析器，可以有针对性地向网页进行解析。

Lxml 是 Python 语言中处理 XML 和 HTML 功能最丰富、最易于使用的库。

一个网页的抓取过程，可分为以下 4 个步骤。

(1) 确定要爬取数据的网址。

(2) 获取该网址的源码。

(3) 使用正则表达式去匹配网址的源码（匹配所需要的数据类型）。

(4) 将爬取的数据保存至本地或者数据库。

1. 抓取网页内容

下面以抓取“IT 时代网”为例，使用正则表达式来对网页内容进行抓取。

```
import urllib.request                                    #导入 urllib 下的 request 模块
```

```
import re                                              #导入正则匹配包
#-*-encoding:utf-8-*-
#确定要爬取数据的网址
url="https://www.ittime.com.cn/"
#该网址的源码(以该网页的原编码方式进行编码,特殊字符编译不能编码就设置为 ignore)
webSourceCode=urllib.request.urlopen(url).read().decode("utf-8","ignore")
#匹配数据的正则表达式
#所有的图片
imgRe=re.compile(r'src="(.*?\.jpg)"')
#所有的标题
titleRe=re.compile(r'<h2><a href=".*?" target="_blank">(.*?)</a></h2>')
#所有的简介
contentRe=re.compile(r'<p>(.*?)</p>')
#所有的作者
authorRe=re.compile(r'<span class="pull-left from_ori">(.*?)<span class="
year">(.*?)</span></span>')
#匹配网页对应的标题数据
titles=titleRe.findall(webSourceCode)
images=imgRe.findall(webSourceCode)
content=contentRe.findall(webSourceCode)
authors=authorRe.findall(webSourceCode)
print("标题==========================================")
for title in titles:
    print(title)
print("图片==========================================")
for image in images:
    print("https://www.ittime.com.cn/"+image)
print("内容简介========================================")
for c in content:
    print(c)
print("作者==========================================")
for author in authors:
    print(author[0])
print("时间==========================================")
for time in authors:
    print(author[1])
```

抓取结果如图 4-5 所示。

使用 Python 爬取网页的数据并不困难,重要的步骤是对所需数据的源代码的分析,寻找出网页的规律,并根据规律写出正确的正则表达式。

2. 抓取微博主页标题内容

首先要获取微博主页的源代码,然后用 Lxml 来筛选出所需要的信息。若要分析源代码,可以使用 Chrome 浏览器。Chrome 浏览器自带分析源代码的功能,可以直接在源代码中得到表达式 xpath。具体示例如下。

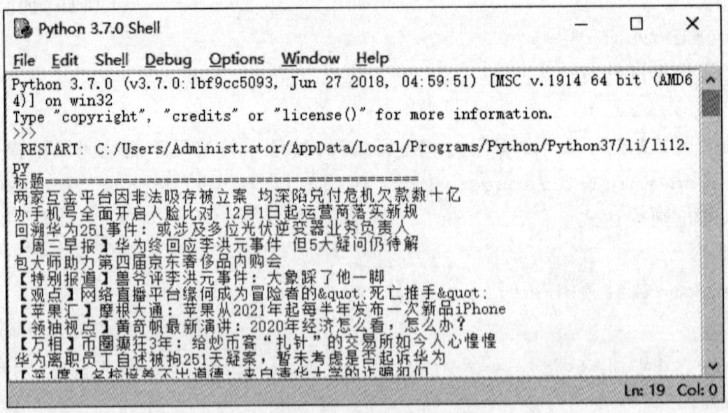

图 4-5 抓取网页示例

```
import requests
from lxml import etree
#获取源代码
html =requests.get("https://blog.csdn.net/blogdevteam/ ")
#print (html.text)                                        #打印源代码

etree_html =etree.HTML(html.text)
content =etree_html.xpath('//*[@id="mainBox"]/main/div[2]/div/h4/a/text()')

for each in content:
    replace =each.replace('\n', '').replace(' ', '')
    if replace =='\n' or replace =='':
        continue
    else:
        print(replace)
```

抓取结果如图 4-6 所示。

3. 抓取网页标题及链接

每个网站网页的原始码都不大相同，若要抓取网页的标题，必须找到特殊的元素做抽取。针对不同的网站，特殊元素也是不同的。以“第一财经”网站为例，使用开发者工具检查每篇文章的分隔发现都以 m-list 做区隔，由此知道可以通过 m-list 提取一个一个的列表。可以把 m-list 下的结构拓展出来，接下来就可以根据不同的标签取得不同的内容。具体程序如下。

```
import requests
from bs4 import BeautifulSoup
response =requests.get('https://www.yicai.com/')
response.encoding ='utf-8'
soup =BeautifulSoup(response.text,'html.parser')
```

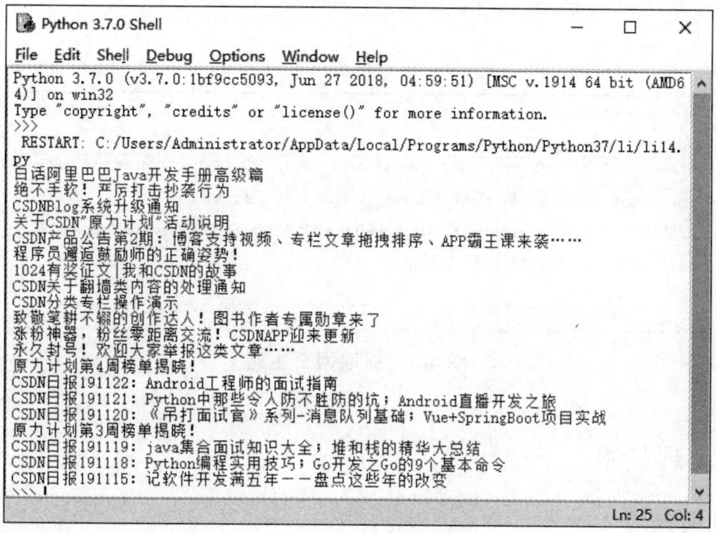

图 4-6　抓取微博示例

```
for news in soup.select('.m-list'):
    print(news.select('h2'))
for news in soup.select('.m-list'):
    print(news.select('h2')[0])
for news in soup.select('.m-list'):
    print(news.select('h2')[0].text)
```

运行结果如图 4-7 所示。

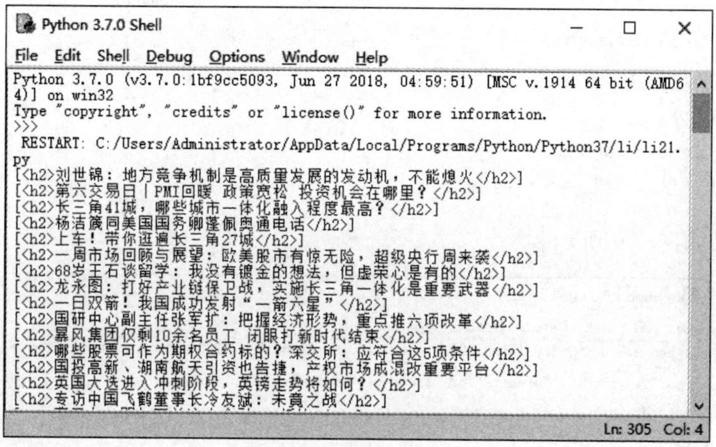

图 4-7　抓取网页标题

若要获取网页的主题，可用下面的简单程序获取，结果见图 4-8。

```
from urllib.request import urlopen
from bs4 import BeautifulSoup
html =urlopen("https://www.yicai.com/")
```

```
bsObj =BeautifulSoup(html.read(), 'lxml')
print(bsObj.title)
```

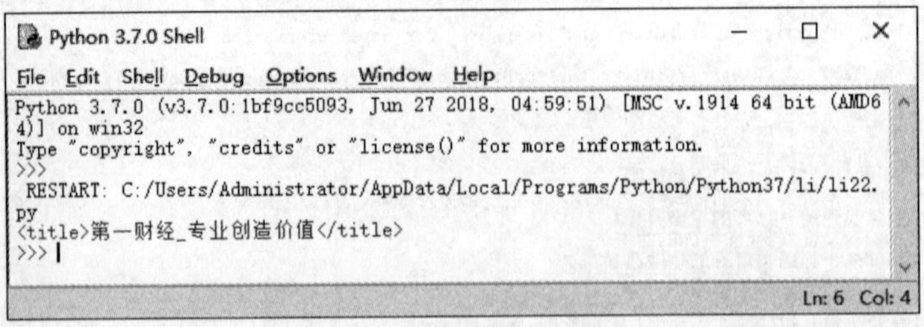

图 4-8 抓取网页主题

4.1.4 其他处理技术

1. 网络超时技术

有的时候，访问一个网页，如果该网页长时间未响应，那么系统就会判断该网页超时了。但是，有的时候需要根据自己的需要来设置超时的时间值，例如，以 10s 作为判断一个网页是否超时的标准。

下面的程序完成循环 99 次爬取百度首页的网站，将超时时间设置为 1s。

```
from urllib import request
for i in range(1,100):                                  #循环 99 次去爬取网站
  try:
    file =request.urlopen("http://www.baidu.com",timeout=1)
                                                        #超时时间设置为 1s

    data  =file.read()
    print(len(data))
    print(i)
  except Exception as e:
    print("出现异常-->" +str(e))
```

运行结果如图 4-9 所示。

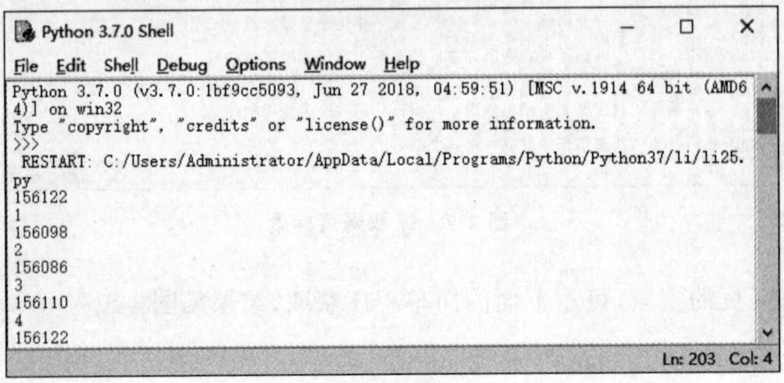

图 4-9 网络超时

Requests 模块提供了 3 种常见的网络异常类,示例代码如下。

```
import requests
urls =['http://www.baidu.com',
       'http://www.baidu.com/',
       'http://www.baidu.comxx']
for i,u in enumerate(urls):
    print(u)
    timeout =3
    if i ==0:
        #这里只对第一个 url(正确的 url)进行超时测试
        #在万分之一秒内无法完成连接的,会报超时的错误
        timeout =0.00001
    try:
        response =requests.get(u,timeout=timeout)
        print('状态码:',response.status_code)
    except requests.ConnectTimeout:                 #连接超时
        print('超时!')
    except requests.HTTPError:                      #http 异常
        print('http 状态码非 200')
    except Exception as e:
        print('未进行容错处理:\n', e)
    except requests.RequestException:               #请求异常
        print('请求异常!')
```

运行结果如图 4-10 所示。

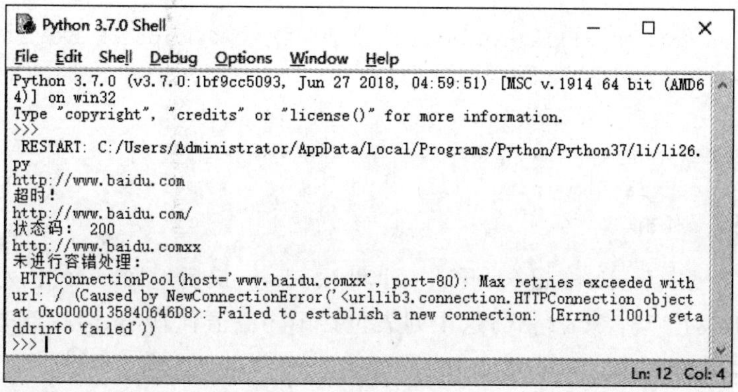

图 4-10 异常处理

2. 代理服务

在使用 Python 爬虫爬取一个网站时,通常会频繁访问该网站。假如一个网站会检测某一段时间某个 IP 的访问次数,如果访问次数过多,将会禁止访问。所以可以设置一些代理服务器来帮助完成工作,每隔一段时间换一个代理,这样便不会出现因为频繁访问而导致禁止访问的现象。具体示例如下。

```
from bs4 import BeautifulSoup
import requests
import random

def get_ip_list(url, headers):
  web_data =requests.get(url, headers=headers)
  soup =BeautifulSoup(web_data.text, 'lxml')
  ips =soup.find_all('tr')
  ip_list =[]
  for i in range(1, len(ips)):
    ip_info =ips[i]
    tds =ip_info.find_all('td')
    ip_list.append(tds[1].text +':' +tds[2].text)
  return ip_list

def get_random_ip(ip_list):
  proxy_list =[]
  for ip in ip_list:
    proxy_list.append('http://' +ip)
  proxy_ip =random.choice(proxy_list)
  proxies ={'http': proxy_ip}
  return proxies

if __name__ =='__main__':
  url ='http://www.xicidaili.com/nn/'
  headers ={
  'User-Agent': 'Mozilla/5.0 (Windows NT 6.1; WOW64) AppleWebKit/537.17 (KHTML,
like Gecko) Chrome/24.0.1312.60 Safari/537.17'
  }
  ip_list =get_ip_list(url, headers=headers)
  proxies =get_random_ip(ip_list)
  print(proxies)
```

函数 get_ip_list(url, headers)传入 url 和 headers，最后返回一个 IP 列表，列表的元素类似 122.114.31.177：808 格式，这个列表包括国内高匿代理 IP 网站首页所有 IP 地址和端口。

函数 get_random_ip(ip_list)传入第一个函数得到的列表，返回一个随机的 proxies，这个 proxies 可以传入到 Requests 的 GET 方法中，这样就可以做到每次运行都使用不同的 IP 访问被爬取的网站，有效地避免了真实 IP 被封的风险。

proxies 的格式是一个字典：{'http': 'http://122.114.31.177：808'}，可以将下面的执行也封装为方法。

对于抓取 IP，西刺代理的服务器做了反爬处理，如果频繁去抓取的话，服务器会主动返回 503 错误，提示 block，所以在请求的时候可以先一次请求完保存一个文件，来读取这个文件，或者爬取一个 IP 使用几分钟后，再去爬取一次，相当于加一个定时功能。

运行上面的代码会得到一个随机的 proxies，把它直接传入 Requests 的 GET 方法中即可。

```
res =requests.get(url, headers=headers, proxies=proxies)
```

图 4-11 显示的是上面程序运行两次的结果。

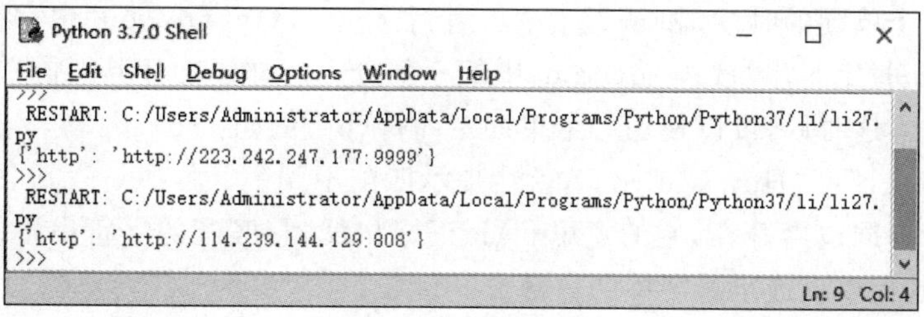

图 4-11　代理服务

4.2　正则表达式

有时候，在进行字符串处理的时候，希望按照自定义的规则进行处理，这些规则称为模式。可以用正则表达式来描述这些规则，正则表达式也称为模式表达式。

正则表达式是一个特殊的字符序列，它能方便地检查一个字符串是否与某种模式匹配。Python 自 1.5 版本起增加了 re 模块，它提供 Perl 风格的正则表达式模式。re 模块使 Python 语言拥有全部的正则表达式功能。Compile 函数根据一个模式字符串和可选的标志参数生成一个正则表达式对象。该对象拥有一系列方法用于正则表达式匹配和替换。re 模块也提供了与这些方法功能完全一致的函数，这些函数使用一个模式字符串作为它们的第一个参数。本节主要介绍 Python 中常用的正则表达式处理函数。

4.2.1　什么是正则表达式

正则表达式，就是描述字符串排列的一套规则。例如，想找出一个网页中的所有电子邮件，其他的信息需要过滤掉，那么可以通过观察电子邮件的格式，写一个正则表达式，来表示所有的电子邮件，随后就可以利用该正则表达式从网页中提取所有满足该规则的字符串出来，这些满足规则的字符串必然是电子邮件格式，此时可以轻松地将网页中的所有电子邮件提取出来并过滤掉其他信息。

正则表达式并不是 Python 的一部分。正则表达式是用于处理字符串的强大工具，拥有自己独特的语法以及一个独立的处理引擎，效率上可能不如 str 自带的方法，但功能十分强大。得益于这一点，在提供了正则表达式的语言里，正则表达式的语法都是一样的，区别只在于不同的编程语言实现支持的语法数量不同。

在 Python 中，一般会使用 re 模块实现 Python 正则表达式的功能。

4.2.2 正则表达式基础知识

1. 行定位符

行定位符是用来描述字符串的边界。"^"表示行开始,"$"表示行结尾,如"^de"表示以 de 开头的字符串,"de$"表示以 de 结尾的字符串。

2. 单词定界符

在查找一个单词的时候,如 ar 是否在一个字符串"How are you"中存在,很明显,如果匹配的话,ar 肯定是串"How are you"中的一部分。怎样才能让其匹配单词,而不是单词的一部分呢?这时候,可以使用一个单词定界符\b。例如:

用\bar\b 去匹配"How are you",就会提示匹配不到。

另外一个单词定界符\B,它的意思和\b 正好相反,它匹配的字符串不能是一个完整的单词,而是其他单词或字符串中的一部分。例如:

用\Bar\B 去匹配"How are you",就会匹配到。

3. 选择字符

有两个选择字符"[]"与"|",表示或。例如,ab|ba 表示 ab 或者 ba。使用"[]"只能匹配单个字符,而"|"可以匹配任意长度的字符串。在使用"[]"的时候,往往配合连接字符"-"一起使用,例如:

[a-d]表示 a 或 b 或 c 或 d

4. 排除字符

排除字符"^",表示排除操作。正则表达式提供了"^"来表示排除不符合的字符,^一般放在[]中。例如:

[^1-5],表示不是 1~5 的数字。

5. 限定符

限定符主要是用来限定每个字符串出现的次数。常用的限定符如表 4-1 所示。

表 4-1 常用限定符

限定符	说 明	举 例
?	匹配前面的字符零次或一次	colou? r,该表达式可以匹配 colour 和 color
+	匹配前面的字符一次或多次	go+gle,该表达式可以匹配的范围为 gogle~goo…gel
*	匹配前面的字符零次或多次	go*gle,该表达式可以匹配的范围为 ggle~goo…gel
{n}	匹配前面的字符 n 次	go{2}gle,该表达式只匹配 google
{n,}	匹配前面的字符最少 n 次	go{2,}gle,该表达式可以匹配的范围为 google~goo…gel
{n,m}	匹配前面的字符最少 n 次,最多 m 次	employe{0, 2},该表达式可以匹配 employ, employe 和 employee

6. 元字符

正则表达式里面有很多元字符,常用的元字符如表 4-2 所示。

表 4-2 常用元字符

元字符	说明	举例
.	匹配除换行符以外的任意字符	匹配 mr\nM\tR 中的 m,r,M,\t,R
\w	匹配字母、数字、下画线或汉字	匹配"howareyou\n"中的 h,o,w,a,r,e,y,o,u,但不能匹配\n
\W	匹配除字母、数字、下画线或汉字以外的字符	匹配"howareyou\n"中的\n,但不能匹配 h,o,w,a,r,e,y,o,u
\s	匹配单个的空白符(包括 Tab 和换行符)	匹配 mr\tMR 中的\t
\S	匹配除单个空白符以外的所有字符	匹配 mr\tMR 中的 m,r,M,R
\d	匹配数字	可以与 how7M 中的数字 7 匹配

7. 转义字符

转义字符"\"主要是将一些特殊字符转为普通字符。而这些常用特殊字符有"."“?”"\"等。下面举例说明转义字符的使用。

```
a ='let\'s go!'                    #转义单引号
print(a)
b ="let's go!"                     #字符串内是双引号,就用单引号来区分开
print(b)
c ="c:\new\python"                 #换行
print(c)
d ="c:\\new\python"
print(d)
print("a\tb\tc")                   #使用制表符
print("x\ay")                      #执行时系统会有提示音
print("name: \"bone\"")            #转义双引号
for i in range(5):                 #\r 表示回车
    print("\r 数字是:", i)
```

运行结果如图 4-12 所示。

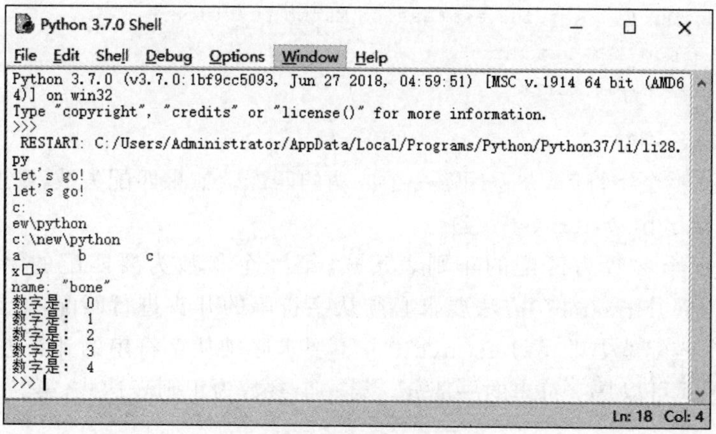

图 4-12 转义字符的使用

4.2.3 正则表达式常见函数

常见的正则表达式函数有 re.match()函数、re.search()函数、re.compile()函数和 re.sub()函数。

1. re.match()函数

功能：从源字符串的起始位置开始匹配。

格式：re.match(pattern,string,flag)

说明：第 1 个参数为匹配的正则表达式，第 2 个参数为要匹配的字符串，第 3 个参数为标志位，用于控制正则表达式的匹配方式，如是否区分大小写、多行匹配等。匹配成功返回一个匹配的对象，否则返回 None。

例如：

```
import re
print(re.match('www', 'www.baidu.com').span())  #在起始位置匹配
print(re.match('com', 'www.baidu.com'))         #不在起始位置匹配
```

以上实例运行输出结果为：

```
(0, 3)
None
```

也可以使用 group(num)或 groups()匹配对象函数来获取匹配表达式。例如：

```
import re
line ="Regular expression Match function"
#.* 表示任意匹配除换行符(\n、\r)之外的任何单个或多个字符
matchObj =re.match( r'(.*) expression (.*?) .* ',line,re.M|re.I)
print ("matchObj.group( ): ", matchObj.group())
print ("matchObj.group(1): ", matchObj.group(1))
print ("matchObj.group(2): ", matchObj.group(2))
```

以上实例运行输出结果为：

```
matchObj.group( ): Regular expression Match function
matchObj.group(1): Regular
matchObj.group(2): Match
```

2. re.search()函数

功能：扫描整个字符串，并返回第一个成功的匹配。如果匹配失败，则返回 None。

格式：re.search(pattern,string)

说明：第 1 个参数为匹配的正则表达式，第 2 个参数为要匹配的字符串。与 re.match()方法不同，re.match()方法要求必须从字符串的开头进行匹配，如果字符串的开头不匹配，整个匹配就失败了；re.search()并不要求必须从字符串的开头进行匹配，也就是说，正则表达式可以是字符串的一部分。第一个参数为正则表达式，第二个参数为对应的源字符串。

例如：

```
import re
content ='Hello 987654321 Word, This is just a 102 Test'
result =re.search('(\d+).*?(\d+).*', content)
print(result)
print(result.group())                           #与 print(result.group(0)) 同样效果
print(result.groups())
print(result.group(1))
print(result.group(2))
```

以上实例运行输出结果为：

```
987654321 Word, This is just a 102 Test
('987654321', '102')
987654321
102
```

3. re.compile()函数

功能：该函数根据包含的正则表达式的字符串创建模式对象。该对象拥有一系列方法用于正则表达式的匹配和替换，可以实现更有效率的匹配及后续调用。

格式：re.compile(pattern, flags=0)

说明：第1个参数 pattern 指定编译时的表达式字符串；第2个参数 flags 为编译标志位，用来修改正则表达式的匹配方式，支持 re.L|re.M 同时匹配。在直接使用字符串表示的正则表达式进行 Search，Match 和 Findall 操作时，Python 会将字符串转换为正则表达式对象。而使用 Compile 完成一次转换之后，在每次使用模式的时候就不用重复转换。当然，使用 re.compile()函数进行转换后，re.search(pattern, string)的调用方式就转换为 pattern.search(string)的调用方式。

Python 通过 re 模块提供对正则表达式的支持。使用 re 的一般步骤是：先使用 re.compile()函数，将正则表达式的字符串形式编译成 Pattern 实例。然后使用 Pattern 实例处理文本并获得匹配结果（一个 Match 实例），最后使用 Match 实例获得信息，进行其他的操作。

举一个简单的例子，寻找一个字符串中所有的英文字符：

```
import re
pattern =re.compile('[a-zA-Z]')
result =pattern.findall('Liqun1229Yuan')
print(result)
```

以上实例运行输出结果为：

```
['L', 'i', 'q', 'u', 'n', 'Y', 'u', 'a', 'n']
```

匹配指定的字符串。

```
import re
```

```
string ='dsfdspythondsfdsjpythonfds'
pattern ='.python'
s =re.compile(pattern=pattern).findall(string)
print(s)
```

以上实例运行输出结果为:

```
['spython', 'jpython']
```

4. re.sub()函数

功能:对于输入的一个字符串,利用正则表达式去实现(相对复杂的)字符串替换处理,然后返回被替换后的字符串。re.sub()函数可用来实现比普通字符串的 Replace 更加强大的替换功能。

格式:re.sub(pattern, repl, string, count=0, flags=0)

说明:第 1 个参数 pattern 表示正则中的模式字符串;第 2 个参数 repl 表示被替换的字符串,repl 可以是字符串,也可以是函数;第 3 个参数 string 表示要被处理或被替换的那个字符串;第 4 个参数 count 表示限定替换的个数,默认为替换所有;第 5 个参数 flags 表示匹配模式,可以使用按位或"|"表示同时生效,也可以在正则表达式中指定。

下面举例说明。

```
import re
a =re.sub(r'hello', 'I love the', 'hello world')
print(a)      #hello world里面的 hello 被 I love the 替换
b =re.sub(r'(\d+)', 'hello', 'my number is 400 and door num is 200')
print(b)      #数字 400 和 200 被 hello 替换
c =re.sub(r'hello (\w+), nihao \1', r'java','hello python, nihao python')
print(c)      #\1 代表第 1 个分组的值即 python,因为有两个 python,所以用\1 可以指代第 2
              #个,这样整个字符串被 java 替换
d =re.sub('(\d{4})-(\d{2})-(\d{2})', r'\2-\3-\1', '2019-12-28')
print(d)
e =re.sub('(\d{4})-(\d{2})-(\d{2})', r'\3-\2-\1', '2019-12-28')
print(e)
```

以上实例运行输出结果为:

```
I love the world
my number is hello and door num is hello
java
12-28-2019
28-12-2019
```

4.2.4 正则表达式的简单使用

Python 提供了 re 模块,用于实现正则表达式的操作。re 模块在使用时,需要先应用 Import 语句引入,才能正确地应用正则表达式。

匹配字符串可以使用 4.2.3 节介绍的函数。

(1) 利用正则表达式将字符串序列中的 10～59 的数显示出来。

源程序如下。

```
import re
patt=r'[1-5][0-9]'
lis=[10,20,30,40,2,3,59,60,'aa','3aaa']
match=re.findall(patt,str(lis))
if match:
  print(match)
```

执行结果：

```
['10', '20', '30', '40', '59']
```

(2) 过滤正确的 24 小时时间制。

源程序如下。

```
import re
time='10:00,99:90,8:00,19:19:14:00pm,5:xm,6,00,8:0923:23pm,29:19pm,23:59'
patt =r'\b([01]?[0-9]|2[0-4])(:)([0-5][0-9])'
match =re.findall(patt,time)
if match:
    print([''.join(x) for x in match])
```

执行结果：

```
['10:00', '8:00', '19:19', '14:00', '8:09', '23:59']
```

(3) 验证手机号是否正确。

源程序如下。

```
import re
#验证手机号是否正确
phone_pat =re.compile('^(13\d|14[5|7]|15\d|166|17[3|6|7]|18\d)\d{9}$')
while True:
    phone =input('请输入您的手机号:')
    res =re.search(phone_pat, phone)
    if res:
        print('正常手机号')
    else:
        print('不是手机号')
```

执行结果：

```
请输入您的手机号:18510669966
正常手机号
```

说明：手机号都为 11 位，所以必须限定匹配的数字的位数，通过 $ 来限定以 9 位数字结尾，又因为手机号都以 1 开头，所以通过^1 限定以 1 开头，然后手机号第二位只有 3，5，6，7，8 这几个数字，所以通过[3，5，6，7，8]来匹配其中的任一数字，最后{9}匹配 9 个 /d。/d 表示匹配数字。

(4) 定义一个函数，用于判断输入的手机号是否合法，并判断它的运营商。

源程序如下。

```
import re
def phone():
    n =input("请输入一个手机号:")
    if re.match(r'1[3,4,5,7,8]\d{9}', n):
        print("您输入的手机号码是:", n)
        #中国联通:
        #130,131,132,145,146,155,156,166,175,176,185,186
        if re.match(r'13[0,1,2]\d{8}', n) or \
            re.match(r"15[5,6]\d{8}", n) or \
            re.match(r"18[5,6]\d{8}", n) or \
            re.match(r"14[5,6]\d{8}",n) or \
            re.match(r"17[5,6]\d{8}|166\d{8}",n):
            print("该号码属于:中国联通")
        #中国移动
        #134,135,136,137,138,139,147,150,151,152
        #157,158,159,178,182,183,184,187,188;
        elif re.match(r"13[4,5,6,7,8,9]\d{8}", n) or \
            re.match(r"147\d{8}|178\d{8}", n) or \
            re.match(r"15[0,1,2,7,8,9]\d{8}", n) or \
            re.match(r"18[2,3,4,7,8]\d{8}", n):
            print("该号码属于:中国移动")
        #中国电信
        #133,149,153,173,177,180,181,189,199
        elif re.match(r"133\d{8}|149\d{8}", n) or \
            re.match(r"153\d{8}|199\d{8}", n) or \
            re.match(r"17[3,7]\d{8}", n) or \
            re.match(r"18[0,1,9]\d{8}", n):
            print("该号码属于:中国电信")
    else:
        print("请输入正确的手机号")


if __name__ =='__main__':
    phone()
```

执行结果：

```
请输入一个手机号:13688880001
您输入的手机号码是: 13688880001
该号码属于:中国移动
```

说明：首先了解三大运营商的号段分布，然后获取用户输入的内容。在程序中判断输入的是否是一个手机号，如果手机号合法，判断该手机号段的运营商，最后输出结果。

4.3　网络爬虫常用框架

目前较常用的爬虫框架主要有：Scrapy 爬虫框架，Crawley 爬虫框架，PySpider 爬虫框架，Portia 爬虫框架等。用 Python 语言编写的爬虫项目是目前的主流技术，而框架是一些爬虫项目的半成品，这些爬虫框架已经实现了爬虫常用的功能，为开发人员节省了很多精力与时间。在不同的爬虫项目中，调用适合自己项目的接口，再编写少量的代码实现自己需要的功能。

4.3.1　Scrapy 爬虫框架

网址为 https://scrapy.org/，如图 4-13 所示。

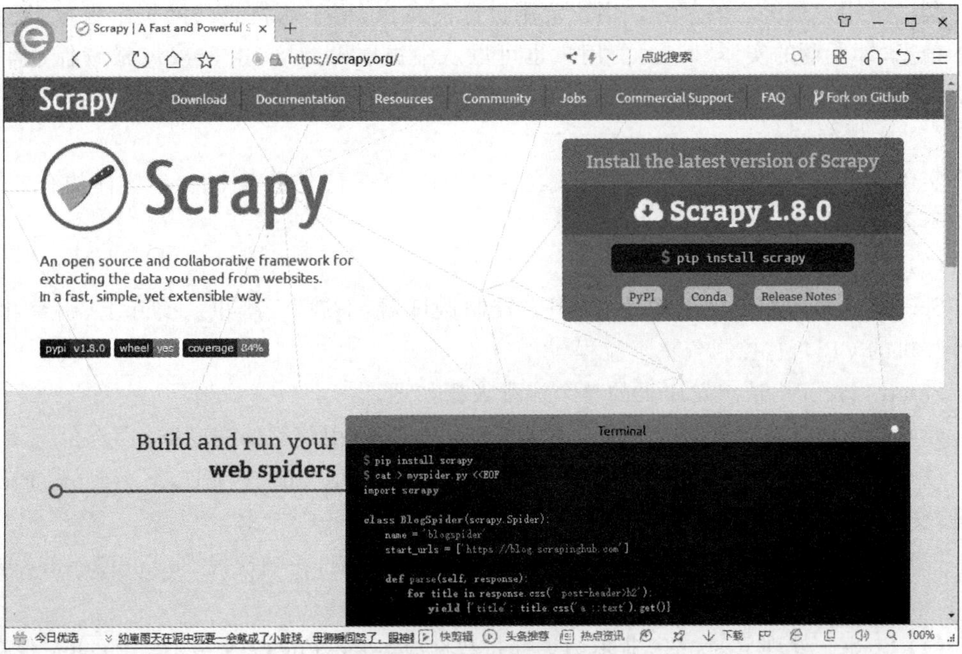

图 4-13　Scrapy 官网页面

Scrapy 是 Python 开发的一个快速、高层次的屏幕抓取和 Web 抓取框架，用于抓取 Web 站点并从页面中提取结构化的数据。Scrapy 用途广泛，可以用于数据挖掘、监测和自动化测试。

Scrapy 是一个框架，任何人都可以根据需求方便地修改。它也提供了多种类型爬虫的基类，如 BaseSpider、SiteMap 爬虫等，最新版本又提供了 Web 2.0 爬虫的支持。

Scrapy 可以应用在包括数据挖掘、信息处理或存储历史数据等一系列的程序中。Scrapy 最初是为了页面抓取所设计的，也可以应用在获取 API 所返回的数据（例如

Amazon Associates Web Services）或者通用的网络爬虫。

Scrapy 框架主要由 5 大组件组成，分别是调度器（Scheduler）、下载器（Downloader）、爬虫（Spider）、实体管道（Item Pipeline）和 Scrapy 引擎（Scrapy Engine）。下面分别介绍各个组件的作用。

（1）调度器。

调度器可以被假设为一个 URL（抓取网页的网址或者说是链接）的优先队列，由它来决定下一个要抓取的网址是什么，同时去除重复的网址（不做无用功）。用户可以根据自己的需求定制调度器。

（2）下载器。

下载器是所有组件中负担最大的，用于高速地下载网络上的资源。Scrapy 的下载器代码不会太复杂，但效率高，主要的原因是 Scrapy 下载器是建立在 twisted 这个高效的异步模型上的（其实整个框架都建立在这个模型上）。

（3）爬虫。

爬虫是用户最关心的部分。用户定制自己的爬虫，用于从特定的网页中提取自己需要的信息，即所谓的实体（Item）。用户也可以从中提取出链接，让 Scrapy 继续抓取下一个页面。

（4）实体管道。

实体管道用于处理爬虫提取的实体。主要的功能是持久化实体、验证实体的有效性、清除不需要的信息。

（5）Scrapy 引擎。

Scrapy 引擎是整个框架的核心，用来控制调试器、下载器、爬虫。实际上，引擎相当于计算机的 CPU，它控制着整个流程。

Scrapy 运行时，请求发出去的整个流程大概如下。

（1）首先爬虫将需要发送请求的 URL（Requests）经引擎交给调度器。

（2）排序处理后，经 ScrapyEngine，DownloaderMiddlewares（有 User_Agent，Proxy 代理）交给 Downloader。

（3）Downloader 向互联网发送请求，并接收下载响应，将响应经 ScrapyEngine，可选交给 Spiders。

（4）Spiders 处理 Response，提取数据并将数据经 ScrapyEngine 交给 ItemPipeline 保存。

（5）提取 URL 重新经 ScrapyEngine 交给 Scheduler 进行下一个循环，直到无 URL 请求程序停止结束。

1. 快速安装 Scrapy

使用命令：pip install scrapy。

验证安装是否成功，可在命令窗口中输入 Scrapy 命令，如图 4-14 所示。在成功安装 Scrapy 之后，可以通过 pydoc 来查看 Scrapy 的文档。在命令行窗口中输入如下命令。

```
python -m pydoc -p 8899
```

运行上面的命令之后，打开浏览器查看 http://localhost：8899/scrapy.html 页面，就可以看到 Scrapy 的文档。

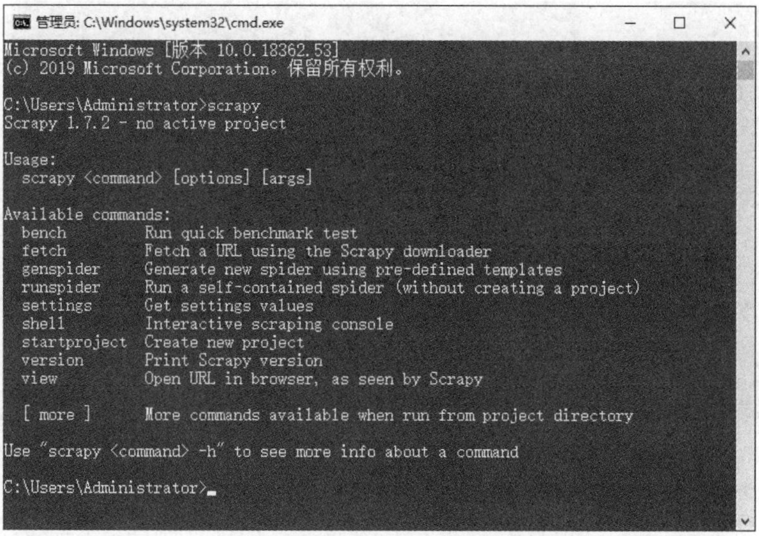

图 4-14　验证 Scrapy 是否安装成功

2. 创建项目

使用命令：scrapy startproject minghua。

例如，要爬取网页 http://www.sohu.com/a/157709282_661623 中全部图片的内容，首先要创建具体的项目，如图 4-15 所示。创建项目后的目录结构如图 4-16 所示。

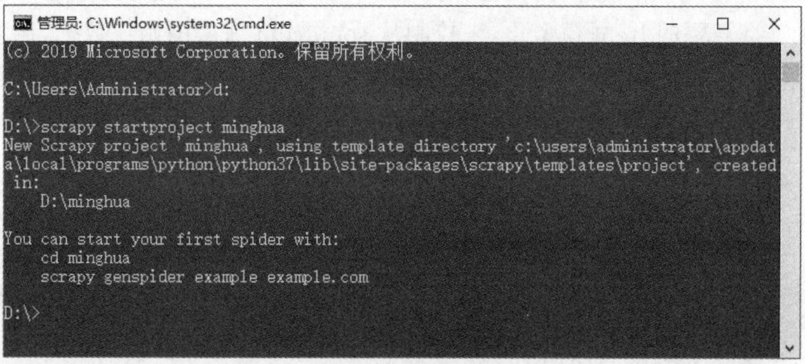

图 4-15　创建项目

这些文件主要是：

scrapy.cfg：项目的总配置文件，通常无须修改。

minghua/：项目的 Python 模块，程序将从此处导入 Python 代码。

minghua/items.py：用于定义项目用到的 Item 类。Item 类就是一个 DTO（数据传输对象），通常就是定义 *N* 个属性，该类需要由开发者来定义。

minghua/pipelines.py：项目的管道文件，负责处理爬取到的信息。该文件需要由开发者编写。

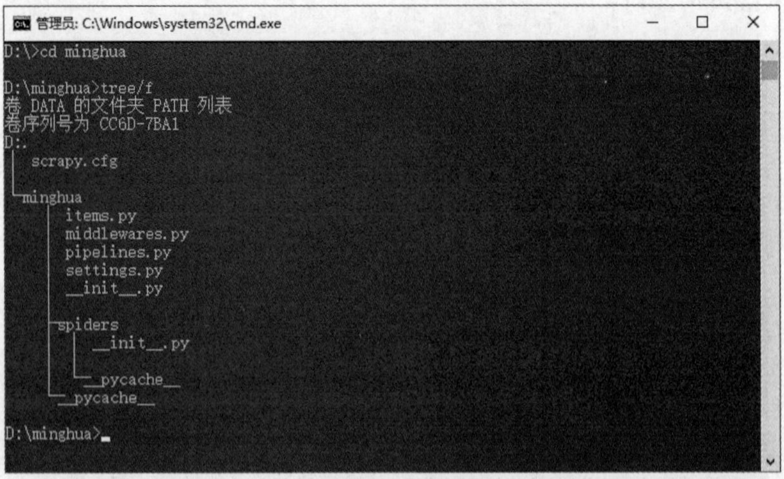

图 4-16　目录结构

minghua/settings.py：项目的配置文件，在该文件中进行项目相关配置。

minghua/spiders：在该目录下存放项目所需的 Spider，Spider 负责抓取项目感兴趣的信息。

3. 定义 Item 项

Items 是装载抓取数据的容器，它的工作方式有点儿像 Python 里面的字典，但它提供更多的保护，比如对未定义的字段进行填充以防止拼写错误。通过创建一个 scrapy.item.Item 类来声明并定义它们的属性作为 scrapy.item.Field 对象，就像是一个对象关系的映射。通过将需要的 Item 模型化，来控制从 sohu.com 获得的站点数据，比如要获得站点的名字、URL 和网站描述，我们定义这三种属性的域。要做到这点，可编辑在 minghua 目录下的 items.py 文件，items.py 文件定义如下。

```
#-*-coding: utf-8 -*-
import scrapy

class MinghuaItem(scrapy.Item):
    #define the fields for your item here like:
    painter =scrapy.Field()
    pic_name =scrapy.Field()
    picture =scrapy.Field()
pass
```

4. 创建爬虫文件

使用命令 scrapy genspider hua www.sohu.com 创建爬虫程序，如图 4-17 所示。

进入 spiders 目录，改写 hua.py 文件，具体内容如下。

```
#-*-coding: utf-8 -*-
import scrapy
```

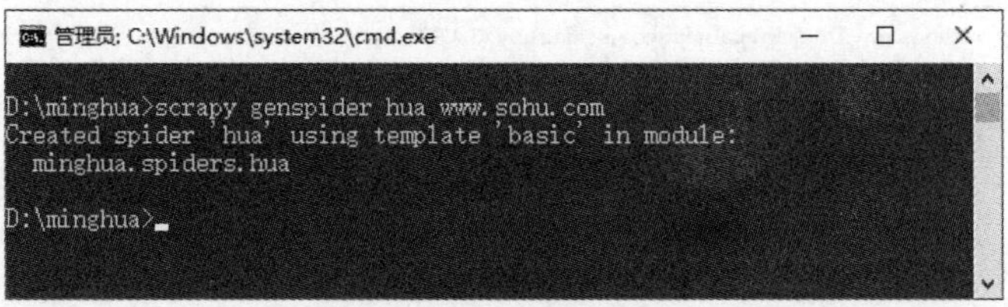

图 4-17　创建爬虫程序

```
class HuaSpider(scrapy.Spider):
    name = 'hua'
    allowed_domains = ['sohu.com']
    start_urls = ['http://www.sohu.com/']
    def parse(self, response):
        pic_list =response.xpath('//article[@class="article"]/p')
        items = []
        for pic in pic_list[2:]:
            if len(pic.extract().split('/'))>1:
                item =FamouspicspiderItem()
                item['painter'] =pic.xpath('span/text()')[0].extract().split
('/')[1]
                item['pic_name'] =pic.extract().split('/')[0].split('、')[1]
                items.append(item)
            if pic.xpath('img/@src').extract():
                items[-1]['picture'] =pic.xpath('img/@src').extract()[0]
        return items
    pass
```

5. 编写中间件

打开 pipeline.py 进行中间件编写，内容如下。

```
#-*-coding: utf-8 -*-

class MinghuaPipeline(object):
    def process_item(self, item, spider):
        with open(picPath, 'wb') as fp:
            response =urlopen(item['picture'])
            fp.write(response.read())
        return item
```

6. 设置图片下载

打开 settings.py 文件，并改写文件中的某些内容，具体设置如图 4-18 所示。

```
ITEM_PIPELINES ={
    'minghua.pipelines.ImagespiderPipeline': 300,
}
```

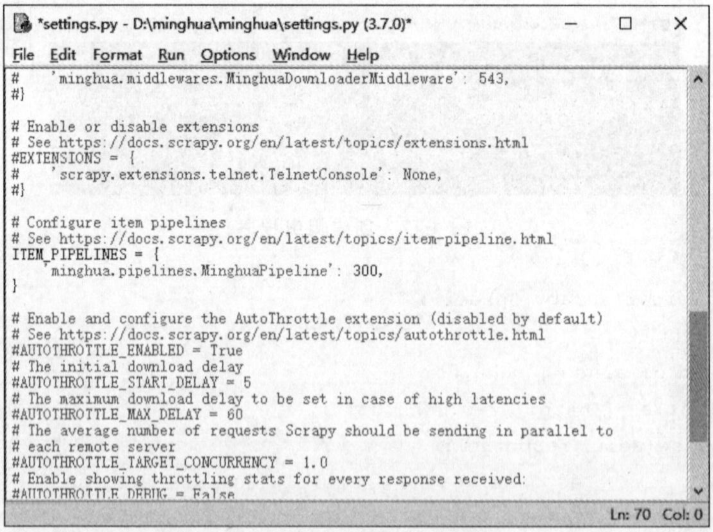

图 4-18 settings.py 文件设置

7. 启动爬虫

进入 minghua 文件夹，输入命令：scrapy crawl hua，结果如图 4-19 所示。

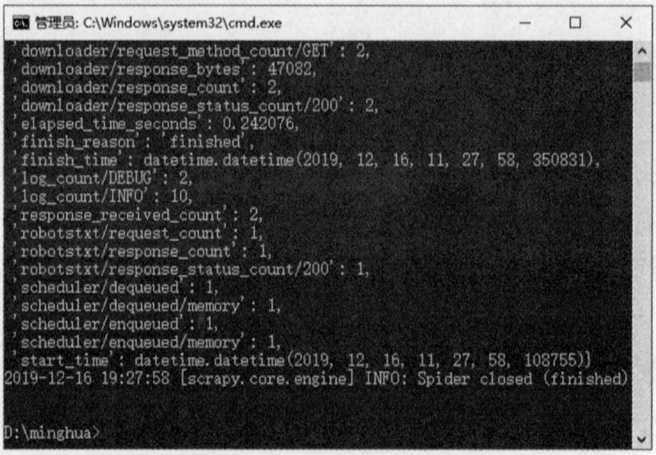

图 4-19 运行爬虫程序

4.3.2 Crawley 爬虫框架

网址为：http://project.crawley-cloud.com/，如图 4-20 所示。

Crawley 也是使用 Python 开发出来的一款爬虫框架，该框架致力于改变人们从互联网中提取数据的方式，让人们可以更高效地从互联网中爬取对应内容。Crawley 框架的主要特点如下。

（1）高速爬取对应网站内容。

（2）可以将爬取到的内容轻松地存储到数据库中，例如，PostgreSQL、MySQL、

图 4-20　Crawley 官网页面

Oracle、SQLite 等数据库。

（3）可以将爬取到的数据导出为 JSON、XML 等格式。

（4）支持非关系型数据库，如 MongoDB，CouchDB 等。

（5）支持使用命令行工具。

（6）可以使用自己喜欢的工具提取数据，如使用 XPath 或者 PyQuery 等工具。

（7）支持使用 Cookie 登录并访问那些只有登录才能够访问的网页。

4.3.3　PySpider 爬虫框架

网址为：https://github.com/binux/pyspider。

PySpider 是一个用 Python 实现的功能强大的网络爬虫系统，能在浏览器界面上进行脚本的编写、功能的调度和爬取结果的实时查看，后端使用常用的数据库进行爬取结果的存储，还能定时设置任务与任务优先级等。

1. 快速安装 PySpider

主要步骤如下。

（1）在 DOS 下运行 pip install pyspider 命令安装 PySpider 环境。

（2）在 DOS 下运行 pip install pycurl 命令安装 PyCrul 环境。

（3）在 DOS 下运行 pyspider all 命令启动 PySpider，如图 4-21 所示。

（4）在浏览器中访问 http://localhost：5000/，访问成功则表示 PySpider 安装成功，如图 4-22 所示。

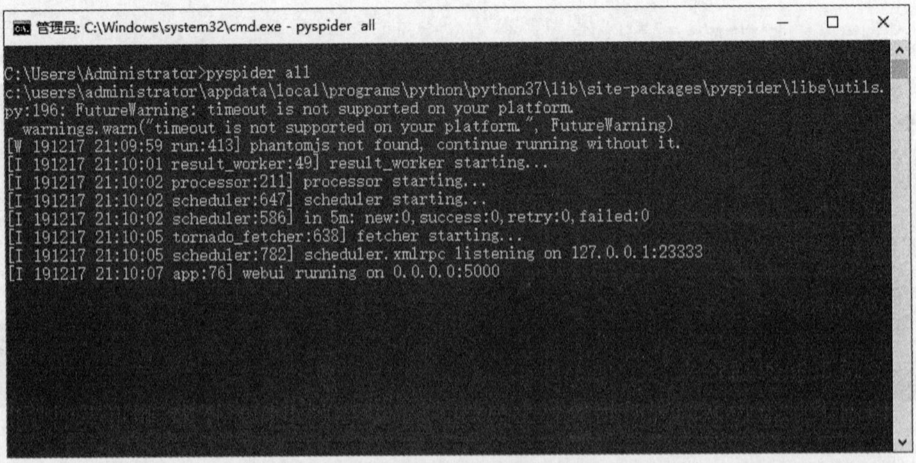

图 4-21　PySpider 运行成功界面

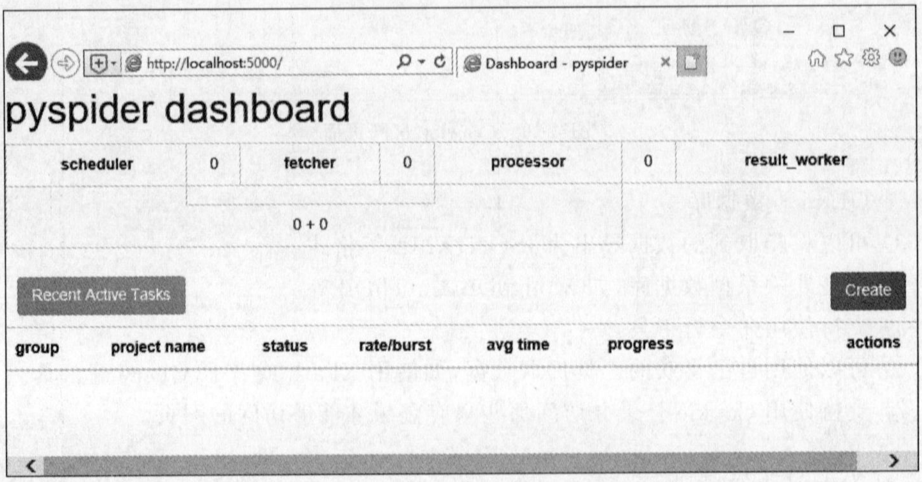

图 4-22　用浏览器访问 PySpider

2. 创建抓取项目

新建一个项目，单击右边的 Create 按钮，在弹出的对话框中输入项目的名称和爬取的链接，再单击 Create 按钮，这样就成功创建了一个项目，如图 4-23 所示。

接下来会看到 PySpider 的项目编辑和调试页面，如图 4-24 所示。在图 4-24 中，左侧是代码的调试页面，单击左侧右上角的 run 单步调试爬虫程序，在左侧下半部分可以预览当前的爬取页面。右侧是代码编辑页面，可以直接编辑和保存代码，不需要借助于 IDE。这里的 Handler 就是 PySpider 爬虫的主类，可以在此处定义爬取、解析、存储的逻辑。整个爬虫的功能只需要一个 Handler 即可完成。

接下来可以看到一个 crawl_config 属性。可以将本项目的所有爬取配置统一定义到这里，如定义 Headers、设置代理等，配置之后全局生效。然后，on_start()方法是爬取入口，初始的爬取请求会在这里产生，该方法通过调用 crawl()方法即可新建一个爬取请求

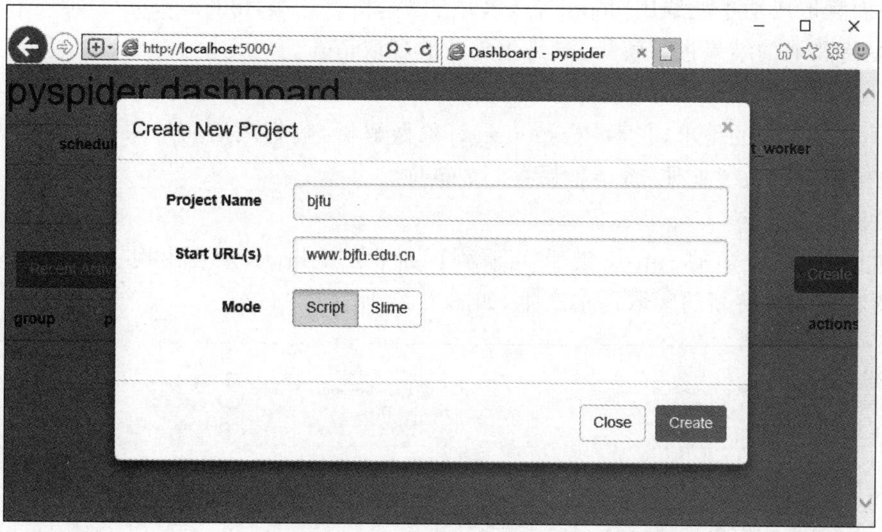

图 4-23　创建项目

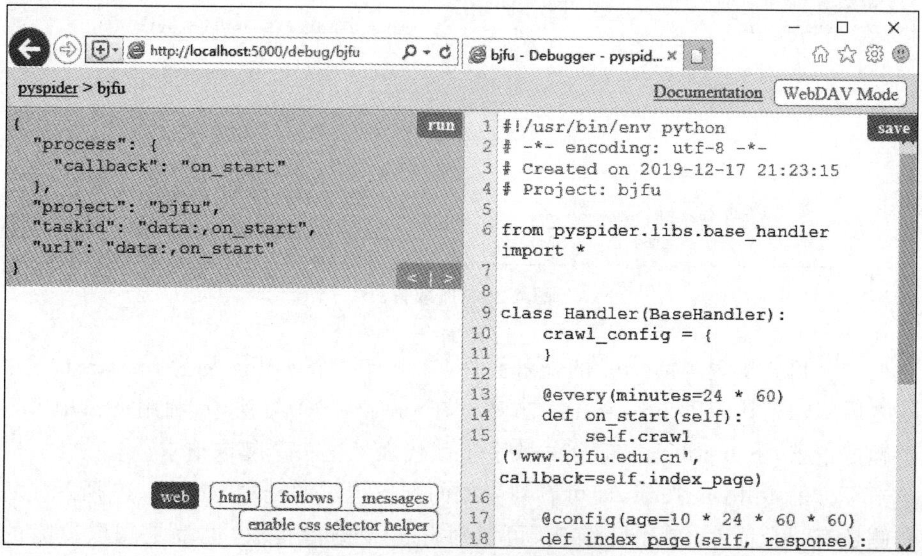

图 4-24　项目编辑和调试页面

求，第一个参数是爬取的 URL，这里自动替换成自定义的 URL。crawl()方法还有一个 callback，它指定了这个页面爬取成功后用哪个方法进行解析，代码中指定为 index_page()方法，即如果这个 URL 对应的页面爬取成功了，那么 Response 将交给 index_page()方法解析。

index_page()方法恰好接收这个 Response 参数，Response 对接了 PyQuery。直接调用 doc()方法传入相应的 CSS 选择器，就可以像 PyQuery 一样解析此页面，代码中默认是 a[href^="http"]，也就是说，该方法解析了页面的所有链接，然后将遍历链接，再次调用了 crawl() 方法生成了新的爬取请求，同时再指定了 callback 为 detail_page，意思是说这些页面爬取成功了就调用 detail_page() 方法解析。这里,index_page() 实现了两个功能,一是将爬取的结果进行解析,二是生成新的爬取请求。

detail_page()同样接收 Response 作为参数。detail_page() 抓取的就是详情页的信息,就不会生成新的请求,只对 Response 对象做解析,解析之后将结果以字典的形式返回。也可以进行后续处理,将结果保存到数据库。

3. 抓取首页

单击左栏右上角的 run 按钮,即可看到页面下方 follows 中会出现一个标注,其中包含数字 1,这代表有新的爬取请求产生,如图 4-25 所示。

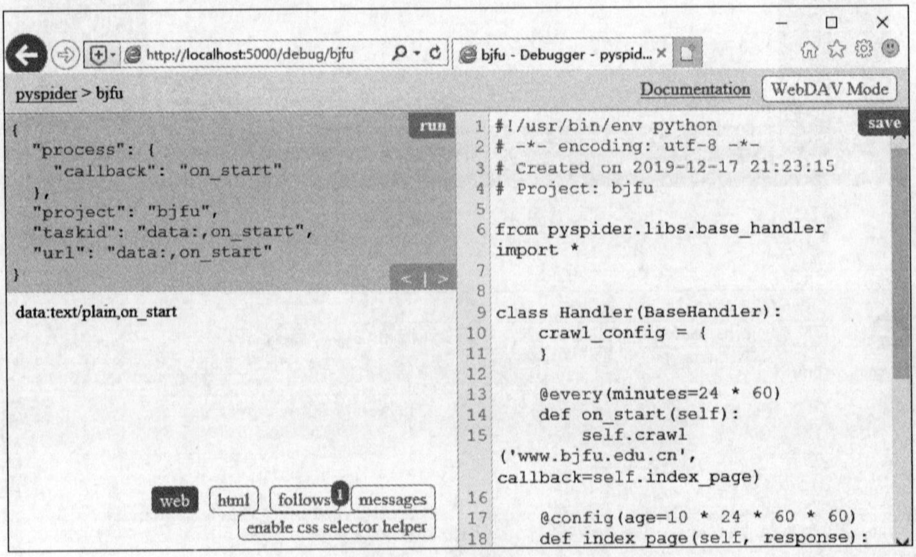

图 4-25 抓取首页

左栏左上角会出现当前 run 的配置文件,这里有一个 callback 为 on_start,这说明单击 run 之后实际是执行了 on_start() 方法。在 on_start() 方法中,利用 crawl() 方法生成一个爬取请求,下方 follows 部分的数字 1 就代表了这一个爬取请求。

单击下方的 follows 按钮,即可看到生成的爬取请求的链接,如图 4-26 所示。每个链接的右侧还有一个箭头,单击该箭头,可以对此链接进行爬取,也就是爬取攻略的首页内容。

图 4-26 中的 callback 已经变成了 index_page,这就代表当前运行了 index_page()方法。index_page()接收到的 Response 参数就是刚才生成的第一个爬取请求的 Response 对象。index_page()方法通过调用 doc()方法,传入提取所有主节点的 CSS 选择器,然后获取主节点的属性 href,这样实际上就是获取了第一个爬取页面中的所有链接。然后在 index_page() 方法里遍历了所有链接,同时调用 crawl()方法,就把这一个个的链接构造成新的爬取请求了。所以最下方 follows 按钮部分有 58 的数字标记,这代表新生成了 58 个爬取请求,同时这些请求的 URL 都呈现在当前的页面中了。

再单击下方的 web 按钮,即可预览当前爬取结果的页面。单击 html 按钮即可查看

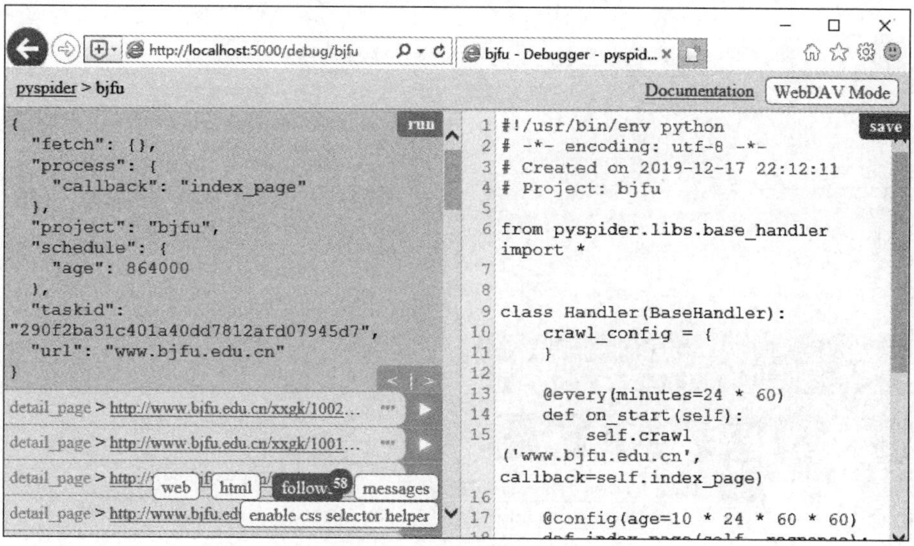

图 4-26 爬取请求的链接

当前页面的源代码,如图 4-27 所示。

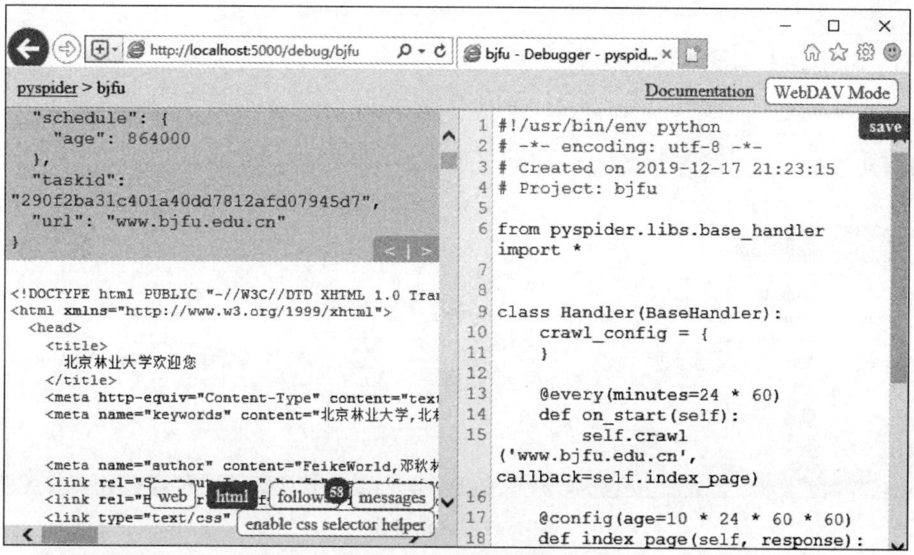

图 4-27 查看源代码

4. 抓取详情页

任意选取一个详情页进入,单击前几个爬取请求中任意一个的右箭头,执行详情页的爬取。切换到 Web 页面预览效果,如图 4-28 所示。

5. 启动爬虫

返回爬虫的主页面,将爬虫的 status 设置成 DEBUG 或 RUNNING,单击右侧的 Run 按钮即可开始爬取,如图 4-29 所示。

图 4-28 页面预览

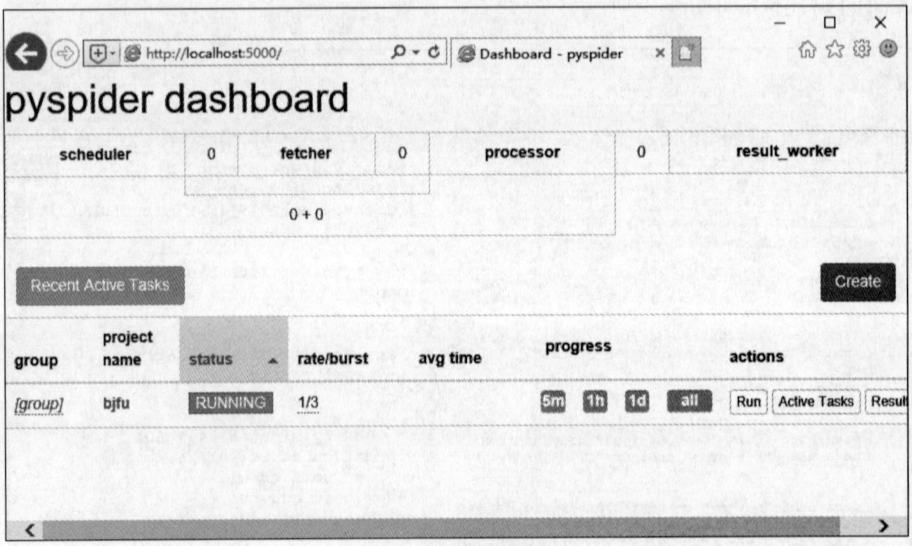

图 4-29 启动爬虫

4.3.4 Portia 爬虫框架

网址为 https://github.com/scrapinghub/portia，如图 4-30 所示。

Portia 是 Scrapyhub 开源的一款可视化爬虫规则编写工具。Portia 提供了可视化的 Web 页面，只需通过简单的单击，标注页面上需提取的相应数据，无须任何编程知识即可完成爬取规则的开发。这些规则还可在 Scrapy 中使用，用于抓取页面。

Windows 10 下安装 Portia 爬虫框架需要以下步骤。

(1) 安装虚拟机 docker。

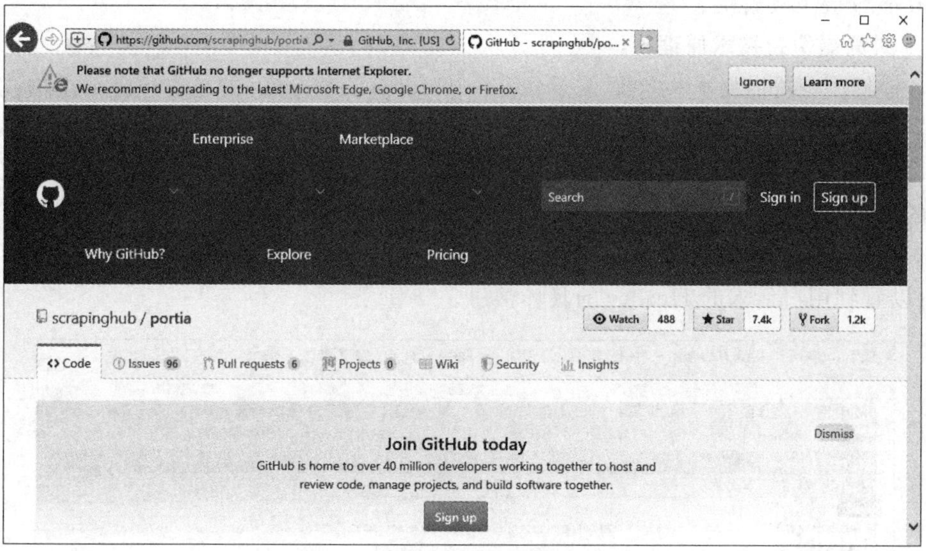

图 4-30　Portia 爬虫项目网址

(2) 设置虚拟机共享目录。

(3) 使用命令 git 将代码克隆到相应目录下。

(4) 安装 node.js 及相关模块。

(5) 根据 dockerfile 构建镜像。

(6) 设置挂载目录、端口等启动 Portia。

4.4　网络爬虫实现技术

使用网络爬虫爬取网站有很多技术，这里主要介绍爬虫伪装技术、爬虫定向爬取技术和博客类爬虫的实现技术。

4.4.1　爬虫伪装技术

有些网站可以识别出访问者是通过浏览器还是爬虫等自动访问程序访问网站，如果识别出使用的不是浏览器，则会禁止访问或者禁止该用户在网站上的其他行为，如不允许登录等。如果此时想对该网站进行爬取，则需要使用浏览器伪装技术。

前面已经接触了一些简单的浏览器伪装技术，如设置 Header 信息中的 User-Agent 字段，伪装成浏览器来访问。

有一些网站为了避免爬虫的恶意访问，会设置一些反爬虫机制，常见的反爬虫机制主要有以下几种。

(1) 通过分析用户请求的 Header 信息进行反爬虫，常见的有 User-Agent、Referer 字段。

(2) 通过检测用户行为进行反爬虫，比如判断同一个 IP 在短时间内是否频繁访问，可以通过设置代理解决。

(3) 通过动态页面增加爬虫爬取的难度，达到反爬虫的目的，可以利用 Selenium、

PhantomJS 等工具解决。

1. 浏览器伪装技术原理

在使用浏览器伪装技术之前，需要先了解 Header(头部信息)的基本原理与结构：通过浏览器访问某个网址的时候，会向服务器发送一些 Headers 头信息，当服务器接收到这些头信息之后，可以知道当前浏览器的状态，同样服务器也可以根据当前浏览器的状态分析对应请求的用户是爬虫的可能性有多大，从而决定是否做出响应以及做出什么样的响应。

假设用浏览器访问网易(www.163.com)，并用 Fiddler 抓取网页信息，如图 4-31 所示，可以看到用户请求的 Header 的具体信息。

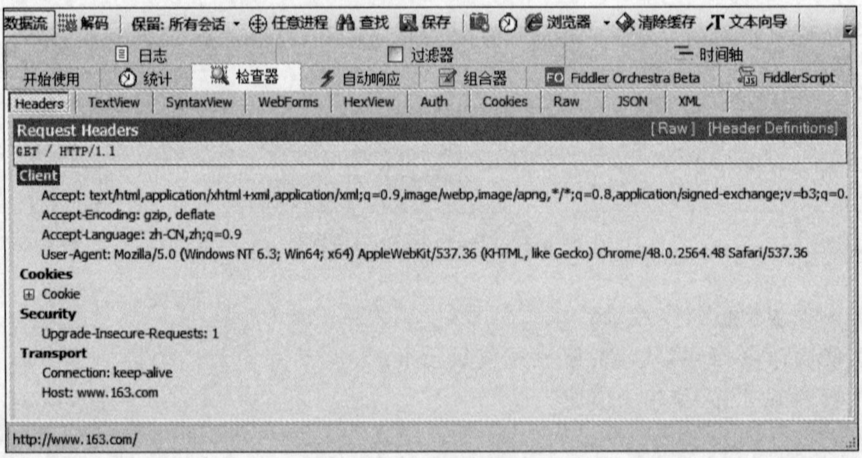

图 4-31　Header 信息

Accept：表示浏览器能够支持的内容类型有哪些。在图 4-31 中，可支持 HTML 文档、XHTML 文档、XML 文档、Image 图片等类型。

Accept-Encoding：表示浏览器支持的压缩编码有哪些。在图 4-31 中，可支持 gzip 和 deflate 两种压缩编码。

Accept-Language：表示浏览器支持的语言类型。zh-CN 表示简体中文(其中，zh 表示中文，CN 表示简体)、en-US 表示美国英语、en 表示通用英语。

User-Agent：表示用户代理，服务器可以通过该字段识别出客户端的浏览器类型、浏览器版本号、客户端的操作系统及版本号、网页排版引擎等客户端信息。

Connection：表示客户端与服务器端的连接类型，通常有 keep-alive 和 close 两种连接类型，keep-alive 表示持久性连接，close 表示单方面关闭连接，让连接断开。

Host：表示请求的服务器网址是什么，这里请求的是 www.163.com。

Referer：表示是从哪个链接跳转过来的。

2. 浏览器伪装技术实施

接下来用 Python 来伪装上面的字段，高相似度地模拟成浏览器。以抓取网易新闻页为例。

```
import urllib.request
import http.cookiejar
```

```
url ="http://bj.news.163.com/19/1129/15/EV5LP6OK04388CSB.html"  #网易新闻页

headers ={
    "Host": "www.youku.com",                                  #模拟请求的服务器网址
    "Connection": "keep-alive",                               #模拟客户端与服务端的连接类型
    "User-Agent": "Mozilla/5.0 (Windows NT 6.1; Win64; x64) AppleWebKit/537.36
(KHTML, like Gecko) Chrome/72.0.3626.121 Safari/537.36",     #模拟用户代理
    "Accept": "text/html,application/xhtml+xml,application/xml;q=0.9,image/
webp,image/apng,*/*;q=0.8",                                   #模拟浏览器支持的内容类型
    "Accept-Encoding": "gzip, deflate",                       #模拟浏览器支持的压缩编码
    "Accept-Language": "zh-CN,zh;q=0.9,en;q=0.8",             #模拟浏览器支持的语言类型
    "referer": "news.163.com",                    #模拟 Referer,表示从网易新闻首页跳转过去
}

headall =[]
for k,y in headers.items():
    item =(k, y)
    headall.append(item)

cookie =http.cookiejar.CookieJar()
opener = urllib. request. build _ opener (urllib. request. HTTPCookieProcessor
(cookie))
opener.addheaders =headall
urllib.request.install_opener(opener)
data =urllib.request.urlopen(url).read()
fhandle=open("D:/python/001.html","wb")
fhandle.write(data)
fhandle.close()
```

执行 Python 脚本之后,抓取内容如图 4-32 所示。

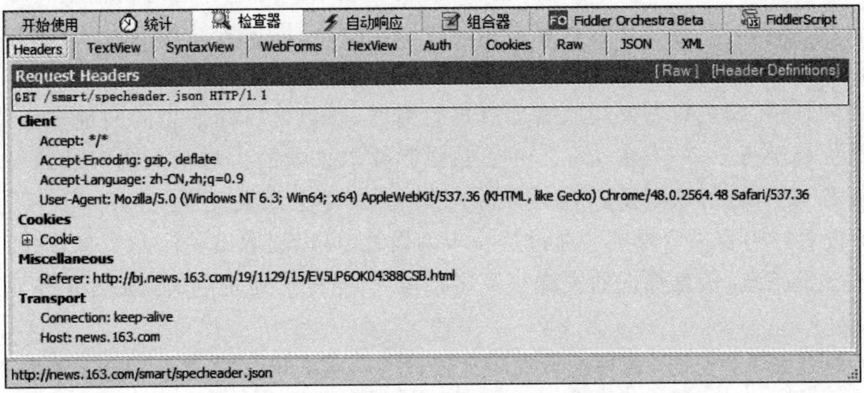

图 4-32 Fiddler 监控到的 Headers 值

需要注意的是，如果 Accept-Encoding 设置为 gzip，deflate 后，可能会出现乱码问题，此时只需将该字段的值设为 gb2312 或 utf-8 即可。

4.4.2 爬虫定向爬取技术

1. 什么是爬虫的定向爬取技术

爬虫的定向爬取技术就是根据设置的主题，对要爬取的网址或者网页中的内容进行筛选。例如，可以使用正则表达式进行筛选。筛选之后，再爬取对应的网址中的内容，并可以根据爬取到的内容再次进行筛选。

互联网的信息是海量的，在一个相对较短的时间内要尽可能多地爬取到感兴趣的信息，则不可能漫无目的地去爬取，如果漫无目的地去爬取，则必然会浪费大量的时间，所以需要根据设置的主题，拟定出对应的爬取策略与爬取规则，这样才可以在较短的时间内从海量的互联网信息中尽可能多地爬取出与主题相关的信息。而根据设定的主题建立爬虫的爬取策略与爬取规则是爬虫的定向爬取技术的核心与重点部分。

2. 定向爬取技术需解决的问题

具体来说，爬虫的定向爬取技术主要需要解决以下 3 个问题。

(1) 清晰地定义好爬虫的爬取目标，规划好主题。

(2) 建立好爬取网址的过滤筛选规则以及内容的过滤筛选规则。

(3) 建立好 URL 排序算法，让爬虫能够明确优先爬取哪些网页、以什么顺序爬取待爬取网页。例如，待爬取的 URL 网址可能有很多，在爬虫资源有限的情况下，需要确定好这些网址的爬行顺序，以不一样的顺序去爬取，可能会导致不一样的爬取效率。

3. 定向爬取的相关步骤与策略

在 Python 爬虫中，爬虫定向爬取的相关步骤以及实际进行信息筛选的方法和策略主要有哪些呢？在一个 Python 爬虫项目中，定向爬取某些信息的步骤主要有以下几点。

(1) 理清爬取的目的。这一步非常关键，有一个明确的爬取目的，可以在设置爬取规则的时候思路更加清晰，爬取失败率更低。

(2) 设置网址的过滤规则。这一步显然不是必需的，但是在网址数较多的爬取任务中合理地进行该项设置，可以大大提高爬虫的爬取效率。由于有的时候爬虫爬取的网址数量很多，要爬取的内容在某些有规律的网址中，此时可以设置对应的模式，比如设置好对应的正则表达式，将不满足格式的网址过滤掉，此时爬虫就不需要爬取那些没有包含目标信息的网址了，爬虫只需要爬取满足格式的网址，即包含目标信息的网址即可，这样做可以大大提高爬行效率，当然这一步并不是强制要求去做的。对于某些网址数量并不多的爬取任务，是否进行该项设置对爬取效率的影响并不会太大。

(3) 设置好内容采集规则。通过这一步的设置，可以提取出关注的信息，从而过滤掉那些不关注的信息，信息筛选的方法与策略有很多，通过正则表达式去筛选信息是其中一种方法。

(4) 规划好采集任务，合理地设置爬虫线程与爬虫数量。对于任务量不大的爬虫，使用一个单线程爬虫即可完成。但如果爬虫的任务量很大，此时为了提高效率，可以使用多线程爬虫或者使用多个爬虫去爬取对应的任务，但是，如果使用多线程爬虫或使用多个爬虫去爬取，则需要对每个爬虫要爬取的任务进行合理规划，避免出现一直重复爬取或某些目标网页漏爬的情况。

(5) 将采集结果进行相应的修正，处理成想要的格式。完成采集后，有可能采集结果并不是想要的格式，此时应对采集的结果进行相应的修正，比如进行编码、解码格式整理等修正操作，将采集的结果处理成需要的格式。

(6) 对结果进行进一步处理，完成任务。例如，可以将结果写入数据库等或相应的后续处理操作，从而完成爬虫任务。

4. 定向爬取举例

下面以最好大学网中2019年中国最好大学排名为例，说明定向爬取的实现技术。主要技术如下。

(1) 获取网页内容 getHTMLText()。

(2) 解析网页内容并保存信息 fillUnivList()。

(3) 输出信息 printUnivList()。

源程序如下。

```
import requests
from bs4 import BeautifulSoup
import bs4

def getHTMLText(url):
    try:
        r =requests.get(url, timeout =30)
        r.raise_for_status()
        r.encoding =r.apparent_encoding
        return r.text

    except:
        return ""

def fillUnivList(ulist, html):
    soup =BeautifulSoup(html, "html.parser")
    for tr in soup.find('tbody').children:
        if isinstance(tr, bs4.element.Tag):
            tds =tr('td')
            ulist.append([tds[0].string, tds[1].string, tds[3].string])

def printUnivList(ulist, num):
    #格式化输出
    tplt ="{0:^10}\t{1:{3}^10}\t{2:^10}"
    print(tplt.format("排名", "学校名称", "总分", chr(12288)))
    for i in range(num):
        u =ulist[i]
```

```
        print(tplt.format(u[0], u[1], u[2], chr(12288)))
    print("Suc" +str(num))

if __name__=="__main__":

    uinfo =[]
    url ="http://www.zuihaodaxue.cn/shengyuanzhiliangpaiming2019.html"
    html =getHTMLText(url)
    fillUnivList(uinfo, html)
    printUnivList(uinfo, 20)
```

最后,爬取结果见图 4-33。

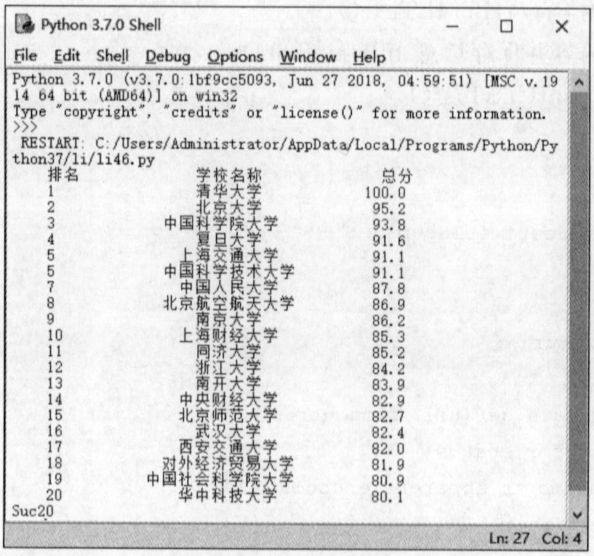

图 4-33 爬取结果

4.4.3 博客类爬虫的实现技术

1. 博客类爬虫需要实现的功能

(1) 爬取博客中任意一个用户的所有博文信息。

(2) 将博文的文章名、文章 URL、文章点击数、文章评论数等信息提取出来。

(3) 将提取出来的数据写入数据库中。

可以发现,该爬虫项目的主要目的是将博客中用户所有博文的相关信息提取出来并存储到数据库中。

2. 实现的思路

可以使用 Scrapy 框架编写相应爬虫项目,主要技术难点如下。

(1) 提取文章点击数、文章评论数等信息。

(2) 通过循环爬取某个用户的所有博文信息。

(3) 使用 pipelines.py 对信息的进一步处理。

(4) 将 XPath 表达式与正则表达式配合使用。

(5) 在 Scrapy 中模拟浏览器进行爬取。

3. 实现步骤

1) 创建工程

使用命令：scrapy startproject SinaSpider，见图 4-34。树状结构见图 4-35。

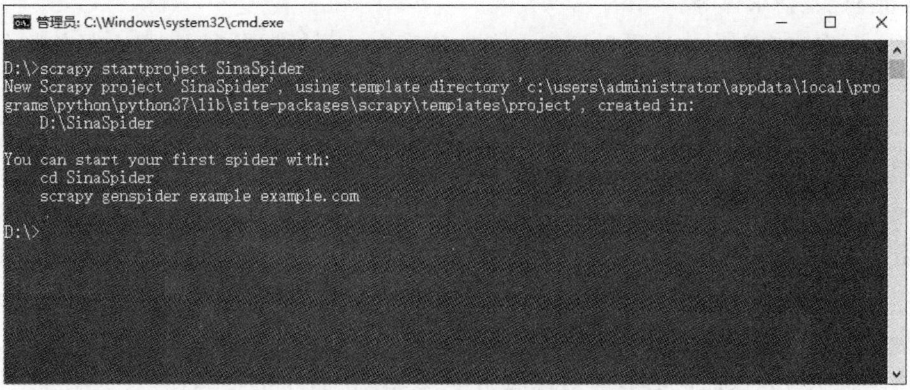

图 4-34　创建工程

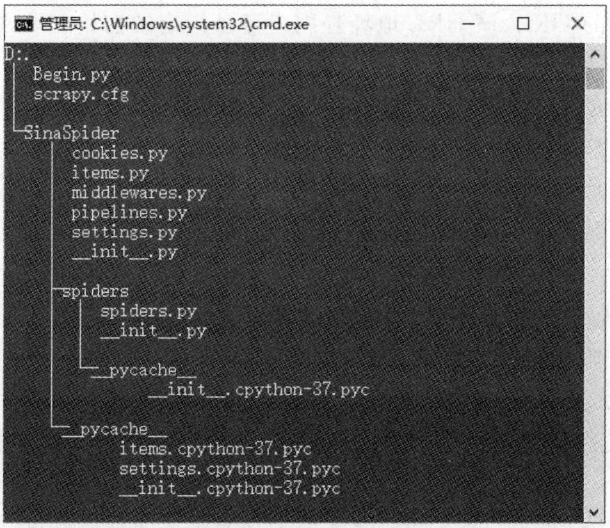

图 4-35　树状结构

2) 创建爬虫

根据爬取的内容修改爬虫文件 spiders.py。

3) 创建 Begin.py

创建程序开始运行文件 Begin.py。

小　结

1. 网络爬虫的常用技术

Python 爬虫工作原理分为以下 4 步。

(1) 发送请求。使用 HTTP 库向目标站点发起请求，即发送一个 Request，Request 包含：请求头、请求体等。

(2) 获取响应内容。如果 Requests 的内容存在于目标服务器上，那么服务器会返回请求内容。Response 包含：HTML、Json 字符串、图片、视频等。

(3) 解析内容。对用户而言，就是寻找自己需要的信息。对于 Python 爬虫而言，就是利用正则表达式或者其他库提取目标信息。解析 HTML 数据可用正则表达式(RE 模块)，第三方解析库如 BeautifulSoup、PyQuery 等；解析 JSON 数据可用 Json 模块；解析二进制数据，可用 wb 的方式写入文件。

(4) 保存数据。解析得到的数据可以有多种形式，如文本、音频、视频保存在本地，也可以保存到数据库(MySQL，MongoDB、Redis)文件中。

网络爬虫可以按照指定的规则自动浏览或抓取网页中的信息，通过 Python 可以轻松地编写爬虫程序或者是脚本。

网络爬虫的基本工作流程如下。

(1) 获取初始的 URL，该 URL 地址是用户自己指定的初始爬取网页的地址。

(2) 爬取对应的 URL 地址的网页，获取新的 URL 地址。

(3) 将新的 URL 地址放入队列中。

(4) 从 URL 队列中读取新的 URL，然后根据新的 URL 爬取网页，同时从新的网页中获取新的 URL 地址，重复上述爬行过程。

(5) 设置停止条件。如果没有设置停止条件，爬虫就会一直爬下去，直到无法获取新的 URL 地址为止。设置了停止条件后，爬虫将会在满足停止条件时停止爬取。

Python 中实现 HTTP 网络请求，常用的模块有 Urllib、Urllib3、Requests 等。

一个网页的抓取可以使用 3 种技术。首先是正则表达式，然后是流行的 BeautifulSoup 模块，最后是功能强大的 Lxml 模块。

正则表达式又称规则表达式，正则表达式通常被用来检索、替换那些符合某个模式(规则)的文本。

BeautifulSoup 是 Python 的一个库，最主要的功能是从网页抓取数据。BeautifulSoup 提供一些简单的、Python 式的函数用来处理导航、搜索、修改分析树等功能。

Lxml 是 Python 语言中处理 XML 和 HTML 功能最丰富、最易于使用的库。

有的时候，访问一个网页，如果该网页长时间未响应，那么系统就会判断该网页超时了。但是，有的时候需要根据自己的需要来设置超时的时间值，例如，以 10s 作为判断一个网页是否超时的标准。

在使用 Python 爬虫爬取一个网站时，通常会频繁访问该网站。假如一个网站会检测某一段时间某个 IP 的访问次数，如果访问次数过多，它会禁止访问。所以可以设置一些代理服务器来帮助完成工作，每隔一段时间换一个代理，这样便不会出现因为频繁访问而导致禁止访问的现象。

2. 正则表达式

在进行字符串处理的时候，有时希望按照自定义的规则进行处理，这些规则称为模式，可以用正则表达式来描述这些制定规则，正则表达式也称为模式表达式。

正则表达式是一个特殊的字符序列，它能方便地检查一个字符串是否与某种模式匹配。Compile 函数根据一个模式字符串和可选的标志参数生成一个正则表达式对象。该对象拥有一系列方法用于正则表达式匹配和替换。re 模块也提供了与这些方法功能完全一致的函数，这些函数使用一个模式字符串作为它们的第一个参数。

3. 网络爬虫常用框架

目前，较常用的爬虫框架主要有：Scrapy 爬虫框架，Crawley 爬虫框架，PySpider 爬虫框架，Portia 爬虫框架等。用 Python 语言编写的爬虫项目是目前的主流技术，而框架是一些爬虫项目的半成品，这些爬虫框架已经实现了爬虫常用的功能，为开发人员节省了很多精力与时间。在不同的爬虫项目中，调用适合自己项目的接口，再编写少量的代码即可实现自己需要的功能。

4. 网络爬虫实现技术

有些网站的数据是拒绝爬虫爬取的，网站可以识别出访问者是通过浏览器还是爬虫等自动访问程序访问网站，如果识别出使用的不是浏览器，则会禁止访问或者禁止该用户在网站上的其他行为，如不允许登录等。如果此时想对该网站进行爬取，则需要使用浏览器伪装技术。

爬虫的定向爬取技术就是根据设置的主题，对要爬取的网址或者网页中的内容进行筛选。例如，可以使用正则表达式进行筛选。筛选之后，再爬取对应的网址中的内容，并可以根据爬取到的内容再次进行筛选。

思　考　题

1. 有一对兔子，从出生后第三个月起每个月都生一对兔子，小兔子长到第三个月后每个月又生一对兔子，假如兔子都不死，问每个月的兔子总数为多少？（兔子的规律为数列 1,1,2,3,5,8,13,21,…）。

2. 利用条件运算符的嵌套来完成此题：学习成绩≥90 分的用 A 表示，60～89 分的用 B 表示，60 分以下的用 C 表示。（使用条件运算符(a>b)？a：b)。

3. 求 1+2！+3！+…+20！的和。

4. 创建一个数组，并将该数组逆序输出。

5. 计算 1～100 之和。

6. 输入三个数 a,b,c，按大小顺序输出。

7. 海滩上有一堆桃子，五只猴子来分。第一只猴子把这堆桃子平均分为五份，多了一个，这只猴子把多的一个扔入海中，拿走了一份。第二只猴子把剩下的桃子又平均分成五份，又多了一个，它同样把多的一个扔入海中，拿走了一份，第三、第四、第五只猴子都是这样做的，问海滩上原来最少有多少个桃子？

8. 从键盘输入一个字符串，将小写字母全部转换成大写字母，然后输出到一个磁盘文件 test 中保存。

9. 利用正则表达式完成分组匹配。（参考'(？P...)'，以身份证 1101082008xxxxxxxx 为例。）

10. 从键盘输入一些字符，逐个把它们写到磁盘文件上，直到输入一个＃为止。

第 5 章

网页信息预处理技术

对于信息预处理系统来说，最主要的工作就是从抓取的网页中提取有价值的，能够代表网页的属性（如网页的 URL、编码类型、标题、正文、关键词等），并将这些属性组成一个网页的对象。然后根据一定的相关度算法进行大量复杂的计算，得到每一个网页针对页面内容及链接每一个关键词的相关度，并用这些信息建立索引数据库。

从网页中提取关键词，至少要做两部分的工作：一是将网页的源代码整理成一个有层次的、利于分析的、包含原始网页中的各种属性的网页对象，即 DOM 树；二是从整理出来的网页对象中提取文本内容，将这些文本内容切分成以词为单位的集合。

本章主要介绍网页信息结构化、文本处理技术和 PageRank 算法。

5.1 网页信息结构化

结构化数据是指被标签定义了其内容、意义和用法的数据。结构化数据除了包含数据本身之外，一般还包含对数据的描述信息，而且其中的数据与描述信息都按照严格的规则进行组织。语法上不具有层次特点的数据称为非结构化数据。介于结构化数据和非结构化数据之间的数据称为半结构化数据。

结构化的数据模型可以用二维表（关系型）来表示，半结构化数据模型可以用树和图来表示，非结构化数据没有数据模型。结构化数据的特点是先有结构、再有数据，半结构化数据的特点是先有数据、再有结构。典型的结构化数据的格式有 XML、XHTML、INI 等，半结构化数据的格式有 HTML。

5.1.1 网页结构化的目标

网页结构化的目标是根据搜索的需要，将半结构化的 HTML 网页中的数据按照约定的基本属性组合成一个网页的对象。一个网页对象至少有以下 5 个属性。

（1）锚文本（anchor text）：锚文本除了网页标题可以描述网页之外，还会有一些锚文本来描述它。例如，百度的主页可能被另外一些网页中存在的锚所指向。

（2）标题（title）：标题是指 HTML 中<title></title>中间的文字部分，这部分文字表达了网页的基本含义，和锚文本一样都是用来描述网页内容的属性。

（3）正文标题（content title）：在 HTML 中，由于一般的网页在<title>标签中都不写内容，因此要抽取正文中的适当文字作为正文的标题。

（4）正文（content）：正文是一个网页的主题内容，它完整地表述了网页中的主体内容。一般出现在＜body＞ ＜/body＞中。

(5) 正向链接(link)：正向链接是网页引导用户浏览下一个页面的锚点，这些链接的文字也是其他网页的锚文本。

例如，建立一个简单的 HTML 文件，文件名为 index.html。

```
<html>
<head>
<meta http-equiv="Content-Type" content="text/html; charset=gb2312">
<title>搜索引擎技术与应用</title>
</head>
<body>
<table >
  <tr><td>搜索引擎技术与应用:第 1 章</td></tr>
  <tr><td>搜索引擎技术与应用:第 2 章</td></tr>
  <tr><td>搜索引擎技术与应用:第 3 章</td></tr>
</table>
</body>
</html>
```

用 IE 浏览器打开后，如图 5-1 所示。

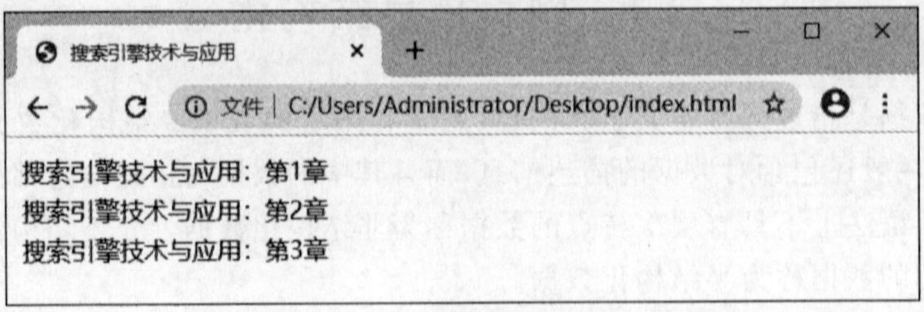

图 5-1 简单网页示例

从图 5-1 中可以看出，在浏览器标题栏中显示的是标题，在浏览器中显示的是网页的正文。为了完成结构化的目标，首先要建立 HTML 标签树，即 DOM 树，然后要对网页的正文进行投票来识别正文的文本，并按照深度优先的遍历规则组织正文。

5.1.2 建立 DOM 树

DOM 的全称是 Document Object Model，即文档对象模型。在使用过程中，首先要将 HTML 网页转换成 XML 格式，然后使用 XML 分析器将一个 XML 文档转换成一个对象模型的集合(通常称 DOM 树)。应用程序正是通过对这个对象模型的操作，来实现对 XML 文档数据的操作。通过 DOM 接口，应用程序可以在任何时候访问 XML 文档中的任何一部分数据，因此，这种利用 DOM 接口的机制也被称作随机访问机制。

DOM 接口提供了一种通过分层对象模型来访问 XML 文档信息的方式，这些分层对象模型依据 XML 的文档结构形成了一棵节点树。无论 XML 文档中所描述的是什么类型的信息，利用 DOM 所生成的模型都是节点树的形式。也就是说，DOM 强制使用树模型来访问 XML 文档中的信息。由于 XML 本质上就是一种分层结构，所以这种描述方法是相当有效的。

1. 网页内容的 DOM 树表示

建立 DOM 树的过程就是将网页中的标签按照出现的顺序整理出来，并用适当的结构记录过程。由于标签之间的嵌套关系，因此整理结果是一个树状结构。

在用户浏览的网页中，那些 HTML 标签，如<HTML>和<TABLE>在显示过程中都不会以字符的方式显示出来，这是因为浏览器在解析网页过程中也进行了建立 DOM 树的操作。因此，我们的系统需要建立一个 DOM 树来对抓取的网页进行分析。如图 5-2 所示为 index.html 文件的 DOM 树。

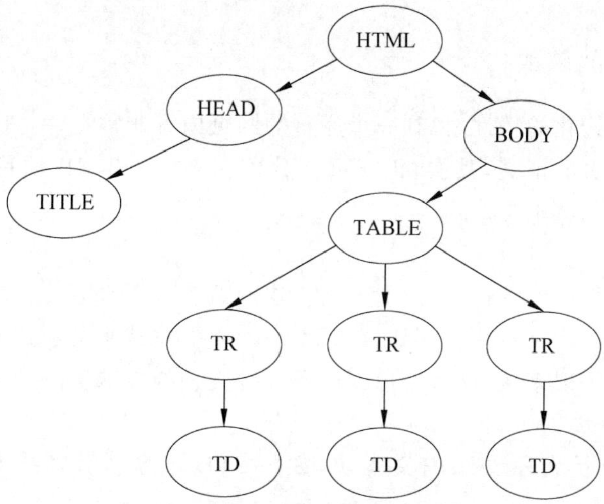

图 5-2　HTML 文件对应的 DOM 树

2. DOM 树的建立过程

HTML 语法中，各种标签都是成对出现的，这样就可以分析一个标记的始末。因此，在解析网页的过程中需要一个标签分析栈的数据结构。栈结构是一种先进后出的线性表结构，栈结构的这种特性为分析工作提供了可能。具体步骤如下。

(1) 建立标签分析栈。

(2) 顺序读取网页标签并依次入栈。

(3) 文本节点不入栈。

(4) 成对标签同时退栈。

DOM 树建立以后，遍历树中的每个节点，将其中的文本送到分词模块进行处理。下面是用 Java 编写的一段遍历 DOM 树的程序。

```
public class RecurDOM(NodeList nodelist)
{
    Node node;
    int i;
    if(nodelist.getLength() ==0)
```

```
    {
        //该节点没有子节点返回
        return;
    }
    for(i=0;i<nodelist.getLength();i++)
    {
        node =nodelist.item(i);
        if(node.getNodeType() ==Node.ELEMENT_NODE)
            RecurDOM(node.getChildNodes());      //递归调用
    }
}
```

5.1.3 网页内容的获取

由于网页半结构化的特性,得到一个完整的网页内容非常复杂。首先,网页中没有明显的标签标识出网页的正文,其次,正文可能分散在多个 HTML 标签中,问题是如何组合才能获得完整的网页正文。

1. 正文分块

正文具有分块保存的特性,因此引入文本块的概念,对于那些诸如<P></P>等标签间的文本认为是一个文本块。例如,"<TD>搜索引擎技术与应用:第 1 章</TD>"称为一个文本块。一般来说,网页会出现以下 3 种类型的文本块。

1) 主题型文本块

主题型文本块是大段文字的文本块,如"<TD>搜索引擎技术与应用:第 1 章</TD>"。

2) 目录型文本块

目录型文本块是描述链接的文本块,如"<a href=" ">搜索引擎技术与应用:第 1 章</a>"。

3) 图片型文本块

图片型文本块是描述图片的文本块,如"<img src=" ">搜索引擎技术与应用:第 1 章</img>"。

2. 投票算法

目录型文本块和图片型文本块相对容易被区分;而主题型文本块中可能包含广告等其他内容,必须与正文相区别。判断哪个文本块是正文采用称为"投票算法"的计算方法,这种方法在搜索引擎中特别常用。

投票算法的过程是:首先定义一系列规则,然后通过这些规则为每一个文本块打分。得分最高的被认为是正文的可能性足够大,并且可以接受。

假定一个规则集合中包含以下几条规则,实际的规则往往更加繁多和复杂。

(1) 如果文本块文本的长度少于 10 个字,得分为 0;10~50 个字得分为 5 分;50~250 个字,得分为 8 分;超过 250 个字,得分为 10 分。

(2) 如果文本块文本的位置在右侧,得分为 0 分;在顶部,得分为 3 分;在左侧,得分为5分；在中间，得分为10分。

投票算法的过程是依据不同规则从不同的角度依次打分，文本块得分高的是正文的一部分。

除此之外，规则的定义还需要通过足够多的网页进行反馈，之后才能得到一个公正客观的打分。最后还需要注意：如果规则A打分为0～1000分，规则B为0～10分，那么很显然，规则B对最后打分结果影响力几乎可以不考虑，因此如何平衡规则对最后结果的影响也需要充分考虑。这是因为规则的重要性不同可以适当拉开距离，但有时需要在可以接受的范围内保持这种距离。

3. 提取正文

打分之后的工作就是将一个个文本块组织成一个正文。深度优先遍历DOM树并依次记录主题类型的文本块，即可得到该网页的正文。如图4-2所示，按照深度优先，可以依次提取文本块并按照顺序组织成正文"搜索引擎技术与应用：第1章搜索引擎技术与应用：第2章搜索引擎技术与应用：第3章"。

对于其他的网页属性抽取，例如正文标题等也大多采用相同或类似的方法。

5.2　文本处理

不是所有的单词都能等同地表示一个文本的语义。在书面语言中，一些词汇与其他词汇相比能够表达更多的意思。一般说来，名词是最能够表达文档的内容的，这样就有必要对文档进行预处理，以决定对哪些词汇建立索引。在对文档进行预处理的过程中，还有一些其他有用的文本操作，如无用词汇的删除、词干提取技术、词典的生成和文本的压缩等。

文本处理的过程可以分为如下5个步骤。

(1) 文本的词法分析。主要是对文本中的数字、连接符、标点符号和字符的大小写进行处理。

(2) 无用词汇的删除。主要是过滤掉那些对于信息获取过程来说区分能力低的词汇。

(3) 词干提取。主要是去除词缀(前缀和后缀)，这样可以允许所获取的文档包含一些查询词条的变换形式。

(4) 索引词条/词干的选择。在选择的时候通常按照单词的习惯用法，实际上名词往往要比形容词、副词和动词包含更多的语义。

(5) 构造词条的分类结构。例如，词典或者结构抽取，利用它可以进行查询的扩展。

在中文信息的获取过程中，还需要利用中文分词技术对文本进行预处理。

5.2.1　词法分析

词法分析的过程是将字符串(文档中的文本)转换成词条的过程，这些词条可能被用来作为索引词条。因此词法分析的主要目的就是识别文本中的词条。

在对英文进行分词的过程中，除了空格分隔符，还有几种特殊的情况要处理：数字、连字符、标点符号和字母的大小写。

数字一般不适合用作索引词条，因为对于数字来说，如果不参考上下文，它就没有明确的含义。因此一般说来，信息获取系统都不对数字进行索引，但是常常碰到数字和单词混合的情况，如"2020B.C."，而该单词是个非常重要的索引词条。因此现在常用的方法是保留一些专门指出的（通过与正则表达式的匹配）数字，而将其他数字过滤掉。对于保留下来的数字，词法分析程序将把日期和一些重要的数字进行规范化，以统一数字的格式。

连字符是造成词法分析困难的又一原因。一种方法是将连字符都忽略掉，例如，"state-of-the-art"等同于"state of the art"。但是对于那些将连字符作为一个整体中的一部分的词条来说就显然不可行了，如"PS-42D8"等。对于连字符的处理，目前常用的是首先采用一定的规则选出那些对词义有影响的连字符号，然后将其他的连字符都过滤掉。

对于文本中的标点符号，一般说来，在词法分析过程中将被全部去除。但是，对于那些成为单词中一部分的标点符号来说，一般不可以去除，例如，如果在"2020B.C."中去掉标点符号"."的话，该单词的意思就完全改变了。然而这种情况不一定会影响信息获取的性能，因为现在大多数信息获取系统中，如果用户在查询串中输入"2020B.C."，那么在查询串与文档中都去掉标点符号"."，将不会影响文档的获取。但是还有一种特殊情况，就是如果一个程序片段出现在文本中，这时候就需要区分变量 x.id 与 xid 了。在这种情况下，标点符号应该给予保留。

字母的大小写对于区分索引词条说来一般不是很重要，因此可以将文本中的所有词条都转换成大写或者小写。但是在某些特殊情况下，也需要对大小写进行区分，例如，对于描述 UNIX 命令的文档。这时候用户其实不希望改变文档中的大小写，因为这里的大小写都是约定俗成的。

以上这些问题都是词法分析过程中需要考虑的问题，它们将对文档获取所花费的时间产生重要影响。

5.2.2 中文分词技术

分词指的就是将一个完整的句子划分为一个个词条的过程。这种词条应当满足某种语言规则，以便于为其建立索引。只有通过这样的方式，才能完成对一种语言的分析和检索。

1. 中文分词的方法

关键词查询的前提是将查询条件分解成若干关键词。对于英文来说，分词是一件很容易的事，因为空格就是它们天然的分隔符。一个软件可以很轻易地根据英文文本中的分隔符为之切分出一个一个的单词来。然而对于中文来说，情况就复杂多了。主要的问题是中文的词与词之间没有分界符，需要人为切分。此外，汉语中存在大量的歧义现象，对几个字分词可能有好多种结果。例如，对"中华人民共和国"这样一个词进行分词，那么可以分为"中华""人民""共和国"，或是"中""华人""民""共和国"。

很显然，前一种分词方法较好。可是如何来判别分词的好坏呢？如果是人，则可以通过大脑进行分词识别，可是如何才能让机器知道对词组、对句子进行词语的切分呢？可以根据语料库进行总结，获得每个词的出现概率以及词与词的关联信息，这样就可能有效地排除各种歧义，大幅度提高分词的准确性，从而准确地表述查询请求和文档信息。

中文分词技术采用了统计方法和基于规则的方法来识别词边界和专有名词。下面就具体讲述中文分词的方法。

想对中文进行分词，通常情况下有以下几种方式。

1）单字切分

单字切分，顾名思义，就是按照中文一个字一个字地进行分词。以这样的方式切分出来的词再进行索引，称为字索引。很显然，这不是一种很好的分词方式，因为随着索引的增大，相应索引条目的内容会不断增大，严重影响效率。另外，当用户对索引进行检索时，如果用户输入5个字，则相当于要对索引进行5次检索，严重地影响效率。

2）二分法

二分法，就是指每两个字进行一次切分。例如，对于"北京林业大学"这样一个词组进行二分法切分，则结果如下。

北京/京林/林业/业大/大学

这种切分方式完全不考虑词义、语境，仅机械地对语句进行处理。但在很长一段时间内，它一直是中文分词的一种很方便的方式。根据这样的分词效果建立起来的索引会存有大量垃圾词汇，有些可能是用户根本不可能检索的词。因此，它也不是一种最好的方式。

3）词库分词

一直以来，词库分词被认为是最理想的一种中文分词方式。词库分词其实就是用一个已经建立好的词的集合（按某种算法）去匹配目标，当遇上集合中已经存在的词时，就将其切分出来。例如，词库中已经存在了"天涯若比邻"这个词时，分词器就会把它当作一个词条加入索引。

很显然，对于这种分词方式，词库的建立便成了关键。通常，词库的建立需要统计大量的内容，然后根据各种词出现的频率、概率再来进行筛选，最终决定什么词应当放入词库。

另外，一些更加高级的词库还加入了语义和词性的标注，甚至还有不同词的权重。使用这样的词库进行分词的效果应该是很理想的。

2. 中文分词的系统评价

通常对于分词系统性能的鉴定主要依据以下几种评价指标。

1）用户响应度

主要指用户对这项技术的满意度，顾客的满意度也只有系统的质量、系统的性能、系统的稳定性和系统的兼容性才能达到。

2）兼容性

兼容性非常重要，因为不同的企业或个人所使用的系统并不完全相同，所以希望能在不同的系统中都可以毫无障碍地使用，而且能给各行各业都带来方便。

3）准确率

准确率＝切分结果中正确分词数/切分结果中所有分词数×100％

准确率是分词系统性能的核心指标，系统的准确率越高越好，能接近100％是开发者所期望达到的，也是用户所希望的。目前，分词系统的准确率已经达到了98％，但是这并不是最理想的。若这种分词系统被用来支持句法分析，假定平均每句话有 10 个汉语词，那么 10 句话中会错切 2 个词，含有切分错误的 2 个词就不可能被正确处理。因此仅由于分词阶段的准确度不够，语言理解的准确率就会减少 20%。所以对于分词技术来讲，准确率尽可能接近 100%是最好的。

4）运行效率

在分词系统中分词是各种汉语处理应用系统中共同的、基础性的工作，这步工作消耗的时间应尽量少，使用户没有等待的感觉，在普遍使用的平台上大约每秒钟处理 1 万字或 5000 词以上为宜，这样实现高效率。

5）适用性

适用性是普遍性的基础，汉语分词也是一样，它只是一种实现方法而不是目的，任何分词系统产生的结果都是为某个具体的应用服务的。好的分词系统具有良好的适用性，可以方便地集成在各种各样的汉语信息处理系统中。

6）通用性

随着网络信息化的飞速发展，以及网络信息使用的普遍化，我们研究的中文平台的处理能力不能仅限于国内，仅限于日常应用领域。作为各种高层次中文处理的共同基础，中文分词系统必须具有很好的通用性。中文分词系统应支持不同地区的汉语处理；应能适应不同地区的不同用字、用词，不同的语言风格，不同的专用名构成方式等；支持不同的应用目标，包括各种输入方式、简繁转换、语音合成、校对、翻译、检索、文摘等；支持不同领域的应用，包括社会科学、自然科学和技术，以及日常交际、新闻、办公等；为了做到足够通用又不过分庞大，必须做到在词表和处理功能、处理方式上能灵活组合装卸，有充分可靠和方便的维护能力，有标准的开发接口。同时，系统还应该具有良好的可移植性，虽然不能做到完全通用，但是也要相对全面。

3. 中文分词算法

中文分词的算法主要有：正向最大匹配、逆向最大匹配、双向最大匹配、最佳匹配法、最少分词法、词网格算法、逐词遍历法、设立切分法、有穷多层次列举法、二次扫描法、邻接约束法、邻接知识约束法和专家系统法等。

现有的分词算法可分为 3 大类：基于字符串匹配的分词方法、基于理解的分词方法和基于统计的分词方法。

1）基于字符串匹配的分词方法

这种方法又叫作机械分词方法，它是按照一定的策略将待分析的汉字串与一个“充分大的”机器词典中的词条进行匹配，若在词典中找到某个字符串，则匹配成功（识别出一个词）。按照扫描方向的不同，串匹配分词方法可以分为正向匹配和逆向匹配；按照不同长度优先匹配的情况，可以分为最大（最长）匹配和最小（最短）匹配；按照是否与词性标注过程相结合，又可以分为单纯分词方法和分词与标注相结合的一体化方法。常用的几种机械分词方法如下。

(1) 正向最大匹配法（Forward Maximum Matching method，FMM）。FMM 算法是正向最大匹配算法，它是基于字符串匹配的一种分词方法，其主要的算法思想是，选取包含 6～8 个汉字的符号串作为最大符号串，把最大符号串与词典中的单词条目相匹配，如果不能匹配，就减掉一个汉字继续匹配，直到在词典中找到相应的单词为止。匹配的方向是从左向右。下面应用一个简单的例子来说明算法的过程。

假设要分词的语料为“管理学基础课程是十个学时”，设定一个最大词长为5。

P_1=“管理学基础课程是十个学时”，MAXLEN=5，P_2=“ ”。

① P_2=“”；P_1 不为空，从 P_1 左边取出候选子串 M=“管理学基础”。

② 查词表，“管理学基础”在词表中，将 M 加入到 P_2 中，P_2=“管理学基础/”，并将 M 从 P_1 中去掉，此时 P_1=“课程是十个学时”。

③ P_1 不为空，从 P_1 左边取出候选子串 M=“课程是十个”。

④ 查词表，M 不在词表中，将 M 最右边一个字去掉，得到 M=“课程是十”。

⑤ 查词表，M 不在词表中，将 M 最右边一个字去掉，得到 M=“课程是”。

⑥ 查词表，M 不在词表中，将 M 最右边一个字去掉，得到 M=“课程”。

⑦ 查词表，M 在词表中，将 M 加入到 P_2 中，P_2=“管理学基础/课程/”，并将 M 从 P_1 中去掉，此时 P_1=“是十个学时”。

⑧ P_1 不为空，从 P_1 左边取出候选子串 M=“是十个学时”。

⑨ 查词表，M 不在词表中，将 M 最右边一个字去掉，得到 M=“是十个学”。

⑩ 查词表，M 不在词表中，将 M 最右边一个字去掉，得到 M=“是十个”。

⑪ 查词表，M 不在词表中，将 M 最右边一个字去掉，得到 M=“是十”。

⑫ 查词表，M 不在词表中，将 M 最右边一个字去掉，得到 M=“是”，这时 M 是单字，将 M 加入到 P_2 中，P_2=“管理学基础/课程/是/”，并将 M 从 P_1 中去掉，此时 P_1=“十个学时”。

⑬ P_1 不为空，从 P_1 左边取出候选子串 M=“十个学时”。

⑭ 查词表，M 不在词表中，将 M 最右边一个字去掉，得到 M=“十个学”。

⑮ 查词表，M 不在词表中，将 M 最右边一个字去掉，得到 M=“十个”。

⑯ 查词表，M 不在词表中，将 M 最右边一个字去掉，得到 M=“十”，这时 M 是单字，将 M 加入到 P_2 中，P_2=“管理学基础/课程/是/十/”，并将 M 从 P_1 中去掉，此时 P_1=“个学时”。

⑰ P_1 不为空，从 P_1 左边取出候选子串 M=“个学时”。

⑱ 查词表，M 不在词表中，将 M 最右边一个字去掉，得到 M=“个学”。

⑲ 查词表，M 不在词表中，将 M 最右边一个字去掉，得到 M=“个”，这时 M 是单字，将 M 加入到 P_2 中，P_2=“管理学基础/课程/是/十/个/”，并将 M 从 P_1 中去掉，此时 P_1=“学时”。

⑳ P_1 不为空，从 P_1 左边取出候选子串 M=“学时”。

㉑ 查词表，M 在词表中，将 M 加入到 P_2 中，P_2=“管理学基础/课程/是/十/个/学时/”，并将 M 从 P_1 中去掉，此时 P_1=“”。

㉒ P_1 为空，输出 P_2 作为分词结果，分词过程结束。

以上是对一个简单语料进行正向最大匹配算法的完整过程。

最大匹配算法也同样存在一些不足，对于词长的确定无法做到恰当，掩盖了分词歧义；能发现部分交集性歧义，并且可以通过回溯机制改进算法。

(2) 逆向最大匹配法(Backward Maximum Matching method,BMM)。逆向最大匹配法也是基于字符串匹配的一种分词方法,基本算法和正向最大匹配法相似,只是匹配的方向是从左到右,它的算法比 FMM 的精确度高一些。

(3) 双向匹配法(Bi-direction Matching method,BM)。将 FMM 法和 BMM 法结合起来的算法称为双向匹配法,这种算法通过比较两者的切分结果,来决定正确的切分,而且可以识别出分词中的交叉歧义。

(4) 最少匹配算法(Fewest Words Matching,FWM)。FWM 算法实现的分词结果中含词数最少,它和在有向图中搜索最短路径很相似。控制首先要对所选的语料进行分段,然后逐段计算最短路径,得到若干个分词结果,最后进行统计排歧,确定最理想的分词结果。

(5) 网格分词算法。网格分词算法是基于统计性的一种分词算法,它的算法思想是:首先构造候选词网格,利用词典匹配,列举输入句子所有可能的切分词语,并且以词网格形式保存;然后计算词网格中的每一条路径的权值,权值是通过计算图中每一节点(每一个词)的一元统计概率和节点之间的二元统计概率的相关信息计算出来的;最后根据搜索算法在图中找到一条权值最大的路径,作为最后的分词结果。

另外,还有一种方法是改进扫描方式,称为特征扫描或标志切分。该方法优先在待分析字符串中识别和切分出一些带有明显特征的词,以这些词作为断点,可将原字符串分为较小的串再来进行机械分词,从而减少匹配的错误率。另一种方法是将分词和词类标注结合起来,利用丰富的词类信息对分词决策提供帮助,并且在标注过程中又反过来对分词结果进行检验、调整,从而极大地提高切分的准确率。

2) 基于理解的分词方法

这种分词方法是通过让计算机模拟人对句子的理解,达到识别词的效果。其基本思想就是在分词的同时进行句法、语义分析,利用句法信息和语义信息来处理歧义现象。它通常包括 3 个部分:分词子系统、句法语义子系统、总控部分。在总控部分的协调下,分词子系统可以获得有关词、句子等的句法和语义信息来对分词歧义进行判断,即它模拟了人对句子的理解过程。这种分词方法需要使用大量的语言知识和信息。由于汉语语言知识的笼统、复杂性,难以将各种语言信息组织成机器可直接读取的形式,因此目前基于理解的分词系统还处在实验阶段。

3) 基于统计的分词方法

从形式上看,词是稳定的字的组合,因此在上下文中,相邻的字同时出现的次数越多,就越有可能构成一个词。因此字与字相邻共现的频率或概率能够较好地反映成词的可信度。可以对语料中相邻共现的各个字的组合的频度进行统计,计算它们的互现信息。定义两个字的互现信息,计算两个汉字 X、Y 的相邻共现概率。互现信息体现了汉字之间结合关系的紧密程度。当紧密程度高于某一个阈值时,便可认为此字组可能构成了一个词。这种方法只需对语料中的字组频度进行统计,不需要切分词典,因而又叫作无词典分词法或统计取词方法。但这种方法也有一定的局限性,会经常抽出一些共现频度高但并不是词的常用字组,例如,“这一”“之一”“有的”“我的”“许多的”等,并且对常用词的识别精度差,时空开销大。实际应用的统计分词系统都要使用一部基本的分词词典(常用词词典)

进行串匹配分词，同时使用统计方法识别一些新的词，即将串频统计和串匹配结合起来，既发挥匹配分词切分速度快、效率高的特点，又利用了无词典分词结合上下文识别生词、自动消除歧义的优点。

4. 分词中的难题

中文是一种十分复杂的语言，让计算机理解中文语言更是困难。在中文分词过程中，有两大难题一直没有完全突破。

1）歧义识别

歧义是指同样的一句话，可能有两种或者更多的切分方法。例如“表面的”，因为“表面”和“面的”都是词，那么这个短语就可以分成“表面 的”和“表 面的”。这种称为交叉歧义。像这种交叉歧义十分常见，例如“和服”，就是因为交叉歧义引起的错误，“化妆和服装”可以分成“化妆 和 服装”或者“化妆 和服 装”。由于没有人的知识去理解，计算机很难知道到底哪个方案正确。

交叉歧义相对组合歧义来说是还算比较容易处理，组合歧义就必须根据整个句子来判断了。例如，在句子“这个门把手坏了”中，“把手”是一个词，但在句子“请把手拿开”中，“把手”就不是一个词；在句子“将军任命了一名中将”中，“中将”是一个词，但在句子“产量三年中将增长两倍”中，“中将”就不再是词。这些词计算机又如何去识别？

如果交叉歧义和组合歧义计算机都能解决的话，在歧义中还有一个难题，是真歧义。真歧义的意思是给出一句话，由人去判断也不知道哪个应该是词，哪个应该不是词。例如，“乒乓球拍卖完了”，可以切分成“乒乓 球拍 卖 完 了”，也可切分成“乒乓球 拍卖 完了”，如果没有上下文其他的句子，恐怕谁也不知道“拍卖”在这里算不算一个词。

2）新词识别

新词，专业术语称为未登录词，也就是那些在字典中都没有收录过但又确实能称为词的词。最典型的是人名，人可以很容易理解句子“王军虎去广州了”中，“王军虎”是一个词，因为是一个人的名字，但要是让计算机去识别就困难了。如果把“王军虎”作为一个词收录到字典中去，全世界有那么多名字，而且每时每刻都有新增的人名，收录这些人名本身就是一项巨大的工程。即使这项工作可以完成，还是会存在问题，例如，在句子“王军虎头虎脑的”中，“王军虎”还能不能算词？

新词中除了人名以外，还有机构名、地名、产品名、商标名、简称、省略语等都是很难处理的问题，而且这些又正好是人们经常使用的词，因此对于搜索引擎来说，分词系统中的新词识别十分重要。目前，新词识别准确率已经成为评价一个分词系统好坏的重要标志之一。

5.2.3　无用词删除

在信息库的文档中太频繁出现的单词将不会成为具有良好区分能力的词汇。实际上，如果一个单词出现在信息库中80%的文档中，该单词对于信息获取过程来说根本没用，这些词统称为无用词汇。在选择索引词条的时候，这些词条常常被过滤掉。一般说来，冠词、介词、连词等都可以算作无用词汇。

删除无用词汇对于信息获取来说具有重要意义，它可以大大缩小索引空间的大小，而且空间的缩小一般可以在40%左右。

既然删除无用词汇可以大大地压缩索引信息，那么无用词汇不仅有冠词、介词和连词，一些动词、副词和形容词也可以成为无用词汇。信息获取系统中一般都设置一个无用词汇列表。

尽管删除无用词汇具有如此多的优点，但是删除无用词汇将影响系统的查全率。例如，用户想查找包含短语“to be or not to be”的文档，在删除无用词汇后，对这个短语来说，这些文档只包含词条“be”，这就导致很难找到包含该短语的文档。由于删除无用词汇存在这样的弊端，一些搜索引擎采用了全文索引，对无用词汇也建立索引。

5.2.4 词干提取

在用户查询过程中，经常会发生如下情况：用户输入词汇是信息库中某个相关文档中词汇的一种变形，词汇的变形可以是该词的复数、动名词或过去分词形式等。在这种情况下，可以将文档中的词汇用它们的词干来代替。

词干是单词的一部分，是去除词的前缀和后缀后剩下的部分。例如，单词“connect”是“connected”“connecting”“connection”“connections”的词干。由于利用词干来代替原来的词汇可以将具有相同词根的词汇集中到同一个概念上，因此利用词干提取技术可以在一定程度上提高信息获取的性能，同时，由于利用词干提取技术以后，信息获取系统所需要检索索引的词汇数量减少，这样可以缩小索引空间的大小。

目前，词干提取技术可以分为4种：词缀删除、表格查询、后续变形和 N 个字符列。表格查询方法指通过在表格中查找某个词汇的词干来实现，表格中的信息依赖于整个语言中词汇的词干。这就需要相当大的存储空间来存放这个表格，从而致使基于表格查询的词干提取的方法可操作性不强。后续变形词干提取方法主要是通过结构化语言的知识来确定词素的边界，这种方法比词缀删除法要来得复杂。N 个字符列词干提取方法是基于对单词中字母是否应该连在一起的识别，这一过程实际上是词条聚类的过程。相对而言，基于词缀删除的词干提取技术不仅比较直观、简单，而且算法比较有效。因此，下面将详细讨论基于词缀删除的词干提取技术。

在词缀删除技术中，最重要的就是对词汇中后缀的删除，因为大多数词汇的变形是通过后缀来实现的。目前人们已经设计出了多种关于词缀删除的算法，其中，波特(Porter)算法以其简单性和有效性而得到广泛应用。

Porter 算法是利用后缀列表来删除后缀的，其基本思想是对文本中单词的后缀应用一系列的规则，是目前公认最好的算法。Porter 算法使用了560个后缀、上千条规则。例如，规则

$$s \rightarrow \phi$$

用来将词汇中复数形式的字母 s 替换为空字符，从而将词汇从复数形式转换为单数形式。在识别词汇后缀的过程中需要检查单词中最后的字母，而且寻找最长的与规则的左边匹配的字母序列。这样，对于规则

$$sses \rightarrow ss$$

$$s \rightarrow \phi$$

来说，词汇“stresses”的词干应为“stress”，而不是“stresse”。

Porter算法总共分为5步，每一步去除一种类型的后缀，每次去除后缀都涉及后缀查找、规则匹配、特例匹配、结果验证、终止判断。具体步骤如下。

(1) 将字尾有母音的es、e、ed、y替换掉。

例如：searched→search

(2) 将字尾为tional、fulness、iveness等，替换成tion、ful、ive等。

例如：traditional→tradition

(3) 将字尾为icate、iveness、alize等，替换成ic、ive、al等。

例如：specializes→special

(4) 删除剩余的标准字尾，如al、ance、er、ic等。

例如：magical→magic

(5) 去除字尾没有母音的e。

例如：because→becaus

目前词干的提取算法有以下4种。

第一种：词典映射。例如，在一个文本文件中保存每一个单词到词干的映射。

例如：

1. went go

2. go go

3. gone go

4. …

这样在提取词干时，只需将单词一对一地映射到某个词干上。该算法的优点是，提取的词干能达到100%正确。缺点是，算法如果用Hash表或者用Map实现的话，需要消耗内存，而且构造如此一个词典映射文件，将是一个非常浩大的工作。

第二种：后继变量。这种方法的思想是上述方法的进化版本，也需要一个辅助的文件，但这个文件中包含的不是第一种方法中的映射，而是一些词的候补集。

例如：集合={able, ape, beatable, fixable, read, readable, reading, reads, red, rope, ripe}

假定待提取的单词为readable。提取过程是：先检查单词的第一个字母r，然后再从集合中查询出有7个单词以r开头，而这7个单词的不同的后缀(后一个字母)有e,o,i三个，然后再依次分析，最终得到表5-1。

表5-1　单词后缀表

前　缀	后缀个数	后　缀	前　缀	后缀个数	后　缀
r	3	e o i	reada	1	b
re	2	a d	readab	1	l
rea	1	d	readabl	1	e
read	3	a i s	readable	1	空

接着设定一个阈值，当后缀个数低于某个阈值时，此时前缀再加一个字母就被当成是

词干,例如,取阈值为 1,则上述词干就为 read。

第三种:相同词分析。分析某个单词中的连字(两个字母发连音)。

例如:statistics ==> st ta at ti is st ti ic cs

连音 ==> at cs ic is st ta ti

statistical ==> st ta at ti is st ti ic ca al

连音 ==> al at ca ic is st ta ti

定义变量 a 为单词 1 中的连音个数,b 为单词 2 中的连音个数,c 为两个单词中相同的连音个数。计算相似度 $s=2c/(a+b)$,上述例子为:$s=2\times 6/(7+8)=0.80$。

然后通过计算每一对单词之间的相似度,设定某一阈值,划分为每一个单词的相关集和不相关集,这样就能选取集合中的长度最短的单词作为该集合的词干。

第四种:规则转换。根据预先设定好的一些规则进行转换。

例如,规则为以 s 结尾的单词去掉 s,这样 dogs 就被转换为 dog。

当然上述规则比较简单而且不是很严谨,因此要达到比较好的词干抽取,就必须要有比较多的权威规则,其中,Porter 算法就是运用得比较广泛的算法,它的核心思想就是定义了一组规则。

还需要注意的是:词干抽取并不是一定要正确地抽取,如 operator 被抽取成 oper,在语言学里边当然是错误的,而在信息检索系统中却是正确的,因为在信息检索系统中,关心的核心问题是,两个相关的单词抽取的是同一个词干,而不相关的单词抽取的是不同的词干,而不用去关心抽取出来的词干是否是真正意义上的词干。

下面给出 C++ 实现的 Porter 算法。

```
Stemmer.h
struct RuleList{
    int id;
    string old_end;
    string new_end;
    bool ( * test) (const string&);
};
```

RuleList 定义了规则结构。

id:规则的 id。

old_end:规则所定义的后缀。

new_end:规则所定义的新的后缀。

test:测试函数,当该函数返回为真时,将新的后缀取代单词中的旧后缀。

例如,规则:

```
1, "s", "", NULL
```

表示的是当单词后缀为 s 时,用空取代"s",即去掉"s",变化结果为 dogs->dog。

在该算法中用的测试函数一共有 4 个。

```
bool containsVowel(const string& word);            //是否包含元音
```

```
bool endsWithCVC(const string& word);          //是否以辅音+元音+辅音结尾
bool addAnE(const string& word);               //是否能够加 e
bool removeAnE(const string& word);            //是否能够去除 e
```

以下为两个工具函数。

```
inline bool isVowel(const char& c){
    return 'a' ==c || 'e' ==c || 'i' ==c || 'o' ==c || 'u' ==c;
}
inline int wordSize(const string& word){
    int result =0, state =0;

    string::const_iterator iter =word.begin();

    while(iter !=word.end()){
        switch(state){
            case 0:
                state =(isVowel(*iter)) ?1 : 2;
                break;
            case 1:
                state =(isVowel(*iter)) ?1 : 2;
                if (state ==2) result++;
                break;
            case 2:
                state =(isVowel(*iter) || ('y' == *iter)) ?1 : 2;
                break;
        }
        iter++;
    }
    return result;
}
```

isVowel：是否为元音字母。

wordSize：计算该单词中的有效元音链的个数。

元音链：一个或多个元音连在一起代表一个元音链。

假定用 v 表示元音，用 c 表示其他的字母。这样一个单词可以表示为 $[c](vc)m[v]$。

m 则为有效元音链的个数，例如，单词 trouble 包含的元音链为 ou，e，但是由于 e 是在结尾处，根据上述单词的表示结构，有效的元音链只有 ou，所以 $m=1$。

wordSize 函数用的是有效自动机来计算 m 值。

state 0：表示 dfa 刚开始。state 1：表示前一个字母为元音。state 2：表示前一个字母不是元音，这其中有例外，就是 y 的计算，当 y 的前一个字母不是元音时，y 此时就可以算作一个元音。

转换规则如下。

```
static RuleList step1a_rules[] ={
    101, "sses", "ss", 0,
    102, "ies", "i", 0,
    103, "ss", "ss", 0,
    104, "s", "", 0,
    0, "", "", 0
};
static RuleList step1b_rules[] ={
    105, "eed", "ee", 0,
    106, "ed", "", containsVowel,
    107, "ing", "", containsVowel,
    0, "", "", 0
};
static RuleList step1b1_rules[] ={
    108, "at", "ate", 0,
    109, "bl", "ble", 0,
    110, "iz", "ize", 0,
    111, "bb", "b", 0,
    112, "dd", "d", 0,
    113, "ff", "f", 0,
    114, "gg", "g", 0,
    115, "mm", "m", 0,
    116, "nn", "n", 0,
    117, "pp", "p", 0,
    118, "rr", "r", 0,
    119, "tt", "t", 0,
    120, "ww", "w", 0,
    121, "xx", "x", 0,
    122, "", "e", addAnE,
    0, "", "", 0
};
static RuleList step1c_rules[] ={
    123, "y", "i", containsVowel,
    0, "", "", 0
};
static RuleList step2_rules[] ={
    203, "ational", "ate", 0,
    204, "tional", "tion", 0,
    205, "enci", "ence", 0,
    206, "anci", "ance", 0,
    207, "izer", "ize", 0,
    208, "abli", "able", 0,
    209, "alli", "al", 0,
    210, "entli", "ent", 0,
```

```
    211, "eli", "e", 0,
    213, "ousli", "ous", 0,
    214, "ization", "ize", 0,
    215, "ation", "ate", 0,
    216, "ator", "ate", 0,
    217, "alism", "al", 0,
    218, "iveness", "ive", 0,
    219, "fulnes", "ful", 0,
    220, "ousness", "ous", 0,
    221, "aliti", "al", 0,
    222, "iviti", "ive", 0,
    223, "biliti", "ble", 0,
    0, "", "", 0
};
static RuleList step3_rules[] ={
    301, "icate", "ic", 0,
    302, "ative", "", 0,
    303, "alize", "al", 0,
    304, "iciti", "ic", 0,
    305, "ical", "ic", 0,
    308, "ful", "", 0,
    309, "ness", "", 0,
    0, "", "", 0
};
static RuleList step4_rules[] ={
    401, "al",   "",0,
    402, "ance", "", 0,
    403, "ence", "",  0,
    405, "er",   "",  0,
    406, "ic",   "", 0,
    407, "able", "", 0,
    408, "ible", "", 0,
    409, "ant",  "", 0,
    410, "ement","", 0,
    411, "ment", "", 0,
    412, "ent",  "", 0,
    423, "sion", "s",0,
    424, "tion", "t",0,
    415, "ou",   "", 0,
    416, "ism",  "", 0,
    417, "ate", "", 0,
    418, "iti", "", 0,
    419, "ous", "", 0,
    420, "ive", "", 0,
```

```
    421, "ize", "", 0,
    0, "", "", 0,
};
static RuleList step5_rules[] ={
    501, "e", "", 0,
    502, "e", "", removeAnE,
    0, "", "", 0
};
static RuleList step6_rules[] ={
    503, "ll", "l", 0,
    0, "", "", 0
};
```

4 个测试函数如下。

```
bool containsVowel(const string& word){
    if(word.size() ==0)
        return false;
    return isVowel(word[0]) || (word.substr(1).find_first_of("aeiouy") !=
string::npos);
}
bool endsWithCVC(const string& word){
    if(word.size() <3)
        return false;
    string temp =word.substr(word.size()-3),
        c2 ="aeiouwxy", v ="aeiouy", c1 ="aeiou";
         return (c1.find(temp[0]) ==string::npos) && (v.find(temp[1]) !=
string::npos) &&
        (c2.find(temp[2]) ==string::npos);
}
bool addAnE(const string& word){
    return (wordSize(word) ==1) && endsWithCVC(word);
}
bool removeAnE(const string& word){
    return (wordSize(word) ==1) && (!endsWithCVC(word));
}
```

最为重要的一个函数 replaceEnd,实现了如何用规则来实现转换。

```
int CStemmer::replaceEnd(string &word, RuleList * rule){
    string ending;
    string::size_type endlen, wordlen =word.size();
    while(rule->id !=0){
        endlen =rule->old_end.size();
        if(wordlen <=endlen){
            rule++;
```

```
            continue;
        }
        ending =word.substr(wordlen-endlen);
        if(ending.compare(rule->old_end) ==0){
            if(rule->test ==0 || ( * rule->test)(word)){
                word =word.substr(0, wordlen-endlen) +rule->new_end;
                break;
            }
        }
        rule++;
    }
    return rule->id;
}
```

replaceEnd：循环每一个规则中的后缀，当后缀相同，并且测试函数为空，或者达到测试函数的要求时，即可以用新的后缀来取代单词中的旧后缀。

驱动主方法：

```
void CStemmer::stem(std::string &word){
    int rule;
    //check the word is all alpha for this version omit this....
    replaceEnd(word, step1a_rules);
    rule =replaceEnd(word, step1b_rules);
    if((rule ==106) || (rule ==107)){
        replaceEnd(word, step1b1_rules);
    }
    replaceEnd(word, step1c_rules);
    replaceEnd(word, step2_rules);
    replaceEnd(word, step3_rules);
    replaceEnd(word, step4_rules);
    replaceEnd(word, step5_rules);
    replaceEnd(word, step6_rules);
}
```

根据上述方法所产生的词干，准确率比较高，而且由于不需要大量的查表运算，运行效率也比较好。当然还可以辅助一个映射文件，来保存一些需要异常转换的单词，以达到提高准确率的目的。

5.2.5 索引词选择

在全文索引中，对所有的词条都要建立索引。但是，对有些无用词条建立索引将浪费系统的索引空间，而且影响系统的检索性能，因此并不一定对文档中出现的所有词条都建立索引，而是选择一些比较重要的词条来建立索引。对于一些科技刊物的检索来说，一般都是由专家来选择索引词汇的。一种可选的方法是通过对文本的分析来自动选择索引词条。有多种策略可以用于自动选择索引词条。

自然语言中的句子一般是由名词、代词、冠词、动词、形容词、副词、介词和连词构成。在这些词中，主要是由名词表达句子的语义的，因此选择句子中的名词来作为索引词条是一种可行的方法。这可以通过删除文本中的动词、形容词、副词、连词、冠词、介词和代词来实现。由于一些名称常常是两个或者三个同时出现，可以将这些词汇作为一个整体(概念)建立索引。在实际操作中，可以先设置一个阈值，然后计算文本中词汇之间的距离，如果该距离小于阈值，则将这些词汇放在一起构成名词组。

5.2.6 词典

在信息获取系统中，词典是用来根据词汇找到对应词汇信息的数据汇编。在最简单的词中将包含以下两部分内容。

(1) 有关某个领域知识的重要词汇。

(2) 对于词典中的每个词汇，都有跟它相关的一些词汇。这些相关的词汇可以是它的变形或者它的同义词。

一般说来，词典中还包含一个相对复杂的词汇表和结构，而不只是简单的词汇列表和它们的同义词。例如，有些词典考虑了短语，这些短语与简单的单个词条相比可以表达更为复杂的概念。

词典的主要作用如下。

(1) 提供索引和搜索的标准词汇。

(2) 帮助用户使用合适的查询词汇。

(3) 提供分类层次结构，这样可以根据用户的需求来扩大或者缩小查询请求。

词典的主要组成部分是索引词、词语之间的关系以及编排的方式。下面对此进行讨论。

1. 词典中的索引词

索引词是词典的索引单元。通常来说，词典中的一个词语表示一个概念，它是表达观点的基本语义单元。词语可以是一个单词、一组词和短语。索引词基本上是名词，因为名词是语言中最实在的部分，索引词也可以是作为名词使用的动名词形式的动词，如acting、teaching等。

如果一个单词不能表达出某个概念，可以用一组词来表达。例如，很多概念用“名词+形容词”的形式来表达，典型的例子是“ballistic missile(弹道导弹)”，如果直接索引复合词语，在“ballistic”下就会生成一个条目，而“missile”下则没有。为了避免出现这样的问题，复合词语首先要调整为名词的形式。例如，可以把这个复合词语变成“missiles、ballistic”。

使用复数形式的“missiles”来代替单数形式的“missile”，原因是单词表达的是某一类事务，自然就会使用复数的形式。

除了词语本身以外，经常还要使用词典条目补充定义和注释，目的是需要给出该词在特定环境中的准确定义。例如，单词“seal(海豹)”与“marine animals(海洋动物)”的上下文关联时表示海豹，而与文档的上下文相关时则表示图表或密封物。所以，词语的定义应该在后面加上一个上下文注释，如“seal(海洋动物)”和“seal(文档)”。

2. 词典中的词间关系

一个词语相关索引词的集合是由同义词和近义词组成的，另外还可以包含相关索引词之间的关系。对于相关的词语，它们之间的关系无论是横向的或非层次性的，都称该词语是相关的，用 RT 来表示。对于表达范围更宽的相关词，用 BT 来表示；对于表达更狭义的相关词，用 NT 来表示。

3. 在信息检索中使用词典

当一个用户想获取文档的时候，他首先有这样的一个概念：想查找什么。这个概念可以看作用户的信息需求；有了信息需求以后，用户必须将它转换为该信息获取系统所能支持的查询格式，这意味着用户需要选择一些索引词条。然而由于信息非常庞大，而且对于一个不是很有经验的人来说，一开始选择的词条可能是错误的或者是不合适的。在这种情况下，可以利用词典对用户的查询进行适当的扩展。

5.3 PageRank 算法

网页搜索的本质是网页信息的聚合，网页聚合后就会产生排序问题。需要通过科学有效的方法对网页进行排序，如何排好序就是关键。Google 的 PageRank 就是非常独特的一种排序方法。

5.3.1 什么是 PageRank

PageRank 是 Google 的创始人 Larry Page 发明的一种网页级别的算法。它是 Google 排名运算法则的一部分，是 Google 用于标识网页的等级或重要性的一种方法，是 Google 用来衡量一个网站的好坏的唯一标准。Google 通过 PageRank 来调整结果，使那些更具"等级或重要性"的网页在搜索结果中排名获得提升，从而提高搜索结果的相关性和质量。

级别从 1 级到 10 级，10 级为满分。PageRank 值越高说明该网页越受欢迎（越重要）。例如，一个 PageRank 值为 1 的网站表明这个网站不太具有流行度，而 PageRank 值为 7～10 则表明这个网站非常受欢迎（或者说极其重要）。一般 PageRank 值达到 4，就算是一个不错的网站了。Google 把自己网站的 PageRank 值定到 10，这说明 Google 这个网站是非常受欢迎的，也可以说这个网站非常重要。

Google 的 PageRank 根据网站的外部链接和内部链接的数量和质量来衡量网站的价值。PageRank 背后的概念是，每个到页面的链接都是对该页面的一次投票，被链接的越多，就意味着被其他网站投票越多。这就是所谓的"链接流行度"——衡量多少人愿意将他们的网站和你的网站挂钩。PageRank 这个概念引自学术中一篇论文的被引述的频度——即被别人引述的次数越多，一般判断这篇论文的权威性就越高。

Google 有一套自动化方法来计算这些投票。Google 的 PageRank 分值从 0 到 10；PageRank 为 10 表示最佳，但非常少见，PageRank 级别也不是线性的，而是按照一种指数刻度。这是一种奇特的数学术语，意思是 PageRank4 不是比 PageRank3 好一级，而可能会好 6～7 倍。因此，一个 PageRank5 的网页和 PageRank8 的网页之间的差距会有很大的区别。若要查询一个网站的 PageRank 值，可使用网址 http://pagerank.webmasterhome.cn/。图 5-3 显示的就是查询百度网站的 PageRank 值的结果。

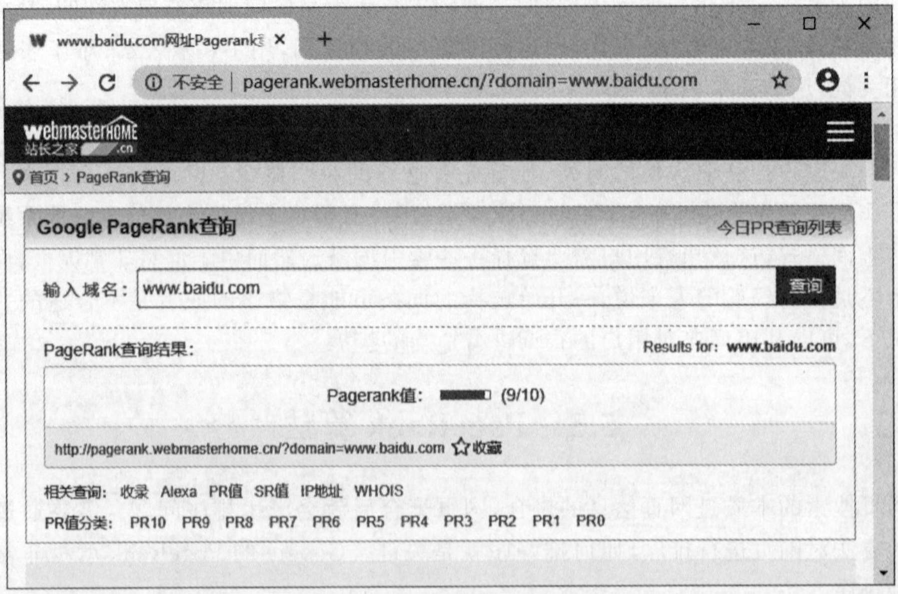

图 5-3 查询网站的 PageRank 值

通过对由超过 50 000 万个变量和 20 亿个词汇组成的方程进行计算，PageRank 能够对网页的重要性做出客观的评价。PageRank 并不计算直接链接的数量，而是将从网页 A 指向网页 B 的链接解释为由网页 A 对网页 B 所投的一票。这样，PageRank 会根据网页 B 所收到的投票数量来评估该页的重要性。

此外，PageRank 还会评估每个投票网页的重要性，因为某些网页的投票被认为具有较高的价值，这样，它所链接的网页就能获得较高的价值。重要网页获得的 PageRank（网页排名）较高，从而显示在搜索结果的顶部。Google 技术使用网上反馈的综合信息来确定某个网页的重要性。搜索结果没有人工干预或操纵，这也是为什么 Google 会成为一个广受用户信赖、不受付费排名影响且公正客观的信息来源。

5.3.2 PageRank 的算法

1. PageRank 算法 1

一个网页多次被引用，则可能是很重要的；如果一个网页没有被多次引用，但是如果被重要的网页引用，也有可能是重要的网页。一个网页的重要性被平均地传递到它所引用的网页上，这种网页称为权威（Authoritive）网页。

网页重要性的评价主要有以下 3 种。

（1）认可度越高的网页越重要，即反向链接越多的网页越重要。

（2）反向链接的源网页质量越高，被这些高质量网页的链接指向的网页越重要。

（3）链接数越少的网页越重要。

运用以上原理，PageRank 算法可以用以下公式来实现。

$$\mathrm{PR}_n(A)=(1-d)+d\times\left(\sum_{i=1}^{m}\frac{\mathrm{PR}_{n-1}(T_i)}{C(T_i)}\right)$$

其中，$\mathrm{PR}_n(A)$是网页 A 的 PageRank 值，$\mathrm{PR}_{n-1}(T_i)$是指网页 T_i 存在指向 A 的链接，并且网页在上一次迭代时的 PageRank 值，$C(T_i)$是指网页 T_i 的外链数量。

可见，首先，PageRank 并不是将整个网站排等级，而是以单个页面计算的。其次，页面 A 的 PageRank 值取决于那些连接到 A 的页面的 PageRank 的递归值。

$\mathrm{PR}(T_i)$值并不是均等影响页面 $\mathrm{PR}(A)$的。在 PageRank 的计算公式里，T 对于 A 的影响还受 T 的出站链接数 $C(T)$的影响。这就是说，T 的出站链接越多，A 受 T 的这个链接的影响就越少。

$\mathrm{PR}(A)$是所有 $\mathrm{PR}(T_i)$之和。所以，对于 A 来说，每多增加一个入站链接都会增加 $\mathrm{PR}(A)$。

最后，所有 $\mathrm{PR}(T_i)$之和乘以一个阻尼系数 d，它的值为 0～1。因此，阻尼系数的使用，减少了其他页面对当前页面 A 的排序贡献。

网页的 PageRank 值决定了随机访问到这个页面的概率。用户单击页面内的链接的概率，完全由页面上链接数量的多少决定，这也是上面 $\mathrm{PR}(T_i)/C(T_i)$的原因。

将某个页面的 PageRank 除以存在于这个页面的正向链接数，由此得到的值分别和正向链接所指的页面的 PageRank 相加，即得到了被链接的页面的 PageRank。如图 5-4 所示为 PageRank 示例。

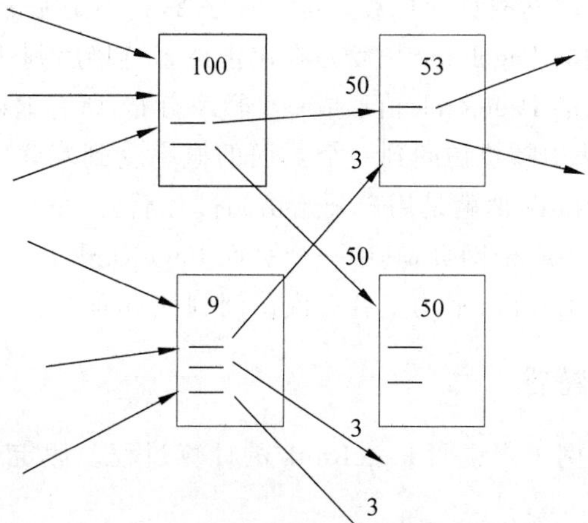

图 5-4　PageRank 示例

现实中的网页并不是互相链接。也就是说，顺着链接前进的话，有时会走到完全没有向外链接的网页。遇到这样的情况，如果人们只是浏览，一切就到此结束了，然而 PageRank 的计算却不能到此结束，因为 PageRank 一旦被引入以后是不能返回的。PageRank 称这种页面为摇摆页面。同样道理，只有向外的链接而没有反向链接的页面也是存在的。但 PageRank 并不考虑这样的页面，因为没有流入的 PageRank 而只有流出的 PageRank，从对称性来考虑必定是很奇怪的。因此，Lawrence Page 和 Sergey Brin 提出一个随机冲浪模型。

一个页面通过随机冲浪到达的概率就是链入到它的别的页面上的链接的被单击概率的和。并且,阻尼系数 d 降低了这个概率。阻尼系数 d(阻尼系数 d 通常取 0.85)的引入,是因为用户不可能无限地单击链接,常常因无聊而随机跳入另一个页面。

阻尼系数 d 定义为用户不断随机单击链接的概率,所以,它取决于单击的次数,被设定为 0~1。d 的值越高,继续单击链接的概率就越大。因此,用户停止单击并随机冲浪至另一页面的概率在式子中用常数 $1-d$ 表示。无论入站链接如何,随机冲浪至一个页面的概率总是 $1-d$。$1-d$ 本身也就是页面本身所具有的 PageRank 值。

2. PageRank 算法 2

随机冲浪模型描述网民访问网页的行为如下。

(1) 用户随机选择一个网页作为上网的起始网页。

(2) 看完这个网页后从该网页内所包含的超链接随机选择一个页面继续浏览。

(3) 沿着超链接重复浏览,直到对某个主题感到厌倦而重新随机选择另一个网页浏览。如此反复,直到结束。

假定用户一开始随机地访问网页集合中的一个网页,以后跟随网页的向外链接向前浏览网页,而不回退浏览,浏览下一个网页的概率就是被浏览网页的 PageRank 值。

基于以上原理,算法 1 可改进为以下的公式。

$$\mathrm{PR}_n(A)=(1-d)/N+d\times\left(\sum_{i=1}^{m}\frac{\mathrm{PR}_{n-1}(T_i)}{C(T_i)}\right)$$

这里的 N 是整个互联网网页的总数。这个算法 2,并不是完全不同于算法 1。随机冲浪模型中,算法 2 中页面的 PageRank 值就是在单击许多链接后到达这个页面的实际概率。因此,互联网上所有网页的 PageRank 值形成一个概率分布,所有 RageRank 值之和为 1。

相反地,第一种算法中随机访问到一个页面的概率受到互联网网页总数的影响。因此,算法 2 解得的 PageRank 值就是用户开始访问过程后,该页面被随机访问到的概率的期望值。如果互联网有 100 个网页,其中一个页面 PageRank 值为 2;那么,如果他将访问互联网的过程重新开始 100 次,平均就有 2 次访问到该页面。

5.3.3 PageRank 的特性

下面举一个简单的例子来说明 PageRank 的计算过程。假定存在如图 5-5 所示简单的网页链接关系。

假定阻尼系数 $d=0.5$,由 PageRank 的计算方法,得到下列方程组。

$\mathrm{PR}(A)=0.5+0.5\times\mathrm{PR}(C)$

$\mathrm{PR}(B)=0.5+0.5\times(\mathrm{PR}(A)/2)$

$\mathrm{PR}(C)=0.5+0.5\times(\mathrm{PR}(A)/2+\mathrm{PR}(B))$

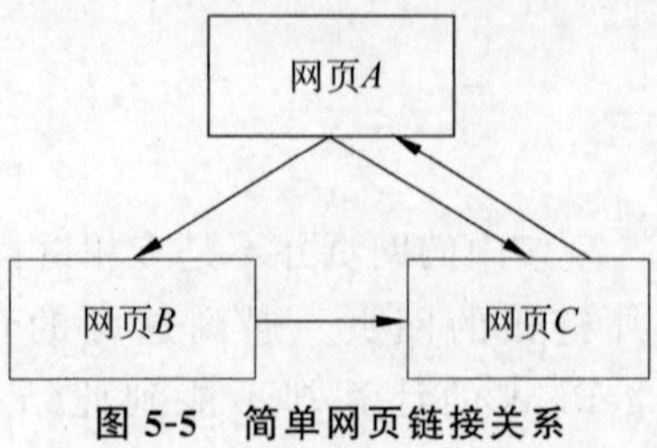

图 5-5 简单网页链接关系

求解这个三元方程组,得到:

$$\mathrm{PR}(A)=14/13=1.076\,923\,08$$

$$\mathrm{PR}(B)=10/13=0.769\,230\,77$$

$$\mathrm{PR}(C)=15/13=1.153\,846\,15$$

$$PR(A)+PR(B)+PR(C)=3$$

从最后的 PageRank 值可以看出，网页 C 的重要性最高，它的得分为 1.1538 分，其次是网页 A，最后是网页 B。在图 5-4 中，网页 C 是被网页 A 和网页 B 认可，因为 A 和 B 均指向 C；而网页 B 被网页 A 认可，因为 A 指向 B；由于网页 C 的级别大于网页 A，而网页 C 又指向网页 A，因此网页 A 的重要性大于网页 B。

很明显，所有页面 PageRank 之和为 3，等于网页的总数。就像以上所提的，此结果对于这个简单的范例来说并不特殊。

对于这个只有三个页面的简单范例来说，通过方程组很容易求得 PageRank 值。但实际上，互联网包含数以亿计的文档，是不可能解方程组的。

5.3.4 PageRank 的迭代计算

由于实际的互联网网页数量巨大，Google 搜索引擎使用了一个近似的、迭代的计算方法计算 PageRank 值。就是说先给每个网页一个初始值，然后利用上面的公式，循环进行有限次运算得到近似的 PageRank 值。再次使用图 5-5 的范例来说明迭代计算，这里设每个页面的初始值为 1，迭代过程如表 5-2 所示。

表 5-2　迭代过程

迭代次数	PR(A)	PR(B)	PR(C)
0	1	1	1
1	1	0.75	1.125
2	1.0625	0.765625	1.1484375
3	1.074 218 75	0.768 554 69	1.1528 320 3
4	1.076 416 02	0.769 104 00	1.1536 560 1
5	1.076 828 00	0.769 207 00	1.1538 105 0
6	1.076 905 25	0.769 226 31	1.1538 394 7
7	1.076 919 73	0.769 229 93	1.1538 449 0
8	1.076 922 45	0.769 230 61	1.1538 459 2
9	1.076 922 96	0.769 230 74	1.1538 461 1
10	1.076 923 05	0.769 230 76	1.1538 461 5
11	1.076 923 07	0.769 230 77	1.1538 461 5
12	1.076 923 08	0.769 230 77	1.1538 461 5

重复几次后，得到一个良好的接近 PageRank 理想值的近似值。根据 Lawrence Page 和 Sergey Brin 公开发表的文章，他们实际需要进行 100 次迭代才能得到整个互联网的满意的网页级别值。

同样，用迭代计算的方式，每个网页的 PageRank 值之和仍然收敛于整个网络的页面数的。因此，每个页面的平均的 PageRank 值为 1。实际上的值在 $1-d$ 和 $dN+(1-d)$

之间，这里的 N 是互联网网页总数。如果所有页面都链接到一个页面，并且此页单独地链接自身，那么将出现理论上的最大值。

5.3.5 网页级别的优化

1. 影响网页级别的因素

关于 PageRank 的实现，重要的是 PageRank 怎样被 Google 综合考虑进网页的排序。Lawrencec Page 和 Sergey Brin 在公开发表的文章中阐述了这个过程。最初，Google 搜索引擎对于网页的排序由以下 3 个因素决定。

(1) 页面的特定因素。

(2) 入链锚的文字内容。

(3) PageRank。

这里页面的特定因素是指网页内容、标题内容和文档的 URL。

为提供搜索结果，Google 根据网页的特定因素和入链锚的文字计算出网页的信息检索(Information Retrieval，IR)值，这个值被检索项在页面中的位置和重要性加权。用这个方法确定文档和搜索语句的相关性。然后此 IR 值结合 PageRank 值表示网页的基本重要程度。为了结合 IR 值和 PageRank 值，这两个值被相乘。很明显不可能是相加的，否则如果页面拥有一个很高的 PageRank 值，即使和搜索语句无关，也会在搜索结果中排在前面。

尤其对于两条或更多的关键词所构成的搜索语句，内容相关性对于评级标准的影响更大；相反地，PageRank 主要对于非特定性的单个词作为搜索语句时造成显著的影响。

如果网页需要为高竞争的搜索条件做优化，即使页面已经在传统的搜索引擎优化方案下很好地被优化了，要得到好的排名基本上还是需要一个高的 PageRank 值。由于为了避免受广泛重复关键词的垃圾页面干扰，IR 值取决于文档中关键词出现的次数和入链锚的文字。因此，传统搜索引擎优化的作用就被限制了，而 PageRank 成了在高竞争的搜索条件领域内的决定性因素。

2. PageRank 值的范围

Google 工具栏以 0～10 的刻度显示 PageRank 值。如果用户将鼠标放于显示栏上，就会显示 PageRank 值。

如果进行一下计算，PageRank 理论上拥有最大值($Nd+(1-d)$)，这里的 N 为互联网网页总数，d 通常被设为 0.85，计算出的 PageRank 值和工具栏显示出的数值成一定的比例关系。普遍认同的是，它们之间的比例并非线性的，而是成对数关系。如果设阻尼系数 d 为 0.85 而 PageRank 的最低值为 0.15(因为 $0.85+0.15=1$)，并且对数的基数为 6，得到如表 5-3 所示的比例关系。

表 5-3 PageRank 值的范围

显示的 PageRank 值	真实 PageRank 值
0/10	0.15～0.9
1/10	0.9～5.4

续表

显示的 PageRank 值	真实 PageRank 值
2/10	5.4～32.4
3/10	32.4～194.4
4/10	194.4～1166.4
5/10	1166.4～6998.4
6/10	6998.4～41 990.4
7/10	41 990.4～251 942.4
8/10	251 942.4～1 511 654.4
9/10	1 511 654.4～9 069 926.4
10/10	9 069 926.4～$0.85\times N+0.15$

3. 网页级别的优化

对于如图 5-6 所示的例子，是两组相同的网页，不同的是网页 B 和 C 之间有无链接。假设阻尼系数为 0.5，则 $\mathrm{PR}(X)/C(X)=10$。

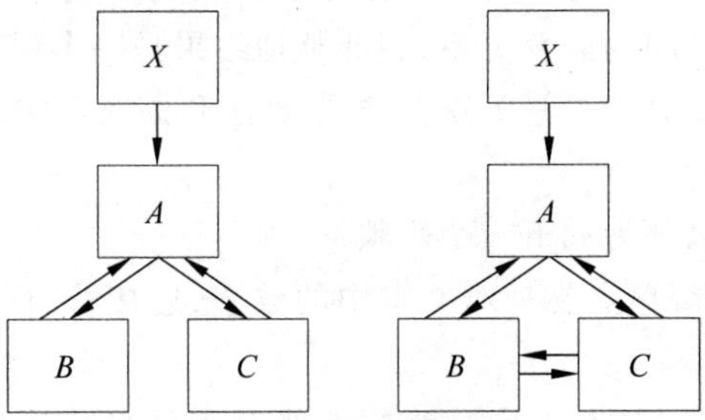

图 5-6　网页级别优化

1）BC 之间无链接时

$$\mathrm{PR}(A)=0.5+0.5(10+\mathrm{PR}(B)+\mathrm{PR}(C))$$
$$\mathrm{PR}(B)=0.5+0.5(\mathrm{PR}(A)/2)$$
$$\mathrm{PR}(C)=0.5+0.5(\mathrm{PR}(A)/2)$$

得到：

$$\mathrm{PR}(A)=8$$
$$\mathrm{PR}(B)=2.5$$
$$\mathrm{PR}(C)=2.5$$

2）BC 之间互相链接时

$$\mathrm{PR}(A)=0.5+0.5(10+\mathrm{PR}(B)/2+\mathrm{PR}(C)/2)$$
$$\mathrm{PR}(B)=0.5+0.5(\mathrm{PR}(A)/2+\mathrm{PR}(C)/2)$$
$$\mathrm{PR}(C)=0.5+0.5(\mathrm{PR}(A)/2+\mathrm{PR}(B)/2)$$

得到：

$$PR(A)=7$$
$$PR(B)=3$$
$$PR(C)=3$$

从上面的计算可以看出，当 B 和 C 互链时，虽然减少了 A 的级别，但 B、C 都增加了。这符合优化站点所有页面而非只优化主页的思路，因为只有每个页面的级别都提高了，当有检索词命中这些页面时，它们才能排在前面。这种优化的方法也很明显了，就是尽可能地在所有页面间平均分布入链的贡献，各低级页面要增加互链。

小　结

本章主要介绍网页信息结构化、文本处理技术和 PageRank 算法。

1. 网页信息结构化

网页结构化的目标是根据搜索的需要，将半结构化的 HTML 网页中的数据按照约定的基本属性组合成一个网页的对象。

为了完成结构化的目标，首先要建立 HTML 标签树，即 DOM 树，然后要对网页的正文进行投票来识别正文的文本，并按照深度优先的遍历规则组织正文。

建立 DOM 树的过程就是将网页中的标签按照出现的顺序整理出来，并用适当的结构记录过程。由于标签之间的嵌套关系，因此整理结果是一个树状结构。

网页内容的获取主要分为：正文分块、投票算法和提取正文 3 大步骤。

2. 文本处理技术

文本处理的过程可以分为如下 5 个步骤。

(1) 文本的词法分析，它主要是对文本中的数字、连接符、标点符号和字符的大小写进行处理。

(2) 无用词汇的删除，它主要是过滤掉那些对于信息获取过程来说区分能力低的词汇。

(3) 词干提取，它主要是去除词缀(前缀和后缀)，这样可以允许所获取的文档包含一些查询词条的变换形式。

(4) 索引词条/词干的选择，在选择的时候通常按照单词的习惯用法，实际上名词往往要比形容词、副词和动词包含更多的语义。

(5) 构造词条的分类结构，例如，词典或者结构抽取，利用它可以进行查询的扩展。

3. PageRank 算法

PageRank 是 Google 的创始人 Larry Page 发明的一种网页级别的算法。级别从 1 级到 10 级，10 级为满分。PageRank 值越高说明该网页越受欢迎(越重要)。

PageRank 的原理源于：一个网页多次被引用，则可能是很重要的；如果一个网页没有被多次引用，但是如果被重要的网页引用，也有可能是重要的网页。

思考题

1. 为什么要对网页的信息进行结构化?

2. 网页结构化的目标有哪些?

3. 自己制作一个简单的网页,然后制作成一个DOM树。

4. 简述文本处理的过程及步骤。

5. 简述常用的中文分词的方法。

6. 上网查找有关中文分词的程序,并比较这些程序的优缺点。

7. PageRank除了书中所讲授的内容外,还有很多的特性。上网查找PageRank的其他特性,并写出一篇有关PageRank算法的文章。

8. 简述PageRank算法中入链对计算页面级别的影响,并进行简单的计算。

9. 简述PageRank算法中出链对计算页面级别的影响,并进行简单的计算。

第 6 章 信息索引技术

经过网页预处理后,可以建立索引数据库。对于数目庞大的文档数据库使用简单匹配方法是不可行的,需要对文档的表示建立索引。为了提高检索效率,应该按照一定的规则建立索引。索引文件一般是按照倒排文件的格式存放的,索引的建立包括以下 3 个方面。

(1) 分析:处理文件中可能的错误。

(2) 索引:完成分析的文件被编码存入索引数据库。

(3) 排序:将索引数据库按照一定的规则排序,产生全文索引。

文本压缩是指用较少的位或字节来表示文本,这样将可以显著地减小计算机中存储文本的空间大小。倒排文档是信息检索系统中最普遍使用的索引机制,而索引文件的压缩能大大提高检索速度和节约磁盘空间,倒排文档使用了特定的文本压缩方法,因而是一个效率很高的索引压缩方案。

本章主要介绍顺排检索、倒排检索、后缀数组索引和文本压缩技术。

6.1 顺排检索

顺排文档检索最早是由日本人菊池敏典提出的,主要思想是将文档中的每一条记录依次去匹配用户的查询提问集合,文档处理完毕后,将各提问的命中结果归并分发给有关用户。可以看出,顺排文档检索是用文档中的记录一条一条去匹配提问词,是顺序对文档记录检索的方法,所以称为顺排文档检索。顺排文档的关键技术是采用列表处理方法将提问逻辑式变换成等价的提问展开式,按提问展开表的内容对顺排文档的每篇文献进行检索。其优点是能够缩短每一个提问式的查找时间,并且对所存储情报的任何可检项目都能够进行相同的处理。目前,常用的顺排文档检索方法主要有:表展开法、逻辑树展开法、BF 算法、BM 算法等。

6.1.1 表展开法

表展开法的主要思想是:将代表用户提问的逻辑提问式转换成表的形式,该表规定了表的内容走向和是否命中的判断,检索时根据表的走向及其他相关信息来判断每条记录是否命中。

1. 展开表概念

用表来表达逻辑提问式,要求能够将提问式中复杂的逻辑运算关系充分体现,每个检索词的检索匹配要求能够精确反映，记录最终的结果应能准确给出。表 6-1 给出了$(A+B)\times(C+D)$的展开表形式。

表 6-1 $(A+B)\times(C+D)$的展开表形式

地址	检索词	条件满足指向	条件不满足指向	级位	比较条件	检索标识
1	A	3	2			
2	B	3	落选			
3	C	命中	4			
4	D	命中	落选			

从表 6-1 可以看出，地址栏确定了每个检索词在表中的位置，条件满足指向(条件不满足指向)栏确定当该词满足(不满足)检索条件后应做什么处理，级位栏是根据检索词的运算符等给出的处理优先级，比较条件栏是指明该检索词采取什么方式进行匹配(如前方一致、模糊匹配以及“非”运算等)，检索标识栏用于注明检索字段等。

2. 展开表生成

把逻辑提问式生成展开表是一个复杂的过程，需要考虑到检索词、检索运算符、改变运算次序的括号等，并生成可供检索匹配的表格形式。整个生成过程分为两部分：前处理和后处理。

1) 前处理

前处理的任务是：逐个检查逻辑提问式中的字符，并从上至下填写表格。在填写表格的过程中，对不同类型的对象(如检索词、运算符、括号等)做不同的处理。

(1) 对于检索词，将该词存入展开表内的检索词栏中，并记下该词在表中的地址。

(2) 对于运算符，要分别进行处理。对于运算符+，表明是两词进行+运算，在前一词不满足检索条件的情况下，还可查看后一词。所以，遇上+号时应在前一词的“条件不满足指向”栏中填入指向后一词的地址；对于运算符 *，表明是两词进行×运算，在检索过程中必须均满足条件才能认为符合检索要求。所以，遇上 * 号时，必须在左边检索词所在行的“条件满足指向”栏中填入指向后一词的地址。

(3) 对于括号，要进行“级位”处理。当出现左括号时，则将左括号后的检索词所在行的“级位”栏值加 1，同时有多层左括号时，级位值连续多次加 1；当出现右括号时，则将右括号的前一个检索词所在行的“级位”栏值减 1，同时有多层右括号时，级位连续多次减 1。

第一个检索词的级位初值为零，以后每一个检索词的级位由上一检索词复制得到，然后再根据条件加减。若检索式的第一个字符是左括号，则将第一个检索词做加级运算。

(4) 遇到结束符，则在最后一个检索词所在行的“条件满足指向”栏中放入“命中”，“条件不满足指向”栏中放入“不命中”。

至此，前处理工作结束。展开表中除第二、三栏中有空白外，其余各栏均已填好，这些空白处有待于后处理来完成。

2) 后处理

后处理的主要任务就是填满整个表的空白单元，填表的依据是表中“级位”栏的前后级位值,填表的顺序是从下向上,直至表的顶部,从而得到一个完整的提问展开表。为方便讨论,这里称表中指针所指行为"当前行",指针移动到"当前行"之前所指向的行为上一行。

(1) 若当前行的级位值大于上一行的级位值,表示上一行的检索词后有一个右括号,如($A+B+C$),对应的检索词级位分别为1、1、0,因此,针对不同的情况应做不同处理。

① 若当前行的"条件不满足指向"栏为空,则表示当前行和上一行的检索词之间为×运算,应把上一行不满足栏内容复制到当前行的不满足栏。

② 若当前行的"条件满足指向"栏为空,则表示当前行和上一行的检索词之间为+运算,需把上一行满足栏内容复制到当前行的满足栏。

(2) 若当前行的级位值等于上一行的级位值,则做如下处理。

① 若当前行的"条件不满足指向"栏为空,则表示当前行和上一行的检索词之间为×运算,应把上一行不满足栏内容复制到当前行的不满足栏。

② 若当前行的"条件满足指向"栏为空,则表示当前行和上一行的检索词之间为+运算,唯有遇到右括号或结束时,才能得知满足后的处理,所以应当把当前行检索词后的第一个右括号或提问式结束号前的检索词所在行的满足栏内容复制到当前行的满足栏。

(3) 若当前行的级位值小于上一行的级位值,表示当前行的检索词前有一个左括号,此时应将该左括号至与其配对的右括号后出现的第一个+号或结束号之间的内容作为一个复合检察项,并依据具体情况做如下处理。

① 若当前行的"条件不满足指向"栏为空,则把表中前面处理过的第一个与当前行级位值相等或小的那一行的不满足栏内容复制到当前行的不满足栏。

② 若当前行的"条件满足指向"栏为空,则需要把展开表中当前行之后一个复合检索项中最后一个检索词所在行的"条件满足"栏内容复制到当前行的"条件满足"栏。

经过上述处理过程,就可以得到一张完整的提问展开表。将若干提问式的展开表汇集起来,构成用户提问档集合,依据用户提问档就可以方便地进行顺排文档的检索。

3. 展开表生成示例

为帮助读者理解展开表前后两个处理过程,表6-2给出逻辑提问式 $A*(B+C)+(D*(E+F*G))$ 的展开表生成过程。

表6-2 $A*(B+C)+(D*(E+F*G))$ 的展开表

地址	检索词	条件满足指向	条件不满足指向	级位	比较条件	检索标识
1	*A*	2	4	0		
2	*B*	命中	3	1		
3	*C*	命中	4	0		
4	*D*	5	落选	1		
5	*E*	命中	6	2		
6	*F*	7	落选	2		
7	*G*	命中	落选	0		

读者可以根据前处理和后处理规则来填满表格，需要注意的是，前处理主要是解决表中的地址、检索词和条件满足指向等项目，后处理主要解决其余的项目。

4. 表展开法的检索

表展开法通常用于批处理检索系统中，生成的展开表为若干逻辑提问式的集合，这个集合形成了展开表提问档，并作为检索的提问库，专用于以后的批量检索和定题服务检索。检索时，需将所有提问展开表输入内存以提高查比速度。查比时，每从数据库中读取一条记录，就为该记录生成一个检索标识表，检索标识表由该记录的可检索项组成，然后将检索标识表中的每一检索项去查展开表，并对命中的检索词做上标记。当该记录标识表中的所有检索项查询完毕后，再根据每一展开表的查询情况，分析提问是否命中。对于命中者，就在相应的提问号下记下记录号及相关信息，然后再取下一条记录进行对比。全部查比完毕后，才能得到本次检索的最终结果，最后通过提问号调出检索结果中各自命中结果的记录，打印输出，分发给用户。

6.1.2 逻辑树展开法

逻辑树展开法是将逻辑提问式展开成树状结构(下称主树)，运算符构成树的节点，检索词被视为树叶，所有检索词也按照有限自动机原理构造成字符树(下称辅树)，主树与辅树间的相关元素用指针链接。检索时，采取爬树原则，先用文档中的索引词逐字符地对比爬行辅树，走到树的一个端头(树叶)，然后依照指针登记主树，并根据倒爬树方式分析提问是否命中。逻辑树展开法包括逻辑提问式的分解、字符树的生成、检索实现 3 个部分。

1. 逻辑提问式分解

逻辑提问式分解的目标为：提供可直接用于检索实现的主逻辑树表、检索词地址表以及检索词在检索式中的位置表。这些表在检索实践中分别发挥着应有的作用。

1) 主逻辑树表

主逻辑树表是逻辑提问式的一种树状表达形式，它用层次型的树状结构把运算符、运算项关联起来，其主要内容包括；运算种类、子项个数、父项地址、处理标志以及检索处理登记栏(见表 6-3)。具体说明如下。

表 6-3 主逻辑树表结构

运算种类	子项个数	父项地址	处理标志	检索处理

(1) 运算种类：用来表示逻辑提问式中的运算符类型，如+、*、−等，每个运算符必须有一个或多个子项，只能有一个父项，没有父项的节点是根节点。

(2) 子项个数：指该运算符直接下属项的个数，下属项可以是检索词，也可以是运算符。例如 $A+B+C$，该运算符+下就有 3 个子项，分别为 A、B、C；再如 $D+E*F$，这时的+下的子项为两个，分别为 D 和 $E*F$。检索词项没有子项，通常被视为“树”的叶子。

(3) 父项地址：指本项的直接上属项(父项)在本表中的地址。如上例中的 A、B、C

都指向同一个父项＋，D 和 ＊ 也指向同一个父项＋。

(4) 处理标志：在检索过程中填写，主要用于记录该检索项或逻辑组合项是否被“满足”。一般情况下，处理标志在检索前均为 0，当在检索过程中被“命中”后，记为 1，表示该项的检索过程已经完成。对于－运算，则处理标志栏置为 1，该词被命中后被置为 0。

(5) 检索处理：记录该项在检索过程中的变化情况。即当该项的子项命中后，对该项进行累计处理，当该项的检索要求被满足后，就在处理标志栏置 1。例如，对于 ＊ 运算，当其直接下属子项初次满足检索要求时，就在该栏加 1，直到该栏的数字与它的子项个数相等时，将处理标志置为 1；若为＋运算，则当其任意一个直接下属子项初次满足检索要求时，处理标志置为 1；对于“－”运算，则在分解提问式时，就将该栏置为 1，当在以后的记录中检索到该检索词或该项的组合条件满足时，再反将其置 0，表示该项“非”运算满足。

在检索过程中，当某一行的处理标志为 1 时，就根据该行的“父项地址”值爬升到其“父项地址”行，进行检索处理，这样反复循环，当树根处(提问式的逻辑树顶端)的处理标志为 1 时，说明该检索提问被命中。

2) 检索词地址表

检索词地址表是主逻辑树表与辅表的联系纽带，在检索中，当一个检索词命中以后，通过辅表找到其在检索词地址表中的位置，再根据该表中记录的主表位置进行检索处理(在检索处理栏加 1 等操作)。该表由两个字段组成：检索状况登录区、检索词在主表中的位置，其结构参见表 6-4。

表 6-4 检索词地址表结构

检 索 登 录	主 表 位 置

具体说明如下。

(1) 检索登录：该栏的作用为进行检索词命中与否的登记栏，该栏的初始值为 0，首次命中后记为 1，同时根据其在主表中的位置定位到主表，并进行检索处理。

(2) 主表位置：该词在主逻辑树表中的位置，这个位置建立了主逻辑树表和辅表的连接，当辅表中的检索词命中后，可以通过辅表的指针在该表中找到主表中的相关位置。

3) 检索词位置表

检索词位置表是在逻辑提问式转换成逻辑树表的过程中，临时生成的一个中间处理过程表，该表还将作为从逻辑提问式到词逻辑树(辅表)的桥梁，一旦辅表生成完毕，该表将被清除。检索词位置如表 6-5 所示。

表 6-5 检索词位置表结构

检索词种类	起 始 位 置	终 止 位 置

具体说明如下。

(1) 检索词种类：用于区别检索词的类别(如作者、关键词、标题、代号等)。设此项的目的在于区别检索对象，提高检索效率。通过种类标识分别构造检索词逻辑树表，使得在检索时，可以针对不同类别的检索词去匹配不同的词逻辑树。

(2) 起始位置：主要指本行检索词在整个逻辑提问式中的起始位置，以便在构造辅表时，快速准确地在逻辑提问式中取词。

(3) 终止位置：指本行检索词在整个逻辑提问式中的结束位置，目的也是为了准确取词。

4) 中间工作表

由于在进行逻辑提问式到逻辑树表的转换过程中，涉及一些中间数据，这些数据在生成逻辑树时需多次使用，因此需要建立一个中间过程工作区(中间工作表)来记录这些数据，一旦主逻辑树生成完毕，该表即可以清除。中间工作表结构如表6-6所示。

表6-6 中间工作表结构

起始位置	终止位置	父项地址	辅助信息

具体说明如下。

(1) 起始位置：由于逻辑提问式的分解是逐层进行，每一层可能有若干子项，这个起始位置就是表示子项在逻辑提问式中的起始位置。

(2) 终止位置：记录子项在逻辑提问式中的终止位置。

(3) 父项地址：本项的父项在逻辑提问式中的地址。

(4) 辅助信息：为分解子项时提供辅助信息，如本项的父项为何种运算，本项是否为括号项等。该算法规定：0表示该子项的前后端分别为左右括号，1表示父项为+，2表示父项为*，3表示父项为-。

5) 主逻辑树表的生成

主逻辑树表的生成算法思想为：采用多次扫描的分层分解构造法。首先分解出逻辑式中最外层+号下的子项，括号内的项暂时不分解；其次扫描已分解出的子项(在最外层没有+项的情况下对整个逻辑式进行)中的*号的运算子项，若该子项为括号括起项，则仍分解+号子项；最后分解-号子项。

为了加深对该算法的理解，给出下面逻辑提问式的分解过程，每一过程在表中给出序号，其中第一步是放置提问号。

L=(Information+document+book)*retrieval*-manual+automation*search

具体过程如表6-7～表6-10所示。

表 6-7 主逻辑树表生成实例

	运算种类	子项个数	父项地址	处理标志	检索处理
4)→	+	2	提问号		
8)→	*	3	1		
11)→	*	2	1		
15)→	+	3	2		
17)→		0	2		
19)→	−	1	2		1
22)→		0	3		
25)→		0	3		
28)→		0	4		
31)→		0	4		
34)→		0	4		
37)→		0	6		

表 6-8 检索词地址表实例

	检 索 登 录	主 表 位 置
18)→		5
23)→		7
26)→		8
29)→		9
32)→		10
35)→		11
38)→		12

表 6-9 检索词位置表实例

	检索词种类	起 始 位 置	终 止 位 置
16)→		29	37
21)→		47	56
24)→		58	63
27)→		2	12
30)→		14	21
33)→		23	26
36)→		40	45

表 6-10 中间表工作实例

	起始位置	终止位置	父项地址	辅助信息
2)→	1	45	1	1
3)→	47	63	1	1
5)→	1+1	27−1	2	0
6)→	29	37	2	2
7)→	39	45	2	2
9)→	47	56	3	2
10)→	58	63	3	2
12)→	2	12	4	1
13)→	14	21	4	1
14)→	23	26	4	1
20)→	40	45	6	3

2. 检索词字符树表

检索词字符树表的生成吸收了 Aho 和 Corasick 的思想，将所有检索词构造成有限自动机状态表，该表是一个由字符（英文字母、数字及其他符号）和状态层次组成的二维表，其结构如表 6-11 所示。

表 6-11 检索词字符树表

字符(x) / 状态(n)	abc…xyz	检索词终极点与检索词地址表指针
0		
1		
2		

字符树表内容根据状态转移函数 $g(n,x)$ 填写，一个检索词结束就调用函数 output(x) 填写地址表指针。例如，检索词簇{he，she，his，hers，shot，history}，它们在检索词地址表中的位置如表 6-12 所示，由表 6-12 生成的检索词字符树表见表 6-13。

表 6-12 检索词地址表

检　索　词	地址表中的位置	检　索　词	地址表中的位置
he	5,25	hers	20
she	8	shot	7
his	9	history	15

表 6-13 检索词字符树表

状态(n) \ 字符(x)	a…e	f…h	i…l	m…o	p…r	s…t	u…y	z	地址
0		1					3		
1	2		6						
2					8				5,25
3		4							
4	5			10					
5									8
6						7			
7							12		9
8						9			
9									20
10							11		
11									7
12				13					
13					14				
14								15	
15									15

构造表 6-13 的总体思路为：对每一个检索词总是从 0 状态出发，在 0 状态遇有该检索词首字母字符位置已登记过时，即 $g(0,x)$匹配成功，就顺其走下去。不论在何种状态下，凡是 $g(n,x)$匹配失败，就构造一个新的状态。随着检索词的增多，该字符树表就会变得密起来，这就表明，虽然检索词成倍增加，但字符树表的扩充是缓慢的。

为了更清晰地展示出该检索词簇的字符树结构，图 6-1 给出了表 6-13 的树状结构。图中凡是粗斜体字的元素为检索词的终极节点。

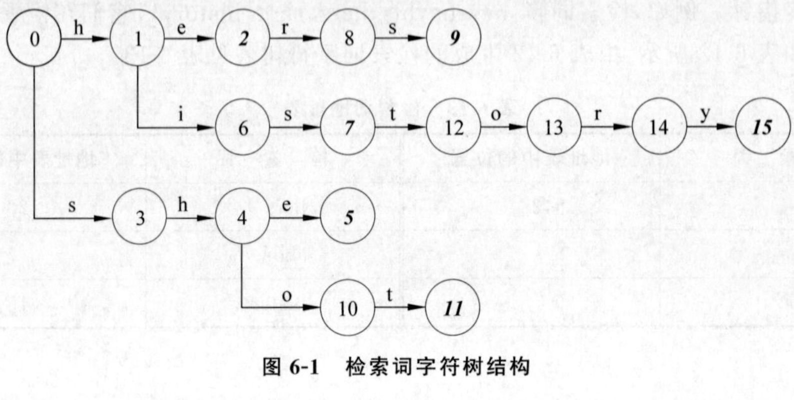

图 6-1 检索词字符树结构

在实际的检索系统中，可以根据不同的检索词类型分别构造逻辑树状态表，如作者、主题词、分类代号等。

3. 逻辑树法检索

逻辑提问式最终转换为逻辑树的3个表：主逻辑树表、检索词地址表、检索词字符树表。这3个表构成了用户检索提问档，整个检索主要依赖这3个表。

实际检索过程为：从文档中读取一条记录，将记录中的标引项(主题词、责任者、可供检索的其他著录项)去匹配相关的检索词字符树，匹配成功者，根据检索词地址指针去判断检索词地址表对应的检索登录区，若为1，表明该词已命中过，不需再处理；若为0，则将该项置为1，同时根据本行的“主表位置”字段去修改主逻辑树表。

主逻辑树表的检索处理较为复杂，因为它不只是处理指针指向的检索词项，而且要爬行到它的父项进行相关的处理和判断。具体处理过程为：在主逻辑树表中该词的“处理标志”栏中填上1，然后根据父项地址的指针找到父项行，对“检索处理”栏做加1运算，再查看“处理标志”栏。若为1，表示该子项已做过向上爬行处理，可返回进行下一词的处理；若为0，则根据“运算种类”做相应处理。

(1) 若为+运算，在完成标志栏置1，再向父项移动。

(2) 若为*运算，对“检索处理”与“子项个数”的值进行比较：若相等，则在完成标志栏置1，再向父项移动；若不等，就返回进行下一词的处理。

(3) 若为一运算，则顺着父项进行注销处理。

随着父项指针移动到顶行时，若该行的处理标志为1，则表示该记录对于这一提问为命中文献，并将提问号和记录号写入命中文档。为了减少重复查询，实际应用时对于命中提问应采取屏蔽手段，确保该提问不再被这一记录访问处理。

与其他顺排检索算法比较，该算法虽然在分解逻辑提问式方面扫描次数可能多于其他算法(如表展开法)，但由于判断次数的减少，其处理速度反而加快了；虽然该法对提问式的处理需要产生3个表，但它的处理是一次性的，不像展开表法分为前、后处理两步；更为重要的一点是，顺排文档检索对提问式的处理是一次性的，而且是后台处理的，即使在加工提问式的过程中耗费一点儿时间，但为检索带来了极大的便利。

6.1.3 BF 算法

BF(Brute-Force)算法是一种串的模式匹配的算法。BF算法的设计思想是将主串 S 的第一个字符和模式 T 的第一个字符比较，若相等，继续逐个比较后续字符；若不等，从主串 S 的下一字符起，重新与 T 的第一个字符比较。直到主串 S 的一个连续子串字符序列与模式 T 相等。返回值为 S 中与 T 匹配的子序列第一个字符的序号，即匹配成功，否则匹配失败，返回值−1。

例如，主串 S="abcdefg"，模式串 T="cde"，则模式匹配的过程如图6-2所示。

对应于不同的串的存储结构，串的模式匹配的具体实现也不一样。

下面给出 Brute-Force 算法的实现。

```
typedef struct
{ char str[MaxSize];
```

```
第一次匹配    a b c d e f g
              ↑
              c d e                i=0, j=1

第二次匹配    a b c d e f g        i=1, j=0
                ↑
                c d e

第三次匹配    a b c d e f g        i=2, j=2
                  ↑
                  c d e            匹配成功
```

图 6-2　串的匹配过程

```
    int length;
}String;
int BFIndex(String S, int start, String T)
{ int i =start, j =0, v;
    while(i <S.length && j <T.length)
    { if(S.str[i] ==T.str[j]) {i++; j++; }
        else{ i =i-j+1;  j =0; }
    }
    if (j==T.length) v=i-T.length;
        else v=-1;
    return v;
}
```

6.1.4　KMP 算法

KMP(Knuth-Morris-Pratt)匹配算法是由 D.E.Knuth、J.H.Morris 和 V.R.Pratt 同时改进的一种快速的模式匹配算法。

1. 待解决的问题

假设 P 为给定的子串(也叫模式串),T 是待查找的字符串(也叫目标串),要求从 T 中找出与 P 相同的所有子串,这称为模式匹配问题。先来看个例子。

$$T:\ t_0\quad t_1\quad t_2\quad t_3\quad \cdots\quad t_{m-1}\quad \cdots\quad t_{n-1}$$

$$P:\ p_0\quad p_1\quad p_2\quad p_3\quad \cdots\quad p_{m-1}$$

从 T 的最左边开始比较,使得 $T_K = P_K$,则匹配成功。

2. 解决模式匹配问题的方案

最简单和最直接的模式匹配算法是,用 P 中的字符依次与 T 中的字符进行比较,遇到不相等的字符,则可将 P 右移一个字符,重新进行比较,直到某次匹配成功或者到达 P 的最右字符移出 T 为止。

若 P = "aaaba",T = "aaabbaaaba",则匹配过程如图 6-3 所示。

从上面的分析可以看出,最坏的情况是:每次比较都在最后一个字符出现不等,每趟

```
T:  a  a  a  b  b  a  a     a  b  a
P:  a  a  a  b  a
       a  a  a  b  a
                 ...
                   a  a     a  b  a
```

图 6-3 模式匹配的过程

最多比较 M 次，最多比较 $N-M+1$ 趟，总的比较次数最多为 $M\times(N-M+1)$，时间复杂性为 $O(M\times N)$。在 P 右移一位时，不管上一趟比较的中间结果是什么，因此回溯是不可避免的(如前 3 个 aaa 不需要一位一位地移)。

3. KMP 算法解决匹配的主要问题

KMP 算法需要解决匹配的主要问题是：当字符串比较出现不等时，确定下一趟比较前应该将 P 右移多少个字符？P 右移后，应该从哪个字符开始和 T 中刚才比较时不等的那个字符继续比较？

我们通过朴素模式匹配的例子来引出问题。在第一次比较过程中失败的是 P 的第 4 个字符 b，这表明 P 的前 4 个字符是成功的。模式 P 的第 3 个字符 b 在它的前 3 个字符(aaa)中并未出现。因此，在下一次比较时，至少要将 P 向后移 4 个字符；再看 P 的第一个字符与最后一个字符是相同的，因此将 P 右移 4 个字符后，再从第一个字符比较，也是不等的。综上所述，应该将 P 右移 5 个字符，再从 P 的第 0 个字符和 T 的第 5 个字符开始比较。

KMP 算法的核心是：KMP 算法借助于一个辅助数组 next 来确定当匹配过程中出现不等时，模式 P 右移的位置和开始比较的位置。next[i]的取值只与模式 P 本身的前 $i+1$ 项有关，而与目标 T 无关。匹配过程中遇到 P_i 不等于 T_j 时，若 next[i]$\geqslant 0$，则应将 P 右移 $i-$next[i]个字符，用 P 中的第 next[i]个字符与 T_j 进行比较；若 next[i]$=-1$，P 中的任何字符都不必再与 T_j 比较，而应将 P 右移 $i+1$ 个字符，从 P_0 和 T_{j+1} 重新开始下一轮比较。

因此只要计算出与模式 P 相关的 next 数组，按上面的含义，就可以很容易地给出串的匹配算法。以 $P=$" 01001010100001"为例。

i：	0	1	2	3	4	5	6	…
P：	0	1	0	0	1	0	1	…
j(next[i])：	−1	0	0	1	1	2	3	…
修正(next[i])：	−1	0	−1	1	0	−1	3	…

例子中的 j(next[i])为未修正前的 next 数组。

例如，要算 next[2]的值，P 本身的前两个字符为 01，在这个字符串 01 中，我们寻找出左右相同的最大字符串，此字符串所含字符的个数就为 next[i]的值。将字符串“01”和“01”比较，左右相同的字符串不存在，所以 next[i]=0。

又如，要算 next[6]的值，P 本身前 6 个字符为 010010，此字符串中前三个字符串和后三个字符串相等,所以左右相同的最大字符串为 010,个数为 3。因此 next[i]=3。

再如,要算 next[5]的值,P 本身前 5 个字符为 01001,此字符串中前两个字符串和后两个字符串相等,所以左右相同的最大字符串为 01,个数为 2。因此 next[i]=2。

下面给出实现 KMP 算法的 C 程序。

```
Cmystring::GenKMPNext(int * next, CMyString * s)
{ int i=0; j=-1;
   next[0]=-1;
   while(i<s->length)
   {
      while(j>=0&&s->str[i]!=s->str[j])
         j=next[j];
         i++;j++;
         if(s->str[i]==s->str[j])
            next[i]=next[j];
         else  next[i]=j;}
   }
//////////////串类的 find()方法 KMP 匹配算法////////////
int CMyString::find(const CMyString * S)
{
   int i, j, * next =new int[s->length];
   GenKMPNext(next, s);
   for(i=0,j=0;i<s->length&&j<length;)
   {
      if( s->str[i] ==str[j] ) { i++, j++;}
      else
         if(next[i] >=0)
            i =next[i];
         else
         { i =0; j++}
   }
   if(i>=s->length)
      return  j -s->length;
   else
      return -1;
}
```

6.1.5 BM 算法

BM(Boyer-Moore)算法是一个精确字符串匹配的算法,它可以实现高效率的模式匹配。BM 算法的关键和 KMP 类似,也是构造一个辅助数组,不过,不同于 KMP 算法的是,BM 算法的辅助数组大小只和匹配串的字符集大小相关(一般情况下也就是 ASCII 字符集,256 个字符),其内容和模式串相关,辅助数组的内容即是模式串的索引。

给定一个特定的字串 P(通常又称为模式),在一个大的文本 T 中进行查找,确定 P 是否在 T 中出现,出现则给出相应位置。BM 算法的基本思想是先对模式 P 进行预处理,计算两个偏移函数:BadChar(坏字符)和 Goodsuffix(好后缀),然后将文本和模式对齐,从右往左进行匹配,当文本字符与模式字符不匹配时,根据函数 BadChar 和 Goodsuffix 计算出的偏移值,取两者中的大者。将文本指针往右移,匹配成功则予以输出。

$$\text{BadChar}[\text{a}]=\min\{j \mid 1\leqslant j\leqslant m-1 \text{ and } P[m-1-j]=a\}$$

如果 a 未在模式字符中出现,则:

$$\text{BadChar}[\text{a}]=m$$

$$\text{suff}[i]=\max\{k \mid T[i-k+1..i]=P[m-k..m-1],1\leqslant i<m\}$$

即 suff 是 $P[0..i]$和 T 的最长一般后缀。计算 suff 数组使得计算 Goodsuffix 函数变得简洁。

$$\text{Goodsuffix}[m-1-\text{suff}[i]]=m-1-i$$

在某次匹配中,文本字符 $T[i+j]$与模式字符 $P[j]$匹配不成功,按 BM 算法,则比较 $\text{BadChar}[T[i+j]]-(m-1-j)$与 $\text{Goodsuffix}[j]$的值,取大者作为偏移量,然后将文本指针 i 往后移动偏移量,然后再从后往前进行比较。

如果模式被扫描完,则找到了模式的一次出现,文本指针右移 Goodsuffix[0]。

以上述方式处理文本直至文本末尾,可以找出模式的所有出现位置。

从上面可以看出,BM 算法用了三种有效的方法:从右到左扫描,坏字符规则和好后缀规则。

从右到左扫描的意思是从最后一个字符开始向前匹配,而不是习惯上的从开头向后匹配。

坏字符规则是,从右到左的扫描过程中,发现 T_i 与 P_j 不同,如果 P 中存在一个字符 P_k 与 T_i 相同,且 $k<i$,那么就将直接将 P 向右移使 P_k 与 T_i 对齐,然后再从右到左进行匹配。如果 P 中不存在任何与 T_i 相同的字符,则直接将 P 的第一个字符与 T_i 的下一个字符对齐,再从右到左进行比较,如图 6-4 所示。

T:	a	b	c	b	a	d	f	t	a	t	e
P:	c	b	a	x	a	d					
P:			c	b	a	x	a	d			

图 6-4 比较过程一

用 $R(x)$表示字符 x 在 P 中出现的最右位置,此例中 $R(b)=2$。可以看出,使用从右到左扫描和坏字符规则可以跳过 T 中的很多位置不去检查,从而使时间复杂度低于线性。

好后缀规则是,从右到左的扫描过程中,发现 T_i 与 P_j 不同,检查一下相同的部分 t 是否在 P 中的其他位置 t'出现。

(1) 如果 t 与 t'的前一个字母不相同,就将 P 向右移,使 t'与 T 中的 t 对齐。

(2) 如果 t'没有出现,则找到与 t 的后缀相同的 P 的最长前缀 x,向右移动 P,使 x

与 T 中 t 的后缀相对应(见图 6-5)。

N:	1	2	3	4	5	6	7	8	9	10	11	12	13	14	15	16	17	18
T:	a	b	c	b	a	d	f	t	b	c	f	a	q	v	t	b	c	e
P:	c	b	c	a	b	c	e	a	b	c								
P:								c	b	c	a	b	c	e	a	b	c	f

图 6-5 比较过程二

可见,并不是将 P 向右移让 $P5$ 与 $T9$ 对齐,而是让 $P2$ 与 $T9$ 对齐,因为 $P1$ 与 $P8$ 不相同。用 $L(i)$ 表示 t' 的最大位置,此例中,$L(9)=3$(见图 6-6)。

N:	1	2	3	4	5	6	7	8	9	10	11	12	13	14	15	16	17	18
T:	a	b	c	b	a	d	f	T	b	c	f	a	q	v	t	b	c	e
P:	b	c	c	a	b	c	e	T	b	c								
P:									b	c	c	a	b	c	e	t	b	c

图 6-6 比较过程三

可见,当 P 向左找不到"tbc"时,就找到"tbc"的最长与 P 的前缀匹配的后缀,并将 P 向右移。用 $L(i)$ 表示这个最长后缀的长度,这个例子中 $i=8$。

下面是用 C 语言实现 BM 算法的程序。

```
#include <string.h>
#include <stdio.h>
#include <stdlib.h>
/* 辅助数组,取决于字符集,默认采用 ASCII 字符集,256 个元素 */
#define LEN 256
int BMMatcher(char * s, char * p, int index, int position[])
/* 参数说明:
char * s: 匹配串
char * p: 模式串
int index: 模式串匹配的起始位置,是匹配串的索引
int position[]:辅助数组
 */
{
    int len =strlen(s);
    int i,j, nextindex;

    i =strlen(p)-1;
    j =index+strlen(p)-1;
    for(; i>=0; i--, j--)
    {
        if(s[j] !=p)break;
    }
    if(i<0) return 0;                          /* 匹配成功 */
```

```
    else  if(position[s[j]]>0)nextindex =index +i -position[s[j]];
    else nextindex =index +1;

    if(nextindex >LEN-strlen(p)) return -1;      /*匹配失败,无法进行下一次匹配*/
    else return nextindex;                       /*匹配失败,需要下一次匹配*/
}
/*测试,匹配串和模式串都使用小写字符*/
int main()
{
    int position[LEN]={0};                       /*辅助数组*/
    char *src="it is just a test, what would you do?";  /*匹配串*/
    char *patten="what would";                   /*模式串*/
    int i, nextindex, index=-2, pos=0;
    for(i=0; i<strlen(patten); i++)              /*构造辅助数组,关键的一步*/
        position[patten]=i;
    index =BMMatcher(src, patten, 0, position);
    while(!(index==-1 || index==0))              /*循环匹配,直到匹配成功,或者匹配
                                                   失败结束*/
    {
        nextindex =index;
        index =BMMatcher(src, patten, nextindex, position);
    }

    if(index ==-1)
        printf("Can not find it\n");
    if(index ==0)
        printf("Find it, the index is: %d.\n", nextindex);
    system("PAUSE");
    return 0;
}
```

6.2 倒排检索

倒排文档是一种面向单词的索引机制,相对顺排文档而言,是将顺排文档中可检索字段的作者名、关键词、分类号等取出,按一定规则排序,归并相同词汇,并把在顺排文档中相关记录的记录号集合赋予其后,以保证通过某一特征词能够快速、方便地获取相关记录。

由于倒排文档的组成特点,使得许多数学检索模型(如布尔模型、集合运算等)能够方便地用于信息检索中,它把两个检索词的逻辑运算转换成了两个检索词之间的记录号集合的运算。目前最常见的倒排文档索引为逆波兰展开法。

6.2.1 倒排索引

倒排文档的检索算法一般分成如下 3 步进行。

1. 词汇查找

将查询串中的单词和模式分割成独立的部分，短语和近似查询串被分割成单个词汇。

2. 查找词汇出现的情况

获取与查询串中所有词汇相关的出现情况列表。

3. 词汇出现情况的操作

主要是通过对上一步中获取的词汇出现情况的操作实现短语查询、近似查询和布尔查询。如果词汇出现情况采用的是块寻址方式，那么在执行这些操作的时候就必须对这些块中的文本进行检索，以获取所查询的词汇在文本中的具体位置。

这样，在对倒排文档进行检索的时候总是从词汇表开始查询。因为一般说来，词汇表可以与倒排文档分开存放，而且它的空间需求比较少，适合于放置在内存中。

对于单个词汇的查询来说，只要从词汇表中找到对应的单词就可以找到指向该单词的出现情况列表。因此在倒排文档中对于单个的词汇查询来说，其查询的时间复杂度为 $O(\lg n)$，其中，n 为词汇表的长度。对于单个词汇的查询，该词汇的出现情况列表可以直接作为检索结果返回给用户，而对于多个词汇的查询，还需要对这些列表进行一系列相关的操作。

在倒排检索中进行上下文查询（查询串由多个单词构成，这种情况在查询过程中比较常见）相对于单词汇查询要复杂得多。首先获取查询串中每个词汇的出现情况列表，然后遍历所有这些获取的列表，看看查询串中的词汇是否在文本中顺序出现或者比较靠近。这些列表的合并和交叉运算需要花费的时间比单词汇查询长得多。

如果词汇出现情况是以块的方式来呈现的，在上下文搜索中就必须对这些块寻址方式的出现情况列表进行合并和交叉运算，对于符合条件的块所对应的文本再进行文本检索，并确定词汇出现的具体位置。

6.2.2 倒排文档

倒排文档的组成元素主要包括：关键字（作者、主题词、分类号等）、目长（含有该关键字记录的条数）、记录号集合（所有与该关键字有关的记录号）。倒排文档的建立是建立在顺排文档（主文档）的基础之上，它是从主文档中提取可检索字段内容，也有采取自动从标题、文摘或全文中提取关键词，利用所得到的这些属性词来建立倒排文档。

1. 倒排文档的结构

倒排文档可视为主文档的辅助索引，它从不同的角度提供了对主文档的快速查询。一般来说，不同属性的数据构成不同的倒排索引文档，下面给出了 10 篇文献（见表 6-14）的作者索引（见表 6-15）和关键词索引（见表 6-16）。

表 6-14 文献部分属性

记录号	篇 名	作者	索 引 词
1	网络安全技术的探讨	A	网络安全，防火墙，黑客
2	网络教育课程开发研究	B	网络，课程开发，教学设计
3	构建视频会议系统技术浅析	C	网络，视频会议，多媒体通信

续表

记录号	篇　　名	作者	索　引　词
4	网络安全在 IP 城域网的应用	A	网络安全，城域网，黑客
5	智能光网络在城域网中的应用	B	网络，城域网，IP 技术
6	浅谈电信网络的安全	A	网络安全，通信，IP 技术
7	网络存储技术的研究	C	网络，存储技术，网络安全
8	无线接入在网络融合中的应用	C	网络，无线网，IP 技术
9	网格研究及其面临的问题	B	网格技术，网络安全
10	宽带光纤接入网的发展趋势	A	网络，宽带网，光纤

表 6-15　作者索引

作　　者	目　　长	记录号集合
A	4	1：4：6：10
B	3	2：5：9
C	3	3：7：8

表 6-16　关键词索引

索　引　词	目　　长	记录号集合
网络安全	3	1：4：6
防火墙	1	1
黑客	2	1：4
网络	6	2：3：5：7：8：10
课程开发	1	2
教学设计	1	2
视频会议	1	3
多媒体通信	1	3
城域网	2	4：5
IP 技术	2	5：6
通信	1	6
存储技术	1	7
无线网	1	8
网格技术	1	9
宽带网	1	10
光纤	1	10

由表 6-15、表 6-16 可以看出，倒排文档主要有三个字段：作者或索引词字段主要为快速检索提供索引，记录号集合主要作用是为了在检索中进行集合运算和对命中结果的直接调用，目长在检索中起辅助作用。

2. 倒排文档的建立

由顺排文档构造倒排文档需要经过抽词、排序、归并和组织等过程，具体实现步骤如下。

(1) 选择需要做索引的字段属性(如作者、关键词等)，抽出其中的内容，并在其后附上其记录号。

(2) 对抽出的内容进行排序，使之便于归并相同内容。

(3) 对相同内容进行归并，把合并后的内容放入倒排文档的主键字段(如标引词、作者等)，统计每一数据的频次作为目长，把每一内容后的记录号顺序放在记录号集合字段。

在建立倒排文档的过程中还有以下两个问题需要注意。

(1) 上述过程是批处理的过程，我们在实际的数据库建设中是不断地追加数据的过程。因此，倒排文档的建立应具有及时更新的功能，所以对批处理创建倒排文档的过程需要更改。首先，从增加的记录中取出倒排索引的字段内容，然后查询倒排索引。若命中，则将该记录的目长加 1，并将增加记录的记录号追加进倒排文档的记录号集合字段。若没有命中，则将该字段内容以及记录号增加到倒排文档之中，并将目长置 1。

(2) 由于每一个关键字所对应的记录数相差很大，因此对于只能处理定长字段的数据库或文件系统，需建立溢出文档来解决不定长问题。

6.2.3 逆波兰表达式

逻辑提问式类似于算术表达式，对于检索而言，这种表达式并不是最优和最简洁的形式，需要进行必要的转换。1929 年，波兰的逻辑学家卢卡西维兹(Jan Lucasiewicz)提出了将运算符放在运算项后面的逻辑表达式，又称“逆波兰表达式”。这种表达式能非常方便地进行检索运算。

逆波兰表达式又叫作后缀表达式，是一种没有括号，并严格遵循“从左到右”运算的后缀式表达方法，如表 6-17 所示。

表 6-17 正常的表达式与逆波兰表达式对照表

正常的表达式	逆波兰表达式	正常的表达式	逆波兰表达式
$a+b$	$a,b,+$	$a=1+3$	$a=1,3$
$a+(b-c)$	$a,b,c,-,+$	$a*(b+c)+d$	$a,b,c,+,*,d,+$
$a+(b-c)*d$	$a,d,b,c,-,*,+$		

逆波兰表达式的优势在于只用两种简单操作——入栈和出栈就可以完成任何普通表达式的运算，其运算方式如下。

如果当前字符为变量或者为数字，则压栈；如果是运算符，则将栈顶两个元素弹出做相应运算，结果再入栈，最后当表达式扫描完后，栈里的就是结果。

将一个普通的顺序表达式转换为逆波兰表达式的一般算法如下。

(1) 首先构造一个运算符栈,此运算符在栈内遵循越往栈顶优先级越高的原则。

(2) 读入一个简单算术表达式,为方便起见,设该简单算术表达式的右端多加上了优先级最低的特殊符号#。

(3) 从左至右扫描该算术表达式,从第一个字符开始判断,如果该字符是数字,则分析到该数字串的结束并将该数字串直接输出。

(4) 如果不是数字,该字符则是运算符,此时需比较优先关系。

具体做法如下:将该字符与运算符栈顶的运算符的优先关系相比较。如果该字符优先关系高于此运算符栈顶的运算符,则将该运算符入栈。若不是的话,则将栈顶的运算符从栈中弹出,直到栈顶运算符的优先级低于当前运算符,将该字符入栈。

(5) 重复上述操作(1)~(2),直至扫描完整个简单算术表达式,确定所有字符都得到正确处理,便可以将简单算术表达式转换为逆波兰表示的简单算术表达式。

不论是算术表达式还是逻辑提问式中,运算符均有其运算优先级,这就决定了表达式转换具有一定的复杂度。在逻辑提问式中,其运算符的优先次序分别为－、*、＋。另外,括号内的运算优先级最高。因此,在转换处理过程中,对运算符的优先级做如下定义(见表6-18)。

表6-18 运算符的优先级

运 算 符	优先处理的级别	运 算 符	优先处理的级别
(,)	1	*	3
＋	2	－	4

那么计算机怎样通过后缀式来进行运算呢?这里首先假设读取分析表达式的准备工作都已经做好了,那么首先需要做的是把表达式转换成后缀式,也就是逆波兰表达式的构建过程。

构建器由两个主要组件组成,一个是目标表达式的存储器,另一个是一个符号栈。与源表达式的扫描顺序一样,存储器是从左向右存储数据的,而符号栈则遵守后进先出的原则。

首先读入一个数据。

(1) 如果是单目运算符,直接入符号栈。

(2) 如果是运输量,则直接写入存储器;检查符号栈顶是否有单目运算符,有的话则全部出栈,并写入存储器。

(3) 如果是左括号,则直接入符号栈。

(4) 如果是右括号,则弹出符号栈数据,写入存储器,直到左括号弹出。

(5) 如果是普通运算符,则与栈顶符号比较优先级,若大于栈顶优先级,则入栈;否则弹出栈顶符号并写入存储器,直到栈顶符号的运算优先级较小为止。

(6) 如果是结束符(表示表达式已全部读完),则符号栈全部弹出并写入存储器,否则读取数据进入下一个过程。

此外还有一些处理的技巧，比如定义一个优先级最低的运算符作为表达式结束的标志，在符号栈里首先加入一个结束标志，那么表达式读完时则自动弹出栈中所有符号，并写入存储器结尾表示成功。

表 6-19 表示表达式 $a*b+c*(d+e)$ 构建的过程。

表 6-19 逆波兰表达式构建过程

序号	表达式	目标数据	堆栈	说明
1	$a*b+c*(d+e)$#		#	#表示结束符
2	$a*b+c*(d+e)$#	a	#	a 写入内存
3	$*b+c*(d+e)$#	a	#*	* > #
4	$b+c*(d+e)$#	ab	#*	b 写入内存
5	$+c*(d+e)$#	$ab*$	#	+ < *
6	$c*(d+e)$#	$ab*$	#+	+ > #
7	$c*(d+e)$#	$ab*c$	#+	c 写入内存
8	$*(d+e)$#	$ab*c$	#+*	* > +
9	$(d+e)$#	$ab*c$	#+*	左括号"("送入堆栈
10	$d+e)$#	$ab*cd$	#+*(	d 写入内存
11	$+e)$#	$ab*cd$	#+*(+	+ > (
12	$e)$#	$ab*cde$	#+*(+	e 写入内存
13	)#	$ab*cde+$	#+*	右括号")"遇左括号"("弹出堆栈
14	#	$ab*cde+*+$	#	# 弹出堆栈

6.2.4 检索指令表的生成

逻辑提问式的逆波兰表达式不能直接用于检索，还需要将其转换成一组检索指令才能进行检索操作。转换工作是直接针对逆波兰表达式进行的，通过逐行扫描逆波兰输出表，根据其具体内容实现从逆波兰表到检索指令表的转换。

操作指令表由 4 列元素组成：第一列为操作码，指定本行操作类型，如输入操作、运算操作、转储操作等；后三列为操作数属性，根据操作码来决定三个操作数之间的关系，具体处理如下。

若为检索词，操作码置 1，第一操作数存放从逆波兰输出表中取出的检索地址，第三操作数放置在该检索词记录号集合的工作区代号。如表 6-20 表明检索词表的 03 号关键词的记录号集合存放在第 2 工作区。

表 6-20 检索词操作指令表示

操作码	第一操作数	第二操作数	第三操作数
1	03		2

若为运算符，操作码为 3、4、5，分别代表运算符＋、*、－，第一、第二操作数指定的两个工作区的记录号集合根据操作码进行相关运算，其结果送第三操作数指定的工作区。如表 6-21 所示第 3、第 4 两个工作区的记录号集合进行"与"运算，其结果存放第 1 工作区。

表 6-21　运算操作指令表示

操　作　码	第一操作数	第二操作数	第三操作数
4	3	4	1

若为结束行，将操作码置 2，表示转储操作，把检索运算结果送第 7 工作区。因此，第一操作数放检索结果占用的工作区，将第三操作数置 7，表示把检索的最终结果转移到第 7 工作区，见表 6-22。

表 6-22　转储操作指令表示

操　作　码	第一操作数	第二操作数	第三操作数
2	4		7

转储操作结束，将最后一行的操作码置为 0，表示终止操作，其他操作数为空，见表 6-23。

表 6-23　转储操作指令表示

操　作　码	第一操作数	第二操作数	第三操作数
0			

由于计算机内存资源有限，在检索指令表生成的过程中可设定工作区为 7 个，工作区的使用从前向后遇空闲即分配，从而保证了 7 个工作区能够满足检索过程的需要。

6.2.5　检索实施

当检索指令表生成后，就进入实际检索处理阶段，整个检索过程主要依赖检索词表和检索操作指令表，执行步骤按照检索指令表的顺序进行，具体操作如下。

若操作码为 1，应进行查找和输入操作。将该行第一操作数中数据取出，根据获得的数据来得到检索词，以该检索词去查倒排索引文档，得到的记录号集合存储到第三操作数指定的工作区中。

若操作码为 2，说明应进行转储操作。需将第一操作数指定的工作区中的记录号集合存储到第三操作数指定的工作区中。

若操作码大于 2，表示需进行逻辑运算操作，应将第一、二操作数指定的工作区中的记录号集合，按操作码代号进行相应的逻辑运算，运算结果存放到第三操作数指定的工作区中。

若操作码为 0，则表示该逻辑提问式检索结束，需根据第 7 工作区的内容（命中结果）到主文档中调出命中记录，显示或打印给用户。

6.3 后缀数组索引

后缀树和后缀数组是一种较新的建立全文索引的方法。它由某个文本的所有半无限串(起点在文本任意位置,终点在文本尾的字符串)字典排序而得,具有较高的检索效率并且更适合如范围查找、模糊查找等较复杂的查找方式。当前,在基因组分析、文本压缩、字符检索等应用领域,后缀数组都表现出了极大的潜力。

6.3.1 后缀树概念

后缀树是一种数据结构,它支持有效的字符串匹配和查询。一个具有 m 个词的字符串 S 的后缀树 T,就是一个包含一个根节点的有向树,该树恰好带有 m 个叶子,这些叶子被赋予从 1 到 m 的标号。每一个内部节点,除了根节点以外,都至少有两个子节点,而且每条边都用 S 的一个非空子串来标识。出自同一节点的任意两条边的标识不会以相同的词开始。后缀树的关键特征是:对于任何叶子 i,从根节点到该叶子所经历的边的所有标识串联起来后恰好拼出 S 的从 i 位置开始的后缀,即 $S[i,\cdots,m]$。树中节点的标识被定义为从根到该节点的所有边的标识的串联。

6.3.2 后缀树原理

一棵后缀树包含一个或者多个字符串的所有后缀。空字符串也算其中一个后缀。对于字符串 banana,其所有后缀为:banana anana nana ana na a 空。通常为了更清楚地表示出后缀,在字符串末尾添加一个特殊字符作为结束标记,在这里使用 $。因此 banana 的所有后缀就可以表示为:banana $ anana $ nana $ ana $ na $ a $ $ 。

banana 所对应的后缀树如图 6-7 所示。

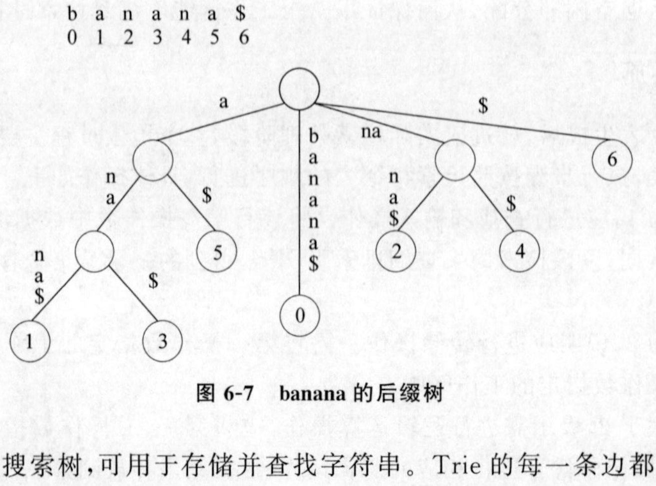

图 6-7 banana 的后缀树

Trie 是一种搜索树,可用于存储并查找字符串。Trie 的每一条边都对应一个字符。在 Trie 中查找字符串 S 时,只需依次枚举 S 的每个字符,同时从 Trie 的根节点开始选择相应的边往下走。如果枚举完的同时到达 Trie 的叶子节点,说明 S 存在于 Trie 中。如果未到达叶子节点或者枚举中途发现没有任何对应的边,说明 S 没有被包含在 Trie 中。

图 6-8 是一个典型的 Trie。

可以对 Trie 进行压缩，对只有一个树枝的节点进行合并，如图 6-9 所示。后缀树就是一个压缩后的 Trie，存储了字符串所有的后缀。

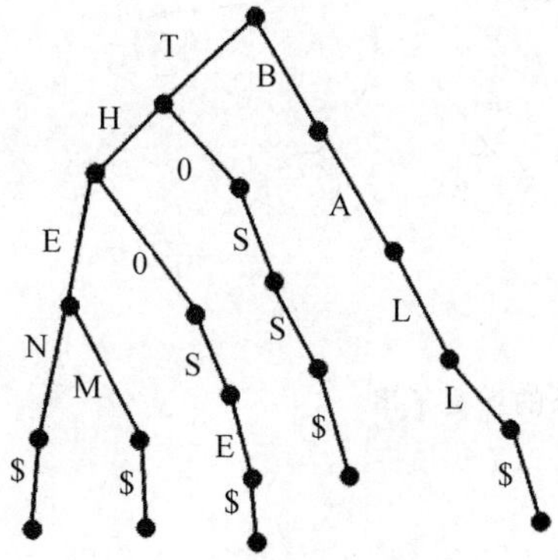

图 6-8 Trie 的数据结构

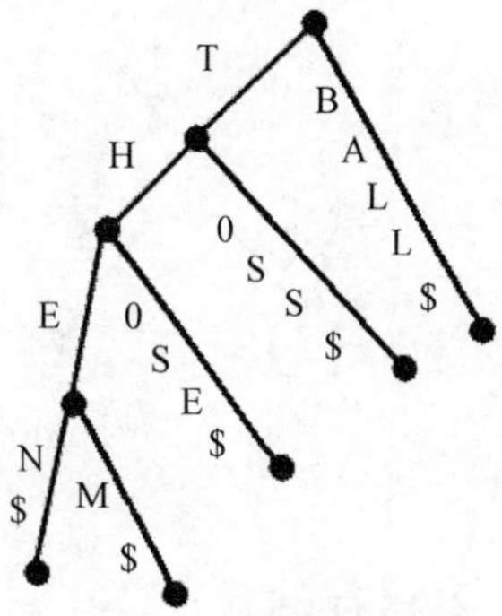

图 6-9 合并后的 Trie

查找一个字符串 S 是否包含字串 T。如果 S 包含 T，那么 T 必定是 S 的某个后缀的前缀。因为 S 的后缀树包含所有的后缀，因此只需对 S 的后缀树使用和 Trie 相同的查找方法即可。例如，在 banana 中查找 an。

统计 S 中出现 T 的次数。每出现一次 T，必定对应着一个不同的后缀，而所有的后缀又都有着共同的前缀 T。因此这些后缀在 S 的后缀树中必定属于某一棵子树。这棵子树的叶子数便等于 T 在 S 中出现的次数。例如，统计 banana 中出现 an 的次数，如图 6-10 所示。

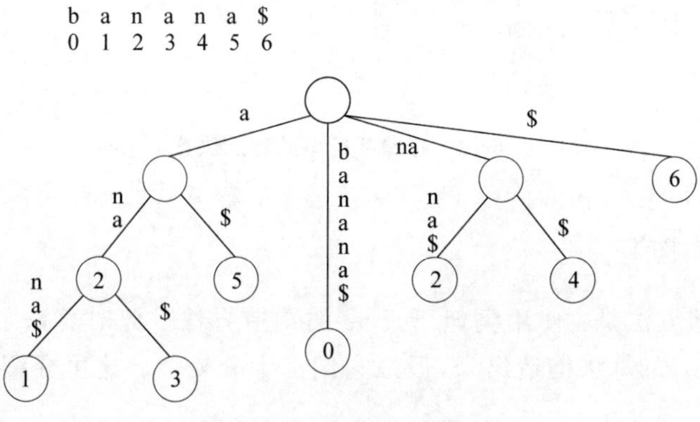

图 6-10 an 出现的次数为 2

找出 S 中最长的重复子串。重复子串是指出现了两次以上的子串。首先定义节点的字符深度＝从后缀树根节点到每个节点所经过的字符串总长。找出有最大字符深度的非叶节点，则从根节点到该非叶节点所经过的字符串即为所求。例如，banana 的最长重复子串为 ana，如图 6-11 所示。

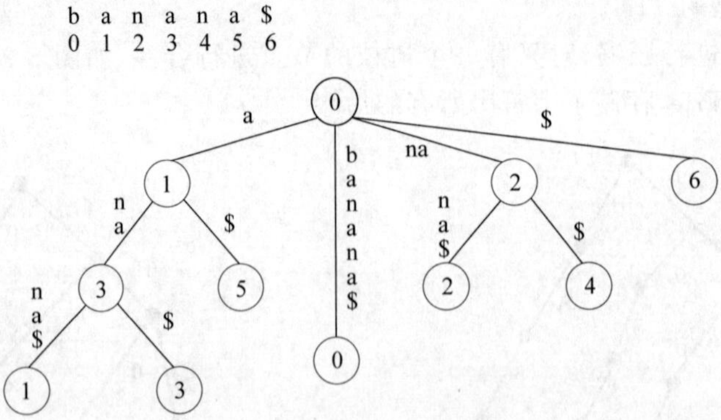

图 6-11 ana 为最长的重复子串

6.3.3 后缀树存储

为了减少空间浪费，不在边上存储字符串，而是存储该字符串在原串中的起止位置，空间复杂度为 $O(n)$，如图 6-12 所示。

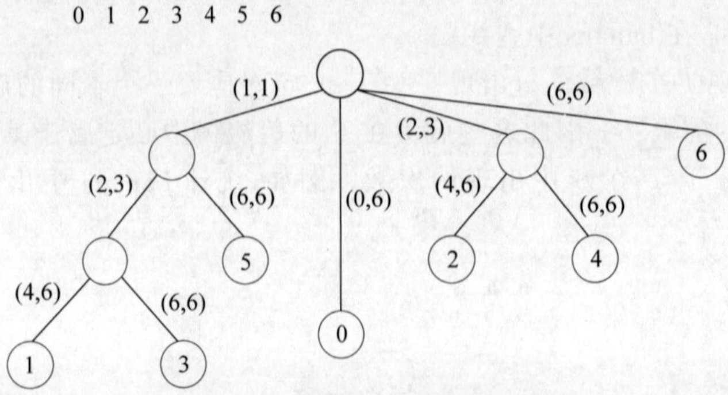

图 6-12 存储字符串的起止位置

6.3.4 后缀树的构造

最简单的构造方法是：使用类似于 Trie 的构造方法。此时算法复杂度为 $O(n^2)$。后缀树可以用 $O(n)$的算法构造出来，但是它们都十分复杂。这里介绍其中一种比较常见的方法。

基本思路是：先往树中插入最长的后缀，即字符串本身。然后插入次长的后缀，再然后插入第三长的后缀，如此反复一直到空后缀被插入为止。这个过程也可以描述如下。

(1) 插入 S 本身。

(2) 若上一个插入的后缀为 S，令 $S=aw$（这里 a 表示 S 的第一个字符，w 表示 S 去掉 a 以后所得到的后缀）。往树中插入 w。重复本操作直到 $S=\$$ 。

每次插入一个后缀，会产生一个新的叶节点，同时可能产生一个新的非叶节点。如图 6-13 所示，可能出现的是(a)→(b)、(b)→(c)两种情况，但不可能出现(b)→(d)这种

情况。

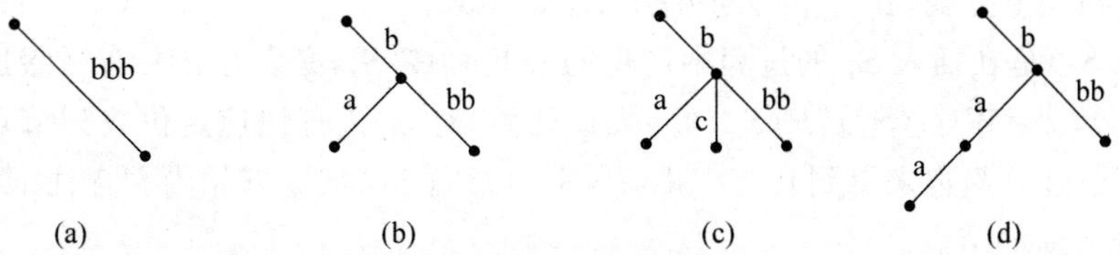

图 6-13 插入后缀

定义后缀连接(Suffix Link)＝从节点 A 指向节点 B 的指针，B 所表示的子串是 A 所表示的子串的最长后缀，即根节点到 A 所经过的字符串为 $S=aw$，到 B 所经过的字符串为 w，如图 6-14 所示。

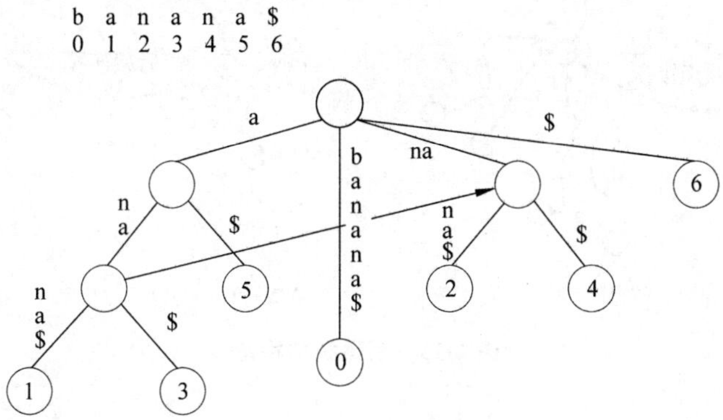

图 6-14 定义后缀连接

该算法的关键在于在插入后缀的过程中，利用非叶节点的后缀连接实现快速插入，同时维护新插入的非叶节点的后缀连接。在插入的过程中，需要用到后缀树的子串快速定位。如果已知某个子串存在于后缀树中，那么可以对它进行快速定位。其思想是只匹配当前可选择的边的第一个字符。

算法所用符号描述如下。

S＝需要构造后缀树的字符串

S_i＝从第 i 个字符开始的后缀

$N(S_i)=S_i$ 在后缀树中对应的叶节点

$P(S_i)=N(S_i)$的父节点

$G(S_i)=P(S_i)$的父节点，即 $N(S_i)$的祖父

$\mathrm{SL}(p)=p$ 的后缀连接所指向的节点

$W(p,\ q)$＝从 p 到 q 所经过的字符串

root＝后缀树的根节点

算法流程如下。

定义 SL(root)＝root，首先插入 S，此时后缀树中仅有两个节点。

设已经插入了 S_i，现要插入 S_{i+1}。下面分情况讨论。

(1) $P(S_i)$在插入S_i之前已经存在。则$P(S_i)$有后缀连接。令$u=\mathrm{SL}(P(S_i))$。从u开始沿着树往下查找,在合适的地方插入新的节点。

(2) $P(S_i)$是在插入S_i的过程中产生的。此时$G(S_i)$必定存在并有后缀连接。令$u=\mathrm{SL}(G(S_i)$,$w=W(G(S_i),P(S_i))$。从u开始,对w进行快速定位找到节点v(注意,v可能需要通过分割边来得到)。令$\mathrm{SL}(P(S_i))$指向v。从v开始沿着树往下查找,在合适的地方插入新的节点。

不断重复以上过程,即可完成整棵后缀树的构造,如图 6-15 所示。

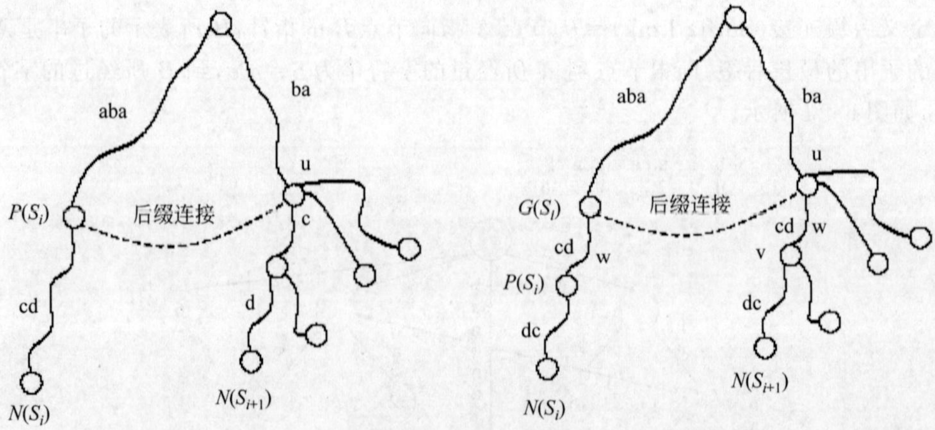

图 6-15 后缀树的构造

6.3.5 后缀数组

字符串"science"的 7 个后缀字符串分别是:

Suffix (1)=science

Suffix (2)=cience

Suffix (3)=ience

Suffix (4)=ence

Suffix (5)=nce

Suffix (6)=ce

Suffix (7)=e

后缀字符串按字典顺序排序后的结果是:

Suffix (6)=ce

Suffix (2)=cience

Suffix (7)=e

Suffix (4)=ence

Suffix (3)=ience

Suffix (5)=nce

Suffix (1)=science

后缀数组依次存放排序好的后缀字符串的开头位置。字符串“science”的后缀数组的数据结构如表 6-24 所示。

表 6-24　字符串“science”的数据结构

Index	1	2	3	4	5	6	7
Value	6	2	7	4	3	5	1

有名次数组 Rank,Rank[i]存放 suffix(i)在排序中的名次。例如,“science”的名次数组如表 6-25 所示。

表 6-25　字符串“science”在排序中的名次

Rank	1	2	3	4	5	6	7
Value	7	2	5	4	6	1	3

为了获得后缀数组,比较简单的方法是将所有后缀子串看作独立的字符串排序,但这样复杂度太高,不能令人满意。

下面对后缀数组的概念进行定义。

定义 1：对于字符串 S,定义 S 的长度为 Len(S),第 i 个字符为 $S[i]$,第 i 个字符至第 j 个字符组成的子串为 $S[i..j]$。构成字符串的字符集 Σ。

定义 2：Suffix(i)的 k-前缀$=S[i..i+k-1]$,即 Suffix(i)的前 k 个字符组成的字符串,如果 Len(Suffix(i))$<k$,则其 k-前缀=Suffix(i)。

定义 3：按所有后缀字符串的 k-前缀排序的后缀数组为 $Index_k$,相应的名次数组为 $Rank_k$。

6.3.6　后缀数组生成算法

计算 $Index_1$ 和 $Rank_1$ 数组的算法分为以下两部分。

(1) 按 1-前缀(即首字母)对所有后缀排序,生成后缀数组 $Index_1$。这里可以采用快速排序(Quick Sort),时间复杂度为 $O(n\log n)$,或者采用桶排序(Bin Sort),时间复杂度为 $O(|\Sigma|)$。

(2) 计算基于 1-前缀的名次数组 $Rank_1$。允许并列的名次,即对于后缀数组中的第 i 个后缀($i\geqslant 2$),如果与第 $i-1$ 个后缀字符串相等,则名次与第 $i-1$ 个后缀相同,否则名次等于 i。时间复杂度为 $O(n)$。

基于 $Index_k$ 和 $Rank_k$ 的 $2k$-前缀 Suffix(x)与 Suffix(y)大小：

(1) “相等”等价于

$$Rank_k[Index_k[x]]=Rank_k[Index_k[y]] \text{ 且 } Rank_k[Index_k[x+k]]=Rank_k[Index_k[y+k]]$$

(2) “小”等价于

$$(Rank_k[Index_k[x]]=Rank_k[Index_k[y]] \text{ 且 } Rank_k[Index_k[x+k]]<Rank_k[Index_k[y+k]])$$

或

```
(Rank_k[Index_k[x]]<Rank_k[Index_k[y]])
```

这种比较大小方法的时间复杂度为$O(1)$，而逐个字符比较大小的方法最坏情况需要$O(2k)$的时间。

算法的总框架如下。

```
k=1
repeat
k-前缀排序
计算名次
k=k * 2
until k≥短语长度
```

6.4 文本压缩技术

6.4.1 基本概念

文本压缩是指用较少的位或字节来表示文本，这样将可以显著地减小计算机中存储文本的空间大小。常规的压缩方法是基于字符的压缩，但是，为了能够在信息检索中进行快速的单词匹配，压缩的基本单位是单词而不是字符。新的基于单词的压缩方法允许随机访问压缩文本中的单词。在选择压缩方法时，除了要考虑空间的节省程度外，还要考虑压缩文档的编码和解码速度。另一个需要考虑的重要特性就是是否能够在压缩状态下进行模式匹配，在压缩文本中执行模式匹配将使得不需要在模式匹配过程中解压缩所有要匹配的文档。

在这种情况下，可以通过先压缩搜索词，然后再在压缩文本中进行模式匹配。由于基于压缩文本的模式匹配所扫描的文本较少，所以对压缩文本的搜索速度就可以大大提高。

当文本信息库的容量很大时，如果要快速有效地获取这种文本，那么就需要使用特定的索引技术。一种简单而且常用的文本索引结构是倒排文档。如果搜索过程是以简单的单词匹配实施的，那么基于倒排文档的索引结构就能满足这种需求。这种基于单词匹配的查询方式在目前的信息获取系统中用的比较普遍，例如，在当前的 Web 搜索引擎中。倒排文档结构适用于对大型文本集合建立索引。

一个典型的倒排文档由以下两部分组成。

(1) 一个包含信息库中的文本中所有不同单词的向量(也叫作词汇表)。

(2) 对于词汇表中的每个单词，有一张包含这个单词的所有文档(通过文档号来标识)组成的列表。每个列表中的文档根据文档号的大小升序排列。查询执行的时间与访问索引所需要的时间密切相关。

倒排文档使用了特定的文本压缩方法，因而是一个效率很高的索引压缩方案。目前常用的有两种文本压缩的方法：统计方法和字典方法。下面将分别进行讨论。

6.4.2 统计方法

统计方法依赖于对每个符号在文本中出现的概率进行估计，估计得越准确，压缩的效果就越好。这里的符号是指一个字符、一个文本单词或者固定个数的字符。文本中所有可能的符号的集合称为字母表。对每个符号进行概率估计的任务称为建模。一个模型本质上是建立信息库中文档的概率分布。一旦有了这些概率,符号就转成二进制数,这个过程称为编码。实际上,编码和解码都使用了同一个模型,解码是编码的逆过程。常见的统计编码方案有两种:霍夫曼编码和算术编码。

1. 建模

模型的基本功能是为要编码的符号提供一个概率。一个好的文本编码模型可以使文本有着高度的压缩率。常用的压缩模型有:适应性模型、静态模型和半静态模型。

适应性模型不用预先获取文本的信息,而是在压缩过程中逐渐获取统计分布的信息。这样,适应性模型只需要扫描文本一次就可以了。对于足够多的文本来说,这种模型与文本的真实的统计分布一致。但是,这种方法也存在着一个主要的缺点,因为数据的分布在文档中是递增存储的,所以文档的解压过程必须从头开始。适应性模型对于一般的压缩来说,是一个不错的模型,但是对随机存取压缩模式的全文检索来说就不太适当。

静态模型是所有文本都被编码后再进行的建模。也就是说,大致估计出一个概率分布,以便将来用于所有的文本压缩,但是,当数据偏离了初始的统计假设时,这些模型的压缩比就变得比较低了。例如,一个文学文本的模型在处理包含大量数据的金融文本时,其性能变得较差,这是因为文学文本模型中的数字不常重复出现,所以针对数字的编码也就变得很长。

半静态模型并不基于数据的任何分布,而是在第一次扫描时就记住它;在第二次扫描时,利用第一次扫描后的分布导出的固定代码来压缩数据;在解码时,数据分布的信息在转变成编码符号之前传送给解码器。半静态模型的缺点是针对所有的文本都有两个文本扫描的过程,而且数据分布的信息必须预先存储在解码器中再进行解压缩。半静态模型在信息检索上下文中有一个重要的优势,即在已压缩文档的每个点上都用相同的编码,因而可以直接存取。

基于单词的模型是把单词当作符号。通常,单词是集合{A…Z,a…z}中字符的一个连续串,通过不在集合{A…Z,a…z}中的字符分隔开来。在信息检索上下文中使用基于单词的模型有很多原因。第一,利用单词作为符号可以获得更高的压缩比,因为单词在自然语言中有着更多的含义,其结果是它们的分布比起单个字母相对于文本的语义结构更为相关;第二,单词是多数信息检索系统建立的基本元素,单词为了标引的目的存储后可以作为压缩模型的一部分使用;第三,词频对于响应包含复合单词的查询是很有用处的,因为最好的方法是开始时使用频率较低的词。

由于文本不仅包含单词还包含分隔符,因而模型也必须能够处理分隔符。处理分隔符有很多不同的方法。由于单词和分隔符通常是彼此相随的,因而通常要使用到两个不同的字母表:一个用于单词,一个用于分隔符。在自然语言文本中,大多数情况下单词后面是一个单独的空格。较好的选择是把单词后面的单空格看作单词的一部分,这就是说,如果单词后面紧跟一个空格,可以只对该单词进行编码;如果不是,对单词和分隔符都分别进行编码。在解码过程中,除非单词后面的符号是一个分隔符,否则假设单词后面是空格,只对单词进行解码,因而只用一个包括单词和分隔符的字母表。

2. 编码

编码是在给定模型概率分布的基础上获得符号的表示的一个过程。编码器的主要目标是给可能的符号分配短编码,给不可能的符号分配长编码。

半静态的霍夫曼压缩法是在文本中通过两次扫描来完成的。在第一次扫描过程中,建模器决定符号的概率分布,并根据这一分布建立一个编码树;在第二次扫描过程中,根据编码树给每个相邻的符号进行编码。相反,适应性霍夫曼压缩法则是在一次文本扫描过程中对编码树进行逐步的更新,在输入文本中对符号进行的编码过程也要在这个单一的文本扫描过程中完成。适应性霍夫曼法的主要问题是读入新的符号时对编码树更新的开销。

对于霍夫曼方法而言,算术编码法也可以是基于静态的、基于半静态的或适应性算法。算术编码方法的主要优点是能够针对任何类型的概率分布生成任意接近熵的编码;另一个优点是不需要明确地存储编码树。对于适应性算法而言,这就意味着算术编码比霍夫曼法占用更少的内存。

1) 霍夫曼编码

霍夫曼(Huffman)编码是一种著名的压缩方法。霍夫曼编码的思想是为每一个不同的符号分配一个固定长度的位编码。对给定的数据流,计算每个字符的出现频率。根据频率表,运用霍夫曼算法可确定分配各字符的最小位数,然后给出一个最优的编码。给出现频率较高的字符赋以较短编码,而给出现频率较低的字符赋以较长的编码。每个数据的编码各不相同。这些代码都是二进制码,且码的长度是可变的。分配的码字存入编码表中,从而实现压缩。解压的唯一性能够得以保证是因为不会有代码是另一个代码的前缀。基于单词的半静态模型和霍夫曼编码方法形成了一种有效的文本压缩方法。霍夫曼编码自 20 世纪 50 年代早期首次提出,直到 20 世纪 70 年代末期一直都是最重要的压缩方法。

下面给出使用霍夫曼编码的一个具体例子。假定字符集是{A,B,C,D,E,F,G,H},在给每个字符分配比特模式之前,给每个字符赋予一个出现频率的权值。假定对应的权值分别是 4、5、6、7、10、10、18 和 40。然后建立字符树,过程按照下面的步骤进行。

(1) 统计频率。将原始符号按照出现概率递减(或递增)的顺序排列。

(2) 将两个最小出现概率进行合并相加,得到的结果作为新符号的出现概率。

(3) 重复进行步骤(1)和(2),直到概率相加的结果等于 1 为止。

(4) 分配码字。将形成的二叉树左节点标 0,右节点标 1(或左节点标 1,右节点标 0),从根节点回溯到原始符号,记录根节点到当前符号之间的 0,1 序列,从而得到每个符号的编码。

具体内容如图 6-16 和图 6-17 所示。

因为每个编码都是通过树上从根开始的不同路径得到的,所以没有一个编码是其他编码的前缀。用这种方式编码的数据通过以下步骤,可以无歧义地进行解码。

完成了整棵树,就可以用它来对每个字符进行编码,为每个分支赋予一个比特值。结果如表 6-26 所示。图 6-18 为最后的编码分配。

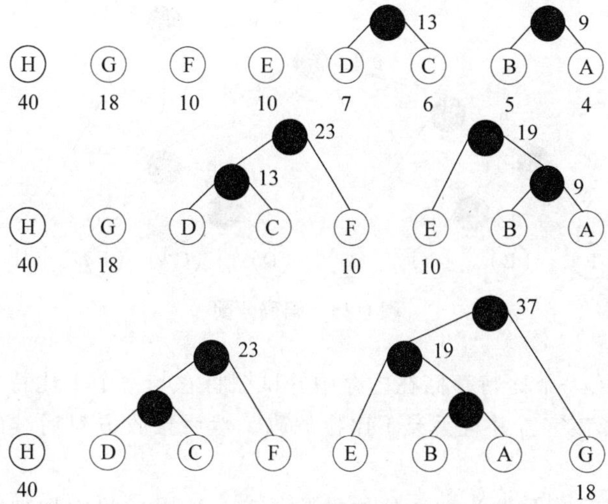

图 6-16　霍夫曼树 1

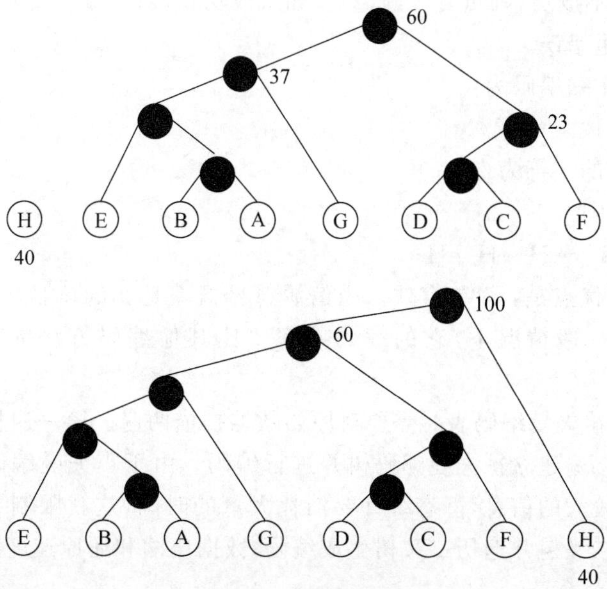

图 6-17　霍夫曼树 2

表 6-26　编码分配表

字　符	权	编　码	字　符	权	编　码
A	4	00011	E	10	0000
B	5	00010	F	10	011
C	6	0101	G	18	001
D	7	0100	H	40	1

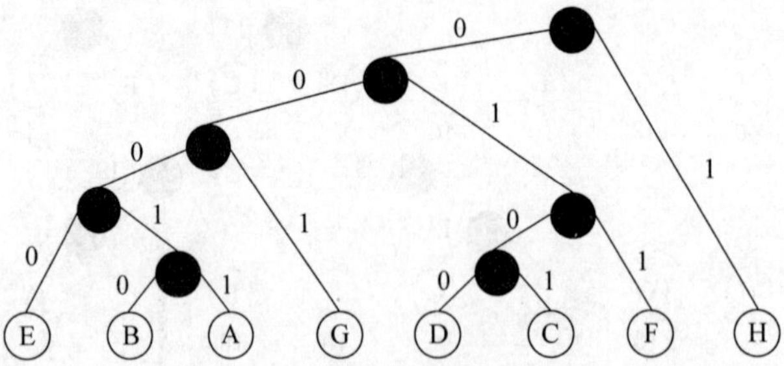

图 6-18 编码分配

(1) 接收方将第一个比特存储在内存中并试图将它与一个 1 比特编码进行匹配。如果匹配成功,就选择该字符并且丢弃 1 比特编码。然后接收方对后续的比特流采取同样步骤。

(2) 如果匹配不成功,接收方就从流中读入下一比特并将它加到原来的比特上。然后试图在 2 比特编码中寻找匹配。如果匹配成功,则选择对应的字符并丢弃 2 比特。

(3) 如果匹配不成功,则重复步骤(2)。如果成功,就对后续的比特流由步骤(1)重新进行匹配,否则发生错误。

例如,发送的压缩编码为:

0010101001111

解压缩后对应的字符为:

001　0101　001　1　1　1

G　C　G　H　H　H

霍夫曼编码的优点是:简单有效。当信源符号概率是 2 的负幂次方时,霍夫曼编码效率达到 100%。一般情况下,它的编码效率要比其他编码方法的效率高,是最佳变长码。

缺点是:计算霍夫曼编码表时需要对原始数据扫描两遍。第一遍精确统计出每个字符出现的频率;第二遍建立霍夫曼编码树并进行编码。由于霍夫曼编码依赖于信源的统计特性,对数据量较大的信息,静态统计要消耗大量的时间,这就限制了实际的应用。另外,由于需要建立二叉树并遍历二叉树生成编码,数据压缩和还原速度都较慢。

2) 算术编码

算术编码的基本原理是将编码的消息表示成实数 0 和 1 之间的一个间隔(Interval),消息越长,编码表示它的间隔就越小,表示这一间隔所需的二进制位就越多。

算术编码用到两个基本的参数:符号的概率和它的编码间隔。信源符号的概率决定压缩编码的效率,也决定编码过程中信源符号的间隔,而这些间隔包含在 0 到 1 之间。编码过程中的间隔决定了符号压缩后的输出。

给定事件序列的算术编码步骤如下。

(1) 编码器在开始时将"当前间隔"[L, H)设置为[0,1)。

(2) 对每一事件,编码器按步骤①和②进行处理。

① 编码器将"当前间隔"分为子间隔,每一个事件一个。

② 一个子间隔的大小与下一个将出现的事件的概率成比例，编码器选择子间隔对应于下一个确切发生的事件，并使它成为新的“当前间隔”。

(3) 最后输出的“当前间隔”的下边界就是该给定事件序列的算术编码。

算术编码器的编码过程可用下面的例子加以解释。

假设信源符号为{00,01,10,11}，这些符号的概率分别为{0.1,0.4,0.2,0.3}，根据这些概率可把间隔[0,1)分成4个子间隔：[0,0.1)，[0.1,0.5)，[0.5,0.7)，[0.7,1)，其中，[x,y)表示半开放间隔，即包含x不包含y。上面的信息可综合在表6-27中。

表6-27 信源符号，概率和初始编码间隔

符号	概率	初始编码间隔	符号	概率	初始编码间隔
00	0.1	[0, 0.1)	10	0.2	[0.5, 0.7)
01	0.4	[0.1, 0.5)	11	0.3	[0.7, 1)

如果二进制消息序列的输入为10 00 11 00 10 11 01，编码时首先输入的符号是10，找到它的编码范围是[0.5,0.7)。由于消息中第二个符号00的编码范围是[0, 0.1)，因此它的间隔就取[0.5,0.7)的第一个十分之一作为新间隔[0.5,0.52)。以此类推，编码第三个符号11时取新间隔为[0.514,0.52)，编码第四个符号00时，取新间隔为[0.514,0.5146)，……消息的编码输出可以是最后一个间隔中的任意数。整个编码过程如图6-19所示。

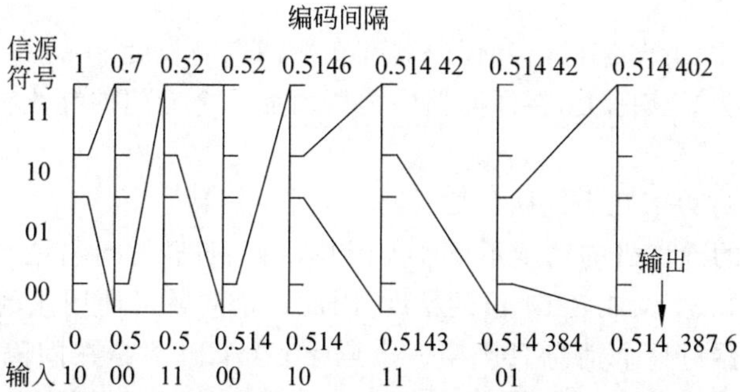

图6-19 算术编码过程举例

这个例子的编码和译码的全过程分别表示在表6-28和表6-29中。

表6-28 编码过程

步骤	输入符号	编码间隔	编码判决
1	10	[0.5, 0.7)	符号的间隔范围[0.5, 0.7)
2	00	[0.5, 0.52)	[0.5, 0.7)间隔的第1个1/10
3	11	[0.514, 0.52)	[0.5, 0.52)间隔的最后1个1/10
4	00	[0.514, 0.5146)	[0.514, 0.52)间隔的第1个1/10
5	10	[0.5143, 0.514 42)	[0.514, 0.5146)间隔的第5个1/10开始，两个1/10

续表

步骤	输入符号	编 码 间 隔	编 码 判 决
6	11	[0.514 384, 0.514 42)	[0.5143, 0.514 42)间隔的最后三个 1/10
7	01	[0.514 383 6, 0.514 402)	[0.514 384, 0.514 42)间隔的第 4 个 1/10,从第 1 个 1/10 开始
8	从[0.514 387 6, 0.514 402 中选择一个数作为输出: 0.514 387 6		

表 6-29 译码过程

步骤	间 隔	译码符号	译 码 判 决
1	[0.5, 0.7)	10	0.514 39 在间隔 [0.5, 0.7)
2	[0.5, 0.52)	00	0.514 39 在间隔 [0.5, 0.7)的第 1 个 1/10
3	[0.514, 0.52)	11	0.514 39 在间隔[0.5, 0.52)的第 7 个 1/10
4	[0.514, 0.5146)	00	0.514 39 在间隔[0.514, 0.52)的第 1 个 1/10
5	[0.5143, 0.514 42)	10	0.514 39 在间隔[0.514, 0.5146)的第 5 个 1/10
6	[0.514 384, 0.514 42)	11	0.514 39 在间隔[0.5143, 0.514 42)的第 7 个 1/10
7	[0.514 39, 0.514 394 8)	01	0.514 39 在间隔[0.514 39, 0.514 394 8)的第 1 个 1/10
8	译码的消息: 10 00 11 00 10 11 01		

在上面的例子中,假定编码器和译码器都知道消息的长度,因此译码器的译码过程不会无限制地运行下去。实际上,在译码器中需要添加一个专门的终止符,当译码器看到终止符时就停止译码。

在算术编码中有以下几个问题需要注意。

(1) 由于实际的计算机的精度不可能无限长,一个明显的问题是运算中出现溢出,但多数机器都有 16 位、32 位或者 64 位的精度,因此这个问题可使用比例缩放方法解决。

(2) 算术编码器对整个消息只产生一个码字,这个码字是在间隔[0,1]中的一个实数,因此译码器在接收到表示这个实数的所有位之前不能进行译码。

(3) 算术编码也是一种对错误很敏感的编码方法,如果有一位发生错误就会导致整个消息译错。

算术编码可以是静态的或者自适应的。在静态算术编码中,信源符号的概率是固定的。在自适应算术编码中,信源符号的概率根据编码时符号出现的频繁程度动态地进行修改,在编码期间估算信源符号概率的过程叫作建模。需要开发动态算术编码的原因是因为事先知道精确的信源概率是很难的,而且是不切实际的。当压缩消息时,不能期待一个算术编码器获得最大的效率,所能做的最有效的方法是在编码过程中估算概率。因此动态建模就成为确定编码器压缩效率的关键。

6.4.3 字典方法

一般情况下,开始时并不知道要编码数据的统计特性,也不一定允许事先知道它们的统计特性。因此,人们提出了许多数据压缩方法,用来对这些数据进行压缩编码,在实际编码过程中以尽可能获得最大的压缩比。这些技术统称为通用编码技术。字典编码(Dictionary Encoding)技术就是属于这一类,这种技术属于无损压缩技术。

1. 字典编码的思想

字典编码根据的是数据本身包含重复代码这个特性。例如,文本文件和光栅图像就具有这种特性。字典编码法的种类很多,归纳起来大致有以下两类。

第一类字典编码的想法是查找正在压缩的字符序列是否在以前输入的数据中出现过,然后用已经出现过的字符串替代重复的部分,它的输出仅仅是指向早期出现过的字符串的"指针"。这种编码概念如图 6-20 所示。

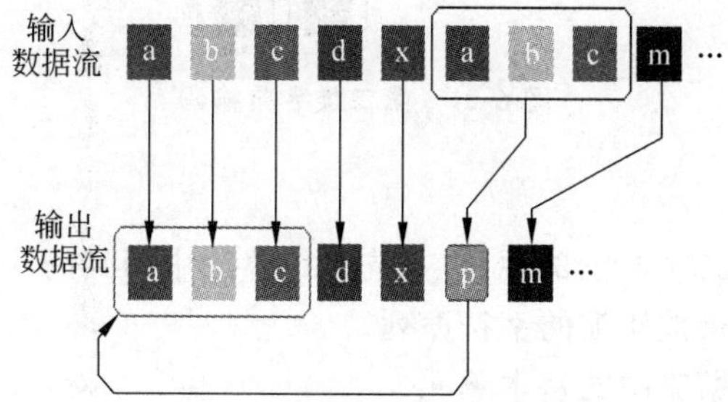

图 6-20 第一类字典编码

这里所指的"字典"是指用以前处理过的数据来表示编码过程中遇到的重复部分。这类编码中的所有算法都是以 Abraham Lempel 和 Jakob Ziv 在 1977 年开发和发表的称为 LZ77 算法为基础的。例如,1982 年由 Storer 和 Szymanski 改进的称为 LZSS 算法就是属于这种情况。

基于字典的压缩方法是用指向符号序列先前出现情况的指针来代替这个符号序列。指针指向由一系列被期望频繁出现的符号(通常称为短语)组成的字典中的条目。选择指向字典条目的指针,以便它们比它们所替代的短语所需的空间更小,从而实现信息压缩。在字典方法中不存在建模和编码的区别,对短语也没有相关的概率。

第二类字典编码的想法是从输入的数据中创建一个短语词典,这种短语不一定是具有具体含义的短语,它可以是任意字符的组合。编码数据过程中当遇到已经在词典中出现的短语时,编码器就输出这个词典中的短语的"索引号",而不是短语本身。这个概念如图 6-21 所示。

对短语的选择方法有静态、半适应和自适应算法 3 种。最简单的选择短语的方法是使用包含短语的静态字典。静态字典的解码速度很快,因为要获得少量的压缩所需的努力不多。利用静态字典编码的主要问题是这个字典可能只适合一篇文档而不适合其他的文档。解决这个问题的办法是使用半静态字典方法,该方法为每个要压缩的文档建一个新字典。但要确定字典中放哪些短语也并不是容易的事情。

J.Ziv 和 A.Lempel 在 1978 年首次发表了介绍这种编码方法的文章。在他们的研究基础上,Terry A.Welch 在 1984 年发表了改进这种编码算法的文章,因此把这种编码方法称为 LZW(Lempel-Ziv Welch)压缩编码。

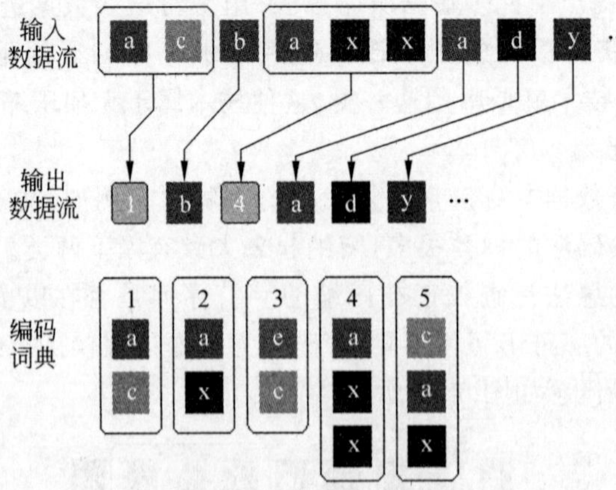

图 6-21 第二类字典编码

2. LZ77 算法

为了更好地说明 LZ77 算法的原理，首先介绍算法中用到的几个术语。

（1）输入数据流：指被压缩的字符序列。

（2）字符：输入数据流中的基本单元。

（3）编码位置：输入数据流中当前要编码的字符位置，指前向缓冲存储器中的开始字符。

（4）前向缓冲存储器：存放从编码位置到输入数据流结束的字符序列的存储器。

（5）窗口：指包含 W 个字符的窗口，字符是从编码位置开始向后数也就是最后处理的字符数。

（6）指针：指向窗口中的匹配串且含长度的指针。

LZ77 编码算法的核心是查找从前向缓冲存储器开始的最长的匹配串。编码算法的具体执行步骤如下。

（1）把编码位置设置到输入数据流的开始位置。

（2）查找窗口中最长的匹配串。

（3）以"(Pointer，Length) Characters"的格式输出，其中，Pointer 是指向窗口中匹配串的指针，Length 表示匹配字符的长度，Characters 是前向缓冲存储器中的不匹配的第 1 个字符。

（4）如果前向缓冲存储器不是空的，则把编码位置和窗口向前移 Length＋1 个字符，然后返回到步骤(2)。

例如，待编码的数据流如表 6-30 所示，编码过程如表 6-31 所示。现做如下说明。

（1）步骤栏表示编码步骤。

（2）位置栏表示编码位置，输入数据流中的第 1 个字符为编码位置 1。

（3）匹配串栏表示窗口中找到的最长的匹配串。

（4）字符栏表示匹配之后在前向缓冲存储器中的第 1 个字符。

（5）输出栏以"(Back_chars，Chars_length) Explicit_character"格式输出。其中，(Back_chars，Chars_length)是指向匹配串的指针，告诉译码器"在这个窗口中向后退

Back_chars 个字符然后复制 Chars_length 个字符到输出”,Explicit_character 是真实字符。例如,表 6-31 中的输出“(5,2) C”告诉译码器回退 5 个字符,然后复制 2 个字符“AB”。

表 6-30 待编码的数据流

位置	1	2	3	4	5	6	7	8	9
字符	A	A	B	C	B	B	A	B	C

表 6-31 编码过程

步　骤	位　置	匹 配 串	字　符	输　出
1	1	--	A	(0,0) A
2	2	A	B	(1,1) B
3	4	--	C	(0,0) C
4	5	B	B	(2,1) B
5	7	A B	C	(5,2) C

3. LZW 编码

LZW 编码是围绕称为词典的转换表来完成的。这张转换表用来存放称为前缀(Prefix)的字符序列,并且为每个表项分配一个码字(Code word),或者叫作序号,如表 6-32 所示。这张转换表实际上是把 8 位 ASCII 字符集进行扩充,增加的符号用来表示在文本或图像中出现的可变长度 ASCII 字符串。扩充后的代码可用 9 位、10 位、11 位、12 位甚至更多的位来表示。

表 6-32 字典

码字(Code word)	前缀(Prefix)	码字(Code word)	前缀(Prefix)
1		255	
…	…	…	…
193	A	1305	abcdefgABCDEFG
194	B	…	…
…	…		

LZW 编码器就是通过管理这个字典完成输入与输出之间的转换。LZW 编码器的输入是字符流,字符流可以是用 8 位 ASCII 字符组成的字符串,而输出是用 n 位(例如 12 位)表示的码字流,码字代表单个字符或多个字符组成的字符串。

LZW 编码器使用了一种很实用的分析算法,称为贪婪分析算法(Greedy Parsing Algorithm)。在贪婪分析算法中,每一次分析都要串行地检查来自字符流的字符串,从中分解出已经识别的最长的字符串,也就是已经在字典中出现的最长的前缀(Prefix)。用已知的前缀加上下一个输入字符 C 也就是当前字符作为该前缀的扩展字符,形成新的扩展字符串 String。这个新的扩展符串是否要加到词典中，还要看字典中是否存有和它相同的字符串 String。如果有，那么这个新的扩展字符串 String 就变成前缀，继续输入新的字符，否则就把这个字符串写到字典中生成一个新的前缀，并给一个代码。

LZW 编码算法的具体执行步骤如下。

步骤 1：开始时的词典包含所有可能的根(Root)，而当前前缀 P 是空的。

步骤 2：当前字符(C)：=字符流中的下一个字符。

步骤 3：判断新的字符串 $P+C$ 是否在词典中。

(1) 如果“是”：$P:=P+C$//（用 C 扩展 P）。

(2) 如果“否”：

① 把代表当前前缀 P 的码字输出到码字流。

② 把新的字符串 $P+C$ 添加到词典。

③ 令 $P:=C$ //(现在的 P 仅包含一个字符 C)。

步骤 4：判断码字流中是否还有码字要译。

(1) 如果“是”，就返回到步骤 2。

(2) 如果“否”：

① 把代表当前前缀 P 的码字输出到码字流。

② 结束。

LZW 译码算法中用到另外两个术语：①当前码字(Current code word)，指当前正在处理的码字，用 cW 表示，用 string.cW 表示当前新的字符串；②先前码字(Previous code word)，指先于当前码字的码字，用 pW 表示，用 string.pW 表示先前字符串。

LZW 译码算法开始时，译码词典与编码词典相同，它包含所有可能的前缀根。LZW 算法在译码过程中会记住先前码字(pW)，从码字流中读当前码字(cW)之后输出当前新的字符串 string.cW，然后把用 string.cW 的第一个字符扩展的先前新的字符串 string.pW 添加到词典中。

LZW 译码算法的具体执行步骤如下。

步骤 1：在开始译码时词典包含所有可能的前缀根(Root)。

步骤 2：cW：=码字流中的第一个码字。

步骤 3：输出当前字符串 string.cW 到码字流。

步骤 4：先前码字 pW：=当前码字 cW。

步骤 5：当前码字 cW：=码字流中的下一个码字。

步骤 6：判断先前新的字符串 string.pW 是否在词典中。

(1) 如果“是”，则：

① 把先前新的字符串 string.pW 输出到字符流。

② 当前前缀 P：=先前字符串 string.pW。

③ 当前字符 C：=当前字符串 string.cW 的第一个字符。

④ 把新的字符串 $P+C$ 添加到词典中。

(2) 如果“否”，则：

① 当前前缀 P：=先前新的字符串 string.pW。

② 当前字符 C:＝当前新的字符串 string.cW 的第一个字符。

③ 输出新的字符串 $P+C$ 到字符流,然后把它添加到词典中。

步骤 7:判断码字流中是否还有码字要译。

(1) 如果"是",就返回到步骤 4。

(2) 如果"否",结束。

例如,编码字符串如表 6-33 所示,编码过程如表 6-34 所示。现说明如下。

表 6-33 被编码的字符串

位置	1	2	3	4	5	6	7	8	9
字符	A	B	B	A	B	A	B	A	C

表 6-34 LZW 的编码过程

步骤	位置	词典		输出
		(1)	A	
		(2)	B	
		(3)	C	
1	1	(4)	A B	(1)
2	2	(5)	B B	(2)
3	3	(6)	B A	(2)
4	4	(7)	A B A	(4)
5	6	(8)	A B A C	(7)
6	--	--	--	(3)

(1) 步骤栏表示编码步骤。

(2) 位置栏表示在输入数据中的当前位置。

(3) 词典栏表示添加到词典中的字符串,它的索引在括号中。

(4) 输出栏表示码字输出。

表 6-35 解释了译码过程。每一步译码器读一个码字,输出相应的字符串,并把它添加到词典中。例如,在步骤 4 中,先前码字(2)存储在先前码字(pW)中,当前码字(cW)是(4),当前新的字符串 string.cW 是输出("AB"),先前字符串 string.pW("B")是用当前字符串 string.cW("A")的第一个字符,其结果("BA") 添加到词典中,它的索引号是(6)。

表 6-35 LZW 的译码过程

步骤	代码	词典		输出
		(1)	A	
		(2)	B	
		(3)	C	

续表

步骤	代码	词典		输出
1	(1)	--	--	A
2	(2)	(4)	A B	B
3	(2)	(5)	B B	B
4	(4)	(6)	B A	A B
5	(7)	(7)	A B A	A B A
6	(3)	(8)	A B A C	C

6.4.4 倒排文档压缩

倒排文档是信息检索系统中使用最普遍的索引机制，而索引文件的压缩能大大提高检索速度和节约磁盘空间。倒排文件结构非常适合信息获取系统快速提取文档信息的需要。通过压缩倒排文件列表可以减少倒排文件的尺寸。由于倒排文件列表中的文档号是以升序排列的，这样文档号之间的差距可以看作是文档号之间的间隙。

倒排文档通常由两部分组成：词汇表和事件表。词汇表就是放分词词典的地方，事件表就是放这个文档中对应于词汇表中词汇出现的位置。另外，还有一种叫作块寻址技术，具体方法是不标出单词的具体位置，而是先将文本分块，然后再在事件表中标出单词在文本块中的块位置。块的方法可以有效降低倒排文档的体积，缺点是当需要确定某个词的具体位置时还是要打开文件进行查找，但是如果块够小的话，查找主要的开销是 I/O 操作，但是空间体积又会变大。

下面以 3 篇文章为代表来说明倒排文档的实现原理，文章内容如下。

D1：“百名山村教师进京迎国庆”

D2：“林业大学工会为促进教师锻炼举办了趣味教工运动会”

D3：“大学教师兼教练的苦与乐”

经过分词，过滤高频词后可以构建如下倒排文档。

国庆→D1,1。

教师→D1,1;D2,1;D3,1。

大学→D3,1。

教练→D3,1。

……

其中，“国庆”表示一个单词，“D1,1”代表了这个单词在 D1 文档中出现过 1 次(TF)；为了方便处理，往往会把单词和文档编号转换为数字形式。

对倒排文档压缩有很多好处。例如，可以减少索引占用的磁盘空间和内存，可以减少 I/O 读写量，可以加快查询响应速度。为了能够增加压缩效果，一般在进行压缩前先改写索引内容，首先把倒排索引的数值按照大小排序，然后用差值而非实际值表示(D-gap)；这是每个压缩算法开展前要做的工作。采用索引压缩能够带来很多好处，所以实用的搜索引擎都会采用索引压缩技术，但是对索引进行压缩也会带来问题，那就是比不压缩需要更多的计算量。目前的压缩方法可以分为固定长度的和变长压缩。

1. 固定长度的压缩方法

一个典型的方法是比特对齐压缩，这个方法以字节为编码单元，不像变长压缩编码一般都以 bit 为编码单元。对于要压缩的数字，一般用头两个 bit 代表长度，其他 bit 用二进制编码代表数值本身，如表 6-36 所示。

表 6-36 压缩数字表

数值范围	头两位	压缩大小	数值范围	头两位	压缩大小
0～63	00	1B	$16\times2^{10}\sim4\times2^{20}$	10	3B
$64\sim16\times2^{10}$	01	2B	$4\times2^{20}\sim1\times2^{30}$	11	4B

包括定长的和变长的索引压缩都有一个基本假设，就是要压缩的大多数数值都比较小，所以压缩后占用空间不会太多。压缩率可达到原始未压缩索引的 10%～20%。

2. 变长的压缩方法

1）一元编码(unary code)方法

对于要压缩的整数 N 来说，用 N 个 bit 来表示，其中，前 $N-1$ 位是 1，最后一位是 0 并作为结束标记。例如：

5：11110

8：11111110

2）Elias 压缩方法

对于一个要压缩的数值 x，用 $\log_2(x)$ 分解为两个数值，一个是 $N=\log_2(x)$，用 N 个 1 表示这个部分，另外一个是剩余部分 $k=x-2^{\log_2 x}$，这部分数值 k 用二进制编码表示(长度等于 N)，中间用 0 隔开。

例如，对于数值 2，其压缩编码为 100，因为 $\log_2(2)=1$，剩余为 0；中间插入一个分隔 0。

对于数值 10 来说，$N=\log_2(10)=3$，所以第一个部分是 111；然后，$10-2^3=2$，所以第二个部分是 010。中间用 0 分隔，所以是 1110010。

3）Golomb 压缩方法

对于一个要压缩的数值 x，用公式分解：

$$x=q*b+r+1 \quad (0\leqslant r<b)$$

$$b=2^m$$

$$q=\mathrm{INT}((x-1)/b)$$

其中，m 和 b 是参数，可以根据情况来具体设置。则 x 可以被编码为两部分，第一部分是由 q 个 1 加 1 个 0 组成，第二部分为 m 位二进制数，其值为 r。

假设 $m=2$，则 $b=4$，那么对于要压缩的数值 9 来说：

$$9=2\times4+0+1(q=2,b=4,r=0)$$

第一部分是对分解因子 q 进行编码，其编码方法类似于 unary 编码。因为 $q=2$，所以可以写成 $q=110$。

第二部分是对于剩余因子 r 进行编码;仍然采用二进制编码,编码长度为 $\log_2(b)$ 取整数或者 $\log_2(b)$ 取整数−1。对于上面 $r=0$,其编码为 0。

对于数字 9 来说,Golomb 编码的第一部分为 110,第二部分为 00,故最后的编码是 11000。

Golomb 算法实现的程序如下。

```
from math import log

m = 1

def compress(x):
    q = (x - 1) >> m
    r = x - (q << m) - 1
    result = ((((1 << q) - 1) << 1) << m) | r
    return result

def uncompress(x):
    if x == 0:
        return 1
    # 计算 x 的位数
    n = int(log(x, 2))
    if n == 0:
        return x + 1
    for i in range(n, -1, -1):
        if (x & (1 << i)) == 0:
            q = n - i
            r = x & (1 << i - 1)
            return r + 1 + (q << m)
```

Golomb 相对于 Elias 方法的好处就在于参数 b,这个值是可以设定的,可以根据索引里面要压缩的数值的分布来调整这个参数来获得更好的压缩效果。

4) 混合使用

一般对于不同的索引域,其数值的分布是不同的,各有其特点,经过分析数值分布属性,可以采取混合压缩策略。例如,D-gap 使用的是 Golomb 压缩法,而 tf 使用的是 Elias-Gamma 压缩法。对于 Elias-Gamma 压缩法,读者可参考相关的书籍和文章。

小 结

本章主要介绍用于信息索引技术中的顺排文档检索、倒排文档检索和文本压缩技术。

1. 顺排文档检索

顺排文档检索的主要思想是将文档中的每一条记录依次去匹配用户的检索提问集合,文档处理完毕后,将各提问的命中结果归并分发给有关用户。也就是用文档中记录一条一条去匹配提问的，是顺序对文档记录检索的方法，所以称为顺排文档检索。顺排文档的关键技术是采用列表处理方法将提问逻辑式(检索式)变换成等价的提问展开式，按提问展开表的内容对顺排文档的每篇文献进行检索。其优点是能够缩短每一个提问式的查找时间，并且对所存储情报的任何可检项目都能够进行相同的处理。目前，常用的顺排文档检索方法主要有：表展开法、逻辑树法等。

2. 倒排文档索引

倒排文档是一种面向单词的索引机制，相对顺排文档而言，是将顺排文档中可检索字段的作者名、关键词、分类号等取出，按一定规则排序，归并相同词汇，并把在顺排文档中相关记录的记录号集合赋予其后，以保证通过某一特征词能够快速、方便地获取相关记录。

由于倒排文档的组成特点，使得许多数学检索模型(如布尔模型、集合运算等)能够方便地用于信息检索中，它把两个检索词的逻辑运算转换成了两个检索词之间的记录号集合的运算。目前最常见的倒排文档检索为逆波兰展开法。

3. 后缀数组索引

后缀树和后缀数组是一种较新的建立全文索引的方法。它由某个文本的所有半无限串(起点在文本任意位置，终点在文本尾的字符串)字典排序而得，具有较高的检索效率并且更适合如范围查找、模糊查找等较复杂的查找方式。当前，在基因组分析、文本压缩、字符检索等应用领域，后缀数组都表现出了极大的潜力。

4. 文本压缩技术

文本压缩是指用较少的位或字节来表示文本，这样将可以显著地减小计算机中存储文本的空间大小。常规的压缩方法是基于字符的压缩，但是，为了能够在信息检索系统中进行快速的单词匹配，压缩的基本单位是单词而不是字符。新的基于单词的压缩方法允许随机访问压缩文本中的单词。

在选择压缩方法时，除了要考虑空间的节省程度外，还要考虑压缩文档的编码和解码速度。当文本信息库的容量很大时，如果要快速有效地获取这种文本，就需要使用特定的索引技术。一种简单而且常用的文本索引结构是倒排文档。倒排文档是信息检索系统中最普遍使用的索引机制，而索引文件的压缩能大大提高检索速度和节约磁盘空间。倒排文件结构非常适合信息获取系统快速提取文档信息的需要。通过压缩倒排文件列表可以减少倒排文件的尺寸。由于倒排文件列表中的文档号是以升序排列的，这样文档号之间的差距可以看作文档号之间的间隙。

有两种文本压缩的方法：统计方法和字典方法。

统计方法依赖于对每个符号在文本中出现的概率进行估计，估计得越准确，压缩的效果就越好。这里的符号是指一个字符、一个文本单词或者固定个数的字符。文本中所有可能的符号的集合称为字母表。对每个符号进行概率估计的任务称为建模。一个模型本质上是建立信息库中文档的概率分布。一旦有了这些概率，符号就转换成二进制数，这个过程称为编码。实际上，编码和解码都使用了同一个模型，解码是编码的逆过程。常见的统计编码方案有两种：霍夫曼编码和算术编码。

字典编码根据的是数据本身包含重复代码这个特性。第一类字典编码的想法是查找正在压缩的字符序列是否在以前输入的数据中出现过，然后用已经出现过的字符串替代重复的部分，它的输出仅仅是指向早期出现过的字符串的"指针"。第二类字典编码的想法是从输入的数据中创建一个短语词典，这种短语不一定是具有具体含义的短语，它可以是任意字符的组合。编码数据过程中当遇到已经在词典中出现的短语时，编码器就输出这个词典中的短语的"索引号"，而不是短语本身。

思考题

1. 何为顺排文档检索？其主要特点是什么？

2. 倒排文档检索与顺排文档检索的主要区别是什么？

3. 画出"science"字符串的后缀树。

4. 现有 8 个待编码的符号 $m_0,\cdots,m_7$，它们的概率如表 6-37 所示。使用霍夫曼编码算法求出这 8 个符号所分配的代码，并填入表中。

表 6-37 练习表 1

待编码的符号	概 率	分配的代码	代码长度(位数)
m_0	0.4		
m_1	0.2		
m_2	0.15		
m_3	0.10		
m_4	0.07		
m_5	0.04		
m_6	0.03		
m_7	0.01		

5. 字符流的输入如表 6-38 所示，使用 LZW 算法计算输出的码字流。并将码字流中的码字填入表 6-39 对应的位置。

表 6-38 练习表 2

输入位置	1	2	3	4	5	6	7	8	9	10	11	12	13	14	15	16	17	…
输入字符流	a	b	a	b	c	b	A	b	a	b	a	a	a	a	a	a	a	…
输出码字																		

表 6-39 练习表 3

步 骤	位 置	词 典		输 出 码 字
		(1)	a	
		(2)	b	

续表

步　骤	位　置	词　典		输出码字
		(3)	c	
1	1			
2				
⋮				
9				
⋮				

第 7 章 信息查询与评价技术

信息查询是指从大量相关信息中利用人-机系统等各种方法加以有序识别与组织以便及时找出用户所需部分信息的过程。查询是普通用户针对搜索引擎查询系统进行的一次查询操作;检索是检索代理对索引数据库进行的一次操作。查询结果是搜索结果的网页;检索结果是与查询词相关的文档列表。普通用户提交给查询系统的关键词称为"查询词";经过查询系统分词,提交给检索代理的词称为"检索词"。

对信息检索查询的评价就是要解决为什么要对信息查询系统进行评价、评价什么和怎么评价的问题。通过对信息查询系统的合理评价可以知道该系统的优点和缺点,从而引导用户去选择合适的系统。

本章主要介绍信息检索的模型、常用的检索方法、查询服务以及信息检索的评价技术。

7.1 检索模型

在传统的信息检索系统中,通常是采用索引词来编制索引和检索文档。索引词就是关键词,基于索引词的检索虽然简单,但可能出现检索结果的不正确。信息检索的核心是哪些文档相关,哪些文档不相关。这取决于检索系统所用的排序算法,排序算法是信息检索系统的核心。排序算法是根据文档相关的概念来实现的,不同的一组假设形成不同的信息检索模型,而所采用的信息检索模型又决定了哪些文档是相关的,哪些是不相关的。

7.1.1 经典模型

经典的信息检索模型有 3 个:布尔模型、向量模型和概率模型。这些模型认为,每篇文档可以用一组有代表性的关键词即索引词集合来描述。索引词是文档中的词,其语义可以帮助理解文档的主题;因此,索引词常用于编制索引和概括文档的内容。索引词通常由名词构成,因为名词本身具有语义,人们能够比较容易地理解它的意思。形容词、副词、连词很少作为索引词,因为它们主要起补充作用,不能单独表示语义。

对于文档中的索引词集来说,在描述文档内容时它们的作用是不同的。因此,决定一个索引词对文档内容的描述是一个十分重要的问题。例如,对于一个具有 10 万篇文档的集合,如果一个词在每篇文档中都出现,那么,用它作为索引词就没有意义了,因为它不能区分每篇文档的差别,也就不能告诉用户哪篇文档是用户感兴趣的。如果一个词仅出现在 5 篇文档中,那么用它作为索引词就非常合适,因为它极大地缩小了所描述的文档集合，能确切地告诉用户哪篇文档是他所关心的。

因此，应当明确用来描述文档内容的索引词应该是与文档内容密切相关的词语，我们可以为文档中的索引词定义一个权值来描述这种相关程度。

索引词的权值通常是彼此独立的，但文档中出现的索引词并不是不相关的。例如，"计算机"和"网络"是涉及计算机网络领域的文档所给定的索引词，在这篇文档中，这两个单词中的一个出现通常会引起另一个单词的出现，因此，这两个索引词是相关联的，它们的权值应该反映出这种关联。但是利用索引词之间有相关性来改进最终文档的排序结果是一件比较复杂的事情，因此，除非明确说明，否则都认为索引词权值是彼此独立的。索引词权值的彼此独立，可加快计算机的排序计算。

1. 布尔模型

布尔模型是最简单的信息检索模型，是基于集合理论和布尔代数的一种简单的检索模型。用户利用布尔逻辑关系构造查询式并提交，搜索引擎根据事先建立的倒排文件确定查询结果。标准布尔逻辑模型为二元逻辑，并可用逻辑符"and""or""not"来组织关键词表达式。布尔型信息检索模型的查全率高，查准率低，为目前大多数搜索引擎所使用。

布尔模型假定索引词在文档中只有两种情况：出现和不出现。因此，索引词的权值变量都是由二值(0,1)数据组成，查询是由连接词 not、and、or 连接起来的多个索引词所组成，所以查询的实质是一个常规的布尔表达式。

布尔模型的主要优点在于形式简洁、结构简单。其主要不足之处在于准确的匹配可能导致检出的文档过多或过少。因为布尔模型只是判断文档要么相关、要么不相关，它的检索策略基于二值判定标准，无法描述与查询条件部分匹配的情况。因此，布尔模型实际上是一个数值检索模型，而不是信息检索模型。其次，尽管布尔表达式有确切的语义，但通常很难将用户的信息需求转换成布尔表达式。如今，人们普遍认为，给索引词加权能极大地改善检索效果。从对索引词加权的方法中引出了向量模型。

2. 向量模型

向量模型用检索项的向量空间来表示用户的查询要求和数据库文档信息。查询结果是根据向量空间的相似性而排列的。向量空间模型可方便地产生有效的查询结果，能提供相关文档的文摘，并对查询结果进行分类，为用户提供准确的信息。

向量模型通过对检出文档按相似度降序排列的方式来实现文档与查询的部分匹配。这样做的结果比布尔模型得到的结果要合理得多，或者说，能更好地匹配用户对信息的需求。

向量空间模型的基本思想是以向量来表示文本：$(\boldsymbol{W}_1,\boldsymbol{W}_2,\cdots,\boldsymbol{W}_n)$，其中，$\boldsymbol{W}_i$ 为第 i 个特征项的权重，那么选取什么作为特征项呢？一般可以选择字、词或词组。目前普遍认为选取词作为特征项要优于字和词组，因此，要将文本表示为向量空间中的一个向量，就首先要将文本分词，由这些词作为向量的维数来表示文本，最初的向量表示完全是 0、1 形式，即如果文本中出现了该词，那么文本向量的该维为 1，否则为 0。这种方法无法体现这个词在文本中的作用程度，所以 0、1 逐渐被更精确的词频代替。词频分为绝对词频和相对词频。绝对词频，即使用词在文本中出现的频率表示文本。相对词频为归一化的词频，其计算方法主要运用 TF-IDF 公式，目前存在多种 TF-IDF 公式，下面是一种比较普遍的 TF-IDF 公式。

$$W(t,\vec{d})=\frac{\mathrm{tf}(t,\vec{d})\times\log(N/n_t+0.01)}{\sqrt{\sum_{t\in\vec{d}}[\mathrm{tf}(t,\vec{d})\times\log(N/n_t+0.01)]^2}}$$

其中，$W(t,\vec{d})$ 为词 t 在文本 $\vec{d}$ 中的权重，而 $\mathrm{tf}(t,\vec{d})$ 为词 t 在文本 $\vec{d}$ 中的词频，N 为训练文本的总数，n_t 为训练文本集中出现 t 的文本数，分母为归一化因子。

另外还存在其他的 TF-IDF 公式，例如：

$$W(t,\vec{d})=\frac{(1+\log_2\mathrm{tf}(t,\vec{d}))\times\log_2(N/n_t)}{\sqrt{\sum_{t\in\vec{d}}[(1+\log_2\mathrm{tf}(t,\vec{d}))\times\log_2(N/n_t)]^2}}$$

该公式中参数的含义与上式相同。

文本经过分词程序分词后，首先去除停用词，合并数字和人名等词汇，然后统计词频，最终表示为上面描述的向量。

向量模型不判断文档与查询是否相关，而是根据文档与查询的相似度对文档进行排序。当文档中的内容与查询词仅部分匹配时，也有可能将该文档检出。可以设定一个阈值，当相似度大于该阈值时文档被检出。

但是阈值的确定是十分困难的，理论上没有很好的解决方法，一般采用预定初始值，然后给出测试文本，使用分类器进行分类，再根据分类的准确程度调整初始值。这样的方法有两个缺点，首先，初始值的确定不容易，完全是根据经验或简单的测试而定，其次，调整的幅度无法确定，当初始值过高或过低需要增减时，增减的幅度无法很好地确定，只能反复测试，反复调整，这样就大大地增加了工作量。而且，一个分类系统的阈值由于测试文本的不同也无法完全应用于另一个分类系统中。

要计算排序首先需要明确如何给索引词加权。索引词的权值可以通过多种不同的方法来计算。目前最有效的词语加权技术来自于聚类算法。

聚类是将一个对象的集合分割成几个类，每个类内的对象之间是相似的，但与其他类的对象是不相似的。聚类算法通常基于“数据矩阵”和“Dissimilarity 矩阵”。聚类分析就是将数据分成若干簇，簇内最大程度相似，簇间最大程度相异。一个好的聚类方法要能产生高质量的聚类结果——簇，这些簇要具备两个特点：高的簇内相似性和低的簇间相似性。聚类结果的好坏取决于该聚类方法采用的相似性评估方法以及该方法的具体实现；聚类方法的好坏还取决于该方法是否能发现某些隐含的结果。文本聚类的常见算法有以下几种。

(1) *K*-平均算法(K-means Algorithm)。

(2) 简单向量距离分类法。

(3) 贝叶斯算法。

(4) *K*-重心点算法。

(5) *K*-NN(K 最近邻居)算法(K-Nearest-Neighbor Algorithm)。

对于查询词语的权值，可以采用如下方法，即：

$$\text{词语的权值}=\left(0.5+\frac{0.5\times\text{索引词在文档中出现的频率}}{\text{文档中所有词语出现的频率}}\right)\times\log\frac{\text{文档总数}}{\text{包含索引词文档的数目}}$$

向量模型的主要优点如下。

(1) 索引词加权改进了检索效果。

(2) 其部分匹配策略允许检出与查询条件相接近的文档。

(3) 根据文档与查询之间的相似度对文档进行排序。

3. 概率模型

概率模型是用概率论的理论解决信息检索问题。其基本思想是：给定一个用户的查询串，相对于该串存在一个包含所有相关文档的集合。我们把这样的集合看作是一个理想的结果文档集，在给出理想结果集后，能很容易得到结果文档。这样可以把查询处理看作是对理想结果文档集属性的处理。问题是并不能确切地知道这些属性，我们所知道的是存在索引术语来表示这些属性。由于在查询期间这些属性都是不可见的，这就需要在初始阶段来估计这些属性。这种初始阶段的估计允许我们对首次检索的文档集合返回理想的结果集，并产生一个初步的概率描述。为了提高理想结果集的描述概率，系统需要与用户进行交互式操作。具体处理过程如下：用户大致浏览一下结果文档，决定哪些是相关的，哪些是不相关的；然后系统利用该信息重新定义理想结果集的概率描述；重复以上操作，就会越来越接近真正的结果文档集。

概率模型是基于以下理论：给定一个用户的查询串和集合中的文档概率模型来估计用户查询串与文档相关的概率。概率模型假设这种概率只决定于查询串和文档。更进一步说，该模型假定存在一个所有文档的集合，即相对于查询串的结果文档子集，这种理想的集合用 R 表示，集合中的文档是被预料与查询串相关的。这种假设存在着缺点，因为它没有明确定义计算相关度的概率，下面将给出这种概率的定义。

在概率模型中索引词的权重都是二元的，即 $w_{i,j} \in \{0,1\}$、$w_{i,q} \in \{0,1\}$。查询串 q 是索引词集合的子集。R 表示已知的相关文档集合（初始的猜测集合），$\bar{R}$ 是 R 的补集（非相关文档的集合）。$P(R|d_j)$表示文档 d_j 与查询串 q 相关的概率，$P(\bar{R}|d_j)$表示文档 d_j 与查询串 q 不相关的概率。文档 d_j 对于查询串 q 的相关度值定义为：

$$\mathrm{sim}(d_j, q) = \frac{P(R \mid d_j)}{P(\bar{R} \mid d_j)}$$

根据贝叶斯定律：

$$\mathrm{sim}(d_j, q) = \frac{P(d_j \mid R) \times P(R)}{P(d_j \mid \bar{R}) \times P(\bar{R})}$$

$P(d_j|R)$代表从相关文档集合 R 中随机选取文档 d_j 的概率。$P(R)$表示从整个集合中随机选取一篇文档作为相关文档的概率。$P(d_j|\bar{R})$表示类似的从补集中选择文档 d_j 的概率，$P(\bar{R})$表示从所有文档集中随机选择一篇文档不是相关的概率。

对于集合中所有的文档 $P(R)$和 $P(\bar{R})$都是相同的，所以，公式可以写成：

$$\mathrm{sim}(d_j, q) \sim \frac{P(d_j \mid R)}{P(d_j \mid \bar{R})}$$

假设索引词是相互独立的，则：

$$\text{sim}(d_j,q) \sim \frac{\left(\prod_{g_i(d_j)=1} P(k_i \mid R)\right) \times \left(\prod_{g_i(d_j)=0} P(\overline{k_i} \mid R)\right)}{\left(\prod_{g_i(d_j)=1} P(k_i \mid \bar{R})\right) \times \left(\prod_{g_i(d_j)=0} P(\overline{k_i} \mid \bar{R})\right)}$$

$p(d_j|R)$表示索引词 k_i 在集合 R 中随机出现的概率，$P(\bar{k}|R)$表示索引词 k_i 不在集合 R 中随机出现的概率。对于集合 $\bar{R}$，相应的概率具有相似的含义。

采用对数的方法，$P(k_i|R)+P(\overline{k_i}|R)=1$，在相同的背景下，忽略对所有因子保持恒定不变的因子，最后可以得到：

$$\text{sim}(d_j,q) \sim \sum_{i=1}^{t} w_{i,q} \times w_{i,j} \times \left(\log \frac{P(k_i \mid R)}{1-P(k_i \mid R)} + \log \frac{1-P(k_i \mid \bar{R})}{P(k_i \mid \bar{R})}\right)$$

这是在概率模型中排序计算的主要表达式。

由于在开始时并不知道集合 R，因此必须设计一种方法来计算概率 $P(k_i|R)$和 $P(k_i|\bar{R})$。有许多方法可以计算它们的值，下面将具体讨论一种简单的算法。

假设最初的猜测是：

(1) 假定 $P(k_i|R)$对所有的索引词 k_i 来说是常数，一般等于 0.5，即 $P(k_i|R)=0.5$。

(2) 假定不相关文档中的索引词 k_i 的分布可以通过文档集合中所有索引词的分布来近似表示，即 $P(k_i|\bar{R})=\frac{n_i}{N}$。

其中，n_i 表示包含索引词 k_i 的文档数，N 表示集合中的文档总数。

初始值确定后，根据与查询 q 相关的大小进行初步排序，取前若干个文档作为相关查询集合。之后，通过如下方法进行改进。

用 V 表示概率模型初步检出并经过排序的文档子集，V_i 表示 V 中包含索引词 k_i 的文档数。改进的 $P(k_i|R)$和 $P(k_i|\bar{R})$的过程如下。

(1) 用已经检出的文档中的索引词 k_i 的分布来估计 $P(k_i|R)$的值，即 $P(k_i|R)=\frac{V_i}{V}$。

(2) 假定所有未检出的文档都是不相关的来估计 $P(k_i|\bar{R})$的值，即

$$P(k_i \mid \bar{R}) = \frac{n_i - V_i}{N-V}$$

如此递归重复这一过程，得到理想结果集。

对于较小的 V 和 V_i 在上述计算中可能会出现问题，例如，$V=1$ 和 $V_i=0$，可以做如下的改进。

$$P(k_i \mid R) = \frac{V_i + 0.5}{V+1} \quad P(k_i \mid \bar{R}) = \frac{n_i - V_i + 0.5}{N-V+1}$$

调整因子也可以为 n_i/N，即

$$P(k_i \mid R) = \frac{V_i + \frac{n_i}{N}}{V+1} \quad P(k_i \mid \bar{R}) = \frac{n_i - V_i + \frac{n_i}{N}}{N-V+1}$$

概率模型的优点在于：文档可以按照它们相关概率递减的顺序来排列。其缺点在于：开始时需要猜想把文档分为相关和不相关的两个集合，实际上这种模型没有考虑索

引词在文档中的频率(因为所有的权重都是二元的),而索引词都是相互独立的。

对于蕴涵在信息检索中的不确定性,出现了对概率模型的研究。而概率理论只是一种不确定的方法。早期的模型大都基于经典的概率理论,基本方法是对相关性概率的估计,即估计给定一查询时,判断一篇文档是相关的概率。近年来,新的处理不确定性的方法被应用到信息检索领域,普遍认为信息检索其实是一种不确定性推理过程,主要着眼于给定线索和知识的推理以及信度的推理。

基于以上认识,可以将概率模型分为以下两个大类。

(1) 相关性概率模型。包括二元独立检索、概率索引检索、逻辑回归和2-泊松分布模型。

(2) 推理模型。应用了来源于逻辑和人工智能领域的概念技术。

7.1.2 代数模型

本节讨论两种代数模型:广义向量空间模型和神经网络模型。广义向量空间模型以索引词向量是线性独立而不是两两相交的为基础,提出了索引词间的相互依赖性,该依赖性由索引词同时出现的模式导出。神经网络模型由三层组成:一层表示查询词语,一层表示文档词语,第三层表示文档本身。它的模型过程是,查询词语向文档词语发出信号,然后文档词语节点再将信号发给文档节点,同时文档节点依次直接向文档词语接单返回新的信号,文档词语节点再次向文档节点发出新的信号并重复这一过程,信号在每一次反复中衰减,传递激活过程最终会停下来。

1. 广义向量空间模型

索引词向量是线性独立而不是两两相交的。在广义向量模型中,两个关键词向量可能不是正交的,这就是说,索引词向量不能看成是向量空间的正交基向量,相反是由更小的分量组成。

假定集合中的索引词的集合为$\{k_1,k_2,\cdots,k_t\}$,$w_{i,j}$是二元组$[k_i,d_j]$的权值,如果所有的权值$w_{i,j}$都是二值的,那么词语在文档内部同时出现的所有可能的模式可以用2^t最小项的集合来表示。若$m_1=(0,0,\cdots,0)$,$m_2=(1,0,\cdots,0)$,$\cdots$,$m_2^t=(1,1,\cdots,1)$,函数$g_i(m_j)$返回最小项m_j中的索引词k_i的权值$\{0,1\}$。我们把向量$\boldsymbol{m}_i$的集合定义成:

$$\boldsymbol{m}_1=(1,0,\cdots,0,0)$$
$$\boldsymbol{m}_2=(0,1,\cdots,0,0)$$
$$\vdots$$
$$\boldsymbol{m}_{2^t}=(0,0,\cdots,0,1)$$

每一个向量$\boldsymbol{m}_i$都与各自的最小项m_j相关联。

对于所有的$i\neq j$,有$\boldsymbol{m}_i\cdot\boldsymbol{m}_j=0$,因此,根据定义,$\boldsymbol{m}_i$向量集合是两两正交的,所以$\boldsymbol{m}_i$向量集合可以作为广义向量空间模型的正交基。

广义向量空间模型的中心思想是引入了与最小项集合相关联的两两正交向量$\boldsymbol{m}_i$的集合,并采用该向量集合作为目标子空间的基。也可以说,当索引词在文档集合内部同时出现时,就可以推导出这些索引词之间的相互依赖关系。

为了确定索引词k_i的索引向量$\boldsymbol{k}_i$,我们对最小项$\boldsymbol{m}_r$的向量相加求和,则:

$$\boldsymbol{k}_i=\frac{\sum\limits_{\forall r, g_i(m_r)=1} c_{i,r}\boldsymbol{m}_r}{\sqrt{\sum\limits_{\forall r, g_i(m_r)=1} c_{i,r}^2}},\quad c_{i,r}=\sum_{d_j \mid g_i(d_j)=g_i(m_r)\text{ for all 1}} w_{i,j}$$

公式中索引词 k_i 的值为 1 并且已经标准化。对于每一个 $\boldsymbol{m}_r$ 向量，可以定义一个关联因子 $c_{i,r}$ 用于计算此索引词 k_i 和文档 d_j 的权值 $w_{i,j}$ 之和。因此，只有当与词语出现形式相匹配的集合中至少包含一篇文档时，最小项才是所需要的目标。

2. 神经网络模型

人工神经网络是对人脑或自然神经网络若干基本特性的抽象和模拟。人工神经网络以对大脑的生理研究成果为基础，其目的在于模拟大脑的某些机理与机制，实现某个方面的功能。国际著名的神经网络研究专家 Hecht-Nielsen 给人工神经网络下的定义就是："人工神经网络是由人工建立的以有向图为拓扑结构的动态系统，它通过对连续或断续的输入做动态响应而进行信息处理。"人工神经网络是在现代神经科学的基础上提出来的。它虽然反映了人脑功能的基本特征，但远不是自然神经网络的逼真描写，而只是它的某种简化抽象和模拟。

在人体内神经元是由细胞体、树突和轴突 3 部分组成。

细胞体是由很多分子形成的综合体，内部含有一个细胞核、核糖体、原生质网状结构等，它是神经元活动的能量供应地，在这里进行新陈代谢等各种生化过程。神经元也即是整个细胞，整个细胞的最外层称为细胞膜。

细胞体的伸延部分产生的分枝称为树突，树突是接受从其他神经元传入的信息的入口。

细胞体突起的最长的外伸管状纤维称为轴突。轴突最长可达 1m 以上。轴突是把神经元兴奋的信息传出到其他神经元的出口。神经元是以生物神经系统的神经细胞为基础的生物模型。在人们对生物神经系统进行研究，以探讨人工智能的机制时，把神经元数学化，从而产生了神经元数学模型。

大量的形式相同的神经元连接在一起就组成了神经网络。神经网络是一个高度非线性动力学系统。虽然每个神经元的结构和功能都不复杂，但是神经网络的动态行为则是十分复杂的；因此，用神经网络可以表达实际物理世界的各种现象。

神经网络模型是以神经元的数学模型为基础来描述的。神经网络模型由网络拓扑、节点特点和学习规则来表示。神经网络对人们的巨大吸引力主要在下列几点。

(1) 并行分布处理。

(2) 高度鲁棒性和容错能力。

(3) 分布存储及学习能力。

(4) 能充分逼近复杂的非线性关系。

神经网络在目前已有几十种不同的模型。人们从不同的角度对神经网络进行分类，通常可按以下 5 个原则进行神经网络的归类。

(1) 按照网络的结构区分，有前向网络和反馈网络。

(2) 按照学习方式区分，有教师学习和无教师学习网络。

(3) 按照网络性能区分，有连续型和离散性网络，随机型和确定型网络。

(4) 按照突触性质区分，有一阶线性关联网络和高阶非线性关联网络。

(5) 按对生物神经系统的层次模拟区分，有神经元层次模型、组合式模型、网络层次模型、神经系统层次模型和智能型模型。

用于信息检索的神经网络可以用图 7-1 来描述。从图中可以看出神经网络模型被描绘成一个三层结构：第一层为用户提问词语节点；第二层为文档词语节点；第三层为文档节点。图 7-1 中的每一个节点表示一个处理单元（相当于神经元），节点间的连线起到神经元突触的作用，而连线的权值则用来模拟神经元的连接强度。在每一个时刻每个节点的状态由激活水平来定义，它应该是初始状态和所接收到信号的一个函数。

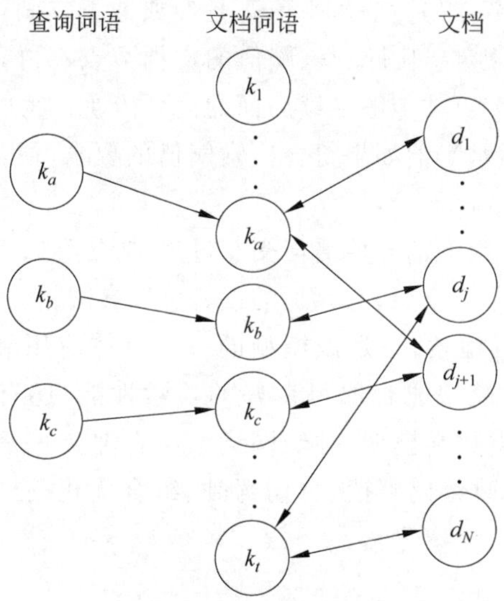

图 7-1　用于信息检索的神经网络模型

信息检索处理过程首先由第一层的提问词语节点启动，提问词语节点 k_a、k_b 和 k_c 分别向对应的第二层文档词语节点发出信息，紧跟着文档词语节点 k_a、k_b 和 k_c 又产生信息并向第三层的相关文档节点传送。至此第一阶段的信号传递完成，但神经网络模型的作用过程并没有停止。图中第二层节点和第三层节点之间是双向连接，文档节点会在收到文档词语节点发送的信号后产生新的信号并返回到文档词语节点，而且这种相互作用的信号传递过程将会重复进行直到信号不断衰减而终止。在这样的信号交互过程中，很显然，一个不含有任何检索提问词的文档也有可能被激活并出现在检索结果列表中。神经网络模型的这种检索效果如同系统中内嵌着一个主题词表。

至于神经网络模型中各节点的激活水平和节点间连接强度的问题，信息检索处理时可这样来定义：首先定义提问词语节点的初始激活水平值为 1（最大值），这意味着这些提问节点处于激发状态；提问节点向文档词语节点发送信号，其作用强度分量 $\varpi_{i,q}$ 可以由向量模型中词语的权值派生出来；同样，文档词语节点向文档节点传递信号，其作用分量 $\varpi_{i,j}$ 也可以由向量模型中词语的权值派生出来，它们具体的计算公式可以是：

$$\overline{w}_{i,q}=\frac{w_{i,q}}{\sqrt{\sum_{i=1}^{t}w_{i,q}^{2}}}\quad \overline{w}_{i,j}=\frac{w_{i,j}}{\sqrt{\sum_{i=1}^{t}w_{i,j}^{2}}}$$

最后,一个文档节点接收到的所有信号被累加起来。以文档节点 d_j 为例,经一轮信号传播后,其激活水平值可以通过下面的公式计算出来。

$$\sum_{i=1}^{t}\overline{w}_{i,q}\times\overline{w}_{i,j}=\frac{\sum_{i=1}^{t}w_{i,q}\times w_{i,j}}{\sqrt{\sum_{i=1}^{t}w_{i,q}^{2}}\times\sqrt{\sum_{i=1}^{t}w_{i,j}^{2}}}$$

很显然,这时各文档节点的激活水平值正是经典向量空间模型的检索处理结果。指定一个激活水平阈值,并规定:凡低于该阈值的文档节点不再参与下一轮次的信号的传递,只有高于阈值的文档节点才能够继续后面的信号传递。经过若干轮次的信号传递后,一些文档节点的最终激活水平值如果符合检索阈值的要求,便可以把这些文档的内容以降序方式输出。

神经网络模型后续轮次的信号传播与交互过程,非常类似于用户的相关反馈循环,其中涉及的技术细节,这里不再介绍,有兴趣的读者可以参阅相关的参考资料。

神经网络应用于信息检索,只是该模型的一个具体应用领域。目前对于大规模文档的集合,运用神经网络模型能否取得良好的检索性能,还有待于验证及相关实验数据的支持。不过作为一类数学模型,神经网络已经在非常广泛的领域获得了惊人的成功应用。例如,手写体邮政编码判读、自动驾驶、组合优化、自动分类、生物神经活动过程模拟等。

7.2 检索方法

7.2.1 布尔检索

布尔检索是指利用布尔运算符连接各个检索词,然后由计算机进行相应逻辑运算,以找出所需信息的方法。它使用面最广、使用频率最高。在具体检索时,是通过以下 3 个布尔运算符来实现其功能的。

(1) AND(或 *):逻辑与,可用来表示其所连接的两个检索项的交叉部分,也即交集部分。如果用 AND 连接检索词 A 和检索词 B,则检索式为:

A AND B(或 $A*B$):表示让系统检索同时包含检索词 A 和检索词 B 的信息集合 C。

(2) OR(或+):逻辑或,用 OR 连接检索词 A 和检索词 B,则检索式为:

A OR B(或 $A+B$)。表示让系统查找含有检索词 A、B 之一,或同时包括检索词 A 和检索词 B 的信息。

(3) NOT(或-):逻辑非,用 NOT 连接检索词 A 和检索词 B,检索式为:

A NOT B(或 $A-B$)。表示检索含有检索词 A 而不含检索词 B 的信息,即将包含

检索词 B 的信息集合排除掉。

布尔逻辑运算的功能如表7-1所示。

表7-1　布尔逻辑运算一览表

名称	符号	表达式	功　能
逻辑与	* 或 and	$A*B$	同时含有提问词 A 和 B 的文献，为命中文献
逻辑或	＋或 or	$A+B$	凡是含有提问词 A 或 B 的文献，为命中文献
逻辑非	－或 not	$A-B$	凡是含有提问词 A 但不含有 B 的文献，为命中文献

7.2.2　加权检索

与布尔检索一样，加权检索也是一种基本检索手段，所不同的是，加权检索不重在判定检索词或字符串是否在数据库中存在，与别的检索词或字符串是什么关系，而在于判定检索词或字符串在满足检索逻辑后对该记录命中与否的影响程度。加权检索把量化思想引入定性检索之中，是改善和提高检索效果的一种重要手段。加权检索分为标引加权和检索加权；标引加权是对信息的每个概念（标引词）给定大小不等的数值（权值），以区分信息各主题的重要程度；检索加权是指检索者在给出检索词的同时，为每个检索词赋予权值，以区分每个检索词在检索中的重要程度。两种方法最终都是用数量来判断检索结果与用户检索需求的相关程度。

因此，可以这样来定义加权检索：根据用户的检索需求来确定检索词，并根据每个词在检索要求中的重要程度不同，分别给予一定的数值（权值）加以区别，同时利用给出的检索命中界限值（阈值）限定检索结果的输出。

1. 检索词加权检索

检索词加权检索是最常见的加权检索方法。具体的实现方法为：在每个检索词后面给定一个数值，表示其重要性程度，这个数值称为权值。在检索时，先查找这些检索词在数据库记录中是否存在，然后计算存在的检索词的权值之和。只有当数据库记录的权值之和达到或超过预先给定的阈值时，该记录才算命中。加权检索只需接触检索词，不需编制提问逻辑式。通过加权，明确了各检索词的重要程度，使检索更有针对性，并且能依据权值的大小，对命中记录的重要性进行排序。

检索词加权检索的优点是：明确了各检索词（概念）在检索中的重要程度；可以方便地提高或降低阈值来扩大和缩小检索输出的范围；检索结果按符合检索要求的重要程度顺序排列，表达式简洁。其缺点是加权法提问式表达不如逻辑式直观，而且权值的确定较为困难，增加了检索者的负担。

2. 词频加权检索

词频加权检索是根据检索词在记录中出现的频次来计算命中记录的权和，依据命中记录权和数从大到小排列，最后由阈值控制输出命中结果。与检索词加权检索不同的是，词的权值是由数据库记录中的词频决定，不是由检索者指定，不需人工干预，减轻了检索者的负担。

同一个检索词在不同的记录中，其权值可能不相同。词频加权检索方法应建立在对全文数据库和文摘数据库基础之上，否则词频加权将失去意义。

词频加权检索主要是根据检索词在命中记录中出现的频次来决定记录是否被命中，但由于词的使用频率不一样，对于低频检索词在检索过程中得到的权值可能比较小，短文章同样也可能因为词相对少难以被检出。因此，词频加权检索通常有两种方式：简单词频加权检索和相对词频加权检索。

(1) 简单词频加权检索。指检索时累计检索词在记录中出现的次数来决定记录的权值，然后累计该记录每个检索词权值之和来决定该记录是否为命中记录。

这种方法存在一个缺陷，就是不论文章长短、词频高低都采用的是统一的词频标准，例如，一个新词出现，往往可能由于本身词频很低，造成无法被检索出来。而相对词频加权则合理地解决了这一问题。

(2) 相对词频加权检索。将每一个检索词在文本中频率和在整个数据库中的频率综合考虑，进行加权检索的方法。相对词频加权可采用两种统计方式：

文内频率＝指定词在文本中的频次/该文献词汇总频次

文外频率＝指定词在文本中的频次/该词汇在整个数据库中总频次

由此可以看出，文内频率解决了短文章中词频过低的问题，文外频率解决了新词、专用词的低频问题。但这两种方法均要求数据库预先对其中的每一篇文献的词汇总频次、每一个词汇在数据库中出现的次数做统计并记载，否则在检索过程中很难获得这些数据。

3. 标引加权检索

标引加权检索是指在对文献进行标引时，根据每个标引词在文献中的重要程度不同，为它们附上不同的权值，检索时通过对检索词的标引权值相加来筛选命中记录。

标引加权检索的具体实现原则和过程为：在进行标引加权时，对反映文献主要内容的标引词给予高权值，反映文献次要内容的标引词给予较低的权值；检索时，只需给出检索词和检索阈值，对满足检索阈值的检索结果按其权值之和从大到小输出。很明显，标引加权检索较检索词加权检索更具有科学性，它可以避免以次要内容标引的信息被检索出。

在检索中，其检索的阈值可以从两方面考虑。其一，为每个检索词指定一个阈值，文献中该标引词权重大于其阈值者才被作为命中，这样避免了次要内容被检出；其二，给总的检索结果指定一个阈值，要求被检索出的文献，其与检索词相关的标引词权之和大于阈值者才被作为命中文献，这样保证了命中文献的综合相关度。

由于标引加权使标引的难度增大，因而，不但要制定一个统一的加权标准和规则，而且还要求标引者对标引加权的规则较为熟悉，否则将会给检索带来混乱和较大差距。

在计算机自动标引的系统中，可以方便而有效地采用标引加权技术。例如，对全文数据库而言，可根据词在文献中的不同位置、出现频率来综合标引加权。用计算机进行标引加权实际上是把词频加权检索的词频统计过程前移至标引过程，再借助其他一些技术进行权重分配实现标引。

7.2.3 全文检索

全文检索是指计算机索引程序通过扫描文章中的每一个词，对每一个词建立一个索引，指明该词在文章中出现的次数和位置，当用户查询时，检索程序就根据事先建立的索引进行查找，并将查找的结果反馈给用户的检索方式。这个过程类似于通过字典中的检索字表查字的过程。全文检索的方法主要分为按字检索和按词检索两种。

(1) 按字检索是指对于文章中的每一个字都建立索引，检索时将词分解为字的组合。对于各种不同的语言而言，字有不同的含义，例如，英文中字与词实际上是合一的，而中文中字与词有很大分别。

(2) 按词检索指对文章中的词，即语义单位建立索引，检索时按词检索，并且可以处理同义项等。英文等西方文字由于按照空白切分词，因此实现上与按字处理类似，添加同义处理也很容易。中文文字则需要切分字词，以达到按词索引的目的。

全文检索系统是按照全文检索理论建立起来的用于提供全文检索服务的软件系统。一般来说，全文检索需要具备建立索引和提供查询的基本功能，此外，现代的全文检索系统还需要具有方便的用户接口、面向 WWW 的开发接口、二次应用开发接口等。

1. 全文检索的技术指标

判定一个检索系统的优劣，主要从质量、费用和时间 3 方面来衡量。因此，对计算机网络信息检索的效果评价，也应该从这 3 个方面进行。质量标准主要通过查全率与查准率进行评价。费用标准即检索费用是指用户为检索课题所投入的费用。时间标准是指花费时间，包括检索准备时间、检索过程时间、获取文献时间等。查全率和查准率是判定检索效果的主要标准。另外，还应考察两个指标：索引的膨胀系数和检索速度。

1) 查准率和查全率

查准率和查全率是目前衡量检索效果的相对合理的指标，具体如下。

查准率=(检索出的相关信息量/检索出的信息总量)×100%

查全率=(检索出的相关信息量/系统中的相关信息总量)×100%

查全率是衡量检索系统和检索者检出相关信息的能力，查准率是衡量检索系统和检索者拒绝非相关信息的能力。两者合起来，即表示检索效率。

例如，要利用某个检索系统查某课题。假设在该系统文献库中共有相关文献为 40 篇，而只检索出来 30 篇，那么查全率就等于 75%。

再例如，检出的文献总篇数为 50 篇，经审查确定其中与项目相关的只有 40 篇，另外 10 篇与该课题无关。那么，这次检索的查准率就等于 80%。

查准率有一定的局限性，主要体现在：如果检索结果是题录式而非全文式，由于题录的内容简单，用户很难判断检索到的信息是否与课题密切相关，必须找到该题录的全文，才能正确判断出该信息是否符合检索课题的需要；同时，查准率中所讲的相关信息也具有“假设”的局限性。

查全率也有一定的局限性，主要体现在：它是检索出的相关信息量与存储在检索系统中的全部相关信息量之比，但系统中相关信息量究竟有多少一般是不确知的，只能估计；另外，查全率或多或少具有“假设”的局限性，这种“假设”是指检索出的相关信息对用户具有同等价值，但实际上并非如此，对于用户来说，信息的相关程度在某种意义上比它的数量重要得多。

实验证明，在查全率和查准率之间存在着相反的相互依赖关系——如果提高输出的查全率,就会降低其查准率,反之亦然。

对用户来说,影响检索效果的主要因素有文献标引的广泛性和用户检索标识的专指性。

2）索引膨胀系数

针对全文检索来说,索引内容越多,膨胀越大,检索速度也越快,但实际往往并不是这样。针对检索算法来科学、巧妙地组织索引,可能拥有较小的索引和快速的检索。因此,研究索引的膨胀系数和索引的组织对全文检索系统的建设是十分有益的。

索引的膨胀系数是指针对全文所建的索引文件大小与全文文件大小之比,例如,没有为全文创建索引的全文检索系统,其膨胀系数为 0;若索引文件与全文文件一样大,其膨胀系数等于 1。

索引膨胀系数=索引文件的大小/全文数据库的大小

索引文件的膨胀取决于索引的结构,为了满足全文检索的各种匹配需要,全文索引需要以最小的标引单位作为索引关键字,英语一般为单词,中文则为单汉字。如较为完全的全文索引结构为:单汉字、记录号、段落号、位置号等。

这样的索引结构将会造成很大的索引膨胀系数,检索时,需匹配、比较的项目多,造成检索速度不理想。第一种改进可以舍去段落号字段,索引空间缩小 1/4,位置号全文统一编排,检索运算也省去了一次比较;第二种改进固定字数循环编号,例如,每到 512 个字以后重新从 1 开始编号,这样索引缩小了,实践证明误检也极少,也可以在输出时再做必要判断即可。为了节省空间,在实用系统中通常把索引建成倒排档结构,在该索引结构上,只要对算法进行优化,其检索速度会得到提高。索引倒排结构如图 7-2 所示。

单汉字（主键）	记录数	记录号 1	该记录位置集合	记录号 2	该记录位置集合	…

图 7-2 索引倒排结构

有的全文检索系统的索引结构除构建单汉字为主的索引之外,还增加了高频词段的索引,达到了提高检索速度和减少匹配次数的目的。还有的用二进制位来构造索引,即用二进制位顺序位置来表示该字是否存在,存在者用 1 表示,否则为 0。这样的索引若得到有效的组织,不但其索引空间大大压缩,采用二进制位的匹配运算,检索速度也将大大加快。

3）检索速度

检索速度取决于匹配算法,匹配算法又与索引的组织结构密切相关,一个优秀的全文检索算法,在百兆级的数据库中,检索速度应该能够在一两秒内反应,否则不能算是一个好的全文检索算法。检索的匹配算法一般是根据索引结构而研制的。如没有索引的全文检索算法,只能是从头到尾顺序匹配,就像在 Word 文件中进行字串查找和替换一样,虽然它的膨胀系数为零,其在磁盘中的匹配速度是不能令人满意的。

对于具有记录号和位置的索引,其检索速度主要在于如何进行集合运算,尽可能减少比对次数,以提高检索速度。如果在单字索引的基础上,又生成了高频词段的索引,检索时,高频词就不用再进行单汉字的匹配比较,而低频词的比较次数要少得多,从而检索速度将大大加快,但索引的膨胀系数也会增大。

对于二进制方法构造的索引，即记录号和位置号的数值与相应的二进制位对应，匹配运算完全采用二进制位的"与"运算，然后用一定的解析算法得到全部命中记录号集合。这种匹配算法速度最快，但受到数据库规模和数据复杂性的限制。

2. 全文检索的实现

全文检索是以全文本信息为主要检索对象，允许用户以布尔逻辑等和自然语言根据资料内容而不是外在特征来实现检索的先进的检索技术。全文检索的实现通常是用检索词对由全文产生的词(字)索引文档的匹配，在实际的全文检索系统中，全文检索往往不是简单地考察一个词是否在全文中出现，还要考察多个词在全文中的相对位置等。西文的全文检索多数采用位置检索技术，这样可以提高全文检索的查准率。目前，绝大多数中文全文检索系统并不注重词相互间的位置检索，只是简单地把布尔逻辑检索引入全文检索，随着人们对中文全文检索查准率的要求，位置检索将会逐步进入中文全文检索系统中。

3. 全文检索效率的提高

一个完整的全文检索策略的制定步骤包括数据库的选择、确定检索词、决定检索途径和进行布尔逻辑匹配。检索策略的好和坏对全文检索效率起着关键性的作用，成功的检索策略应得到高的查全率和查准率，而且节省时间和费用。

检索效率的好坏与检索式的建立、检索途径的选择、检索词的选用和检索词之间逻辑关系直接相关，还与检索人员对语言学的了解、对事物的认知能力、专业知识的高低有密切关系。另外，对检索系统的特性和功能的掌握，以及外语水平都会影响到课题检索成功与否。一个好的检索策略，既可以优化检索过程，节省检索时间和费用，又可以获得最佳的查全率和查准率。

1）提高查全率的方法

(1) 选择上位词、同位词及下位词的检索词。

为了提高文献查全率，除选择恰当主题词外，还应该选择比恰当主题词内容更广的上位主题词、同位主题词及更窄的下位主题词检索，否则有的文献就会漏掉。

例如，检索程序语言方面的文献，可选择主题词"程序语言"，也可选择其上位主题词"计算机软件"。采用上下位主题词检索是提高文献查全率的一个重要方法。

(2) 检索概念要少，同类检索词要多的原则。

完整反映一个课题的概念可能有多个，但是为了达到查全的目的，选用的概念要尽量少，同时专指度要低，反映同一概念的检索词要多，这是保证查全的关键。一般反映一个课题的概念可以划分为主要概念和次要概念、基本概念和特殊概念。为了查全，应透彻分析所查课题，正确划分概念的主次并慎重选用概念。对于次要概念和特殊概念应尽量少用或不用，尽量多使用反映主要概念和基本概念的同类检索词。这里所讲的同类词是广义的，具体包括以下3个方面。

① 同一概念的不同表达形式(包括同义词、近义词和相关词等)，如清华、清华大学。

② 同一词的不同词尾变化，这里包含着截词符的使用技巧。例如，"生产"一词有produce、product、production、producing、productive、produced等几种表达形式，检索时用produc x(或produc? 不同的数据库所使用的截词不同)可以查全。

③ 概念的内涵和外延。对于某些课题不能只从表面看问题，应透过现象看本质，找

出其隐含的概念。

一般表达同一概念的检索词往往有多个，检索时必须把各种表达形式都考虑周全，以防漏检。

2）提高查准率的方法

（1）应在多个主题概念中分析出主要概念和基本概念，剔除重复概念。

有时用户提供的课题涉及的主题概念较多，根据检索经验，在用逻辑算符进行逻辑组合时，不能简单地认为逻辑组配面越广、越细致，检索出的结果针对性就越强。实际上，过严的组配会导致大量的漏检，甚至使检索结果为零。这是因为在标引文献时，不同的工作人员受专业知识的限制，所选择的主题词会有差别。

例如，对于概念较多的课题应分清主要概念和基本概念，剔除重复概念。

（2）尽量避免使用泛指的词作为主题概念进行检索。

对于一些泛指的词，例如生产、制备、工艺、合成等，由于其意义广泛，所以编辑数据库索引时，一般不作为主题词。因此选择主题概念时，应尽量避免使用这些词，除非检索结果非常多，需要进一步缩小范围时才可以使用，但使用时一定要注意把同类词用 OR 逻辑组合后，再用 AND 与主题概念进行组合，以避免漏掉相关结果。

（3）正确理解题义，规范专业用语。

对于一些科技信息数据库，一般需要用规范化术语进行检索。例如，检索课题“偏瘫治疗仪”，偏瘫也就是人们通常所说的半身不遂，如果用半身不遂作为检索词进行检索，往往结果为零或很少，但用偏瘫治疗仪进行检索，结果却较多。因此在检索大型商业数据库（像 EI 等数据库）时，应尽量使用规范化专业用语。

7.2.4 超文本检索

超文本检索是将文本、声音、图像等媒体数据的内容信息分隔为若干可独立利用的节点，节点间以链路相连接，构成网状层次结构，检索由指令激活某一节点，通过链路查询所有相关信息。

1. 超文本的功能及结构

超文本的主要功能在于对信息的表示、信息的组织、信息的浏览以及信息的检索等。这些功能的实现主要取决于超文本的组织结构，超文本是在文本中定义了大量超链接使其变成了非线性结构。

建立在超媒体基础之上的超文本，是由主题和它们之间的连接所组成的网络结构的文本。这里的网络结构文本的链接对象可能都是本机的信息资源，也可能是局域网或广域网中的信息资源。文本的结构是网状的、复杂的、灵活的、动态的。从信息表示的角度出发，超文本结构表现为层次结构和交叉链接结构。

超文本的层次结构提供了自然、清晰的数据组织，信息的隶属关系明确，是实现文档组织和浏览导航的最佳结构。目前，许多组织机构的网站介绍、检索系统和各类软件的联机帮助文档几乎都采用层次型的超文本结构。超文本结构层次之间存在以下几种关系。

1）并列关系

各文本之间是平行的，没有层次之分。在超文本信息中，根据不同角度对材料进行归类，就同一主题进行多侧面展示，从文本的整体结构上来看，形成了多条消息的并列关系，它们相互链接，共同表达一个主题。

2）时间关系

按照时间发生、发展的先后顺序来安排文本层次。这样的层次结构容易使读者对事实的来龙去脉有一个鲜明、清晰的印象。

3）层次关系

根据调查研究的过程来组织材料，先写了什么，后写了什么，边采访边写作，发布的文本也就以此为顺序，流转下来。

4）因果关系

先安排事实材料，说明事实现状，然后分层交代相关背景，分析事实形成的原因，让读者尽可能充分地了解事件的来龙去脉。

5）印证关系

在重要理论、方针政策的实践问题方面，经常的处理手段是先讲清楚原理和重要性，然后再选择事实材料，分别进行印证。

2. 超文本检索的优缺点

1）超文本检索的优点

（1）检索界面生动、信息的表达和交互方式丰富。

超文本技术对信息的管理基于信息块，它不仅可以处理文本信息，还可以处理图形、图像、声音、动画、视频乃至它们的组合信息，使超文本检索界面更加生动，信息的表达和交互方式更加丰富，从而使超文本技术具有更广阔的潜力和魅力。

（2）展示文献多方位信息。

由于电子文献成为文献家族主角的趋势越来越明显，集图、文、声于一体的电子文献将是以往检索工具爱莫能助的。

在超文本检索中，不仅能检索题名、著者、分类号、出版年等文字著录事项，还能向读者展示文献的外观封面、重要内容及声音表述等，从而让读者获得有关文献的多方位信息。

（3）提供动态阅读。

由于人类对信息的检索、存取、处理均是借助“联想”来明确信息内部的关键性，这种关键性使人们了解分散存储在不同信息块之间的连接关系和相似性，进而构成一个具有复杂因果关系、内容丰富的信息网络。超文本信息网络是一个有向图结构，它将信息内容按其内在联系划分为不同层次和不同关系的知识单元，并将这些知识单元依照其层次和关系组成一个网状结构；它类似于人类的联想记忆结构，使用户可依据信息链进行跳跃式阅读。这种方式弥补了全文检索系统存在的不足，符合人们联想式的阅读和思维习惯。

（4）检索内容多样、复杂、多变。

超文本节点中的信息可以是文字、数据、图形、图像、声音、动画、视频、计算机程序或它们的组合。在网络环境中，作为检索对象的信息既有传统的字符型和数据型，也有包括文本、图像、视频、音频等形式的多媒体信息，电子出版物及网络型电子期刊更是极大地丰富了网络环境中信息的内容，使信息的形式更加多样化和复杂化。同时，超文本是一种以非线性方式建立和表示离散信息间的关系，存储和管理信息的技术，其节点和链接可以动态地改变，既可以更新，也可将新的节点加入至超文本中，或者加入至新的链路中反映新的关系，形成新的组织结构和从旧文献中产生新文献。因此，超文本检索中的信息具有动态性、多变性。

(5) 跨库检索。

超文本检索，主要是为了解决顺序检索中信息定位和不同库之间转换的耗时问题。超文本信息的非线性组织特点，向用户提供一个独特的用户界面——“关联图”，当检索时，通过“关联图”，用户既可根据不同需要，按不同思维，采用不同的方式进行检索，又可使原有信息的线索不致丢失，较好地解决了要检索的相关数据库及编写正确的布尔逻辑式，避免了检索语言的复杂性问题。另一方面，超文本系统还可以作为一个独特的用户界面，将不同数据库的检索语言一体化，方便用户进行跨库检索。

(6) 批任务处理。

在超文本检索中，超文本可将几个不同途径的检索结果以列表或报告的形式进行集中，同时在屏幕上显示出来，供用户处理。如电子邮件的转发、打印、保存等。

(7) 时效性强。

传统情报检索系统以文献为单位，采用准确匹配的检索方法，其检索结果是一组未经排列的文献，并且这些文献的重要性无法区分；而超文本是以知识单元为单位，以结构化形式建立起来的，用户可通过链路连接不同文献的相关部分(知识单元)，并且可根据文献间的链路以及文献间的路径或相隔的节点数来确定检出文献的重要程度。这种非线性的连接使检索结果可深入到每一知识单元，从而大大增强了超文本检索的时效性。

2) 超文本检索的缺点

随着超文本检索技术的不断发展和广泛应用，超文本检索在极大地方便人类知识获取、信息交流的同时，其不足之处也逐渐呈现出来。

(1) 用户检索中的“博物馆现象”。

检索中的“博物馆现象”，即迷航问题，是指用户在浏览超文本文档时，可能遇到许多的交叉连接链，沿哪个链“航行”，需要做出选择，稍有不慎，就会迷失方向。一方面，由于超文本检索系统的结构很灵活，用户浏览的自由度很大，浏览时在系统中任意跳转容易迷航；另一方面，在大型的超文本检索系统中，随着节点和链路的增多，超文本网络将变得异常庞大，用户在这种网络中航行，极易迷失方向，难以找到精确的位置。

(2) 不提供直接检索。

浏览时，虽然用户不必了解检索语言和检索策略就可以进行检索，但只能靠浏览发现相关主题、扩大检索范围或调整检索主题，不能直接对所需信息(不局限于主题词，而且可以是任意的字、词等概念)进行直接查找，使得用户只能选择一个入口，靠浏览逐步去找。此过程中会不断有新鲜的主题跳出来吸引检索者的注意力，用户很可能“误入歧途”，完全忘了原先的检索目标。国外一些学者称此为“艺术博物馆现象”，意指检索超文本可能与浏览艺术博物馆一样会出现以下现象：参观者花一整天时间观赏了博物馆中大量精品后，却发现自己什么印象都没有获得，根本无法向人描述自己一天中所看到的内容。面对错综复杂多方位联想，选择链路，查看节点内容及判断取舍，不仅花费大量的脑力，而且速度相当慢。

(3) 无法支持动态链路。

节点间的链路是由系统设计者根据关键字之间的关系，决定并设计好固定在系统中的。链路链接是静态的，无法动态地按照用户的意愿，随时根据查找的结果和思路创建、修改和删除链路，不能实现真正的自由联想。

虽然超文本检索技术还处于起步和发展阶段，其自身理论还不够完善，在很多方面还不够成熟，但它解决了顺序检索中信息定位和不同库之间转换的耗时问题，并且符合人脑思维模式对信息进行检索，能充分发挥人的潜力，利于人们进行思考和学习。

7.3 查询服务

查询(Query)服务就是在信息索引库的基础上，接受用户查询请求，并到索引库检索相关内容，返回给用户。主要有以下三部分组成。

(1) 用户查询理解。即尽最大可能理解用户通过查询串想要表达的查询目的，并将用户查询转换为后台检索使用的信息模型。

(2) 根据用户查询的检索模型，在索引库中检索出结果集。

(3) 检索结果排序。通过特定的排序算法，对检索结果集进行排序。

由于 Web 数据的海量性和用户初始查询的模糊性，检索结果集一般很大，而用户一般不会有足够的耐心逐个查看所有的结果。所以，对查询结果的排序就成为衡量搜索引擎质量的一个重要指标。

7.3.1 查询器原理

查询器是搜索引擎系统中最后一个环节，是最终和用户打交道的用户搜索界面。查询器是通过 Web 页接受用户输入的查询词并切分用户输入的字串，访问倒排档索引文件检索出所有符合检索条件的文档，并对其进行交集运算和排序运算，最后得到最终的结果文档，再从各文档中提取摘要信息写入用户反馈的网页中。查询流程如图 7-3 所示。

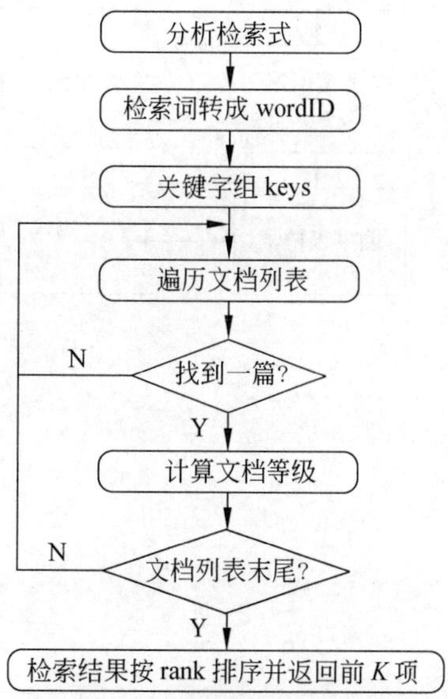

图 7-3　查询器原理流程

图 7-3 中，首先接受用户输入的检索表达式，进行分析得出各项检索要求，提取检索词并转成 wordID，接着到文档列表里进行关键字查词，遍历文档列表直到匹配所有的词条，找到一篇就计算网页等级。当所有的查询关键字都遍历完索引库后，需要对网页的相关度进行排序，每个网页都是一个基于自身内容的关键字集，且网页根据每个关键字在网页中的重要性，对关键字设了一个权值。当此网页包含查询串中的某一个或多个关键字时，这些关键字的权值相加得到的值，就是此网页与用户查询串的相关度，相关度越高，网页排序就越靠前。当查完了所有的文档列表

后，就对检索结果进行排序并返回前 K 项。

性能良好的搜索引擎有上亿个文件，因而同时出现一个词的文件数也会多达上万个，所以查询器在查询时不可能一次性将所有的文件都处理一次，只能采用分页调入或其他策略来解决这一问题。因为有时查询结果有上千万条，这样不可能对所有的结果文件都进行运算和处理。目前的搜索引擎查询器分页采用的是缓存与多次查询相结合的机制。当用户第一次查询时，查询器遍历完索引库后，并未对所有得到的网页进行相关度的计算，而只是对一部分网页（比如 10 个返回网页的网页数）的相关度进行了计算，然后返回第一个页面给用户，其他 9 个页面的结果放在某个固定的加了标识的服务器内存区域中，相当于缓存了一部分搜索结果。当用户翻页时，会先从缓存中查看此页是否被缓存，如果是，则取出；如果不是，则再进行索引检索，取出此页面的内容返回给用户，并更新缓存。这种方式的分页机制可以根据不同的硬件和搜索网站的并发情况，对缓存进行动态的配置。这是一种很好的分页方式。

7.3.2 搜索引擎检索过程

1. 搜索引擎采用的检索模型

搜索引擎采用了布尔模型和向量空间模型结合的方法来进行信息检索，布尔模型的检索效率高且易于实现；向量空间模型能够提高检索的相似度，通过相似度排序的手段能够大大改善查询效果。因此搜索引擎将二者的优势相结合，完整的检索过程如图 7-4 所示。

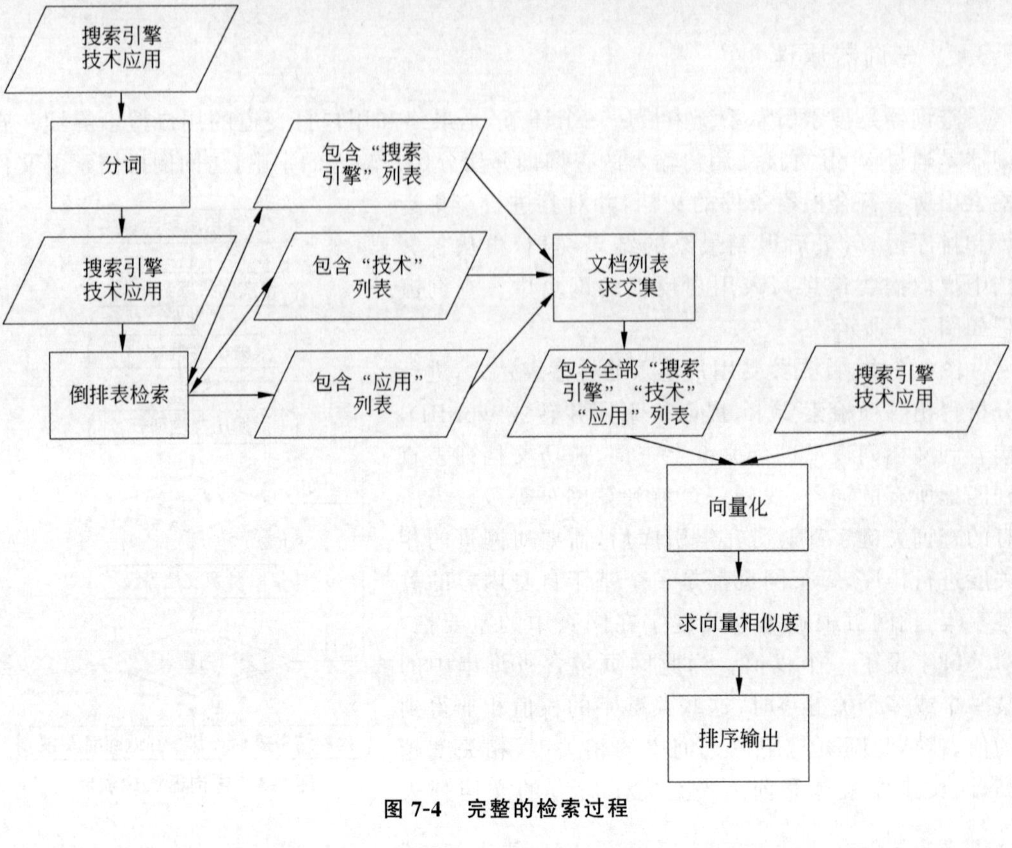

图 7-4 完整的检索过程

在图 7-4 中，方块为计算部分，斜方块为数据部分；详细的检索过程如下。

(1) 对查询词进行分词，得到一个逻辑表达式。例如，查询“搜索引擎技术应用”，将会被切分成“搜索引擎”“技术”“应用”这 3 个词。并且转换为用 AND 逻辑表示的表达式，即“搜索引擎”AND“技术”AND“应用”。

(2) 采用布尔模型的方法得到结果文档列表。例如，从倒排索引中提取包含“搜索引擎”关键词的文档列表、包含“技术”关键词的文档列表、包含“应用”关键词的文档列表。并将检索出的文档列表求交集，得到既包含“搜索引擎”，也包含“技术”“应用”的文档列表。

(3) 将上一步得到的文档列表中的全部文档和查询词分别向量化，并求向量间的相似度。

(4) 按照相似度排序输出检索结果。

综上所述，全部过程包括分词、文档列表求交、向量化并求向量夹角及排序这 4 种计算，并且这 4 项计算依次完成。

2. 分词计算

采用正向最大匹配算法。这是基于字符串匹配的一种分词方法，其主要的算法思想是，选取包含 6～8 个汉字的符号串作为最大符号串，把最大符号串与词典中的单词条目相匹配，如果不能匹配，就削掉一个汉字继续匹配，直到在词典中找到相应的单词为止。匹配的方向是从左向右。假设要分词的语料为“搜索引擎技术应用”，设定一个最大词长为 5。

P_1＝“搜索引擎技术应用”，MAXLEN＝5，P_2＝“”。

(1) P_2＝“”；P_1 不为空，从 P_1 左边取出候选子串 M＝“搜索引擎技”。

(2) 查词表，M＝“搜索引擎技”不在词表中，将 M 最右边一个字去掉，得到 M＝“搜索引擎”。

(3) 查词表，M 在词表中，将 M 加入到 P_2 中，P_2＝“搜索引擎/”，并将 M 从 P_1 中去掉，此时 P_1＝“技术应用”。

(4) P_1 不为空，于是从 P_1 左边取出候选子串 M＝“技术应用”。

(5) 查词表，M 不在词表中，将 M 最右边一个字去掉，得到 M＝“技术应”。

(6) 查词表，M 不在词表中，将 M 最右边一个字去掉，得到 M＝“技术”。

(7) 查词表，M 在词表中，将 M 加入到 P_2 中，P_2＝“搜索引擎/技术/”，并将 M 从 P_1 中去掉，此时 P_1＝“应用”。

(8) P_1 不为空，于是从 P_1 左边取出候选子串 M＝“应用”。

(9) 查词表，M 在词表中，将 M 加入到 P_2 中，P_2＝“搜索引擎/技术/应用/”，并将 M 从 P_1 中去掉，此时 P_1＝“”。

(10) P_1 为空，输出 P_2 作为分词结果，分词过程结束。

最大匹配算法也同样存在一些不足，对于词长的确定无法做到恰当，掩盖了分词歧义。目前，还没有一种分词方法能够解决全部的问题。采用字典分词的方法是目前主流的分词方法，但是字典总是滞后于语言的发展。很多新兴的词汇需要及时地收录进词典，才能不断完善分词系统。

3. 多文档列表求交计算

在实际的查询中,包含一个或者多个查询词。有时一个查询词也会因为分词而分解出多个词,因此可能包含如下 3 种情况。

(1) 查询单个词:例如,查询“基础”。

(2) 查询多个词:例如,查询“搜索引擎 基础”,搜索引擎默认查询词中间空格表示用户主动的分词,认为是一次多词查询。

(3) 查询一个词:由于被分词而成为实际的多词查询。例如,查询“搜索引擎基础教程”将会被分解成为“搜索引擎 基础 教程”。本质上和第 2 种类型相当。

对于第 1 种情况,只需要在倒排索引表中检索出一个关键词对应的文档列表。由于检索结果是单个文档列表,因此不需要进行多文档列表求交的计算过程。

对于第 2 种和第 3 种情况,都需要进行多文档列表的求交计算。例如,在倒排索引表中检索出包含“搜索引擎”一词的文档列表为 $doclist_1(1,5,9,12)$,表示这 4 个文档编号的文档合有“搜索引擎”这个词汇。同理,假定包含“基础”的文档列表为 $doclist_2(5,9,11,12)$,包含“教程”的文档列表 $doclist_3(1,9,12,15)$。这样同时包含“搜索引擎”“基础”“教程”这 3 个关键词的文档为 $doclist_1 \cap doclist_2 \cap doclist_3=(9,12)$。“$\cap$”表示文档列表间的求交运算符。

这种查询的具体过程是:首先在倒排索引表检索出文档列表组 $Doclist<doclist_1, doclist_2, \cdots, doclist_n>$,其中,从 T_i 检索出的文档列表为 $doclist_i$。由这次查询返回的结果为 $doclist_1 \cap doclist_2 \cap \cdots \cap doclist_n$,查询返回的结果文档中包含全部查询词。

4. 向量化

在向量空间模型中,分为以下 3 个步骤进行检索。

(1) 把原始查询和文档都看作是文本,使用同样的向量化过程分别得到查询向量和文档向量。

(2) 通过计算向量相似度的方法计算原始查询和文档的相似度。

(3) 按照与查询词的相似度从大到小排序文档,返回给用户。

向量包含两层含义,即长度和方向。长度用向量的模表示,向量的模(长度)的计算公式为向量每个分量的平方和后开方。由于向量具有方向,所以方向上的差异也就是角度上的差异被用来量化向量的相似程度。

将各种不同的关键词看作不同的维度,那么每个文档按关键词进行向量化,得到向量中每一个分量可以理解为向量在每个关键词维度上的投影。这一点不难理解,三维坐标上描述一点采用的方式为(a,b,c),表示向量在 X 轴上的投影为a,在 Y 轴上的投影为b,在 Z 轴上的投影为c。在这里只是把代表三维空间中 3 个轴转换为 n 个关键词的 n 维空间,这样每一个查询句子和每一个文档都可以用这个 n 维空间来表示。

假定汉语的词汇表只有“搜索引擎”“基础”和“教程”这 3 个词,那么这 3 个词组成的向量空间就是我们熟悉的三维空间。

对于“搜索引擎技术,搜索引擎教程”这个句子,通过计算每个词汇的出现次数,得到“搜索引擎”出现两次,“技术”出现一次,“教程”出现一次。将 3 个词的维度理解为三维空间的 XYZ 轴,这样在词汇表构成的向量空间内表示为向量$(2,1,1)$。可以理解为对 3 个轴的投影分别是 2,1,1,物理含义为这些关键词在查询句子中分别出现的次数,同时注意这里向量的方向性用箭头表示。

现在扩展到四维空间上理解,假定词汇表中还包括“检索模型”一词,这样对于“搜索引擎技术,搜索引擎教程”这个句子进行向量化的结果可能是(2,1,1,0),其中,四维空间的第四维表示“检索模型”。由于这个句子中没有出现“检索模型”,因此它在这个关键词维度上的投影为 0。

向量化的过程就是对一个文档按照关键词的维度进行向量化,每个向量的分量可以理解为包含这个词的权重。出现次数多的词权重就较大,对向量方向的影响力也较大。为了使不同文档和查询词的相关性具有比较性,保证对大文档和小文档做到公平,还需要对关键词的出现次数做归一化的工作,即转换为词频(词数/总词数)作为向量的分量。因此在上面的例子中,“搜索引擎”的词频为 2/4,“基础”的词频为 1/4,“教程”的词频为 1/4。所以,在关键词向量空间下,这个查询词被向量化为(2/4,1/4,1/4)。

在向量化的工作完成后,就需要解决计算文档和查询词相似度的问题。向量空间模型中一般采用向量之间的夹角余弦值作为向量是否相似的度量依据。

向量间的夹角余弦的计算公式为:

$$\cos\theta = \frac{\boldsymbol{a} \cdot \boldsymbol{b}}{|\boldsymbol{a}| \times |\boldsymbol{b}|}$$

其中,$\boldsymbol{a}$,$\boldsymbol{b}$ 表示向量,· 表示向量的点乘,$|\boldsymbol{a}|$表示向量的模,或者向量的长度。

在实际计算中,如果向量 $\boldsymbol{a}$ 表示查询向量,向量 $\boldsymbol{b}$ 表示文档向量,在计算查询向量和一组文档向量的相似度时,查询向量总是不变的,或者说对每个文档向量来说查询向量都是相同的。因此相似度计算中是否除以$|\boldsymbol{a}|$,对将来进行的相似度排序没有影响,可以作为公共因子消去。计算相似度实际只需要计算$|\boldsymbol{a}| \times \cos\theta$。即:

$$|\boldsymbol{a}| \times \cos\theta = \frac{\boldsymbol{a} \cdot \boldsymbol{b}}{|\boldsymbol{b}|}$$

7.3.3 检索结果排序

搜索引擎的目的是快速响应用户检索需求,把满足用户需求的一组文档提供给用户。能否把与用户检索需求最相关的高质量文档纳入结果排序的前面是衡量搜索引擎性能的关键技术之一。

目前,不同的搜索引擎使用了不同的相关度排序方法。比较流行的有两类:词频统计法,即网页文档中出现查询词的频率越高,其排序就越靠前;超链接分析法,即一个网页被链接的次数越多而且链接的站点越权威就说明此网页的质量越高。此外,还有点击率法,即网页被单击的次数越多,相关度越高;付费竞价法,以网站付费的多少来决定排序前后。下面主要介绍词频统计法和超链接分析法。

1. 词频统计法

词频统计法也就是向量空间模型采用的相似度计算方法。许多搜索引擎都以索引项的词频和位置作为相关度的判定标准,采用前述的词频加权方法来计算相关度。一个词在网页文档中出现频率越高,它代表该文档主题的程度就越大,其作为索引项的准确性也就越高，权值就越大。在与查询词匹配时，它所代表的文档与查询请求的相关度就越高。除词频外，一个词在文档中的位置也对索引器选词和计算词的权值产生影响。例如，在网页 title 标签、链点标签、Meta keyword 标签、Meta description 标签中选词并按词频计算权值时，或索引项出现在网页标题、文章前几段、段首等位置时，其权值会加大。虽然大多数搜索引擎都以词频和词的位置来计算相关度，但在细节上又各有不同。在计算网页的相关度时，其中各词的关系和词间相对位置也是影响因素。网页中各词相互距离越近则结果排序越靠前。以词频和词位置计算相关度的方法是较为客观准确的，它是应用最为广泛也最成熟的方法，各大搜索引擎迄今仍以它为计算相关度的基本方法。但它较易为人利用来实现不良竞争，轻易地把其网页设计修改成"含有关键词的网页"，从而在搜索引擎结果中排在前面。这使搜索引擎结果的客观性和准确性受到侵害，检索的查准率受到影响。各大搜索引擎于是实施了各种反操纵技术和惩罚措施，特别是在网页本身之外另辟蹊径，寻找相关度的判定标准，其中最主要的就是下面所述的超链接分析法。

2. 超链接分析法

面对网络这个新的环境，必须使用新的排序技术才能达到较好的检索效果。由此，基于超链接分析的各种排序算法被搜索引擎界提出。绝大部分超链接分析算法都有共同的出发点：更多地被其他页面链接的页面是质量更好的页面，并且从更重要的页面出发的链接有更大的权重。最著名的链接分析法是 Brin.S 和 Page.L 于 1998 年提出并应用到 Google 搜索引擎中的 PageRank，以及 IBM 用于 CLEVER 搜索引擎的 HITS(Hypertext Induced Topic Selection)。

1) PageRank

PageRank 链接分析法是最早并且最成功地将链接分析技术应用到商业搜索引擎中的算法，它的基本出发点是试图为搜索引擎所涵盖的所有网页赋予一个量化的价值度。每个网页被量化的价值通过一种递归的方式来定义，由所有链接到该网页的价值程度决定。显然，一个被很多高价值网页所指向的网页也应该具有很高的价值。这种规则可以用一种随机网上冲浪(surfer)的模型来描述，具体来说，如果假设冲浪者跟随链接进行了若干步的浏览后转向一个随机的起点网页又重新跟随链接浏览，那么一个网页的价值程度值就由该网页被这个随机冲浪者所访问的频率所决定。

PageRank 是表示网页重要性的综合性指标，得到了高评价的重要网页会被给予较高的 PageRank(网页等级权值)，因此，在检索结果内的名次也会提高。PageRank 具体的计算公式是：

$$\mathrm{PR}_n(A)=(1-d)+d\times\left(\sum_{i=1}^{m}\frac{\mathrm{PR}_{n-1}(T_i)}{C(T_i)}\right)$$

其中，$\mathrm{PR}_n(A)$是网页 A 的 PageRank 值，反映了网页 A 的重要程度。$\mathrm{PR}_{n-1}(T_i)$是指网页 T_i 存在指向 A 的链接，并且网页在上一次迭代时的 PageRank 值，$C(T_i)$是指网页 T_i 的外链数量，T 是网页总数，d 是大于 0 小于 1 的衰减，系数一般取值为 0.85，表明用户在 T_i 继续浏览的平均概率。d 的引入，是因为用户不可能无限地单击链接，可能会随机跳入另一个页面。d 的值越高，继续单击链接的概率就越大。由此，所有页面的网页等级权值形成一个概率分布，所有页面的网页等级权值之和是 1。由上式可见，链接指向某网页

t 的网页越多，t 的权值越高；链接指向 t 的网页 t_i 的权值越高，t 的权值也越高；链接指向 t 的网页 t_i 中，链出的个数越多，t 的级别越低。

对于公式来说，若网页较少时，可以通过解方程计算。但面对因特网海量的网页，只能采用一种迭代的方法计算。也就是先给每个网页一个初始值，然后利用上面的公式，循环进行有限次迭代运算得到近似的网页权值。在迭代的过程中，每个网页的网页权值的和收敛于整个网络的网页总数。PageRank 给出每一页面的网页等级权值，作为搜索引擎结果排序的一个参考，权值越高的页面排序越靠前。Google 就是利用 PageRank 和词频统计等因素相结合的方法对检索出的大量结果进行相关度排序，将等级值高的网页尽量排在前面。

尽管 PageRank 充分利用了 Web 独有的链接结构特点且效率相当高，但在计算网页等级权值时，却未考虑用户提出的查询请求。因此 Cornell 大学的 Kleinberg 提出了一种 HITS 链接分析法来评定网页内容的重要性。

2）HITS

Kleinberg 认为网页的重要程度是与所查询的主题相关的。在 HITS 中，Kleinberg 提出了权威性网页(authority)的概念。因特网上一个广义的主题包含大量显著的权威性网页，这些权威网页从链接结构的角度来看应该是被大量的超链接所指向的，也可以说是被大量的网页作者所认可的，然而仅通过这种计算链入数目的机制来描述因特网环境中网页的权威性在实际中仍会有很多问题。在很多情况下，同一主题下的权威网页之间并不存在相互的链接(相互间并不"认可")。例如，Microsoft 和 Netscape 虽然都是浏览器主题中的权威站点，但它们却并不存在相互的链接。然而，它们通常同时被一些不知名的网页所共同指向。Kleinberg 称这种网页为中心性网页(Hub)，它们指向多个主题相关的权威网页。通过这两种不同类型的网页(权威网页和中心性网页)，链接结构可以描述为它们之间的一种依赖关系：一个好的中心性网页应该指向很多好的权威性网页，而一个好的权威性网页则应该被很多好的中心性网页所指向。

基于以上这种链接结构描述的概念，可以定义一种区分网页价值程度的度量。具体来说，首先利用一个搜索引擎获取一个与主题相关的网页根集合(root set)，然后向根集合扩充那些指向根集合中网页的网页和根集合中网页所指向的网页，这样就获得了一个更大的基础集合(base set)。假设最终基础集合中包含 N 个网页，那么对于 HITS 来说，输入数据就是一个 $N \times N$ 的相邻矩阵 $\boldsymbol{A}$，其中，如果网页 i 存在一个链接到网页 j，则 $\boldsymbol{A}_{ij}=1$，否则 $\boldsymbol{A}_{ij}=0$。

HITS 为每个网页 i 分配两个度量值：中心度 h_i 和权威度 a_i。设向量 $\boldsymbol{a}=(a_1, a_2, \cdots, a_N)$ 代表所有基础集合中网页的权威度，而向量 $\boldsymbol{h}=(h_1, h_2, \cdots, h_N)$ 则代表所有的中心度。最初，将这两个向量均置为 $u=(1,1,\cdots,l)$。操作 In(a)使向量 $\boldsymbol{a}=A^{\mathrm{T}}h$，而操作 Out($h$)使向量 $\boldsymbol{h}=Aa$。反复迭代上述两个操作，每次迭代后对向量 $\boldsymbol{a}$ 和 $\boldsymbol{h}$ 规范化，以保证其数值不会使计算溢出。Kleinberg 证明经过足够的迭代次数，向量 $\boldsymbol{a}$ 和 $\boldsymbol{h}$ 将分别收敛于矩阵 $\boldsymbol{A}^{\mathrm{T}}\boldsymbol{A}$ 和 $\boldsymbol{A}\boldsymbol{A}^{\mathrm{T}}$ 的主特征向量。通过以上过程可以看出，基础集合中网页的中心度和权威度从根本上是由基础集合中的链接关系所决定的，更具体地说，是由矩阵 $\boldsymbol{A}^{\mathrm{T}}\boldsymbol{A}$ 和 $\boldsymbol{A}\boldsymbol{A}^{\mathrm{T}}$ 决定的。

3）两种链接分析法的比较

HITS和PageRank都是通过网页被链接的数量和质量来确定搜索结果的排序权重。PageRank实质上是一种通过离线对整个因特网结构图进行幂迭代的方法。PageRank所计算出的价值度的值实际上就是因特网结构图经过修改后的相邻矩阵的特征值。对这些值的计算有非常有效的方法(事实上,仅需要若干次的迭代计算即可以得到),因此能够很好地应用到整个因特网规模的实践中。这种方法的另一个主要优点是所有的处理过程都是离线进行的,因此不会为在线的查询过程付出额外的代价。但是,PageRank算法也同样存在一个显著的问题,即价值度的计算并不是针对查询的。

HITS在概念的定义上比PageRank算法多提出了一个中心性网页的概念。通过中心网页和权威网页的相互作用,HITS更好地描述了因特网的一种重要组织特点：权威网页之间通常是通过中心网页而彼此发生关联的。HITS和PageRank相似,也是通过迭代的方法计算相邻矩阵的特征向量。但HITS所针对的不是整个因特网结构图,而是特定查询主题的因特网子图。这样可以使HITS算法的迭代收敛速度比PageRank要快得多。但因为与查询相关,所以查询过程需要考虑排序的代价。另外,除非为HITS中所考虑的链接赋予适当的权值,否则,相邻矩阵的主特征向量并不能反映最合理的网页价值度排列。并且,即便对子图中的边赋予了适当的权重,如果子图的相邻矩阵是一个可约减的矩阵(例如图中有多个不连通的部分),那么很多有价值的网页仍将无法在主特征向量中得到体现。更为严重的是,在对很多广义主题进行查询时,HITS会错误地将许多与主题无关的网页赋予很高的价值度。例如,当查询“电影奖”时,得到的结果却是许多电影公司的主页。这是因为和“电影奖”有关的网页通常会链接向电影公司的主页,由于电影公司主页的商业性,大量的链接会发生在这些公司主页之间,从而错误地诱导了HITS分析法。这种现象通常被称为主题漂移(topic drift)。最后,应该注意到HITS分析法所作用的查询子图是根据查询关键词在线构造的。通过常规的方法将无法满足在线查询响应时间的要求,但是,如果借助专用的连接服务器,查询子图的构建时间将是毫秒级的。此外,HITS分析法还避免了许多想通过增加许多无效链接来提高网页PageRank值的作弊方法。

PageRank分析法是对Web的整体分析,通过模拟用户在Web上的随机链接访问对每一个网页计算其PageRank值。因此该方法是独立于用户查询的,可以对用户要求产生快速的响应。HITS分析法是对Web的局部分析,是根据特定的查询产生不同的根集,然后计算网页的权威度和中心度值,因此,是依赖于用户查询的,实时性差。尽管实时性差,但实验数据表明,HITS分析法由于依赖于用户查询,HITS的排名准确性要比PageRank高。

目前大多数搜索引擎,如Google均采用以PageRank为基础的改进方法,结合词频统计得到的权值、超链接分析权值以及对用户行为分析等因素进行综合分析计算的权值,得到最终排序权值。

7.3.4 自动摘要生成

1. 自动摘要技术的发展

自动摘要就是利用计算机自动地从原始文献中提取摘要。文摘是准确全面地反映某一文献中心内容的简洁连贯的短文。自动文摘的研究是由 H. P. Luhn 于 1952 年开始的。1958 年,他发表了一篇题为 *The Automatic Creation of Literature Abstracts* 的论文,从此揭开了计算机编制文摘的序幕。

在这之后的六十多年发展过程中,自动摘要的研究在不同应用领域都取得了重要的发展。在自动摘要的发展过程中,逐步形成了两类:基于文本中关键词/短语出现频率的概率统计等方法和基于语义分析和领域知识的文本理解的方法。并随着研究技术的不断发展,形成两大类方法综合起来进行自动摘要的发展趋势。

2. 基于概率统计的方法

概率统计的方法,是将文本看作字符序列进行统计,进行统计的是关键词在文本中出现的频率,并以此作为摘要提取的基石。包含高频率关键词的句或段落,就作为摘要的备选内容。相关关键词的生成也可分为两类:用户给定和关键词自动生成,即与领域相关和领域无关的概率统计方法。

统计概率的方法,通常有以下几个步骤。

(1) 统计关键词词频,并据此计算关键词的权值。权值计算根据:

① 频度。在一篇文档中,关键词出现的次数。

② 文档数。关键词在文档集中出现的文档的数量。

③ 总频数。关键词在所有文档中出现的总次数。

这 3 个量彼此相关。

(2) 计算句子权值,据此抽取关键句作为自动摘要的集合。另外,段落的段首句、段末句常常也包含文本的主旨,它们被赋予较高的权值。

(3) 摘要的生成。把抽取的句子按照权值大小为序生成摘要,以及按照句子描述事件的先后顺序输出。

概率统计方法仍然存在着一些不足之处。一是关键词的权值由频度的高低决定,但高频度出现的词不一定是关键词;二是该方法忽略了文章结构;三是该方法忽略了关键词之间的语义。

3. 基于文本理解的方法

基于文本理解的自动文摘,是以人工智能技术,特别是自然语言理解技术为核心提出来的方法。与统计分析方法的不同之处,是在对文本进行语法结构分析的同时,还利用领域知识对文本的语义进行分析,通过判断、推理,得出文摘的语义描述,最后根据语义描述自动生成文摘。

基于文本理解的自动文摘,通常包括以下几个步骤。

(1) 语法分析。利用词库、句法结构库对文本进行分词、词语标注。由于树有很好的结构特征,如层次、相邻节点的关系判断,方便的回溯操作等,使得词语标注大多以树的形式来表示。

(2) 语义分析。最主要的方法是进行文本标注,通过标注表示词之间的前后依赖关系、句之间语义衔接关系、段之间语义聚合或转移关系。再运用领域知识库所描述的知识,把语义标注通常是语法树的形式转换为其能“理解”的语义网络。

4. 基于篇章结构的方法

由于概率统计忽略了文本语义，而基于文本的理解又需要建立完整的、庞大的语料库，这还是一个难点。因此，结合概率统计和文本理解的方法，综合各自的优势，研究人员提出了有别于上述两种方法的其他方法。

文本的字、词、句、段落构成了一个有机的结构体，它们处于不同的位置，承担着不同的功能，各部分之间存在复杂的网状关系。而且，文本的篇章结构不受具体知识领域的限制。因此，文本的组成结构分析清楚了，文本的中心含义就能确定。但由于对文本结构的分析，在语言学上还有待进一步研究，因此，给研究人员对于文本的篇章结构分析就不尽相同。

在统计分析中对于字、词，在理解分析中对于句的标注等都进行了分析。但是，构成文本的段落却被忽视。由于很难去理解文本段落的语义，同时不同文本段落数、段落的长短差别较大。由此使得自然段落间的语义复杂，造成难于直接从自然段落中提取语句。因此，在篇章结构分析中，不直接处理自然划分的段落，而是按照语义对段落进行划分。通常，对于同一个主题/子主题，作者会用连续的多个段落来描述。这样就可以把这些段落划分成一个语义段。一篇文本就由多个语义段组成，抽取每个语义段的主题就能够形成文本的摘要。

如何划分语义段呢？

语义段的基本想法是在一篇文章中寻找从一个主题转到另一个主题的变换部分。目前主要采用的有以下 3 种。

(1) 向量空间(Vector Space)。该方法主要分为两步：一是用向量表示段落或句子。二是用内积度量段落或句子间的紧密程度。内积可以用向量的夹角来计算。

(2) 文本块比较法(Block Comparison)。类似于向量空间，唯一的区别是计算文本块的词条的权重时，只利用文本块内词条的出现频度，而不利用文档数。

(3) 新词引入法(Vocabulary Introduction)。这种方法利用文本块中新词的个数来分析，即认为文本子主题的变化是通过新词的引入进行的。可以通过计算新词的引入量来判定段落或句子语义的变化。

5. 自动编制摘要应考虑的因素

自动编制摘要需要智能化地从文献中提取信息，在这个智能化过程中，可供考虑的因素有许多。

1) 篇章结构特征

(1) 标题。文献的标题、副标题、段落小标题是作者给出的提示文章内容的短语，往往就是论文或其段落的纲要。

(2) 位置。美国的 P. E. Baxendale 分析了 200 个典型的文献段落后发现，段落的论题是段落首句的概率为 85%，是段落末句的概率为 7%。前言、结论、第一章节、第一自然段、最后一段等中的句子往往能揭示文献的主题内容，因此应对这些特殊位置的句子赋予较高的权值。

2) 词的意义及数量特征

(1) 指示词。一般地，很多文献中都包含“本文论述了”“本文的目的”“综上所述”等类似字串的句子。这些字串称为“论题提示字串”或“主题提示句”。它们往往高度概括了文献主题，是很好的文摘候选句。

(2) 线索词。确定句子的权值，应考虑某些特殊的限制词，如“obviously”“impossible”等。事先在提示词典中存储一些限制词，表示肯定的词权值为正，表示否定的词权值为负，无效的词权值为零。句子的权值等于其中各词的权值之和。与主题词的相似程度：利用选定的词表，判断文本中的词与文献主题词是否同义词、近义词或有某种关联关系。相似程度越大，词的权值就越大。

(3) 词频。许多文摘的研究是以对原文的词频统计为基础的。是基于这样一种观点，即文献的主要内容可用该文献中含有最重要情报的句子的集合来表达，最重要的句子是含有该文献重要词汇的集合的句子，而该文献中经常使用的频率最高的词汇是最重要的词汇，但应剔除那些频率很高的无效的实义词。

3) 句法结构特征

(1) 句式。有研究表明，句子的重要性与句式之间有一定关联。文章中重要的句子往往是陈述句。因此选择文摘句时，尽可能地抽取陈述句，应避免疑问句、感叹句进入文摘中。

(2) 句长。体现文章主题内容的句子往往是高度概括的句子。因此文摘句应选择那些较精练简短的句子，过度冗长的句子通常不适合选入文摘中。

4) 排版特征

在排版软件日臻完善的前提下，对机读文献的排版格式也提出了具体的要求。编者往往通过特殊格式突出文献的主题内容：如加大字号、改为粗体或改为特殊字体，加下画线、文字居中排列、加标号、增大缩进量、加阴影、加边框、超级链接等。确定词或句子的权值时，应考虑这些特殊的格式特征，适当地将权值加大。

5) 标记文本的格式符号

对于如今大量的标记文本如 HTML 文件，可以根据文件中表示格式的符号抽取摘要，如<HEAD>与</HEAD>、<TITLE>与</TITLE>之间的文字可作为摘要的候选文字。

7.4 相关性

对于一个由给定的查询所得到的文档，不同的人对于这些文档的相关与不相关会做出不同的判断。因此通过实验判断文档的相关性时，必须抽取一些具有代表性的查询，而且用户也是那些具有同一信息需求的用户。由符合以上规则的一组专家共同给出相关性评估，这样可以保证对于某个查询，它所对应的结果的相关性都是确定的。这是对信息获取系统进行客观正确评价的前提。

7.4.1 相关性的特征

在信息检索中，“相关性”主要是指检索系统针对用户的信息需求从文档集合中检出的文档与用户需求之间的一种匹配关系。自然，这是对“相关性”概念的一种十分粗泛的描述。在研究过程中,为了弄清相关性概念的本质,人们曾尝试使用大量意义相近的词汇来描述、刻画相关性内涵的各个不同侧面。目前,“相关性”已拥有众多定义,但其中还没有出现一个能够被广泛接受的、公认的准确定义。概括起来说,相关性概念具有以下本质特征。

1. 关系

关系是“相关性”最核心的本质特性。虽然传统的观点认为“相关”是对系统与用户之间连接有效性的判断,但新的研究观点则认为,它是对信息与信息用户需求之间关系性质的判断。

2. 直觉的

没有人能够向信息检索系统的用户解释相关性是什么,用户只是靠直觉来理解相关性。正如集合论中“集合”概念的直觉性一样,信息检索中的“相关性”也具有直觉性。对任何学科来讲,要给某一直觉概念下精确定义都是很困难的,而且无论何种定义都会存在商榷的余地。

3. 多维的

“相关性”是一个多维的认知概念。首先,相关性概念涉及多个不同维度的匹配要素,如匹配双方、匹配动因、匹配标准、匹配环境等;其次,相关性判断存在着一个由简单到复杂,不同层次的相关匹配水平,如形式相关、语义相关、语用相关等。事实上,相关性概念不是单一的,而是包含多组各种各样的相关性。

4. 动态的

相关性的动态特性是非常明显的。受用户的知识水平、检索经验、信息需求的动机、情景及任务等众多因素的影响,对于同一批文档,不同用户基于同一检索提问,通常会做出不同的相关性判断;即使是同一用户,随时间、地点、自身知识状态的变化,对同一检索系统输出的有关同一提问的结果文档,其相关性判断结果也会有一定的差异。另外,文档之间的关联和相互依赖,也会影响到对它们的相关性判断,例如,对首先阅读文档的相关性判断可能会影响到对后面其他文献的相关性判断。如此种种情形,无不体现出相关性的动态性和不确定性。

7.4.2 相关性类别

相关性是一个相当复杂的概念,包含丰富的研究内涵。为更清晰地描述其研究状况,米扎罗在对近四十年多达 160 篇的相关性研究文献进行总结、分析时,提出从 7 个不同方面来归纳相关性的研究成果与结论。

1. 基础

相关性问题可以从不同的研究视角来探讨,基础研究主要涉及使用不同的数学工具和概念化方法来认识或定义相关性。

目前,研究人员已从不同的理论基础,如概率论、数理逻辑、心理学、情景理论等,来寻求对相关性概念的认识和理解。

2. 类型

相关性具有多种不同类型,不同的环境研究,关注不同类型的相关性,而每一种相关性也各有优劣和长短。

目前,对相关性类型的研究,已如同相关性的定义一样复杂多样。

3. 匹配替代物

在进行相关性匹配时,考察使用信息与用户信息需求的各种替代物将会如何影响相关性判断效果,是进行匹配替代物研究的基本思路。

目前,许多研究结论倾向于认为,增加替代物的长度,不会造成相关性判断效果的恶化。具体情况为:对于不同的替代物来说,题名最差,其次分别为关键词、文摘等。不过也有研究人员认为,单纯的"长度假设"太过肤浅,例如,除关键词的数量外,也应该考虑其质量,即关键词能否表达文档的内容。

4. 准则或标准

相关性匹配准则(或标准)研究主要致力于阐述除"主题"外,用户在表达其相关性判断时还会使用哪些标准。

有关研究表明,除主题因素外,可以用作相关性判断的标准还有很多,例如,文档类型与结构、用户信息需求表达方式、判断者的特性、表达相关性判断的方式与语境等。对新型匹配标准的确立与深入认识,非常有助于新一代信息检索系统的研制与开发。

5. 动态性

相关性是一种动态现象,动态性研究主要分析相关性判断随时间变化和文档出现顺序的不同而变化的情况。

虽然很早人们就认识到了相关性的动态特征,但具体的研究工作则开始于20世纪80年代,其中,研究较集中的问题有:文档出现次序对相关性判断的影响,用户信息需求及提问的动态特征,相关性测度的时间点选取等。动态性的研究,使人们更加清醒地意识到,信息检索系统需要连续的、双向的信息交流与通信机制,通过不断的迭代与交互,才能实现更有效的"人机沟通"。

6. 表达方式

人类的很多判断行为都是直觉的、非一致的,包括相关性判断。表达方式主要研究、发现一致性良好的相关性判断的表达方式、各种不同表达方式之间的对照与比较等问题。

目前,研究人员运用一些心理学工具和方法,提出并在研究实验中使用了多种不同的表达相关性判断结果的方式,例如,二分(dichotomous)方式、分级度量(category rating scales)方式、量值估计(magnitude estimation)方式等。其中,二分方式就是yes/no方式,即判断的结果只有"相关"和"不相关"两种情形;分级度量方式使用包含有限个元素(以3～11个最为典型)的度量制,从中选用一个元素值对相关性判断加以表达;而量值估计方式则使用正的有理数来刻画相关性的判断结果,在具体应用中,又有数值估计(numeric estimation)、线长(line-length)和力量手柄(force hand grip)等不同形式。对这些表达方式进行比较研究后发现,量值估计方式是一种有效而可靠的相关性判断表达方式,其性能优于二分方式和分级度量方式。

7. 主观性

从"用户中心论"角度看,相关性是主观的,不同的判断者具有不同的相关性判断。不同的判断者(或小组)什么时候、在多大程度上会产生一致性的判断?用户的判断什么时候、在多大程度上会赞同非用户的判断？对于这类问题的关注，都是主观性研究需要考虑的，其研究结果与信息检索系统评价的关系，也是非常密切和重要的。

1967 年，里斯(Rees)和舒尔茨(Schultz)曾对 40 种影响相关性判断的变量进行研究；同年，库娃卓(Cuadra)和凯特(Katter)也对 5 类共 38 种影响相关性判断的变量进行过分析；1996 年，哈特(Harter)通过大量的文献调查与分析，对"相关性判断的差异不会显著影响检索系统性能测度"的假设提出质疑，并提出一个新的评价实验方法。所有这些工作都属于主观性方面的研究。

7.4.3 相关性模型

在目前众多的相关性问题研究成果中，意大利学者米扎罗近年来提出的一个相关性理论框架颇为引人注目。它是一个四维的相关性概念模型，第一维为信息源、第二维为用户信息需求、第三维为时间、第四维为组件。模型本身主要基于集合论知识而构建，不仅具有很好的形式化表示，而且吸收、总结了很多研究人员对相关性问题的研究成果。

1. 信息源

研究人员一致认为，信息检索中的相关性概念，其本质是存在于两个对象之间的一种"关系"，而两个对象中的一个即为"信息源"(Information Resources)，这里简记为 InfRes。作为相关性模型的第一个维度，信息源可以表示为一个集合，其中包含三个元素，分别代表用户查询对象的三个不同层次。

(1) 文档(Document)，指检索系统用户能够检索出的结果实体。

(2) 文档的代表或替身(Surrogate)，指文档的某种视图表示，可能包含以下一些结构化信息属性，例如，题名、关键词集合、作者姓名、书目数据、摘要等。

(3) 信息(Information)，即用户在阅读已经被检出的文档时，所获得的某些非实体性的东西。

信息源集合可以形式化表示为：

$$\text{InfRes}=\{\text{Surrogate},\text{Document},\text{Information}\}$$

其中，三个元素还具有以下排列顺序：

$$\text{Surrogate}<\text{Document}<\text{Information}$$

2. 用户信息需求

用户信息需求是相关性"关系"中涉及的另一个对象，也是相关性模型的第二个维度。用户的信息需求表现为四个不同层次，分别如下。

(1) 真实的信息需求(Real Information Need，RIN)。

(2) 感知到的信息需求(Perceived Information Need，PIN)。

(3) 检索请求(Request)。

(4) 查询提问(Query)。

用户信息需求可以用集合形式来表示，具体表示如下。

$$\text{Repr}=\{\text{RIN},\text{PIN},\text{Request},\text{Query}\}$$

在 Repr 集合中，元素 RIN 经由感知(Perception)而转变为 PIN；而 PIN 则需要经过自然语言的表达(Expression)形成检索请求(Request)；对于检索请求，最后还需要再使用检索系统语言进行某种形式化(Formalization)变换,才能得到符合检索系统语法要求的提问式(Query)。因此,这四者之间呈现一个序列:

$$\text{RIN} < \text{PIN} < \text{Request} < \text{Query}$$

这就是说,面对真正的信息需求,用户不一定能全部意识到,而他所表达出来的需求也可能与 RIN 和 PIN 有一段距离,至于检索提问,与前三者更可能存在着较大的差异。

基于对上述第一、二维内容的理解,相关性可以看作是二者之间的一种关系,并可以用二维平面中的一些点来表示(见图 7-5)。在图 7-5 中,水平轴表示 Repr 集合中的不同元素,垂直轴表示 InfRes 集合中的不同元素,每一个空白的小圆圈代表了一种相关性,而箭头方向则代表了这些相关性之间存在的偏序(partial order)关系。

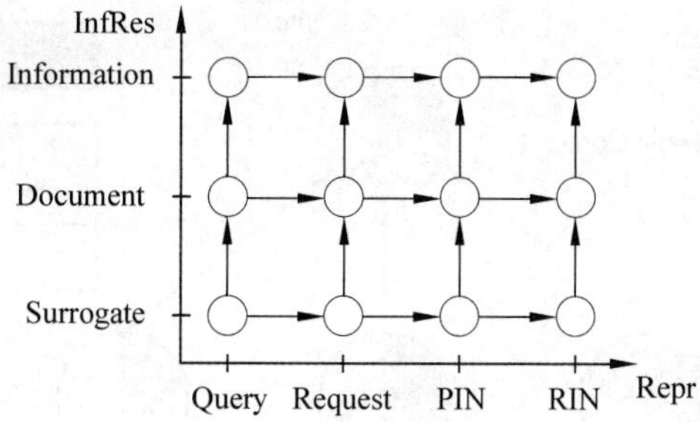

图 7-5　二维平面的相关性

3. 时间

特定文档(或其替身)相对于某一特定的查询提问(或 PIN、RIN 等)来说,有可能在某个时刻是相关的,但在另外的某一时刻又可能是不相关的。显然,相关性(判断)具有明显的动态性,因此,引入时间(Time)维度非常适宜于相关性的动态特性表达。

时间维度是指从用户的 RIN 产生到它被满足期间的一些时间片段(或点)的集合,具体可以表示为:

$$\text{Time}=\{t(\text{rin}_0),t(\text{pin}_0),t(r_0),t(q_0),t(q_1),t(r_1),t(q_2),\cdots,t(\text{pin}_k),\cdots,t(r_m),\cdots,t(q_n)\}$$

式中,$t(x)$表示某一需求状态 x 存在时的时间点,r 为检索请求,q 为查询提问。

由于用户拥有的知识及其 RIN 都会随着时间的推移而变化,因此,对文档的相关性判断必然不是恒定不变的。时间因素的这种影响已经为研究人员所认同,但随之而来的一个棘手问题是:相关性判断似乎没有一个固定的标准可言。

4. 组件

组件(Components)包含进行相关性匹配的一些标准或准则,目前,其基本成分可以划分如下。

(1) 主题(Topic),指用户感兴趣的主题领域。

(2) 任务(Task),主要指用户执行文档检索时的一些背景或行为,例如,撰写综述、准备讲座等。

(3) 情境或语境(Context),凡不能包括在 Topic 和 Task 中的,影响查询方式和结果评价的其他所有因素,例如,用户对文档已知或不能理解,查询可用的时间和金钱等。

因此，与第四维对应的组件集合 Comp 可以定义如下。

$$\begin{aligned}\text{Comp}&=P(\text{Topic},\text{Task},\text{context})-\Phi\\&=\{\{\text{Topic}\},\{\text{Task}\},\{\text{Context}\},\{\text{Topic},\text{Task}\},\{\text{Topic},\text{Context}\},\\&\quad\{\text{Task},\text{Context}\},\{\text{Topic},\text{Task},\text{Context}\}\}\end{aligned}$$

这里，$P(A)$表示集合 A 的幂集，Φ 表示空集。在 Comp 集合中，共有 7 个元素，按照集合的"包含"运算规则，Comp 集合的元素之间具有如图 7-6 所示的偏序关系。

在图 7-6 中，三种不同的颜色(黑、灰、白)分别表示 Comp 集合中的三种不同成分，而{Topic}→{Topic，Task}→{Topic，Task，Context}和{Task}→{Task，Context}→{Topic，Task，Context}则是图中表示的偏序关系的两个示例。

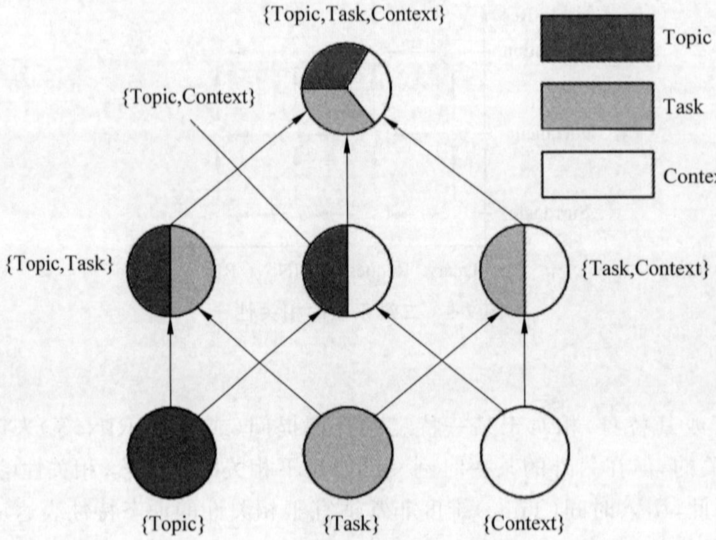

图 7-6 组件集合的元素顺序

基于上述 4 个维度内容的了解，不妨来对米扎罗相关性模型进行具体描述。形式化地，相关性概念可以定义为以上 4 个集合(或维度)InfRes、Repr、Time 和 Comp 的笛卡儿乘积，即

$$\text{Relevance}=\text{InfRes}\times\text{Repr}\times\text{Time}\times\text{Comp}$$

这里，相关性(Relevance)被表示成了一个四元关系。在 Relevance 这个集合中，具有有穷个元素，每一个元素都代表了一种相关性，可以形式化表示为 $\text{rel}(x,y,t,z)$。例如，一个具体的相关性元素可以是：

$$\text{rel}(\text{Surrogate},\text{Query},t(q_0),\{\text{Topic}\})$$

这个元素实际上表示了目前信息检索系统中最简单、最容易实现的一种相关性匹配标准；而另一个具体的相关性元素 rel(Information，RIN，$t(f)$，{Topic，Task，Context})则代表了检索系统最难以实现、也是最理想的一种相关性匹配标准。

米扎罗的这个相关性形式化框架，对于更好地理解、把握信息检索的本质，从而改进信息检索系统的设计与评价工作，具有重要的理论指导意义。

7.5　搜索引擎评价指标

对搜索引擎的评价指标有响应时间、查全率、查准率和用户满意度等。其中，响应时间是从用户提交查询请求到搜索引擎给出查询结果的时间间隔，响应时间必须在用户可以接受的范围之内。查全率是指查询结果集信息的完备性。查准率是指查询结果集中符合用户要求的数目与结果总数之比。用户满意度是一个难以量化的概念，除了搜索引擎本身的服务质量外，它还和用户群体、网络环境有关系。在搜索引擎可以控制的范围内，其核心是搜索结果的排序。

7.5.1　有效性

有效性是针对检索系统的检索结果做出的评价，主要有如下三个评价指标。

(1) 相关性：评价是否检索出了在客观上与查询请求相关的文档。

(2) 确切性：评价检索出的文档是否与用户的检索目的相符。

(3) 有用性：评价检索出的文档是否对用户有用。

假设用户提交的查询请求是要了解“100～200 亿年前宇宙诞生时发生的大爆炸”的情况，向检索系统提交查询词“大爆炸”作为查询请求。由于“大爆炸”这一词不仅可以用来描述宇宙诞生时的大爆炸情形，也可以用来描述“人口大爆炸”“××发生大爆炸”等情形。因而，检索结果中不仅有关于宇宙大爆炸的内容，也会有人口大爆炸等内容。在检索结果中，与宇宙大爆炸相关的内容对于用户来说是本来的检索目的，人口大爆炸与检索目的是无关的。所以从确切性来看，检索出与检索目的不同的信息就不能说是好的检索结果。

但是，对于上述查询请求，检索出人口大爆炸的信息从客观上判断并没有检索错，由于查询请求的多义性，才会有这样的检索结果。作为检索系统确实是输出了与查询请求相关的检索结果。所以从检索结果的相关性来判断，是得到了好的检索结果。

再假设用户从人口大爆炸的信息中得到了不曾知道的有关人口大爆炸的许多统计数据，这些数据可能也是用户想要了解的，那么，尽管检索到的人口大爆炸的信息对照查询请求既不相关也不确切，但却是有用的。反之，检索出来的与宇宙大爆炸有关的信息中都是用户既知的信息，用户从中未得到有用的信息，那么，尽管检索结果确切性是高的，但有用性却是低的。

因此，在相关性、确切性和有用性 3 个指标中，确切性和有用性依赖于用户个人喜好，不容易进行客观、定量的评价。所以，一般评价信息检索系统的有效性指标只使用相关性。

7.5.2　查全率和查准率

为了客观、定量地评价信息检索系统的有效性，一般只使用相关性这一评价指标。基于相关性的信息检索系统的评价，一般有以下两个原则。

(1) 完全性：是否无遗漏地检索出与查询请求相关的文档。

(2) 准确性：是否只检索出与查询请求相关的文档。

有各种度量标准可以对上述原则进行评价，就是查全率和查准率。表 7-2 给出查全率与查准率度量方法的文档集合。

表 7-2　检索性能评价用表

	相关文献	不相关文献	总　计
被检出文献	A	C	$A+C$
未检出文献	B	D	$B+D$
总计	$A+B$	$C+D$	$A+B+C+D$

1. 查全率

查全率(Recall Ratio，记为 R)是衡量系统在实施某一检索作业时检出相关文献能力的一种测度指标，是对检索遗漏程度的度量。其计算方法为：

查全率＝检出的相关文献量/检索系统中的相关文献总量

$$R=A/(A+B)$$

2. 查准率

查准率(Precision Ratio，记为 P)是衡量系统在实施某一检索作业时检索精度的一个测度指标，是对检索噪声程度的度量。其计算方法为：

查准率＝检出的相关文献量/检出的文献总量

$$R=A/(A+C)$$

查全率和查准率值的范围都为 0～1。在理想情况下，希望查全率和查准率都接近 1。但实际情况是，当查全率提高时，查准率下降；反之，当查准率提高时，查全率下降。在极端情况下，不管是什么样的查询请求，检索系统输出所有文档的话，其查全率应当为正。但在文档集中，与查询请求相关的文档一般较少，所以查准率接近于 0。另外，如果只输出与查询相关的一个文档，查准率为 1，但一般来说，相关文档不止一个，所以查全率必然降低。

3. 非相关检出率

非相关检出率(Fallout，简记为 F)主要用来衡量检索系统对不相关文献的检出比率，其计算方法为：

非相关检出率＝检出的不相关文献/检索系统中的不相关文献总量

$$F=C/(C+D)$$

4. 囊括值

囊括值(Generality，简记为 G)用来表示与某一检索提问相关的文献在系统文献集合中的分布密度，其计算方法为：

囊括值＝检索系统中的相关文献总量/检索系统中的文献总量

$$G=(A+B)/(A+B+C+D)$$

7.5.3　其他评价指标

查全率和查准率之间具有密切的关系(即“互逆关系”)，反映了某一检索结果集合的不同方面的特性。目前，在评价实验的实践中，经常采用的方法是将查全率和查准率结合在一起，形成某种单一指标或平均值指标，对它们进行替代。常见的查全率和查准率的替代性计算指标主要有以下几种。

1. 平均查全率和平均查准率

平均查全率(Average Recall)和平均查准率(Average Precision)的具体计算方法有3点平均值计算和11点平均值计算两种方式。其中，3点平均值的计算方法是：选择查准率值分别为(0.25，0.50，0.75)或(0.2，0.5，0.8)时，对这3点上的查全率值求平均；或者，选择查全率值分别为(0.25，0.50，0.75)或(0.2，0.5，0.8)时，对这3点上的查准率值求平均。

11点平均值的计算方法则是将计算平均值的点扩展为(0.0，0.1，0.2，…，0.9，1.0)等11个，其余与3点平均值方法相同。著名的TREC评价实验就采用了11点平均值的指标计算方法。

2. *R*查准率

R查准率就是在返回的排序结果的第R个位置计算查准率，产生排序结果的单值度量。文档集合中，假设与查询相关的文档总数为R。在与查询相关程度排序输出检索结果的系统中，输出从高相关位到R相关位的检索结果称为R查准率(R-precision)。R查准率是一种评价按相关顺序输出检索结果有效性的度量。R查准率方法对于观察一种算法在实验中每个查询的有效性是非常有用的。另外，还可以对所有的查询计算平均R查准率值。

3. *F*调和均值

排序结果中第j个文档的查全率$R(j)$与查准率$P(j)$的调和均值称为$F(j)$调和均值(F-measure)。

$$F(j)=\frac{2}{\frac{1}{R(j)}+\frac{1}{P(j)}}$$

$F(j)$调和均值取值为[0,1]，当查全率和查准率双方的值都大时，F取的值大。F取值越大表示性能越好。

4. *E*均值

E均值(measure)允许用户指定是对查全率更感兴趣还是对查准率更感兴趣。E均值定义如下：

$$E(j)=1-\frac{1+b^2}{\frac{b^2}{R(j)}+\frac{1}{P(j)}}$$

其中，b为参数，用以表示查全率或是查准率的重要程度。

当$b=1$时，表明查全率和查准率是同等重要。

当$b>1$时，表示与查全率相比，更看重查准率。

当$b<1$时，表示与查准率相比更重视查全率。

E取值范围是[0,1]，E取值越小表示性能越好。当$b=1$时，E的值中用1减去的部分就是F的值。

5. Ranking 指标

对于大型的文档集来说,查全率是很难统计的。人们更关心检索返回的文档是否排在前面,以及排在前面的紧密程度如何。因此,往往采用 Ranking 指标来评价系统的检索性能。Ranking 指标如下。

1）平均排序值

设某个查询请求为 $g, r_1, \cdots, r_m$ 为系统检索出的正确结果,ranking(r_i)为查询 q 的第 j 个正确结果的排序位置,则平均排序值计算如下。

$$\mathrm{AR}(r_j)=\frac{1}{m}\sum_{j=1}^{m}\mathrm{ranking}(r_j)$$

该式反映了某个查询在检索结果中的排序平均值,该值越小越好。

2）平均排序紧密度

为了反映与查询 q 相关的文档在检索结果中排在靠前位置的紧密程度,可以用下式计算。

$$\mathrm{AR}(r_j)=\frac{1}{m}\sum_{j=1}^{m}\frac{1}{\mathrm{ranking}(r_j)}$$

如果相关文档全部排在最前面,那么该值为 1。

小　结

1. 检索模型

检索模型有经典模型和代数模型。

经典的信息检索模型有布尔模型、向量模型和概率模型 3 个。

布尔模型是最简单的信息检索模型,是基于集合理论和布尔代数的一种简单的检索模型。用户利用布尔逻辑关系构造查询式并提交,搜索引擎根据事先建立的倒排文件确定查询结果。

向量模型用检索项的向量空间来表示用户的查询要求和数据库文档信息。查询结果是根据向量空间的相似性而排列的。向量空间模型可方便地产生有效的查询结果,能提供相关文档的文摘,并对查询结果进行分类,为用户提供准确的信息。

概率模型是用概率论的概念解决信息检索问题。其基本思想是：给定一个用户的查询串,相对于该串存在一个包含所有相关文档的集合。我们把这样的集合看作是一个理想的结果文档集,在给出理想结果集后,能很容易得到结果文档。这样可以把查询处理看作是对理想结果文档集属性的处理。

常用的代数模型有：广义向量空间模型和神经网络模型。

广义向量空间模型以索引词向量是线性独立而不是两两相交的为基础,提出了索引词间的相互依赖性,该依赖性由索引词同时出现的模式导出。

神经网络模型由三层组成：一层表示查询词语,一层表示文档词语,第三层表示文档本身。它的模型过程是,查询词语向文档词语发出信号,然后文档词语节点再将信号发给文档节点,同时文档节点依次直接向文档词语节点返回新的信号,文档词语节点再次向文档节点发出新的信号并重复这一过程，信号在每一次反复中衰减，传递激活过程最终会停下来。

2. 布尔检索

布尔检索是指利用布尔运算符连接各个检索词，然后由计算机进行相应逻辑运算，以找出所需信息的方法。它使用面最广、使用频率最高。在具体检索时，是通过布尔运算符"与""或""非"来实现其功能的。

3. 加权检索

加权检索也是一种基本检索手段，所不同的是，加权检索不重在判定检索词或字符串是否在数据库中存在，与别的检索词或字符串是什么关系，而在于判定检索词或字符串在满足检索逻辑后对该记录命中与否的影响程度。加权检索把量化思想引入定性检索之中，是改善和提高检索效果的一种重要手段。

4. 全文检索

全文检索是指计算机索引程序通过扫描文章中的每一个词，对每一个词建立一个索引，指明该词在文章中出现的次数和位置，当用户查询时，检索程序就根据事先建立的索引进行查找，并将查找的结果反馈给用户的检索方式。这个过程类似于通过字典中的检索字表查字的过程。全文检索的方法主要分为按字检索和按词检索两种。

全文检索的主要技术指标有：查准率和查全率、索引膨胀系数。

全文检索系统中常采取：位置检索、截词检索和限制检索等方法。

5. 超文本检索

超文本检索是将文本、声音、图像等媒体数据的内容信息分隔为若干可独立利用的节点，节点间以链路相连接，构成网状层次结构，检索由指令激活某一节点，通过链路查询所有相关信息。

6. 查询服务

查询服务就是在信息索引库的基础上，接受用户查询请求，并到索引库检索相关内容，返回给用户。

检索过程包括分词、文档列表求交、向量化并求向量夹角及排序这 4 种计算，并且这 4 项计算依次完成。

7. 检索性能评价

对于信息检索系统来说，用户的查询请求本质上具有一定的模糊性，检索到的文档并不是所查询的精确结果，因此必须按照它们与查询的相关程度来排序，这在信息检索中是非常重要的。

对信息检索系统的检索结果进行评价，称为检索性能评价。尽管可以从检索速度、用户接口等观点来评价检索系统性能，但最主要的还是检索系统的有效性。为了客观、定量地评价信息检索系统的有效性，一般只使用相关性这一评价指标。

对相关性的评价，主要用系统的查全率和查准率来度量。对于大型文档库来说，除了相关性之外，平均排序值、平均排序紧密度等也是实际上常常采用的指标。

思 考 题

1. 简述布尔模型的理论并举例说明其应用。
2. 简述向量模型的理论并举例说明其应用。
3. 简述概率模型的理论并举例说明其应用。
4. 布尔检索使用了哪些运算符？这些运算符各有什么作用？
5. 有哪些种类的加权检索？各有哪些特征？
6. 全文检索的主要技术指标有哪些？
7. 如何提高全文检索的效率？
8. 简述超文本检索的定义。
9. 写出超文本检索的优缺点。
10. 上网查询有关 Web 信息检索的关键技术，并撰写与其相关的论文。
11. 何为相关性？简述相关性的特征。
12. 相关性模型有哪些？各有什么特点？
13. 如何评价信息检索系统的有效性？
14. 用几个搜索引擎检索自己感兴趣的内容，评价比较各个系统检索的性能。

第 8 章 多媒体信息检索技术

多媒体信息检索是指根据用户的需求，对文字、图像、声音、动画等多媒体信息进行识别并获取所需信息的技术。主要分为两类：一是以全文检索作为基本和主要的手段，在文字和其他媒体之间建立连接，非文字媒体的检索通过全文检索实现；二是根据各种媒体本身的特征进行检索。

多媒体信息检索技术主要包括各种媒体的获取、压缩、存取（本地存取和网络存取）和输出（显示和打印）。本章主要介绍多媒体的基本概念、多媒体数据的压缩、多媒体内容的理解以及多媒体信息检索的关键技术。

8.1 多媒体的基本概念

多媒体技术通常侧重于音频、图像、视频等信息及相关处理技术，它是传统文本处理技术的一种扩展。下面简单对多媒体信息中最重要、最有代表性的信息——音频、图像、视频进行简单的介绍，同时对它们各自的特性和有关的检索特征进行简单的分析。

8.1.1 多媒体及多媒体技术

1. 媒体

媒体，又称媒介、媒质，是承载信息的载体。

2. 多媒体技术

多媒体技术是指能对多种载体（媒介）上的信息和多种存储体（媒质）上的信息进行处理的技术。也就是说，一种把文字、图形、图像、视频、动画和声音等表现信息的媒体结合在一起，并通过计算机进行综合处理和控制，将多媒体各个要素进行有机组合，完成一系列随机性交互式操作的技术。

3. 媒体的分类

国际电信联盟电信标准部（ITU-TSS）对多媒体进行了定义，并制定了 ITU-TI.374 建议。在该建议中，将日常生活中媒体的第一个含义定义为感觉媒体，第二个含义定义为存储媒体。此外，在 ITU-TI.374 建议中，把媒体分为以下五大类。

(1) 感知媒体（Perception Medium）：指能够直接刺激人的感觉器官，使人产生直观感觉的各种媒体。或者说，人类感觉器官能够感觉到的所有刺激都是感知媒体。例如，人的耳朵能够听到的话音、音乐、噪声等各种声音；人的眼睛能够感受到的光线、颜色、文字、图片、图像等各种有形有色的物体等。感知媒体包罗万象，存在于人类感觉到的整个世界。

(2) 显示媒体(Display Medium):指感知媒体与电磁信号之间的转换媒体。显示媒体分为输入显示媒体和输出显示媒体。输入显示媒体主要负责将感觉媒体转换成电磁信号,例如,话筒、键盘、光笔、扫描仪、摄像机等。输出显示媒体主要负责将电磁信号转换成感觉媒体,例如,显示器、打印机、投影仪、音响等。

(3) 表示媒体(Presentation Medium):对感知媒体的抽象描述形成表示媒体。例如,声音编码、图像编码等。通过表示媒体,人类的感知媒体转换成能够利用计算机进行处理、保存、传输的信息载体形式。因此,对表示媒体的研究是多媒体技术的重要内容。

(4) 存储媒体(Storage Medium):指存储表示媒体的物理设备,例如,磁盘、光盘、磁带等。

(5) 传输媒体(Transmission Medium):指传输表示媒体的物理介质,例如,电缆、光缆、电磁波等都是传输媒体。

根据获得媒体的途径,可将媒体分为视觉媒体、听觉媒体、触觉媒体、嗅觉媒体等。其中,视觉媒体包括位图图像、矢量图形、动态图像和文字等;听觉媒体包括声音、语言和音乐;触觉媒体包括振动、运动等,如图 8-1 所示。

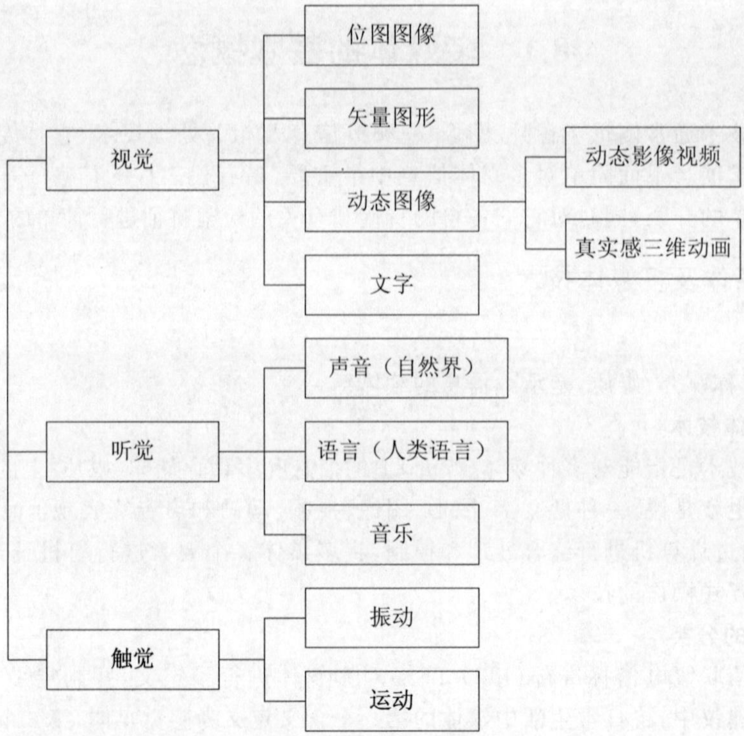

图 8-1 媒体获得的途径

4. 多媒体的关键特性

(1) 多样性:一方面指信息表现媒体类型的多样性,同时也指媒体输入、传播、再现和展示手段的多样性。多媒体技术的引入将计算机所能处理的信息空间扩展和放大,使人们的思维表达不再局限于顺序的、单调的、狭小的范围内，而有了更充分更自由的表现余地。

(2) 集成性：多媒体技术将各类媒体的设备集成在一起，同时也将多媒体信息或表现形式以及处理手段集成在同一个系统之中。当多媒体技术将各种媒体形式集成起来以后，1+1>2 的系统效应就显得十分明显。

(3) 交互性：交互可以增加对信息的注意力和理解力，延长信息保留的时间。当交互性引入时，“活动”本身作为一种媒体便介入到了数据转变为信息、信息转变为知识的过程之中。当我们完全地进入一个与信息环境一体化的虚拟信息空间自由遨游时，这才是交互式应用的高级阶段，这就是虚拟现实(Virtual Reality)。

通常意义的多媒体一般指多种感觉媒体的组合，如声音、图像、文字、动画等各种感觉媒体的组合。多媒体技术就是利用计算机对多种媒体进行显示表示、存储和传输的技术。其中，对多媒体的显示表示就是对多媒体的处理和加工的过程。因此，多媒体技术主要包括多媒体信息处理技术、多媒体存储技术和多媒体通信技术。

8.1.2　音频信息与检索特征

当声音以电信号传递，也就是借助电路传输的时候，就称作音频信号。音频信号可分为两类：语音信号和非语音信号。语音是语言的一种载体，包含丰富的语言内涵，是人类信息交流的特有形式。非语音信号又可以区分为音乐和自然界存在的其他声音形式，其中，音乐具有节奏、旋律、和声等要素，可用乐谱来表示；其他声音形式可以统称为波形信号，主要来源于一些自然或人工的声源，例如，脚步声、雨声、电话铃声、发动机声等。

1. 音频信息及其数字化

物理上，声音可以用一条连续的曲线表示，无论多么复杂，该曲线都可分解成一系列正弦波的线性叠加，称作声波。声波是一种模拟信号，具有时间和幅度特性，表示声波的两个重要参数是频率和幅度，如图 8-2(a)所示。

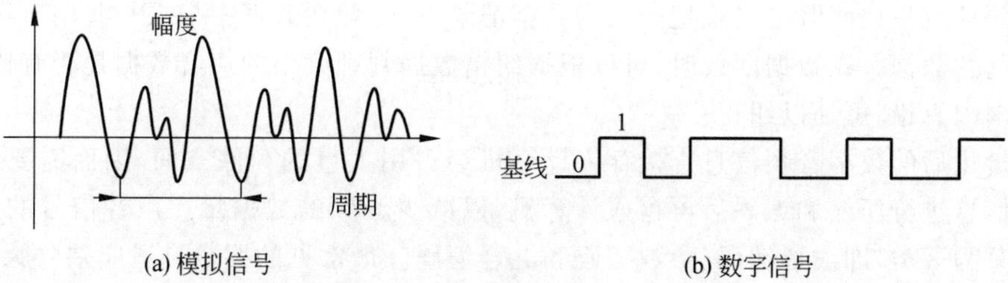

图 8-2　音频信息随着时间连续变化

模拟信号表示的声音波形在时间上是连续变化的，而计算机只能处理 0 和 1 组成的二进制信号。计算机处理声音的时候，必须把模拟信号转换为数字信号，这就产生了音频信息的数字化问题。数字音频信息是一个数据序列，由模拟声音经过采样、量化和编码后得到，在时间上不连续，其波形如图 8-2(b)所示。

1) 采样

“采样”就是把模拟信号波形进行分割，以转变成数字信号。采样的过程是每隔一个时间间隔在模拟声音的波形上取一个幅度值，把时间上的连续信号变成时间上的离散信号。该时间间隔称为采样周期，其倒数为采样频率。采样频率越高，即采样的间隔时间越短，则在单位时间内计算机得到的声音样本数据就越多，对声音波形的表示也就越精确。采样频率与声音频率有一定的关系，根据奈奎斯特理论，只有采样频率高于声音信号最高频率的两倍时，才能把数字信号还原成原来的声音，保真性才高。

2）量化

采样只是解决了音频波形信号在时间坐标（即横轴）上把一个波形切成若干等分的问题，每一等分的长方形的高（即声波幅度的电压值的大小）还需要用某种数字化的方法加以确定，这种声波波形幅度的数字化称为"量化"。量化的过程是先将采样后的信号按整个声波的幅度划分成有限个区段的集合，把落入某个区段内的样值归为一类，并赋予相同的量化数值。分割采样信号的幅度采取二进制的方式，以 8 位或 16 位的方式来划分纵轴。图 8-3 中采用 8 位的方式划分采样信号。

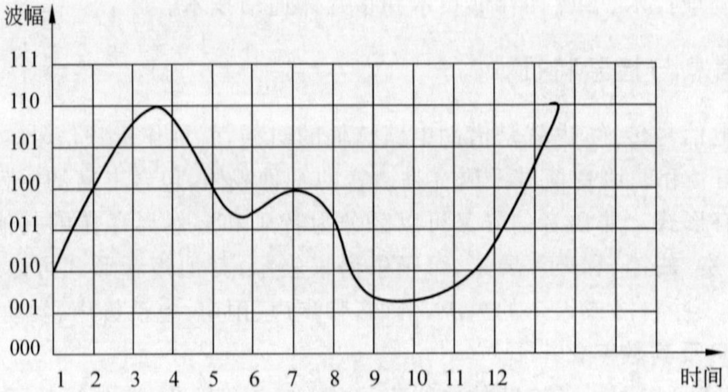

图 8-3 音频信息的量化

3）编码

"编码"就是按照既定格式把离散的数据记录下来，并在数据中加入一些用于纠错、同步和控制的数据。在数据回放时，可以根据纠错数据判别读出的声音数据是否有错，如在一定范围内有错，可加以纠正。

将量化后的数字音频信息直接存入计算机会占用大量的存储空间，因而需要对数字化音频信息进行压缩和编码后再存入计算机，以减少音频的数据量。声音信号的压缩编码大致分为 3 类，即波形编码、参数编码和混合编码。最常见的要数自适应差分脉码调制（ADPCM），它是一种基本的音频压缩方法，属于波形编码的范畴。高品质的立体声音频压缩标准中，常用的是 MPEG 系列的音频压缩标准，例如流行的 MP3（MPEG Audio Layer 3）。

数字化音频信息以文件方式存储在计算机中，常见的音频文件格式有以下几种。

(1) WAV 格式。该格式是 Windows 平台存储的波形音频文件格式。

(2) VOC 格式。该格式是声霸卡存储的音频文件格式。

(3) MP3 格式。该格式是因特网上流行的音乐格式，属于 MPEG 标准的声音压缩技术，音质好，压缩比率高。

2. 音频信息的检索特征及分析

音频信息在计算机内部以文件格式存储，文件属性包括：文件名、创建时间、创建者、文件格式，这些都属于音频信息的外部特征。外部特征大多以无数据方式出现，需要人工著录或者使用元数据标准由程序自动生成。外部特征与音频本身的内容信息存在某种联系，可以用外部特征描述的方法对音频信息进行“加工”。

音频信息也可以采用文本处理的方法，选择主题词、关键词对音频内容加以人工标引，揭示该段音频的主题内容及特征，例如对于一首歌曲，歌词就是它的内容描述。但人工标引存在很多缺陷：①当数据量很大的时候，人工注释速度较慢；②人对音频的感知，例如音乐的旋律、节奏、音质等，有时难以用文字表达清楚；③人工注释难免带有个人主观判断的痕迹。

基于音频内容的特征处理方法，就是针对音频信息的物理样本、基本属性等进行分析处理，通过数学与统计学方法来获得音频信息物理、听觉、语义等不同层次(或级别)上的特征，并揭示特征之间的相互关系。

1）物理层

模拟音频信息通过采样、量化、编码等过程转变成数字信号，数字信号在计算机内部以流媒体的形式存放，具有时间属性。数字音频信息可视为具有时间长度的线性流，可以对线性音频流进行时间属性加工，以时间为刻度调用音频样本就能满足一定的检索要求。例如，常见的音频录放程序接口，就能对音频进行进度拖放，选择所需要的音乐播放点。

2）声学特征层

声学特征主要是指从音频数据中自动抽取的一些听觉特征，它们能够表达听众对音频的感受。音频信息的主要听觉特征有以下几个。

(1) 音强：也称为响度(loudness)，是常用的感知特征，与短时能量相关，在模拟信号上表现为振幅的高低，物理学上用分贝(dB)衡量音强的大小。音强是判断音频信息有声或无声的基本依据，据此可以确定有声区和静音区，以便找出音频信息有声段的起始点和终止点。

(2) 基音(pitch)：音频信号的一个重要参数，表现为人耳听到的最清楚的声音频率，每个声波都由一个基音和多个泛音组成。相对于基音，泛音的频率可能高于或低于基音频率。一般地，语音的基音频率在500Hz以下(其中，男声的基音频率为50～250Hz，女声的基音频率为100～500Hz)；音乐的基音频率为500Hz～4kHz；而其他波形音频则会有较大区别，例如，噪声的基音频率可以认为是0，喇叭声则在600Hz左右。因此，根据基音频率可以粗略判断、区别不同类型的音频信息。

(3) 音调(tone)：人耳对声调高低的感受，是对信号高频内容的度量指标，由基音和音强等参数共同决定。该特征随基音在一定范围内变化，但在任何瞬间，它的值不小于基音的估计值。

在进行声学特征处理时，仍然采用时间刻度划分，选取一段时间间隔内的音频数据进行短时分析，也称为“帧分析”。这里，帧定义为一小段音频。由帧分析获得声学特征(如音强、基音、音调等)，然后把所有帧分析后的声学特征信息进行统计汇总，获得其统计特性(例如高斯(正态)分布等)，并据此计算平均值和标准方差，或者用直方图、饼图等常规描述模型对声学特征进行分析。

如果音频是一段音乐，还需要进行音乐分析，即对帧分析后的声学特征做进一步加工，获得其音乐特性。典型的音乐特性主要有以下几种。

(1) 节奏(rhythm)：音乐中交替出现的有规律的强弱和长短的模式，常用节拍作为衡量节奏的单位。

(2) 事件(events)：乐谱描述以事件的形式进行，事件由开始时间、持续时间、结束时间和一系列声学参数特性(例如基音、音强、颤音等)来决定，即人耳中感受到的节奏、音调的突变和音乐的高潮部分等。

(3) 乐器标识，即音乐的演奏形式和声源类型。

另外，如果音频数据中包含人的语音，用户需要系统满足语音检索的要求，那么音频数据还需要进行语音识别与分析，也就是把语音信息转换成相应的文本，从而能够支持文本检索。语音识别技术是在帧分析的基础上进行的语音转换，常见的识别方法有大词汇语音识别、关键词发现等技术。

3) 语义层

语义层是音频内容处理的最高层，是对音频内容、音频对象的概念级描述。有关的语义特征可以是语音识别、检测的结果；也可以是音乐旋律和叙事的说明；或者是对音频对象及其概念的描述等。

上述基于音频内容的 3 个不同层次的特征处理，每个层次的特征处理结果都可以在一定程度上满足用户相应的音频检索需求。

8.1.3 图形图像信息与检索特征

图形是矢量文件，是由数学函数生成的一系列计算机指令来进行描述的。矢量图使用线段和曲线描述图像，所以称为矢量，同时图形也包含色彩和位置信息。随着图像的放大和缩小，图形不会变形或清晰度降低。图形具有颜色、形状、轮廓、纹理、大小和屏幕位置等属性，图形处理的内容包括：几何变换(例如平移、旋转、缩放等)、建模或造型、阴暗处理、纹理产生等。

不同于图形信息，图像是点阵图，由大量的色点集合而成，通常又称为“位图”。图像在放大缩小过程中，计算机以最接近原色点的点来填充扩大的区域，因此在放大缩小过程中图像会变得模糊，清晰度降低。图像信息在计算机内部则以点阵方式表示，是由无数个像素组成的，可以对这些像素点进行不同的排列和染色，构成千变万化的图像。

图像处理的主要内容如下。

(1) 图像变换。例如，对位图阵列进行傅里叶变换、离散余弦变换等，可以减少计算量，便于进行更有效的处理。

(2) 图像编码与压缩。数字化的图像信息量巨大，通过编码与压缩，可以减少描述图像的数据量，便于存储、传输。

(3) 图像的增强与复原。其中，图像增强是为了突出图像中感兴趣的部分，强化图像；而复原则主要用于图像的重构和恢复。

(4) 图像分割与识别。图像分割是将图像中有意义的特征部分提取出来，以作为进一步分析的基础。

图像识别属于模式识别的范畴，一般在图像分割和特征提取的基础上进行。

图形与图像虽然同属于视觉媒体信息，但从上面的介绍中不难看出，两者在计算机生成方式、信息处理的内容等方面还是存在着较大差别的。不过在很多情况下，人们并不严格区分这两个概念，两者在信息处理方面也存在着众多联系，并且互为补充。为便于描述，以下若没有特别声明，一般不再区分图形与图像，并统一使用“图像”一词来概括。

1. 图像信息的数字化

与音频信息相似，图像信息的表示也分为模拟信息和数字信息两种。模拟图像可视为二维空间的 $f(x,y)$ 连续函数，其中，x 坐标表示图像的横向连续构图，y 坐标表示图像的纵向连续构图。在计算机内以 0,1 二进制表示的图像，称为数字图像。

计算机只能处理数字图像，因此需要对模拟图像进行数字化。对于客观世界存在的图像，如照片、工程图纸和人们创造的美术作品，可以使用扫描仪、数字照相机等设备进行数字化输入。另一方面，也可以直接利用计算机进行创作，使用抽象的数学函数或者连续的、离散的数据来生成图像（即前面所提到的矢量图和位图），从而省去数字化的过程。

图像信息的数字化过程与音频信息的数字化过程大致相同，也分为采样、量化、编码 3 个步骤。图像的采样要在 $f(x,y)$ 函数的 x、y 坐标上同时进行，例如，沿着 x 方向以等间隔 Δx 采样，采样点数为 m；沿着 y 方向以等间隔 Δy 采样，采样点数为 n。最后，可获得一个 $m\times n$ 离散阵列。图像的量化是对每个离散点（位图的像素点）进行数字化处理，量化时对颜色的深度进行区间划分，每一个区间用一确定的值表示。区间的个数可以由二进制的位数决定。例如，对于一幅黑白的 256 灰度图像，每个像素点用 8 位二进制表示（取值区间为 0～255）；而对于一幅黑白二值图像，只有两个级别，每个像素点用一位二进制表示（取值 0 或 1）。一个 256 灰度图像经 $m\times n$ 阵列的采样处理后，其量化的数据量就为 $m\times n$ 字节。

数字化图像信息以文件形式存储在计算机中，常见的图像文件格式有以下几种。

(1) BMP(bitmap)位图格式。该格式有压缩和不压缩两种形式，存储容量较大，只支持 Windows 平台，可表现为 2～24 位的色彩。

(2) GIF(Graphic Interchange Format)格式。该格式是因特网主流的页面图片标准，压缩存储，适合于任何平台，存储色彩最高只能达到 8 位。

(3) JPEG(Joint Photographic Expert Group)格式。该格式可以大幅度压缩图像数据，支持 24 位色彩。

(4) TIF(Tagged Image File Format)格式。该格式文件体积庞大，存储信息量丰富，有利于色调调整和恢复，有压缩和不压缩两种形式，色彩最高支持 16 位。

(5) PSD(Photoshop Stand)格式。该格式是 Photoshop 软件中的标准文件格式，可进行优化和各种图像处理。

2. 图像信息的检索特征及分析

与音频信息相似，图像信息也具有一些外部特征，例如，图像的创建日期、创建设备、文件格式、数据大小等。对于这些外部特征，可以通过人工或自动方式的著录、加工，把它们作为图像检索的外部特征入口。另外，对于图像描述的对象、对象的空间关系和逻辑结构、图像所揭示的语义内容以及作者的创作意图等深层次特征信息，在传统文本检索环境下，也可通过人工的标引处理，形成文本数据库，并以文本检索方式来实现或满足用户的查询请求。

基于图像信息视觉属性的特征分析是逐层展开的，并且在低、中、高的每一层次上分别对应着不同的处理对象与特征数据。

1）物理层

揭示图像物理特性的物理层特征主要包括颜色、纹理、形状（轮廓）等视觉信息，它们提供最原始和底层的图像数据。

（1）颜色特征。颜色是视觉感知的最主要对象，所揭示的内容包括颜色的分布、颜色的相互关系、颜色的组成。图像颜色特征常用的分析方法有：颜色直方图分析、颜色对特征分析、主色调分析等。另外，在不同的应用场合，图像颜色的表示方式各不一样，常用的颜色模型有 RGB 模型、CMYK 模型和 HSV 模型等。

（2）纹理特征。纹理是图像中一个重要而又难以描述的视觉特性，目前尚无正式（或一致）的定义。简单地说，纹理是灰度（颜色）在空间以一定的形式变化而产生的图案模式，是真实图像区域固有的特征之一。任何物体表面，如果一直放大下去进行观察的话，一定会出现纹理。纹理具有区域性质的特点。按照心理学的观点，人类对纹理的感受是与心理效果相关联的，因此很难用文字或语言来描述。

纹理具有统计特性和结构特性。因此，人们常用统计分析方法和结构分析方法来揭示图像的纹理特征或规律。其中，统计方法主要用于分析木纹、沙地等细致不规则的物体，根据图像像素间灰度的统计性质获得纹理特征以及特征与参数之间的关系；而结构方法则适用于像印刷图案等元素组成比较规则的纹理，根据纹理基元（纹理分析的最小单位）及其排列规则来描述纹理的结构与特征以及特征与参数之间的关系。

（3）形状特征。形状特征是指图像所描述的对象的轮廓或边线，用以与周围其他对象相区别。形状特征可以支持图像示例检索，用户可画出目标图像的形状，然后与图像信息的形状库进行匹配，检索出合适的图像。较好的形状（轮廓）特征提取方法是采用图像的自动分割，并结合目标的前景和背景模型来得到比较精确的轮廓。

2）逻辑层

图像逻辑层特征主要包含图像的逻辑属性和图像的逻辑结构。逻辑属性表示图像所描述的对象以及对象之间的空间关系；而逻辑结构是逻辑属性的转换，例如空间有向图等。

对象的空间位置和相互之间的关系是非常重要的图像内容特征。例如，在进行主色调分析时，蓝色的天空和蓝色的海洋不容易区分，但天空和海洋具有位置关系，若加以位置约束“天空位于上方”，就可以把两者区分开来。常用的空间关系处理方法有 2-D 串、空间四叉树、符号图像等。

3）语义层

图像信息的语义层特征主要用于表达作者创作意图、图像的描述主题或者用户需要检索的语义内容等。语义特征主要通过用户从图像本身认知，需要人工去捕捉和体会，主观感受因素较强，常常会因人而异。有些语义特征也可从逻辑结构中转换过来，例如，从公路和汽车的逻辑结构图上得出“汽车在行驶”的语义。

对图像语义特征的提取和描述，可以加工成知识库，提供智能性的检索服务。

8.1.4　视频信息与检索特征

视频是图像之外的另一类重要的视觉信息源。人眼具有视觉惰性（或视觉暂留）作用，在亮度信号消失后，图像仍然可以保持 1/30s 左右的时间。在这种情形下，若连续、快速播放图像，就能形成动态的效果。因此，从物理构成上讲，视频是由多幅连续的静态图像构成的画面序列，沿着时间轴间隔更换，形成动画、影像等。根据每帧图像产生的形式不同，视频可分为两类：若每帧图像是由人工、计算机产生的图像、图形，称为动画；若每帧图像为实时获取的自然景物图像，就称为影像。在本节中，将使用“视频”来统一代表各种图像序列、连续图像、运动图像等，并不再严格区分动画和影像。另外需要指出的是，在很多情况下，当讨论视频时，它不仅包含视觉信息，也会包含相关的听觉/音频信息，甚至还有很多的文本信息。这时，将主要关注其中的视觉信息。

视频也有模拟视频和数字视频之分。普通的视频都是模拟信号，其典型代表是电视信号。目前，电视信号主要有 NTSC 制式和 PAL 制式两种标准，北美和日本等国使用前者，我国及欧洲大部分国家使用后者。计算机只能显示和处理数字视频信号，数字视频可由模拟视频进行数字化（采样、量化、编码）处理而得到，或者直接由数字设备来获取。

1. 视频信息的基本结构

视频数据是一个连续的图像序列，为了对其进行有效的组织和管理，并方便检索匹配，首先需要对视频的基本结构有所认识和了解。若将视频信息进行分解，其图像序列一般是由帧、镜头及场景等描述单元组成的。

1）帧

帧是视频序列的最小逻辑单位，是单幅的静态图像。多帧图像如果在时间上连续播放就可以构成动态视频。

2）镜头

镜头是由一系列帧图像组成的小段视频，一个摄像机的连续拍摄动作可以形成一个镜头，它通常描绘一个事件（或场面）的一部分。一般认为，视频的基本物理单元是镜头。在一个镜头的多个连续帧图像中，其中有一些是关键帧，它们是最能代表镜头内容的特殊帧。关键帧可以是一个，也可以是多个帧的集合。对镜头的分析主要是对关键帧的分析，应尽量选取最有代表意义的帧作为关键帧。

3）场景

场景是由一系列有相似性质的镜头所组成的。在同一个拍摄环境下，每个镜头的拍摄角度和拍摄方法不同，这些镜头以及其中所包含的一系列对象便共同构成一个有意义的故事单元。当然，有可能某个场景只使用了一个镜头描述。

视频数据中的帧、镜头、场景等描述单元，分别类似于我们熟悉的文本信息中的词、句子和段落等成分。

数字化视频信息以文件形式存放在计算机中，常见的文件格式有以下几种。

（1）AVI 格式。英文全称为 Audio Video Interleaved，即音频视频交错格式。它于

1992 年被 Microsoft 公司推出。AVI 格式是一种数字音频与视频文件格式，允许视频和音频交错在一起同步播放，这种视频格式的优点是图像质量好，可以跨多个平台使用。其缺点是 AVI 文件体积过于庞大、没有限定压缩标准，因此造就了不同的 AVI 格式之间往往互不兼容。

（2）MPEG 格式。英文全称为 Moving Picture Expert Group，即运动图像专家组格式。MPEG 文件格式是运动图像压缩算法的国际标准，它采用了有损压缩方法减少运动图像中的冗余信息，说得更加明白一点儿就是 MPEG 的压缩方法依据是相邻两幅画面绝大多数是相同的，把后续图像中和前面图像有冗余的部分去除，从而达到压缩的目的（其最大压缩比可达到 200∶1）。目前，MPEG 格式有 5 个压缩标准，分别是 MPEG-1、MPEG-2、MPEG-4、MPEG-7 和 MPEG-21。

① MPEG-1：制定于 1992 年，它是针对 1.5Mb/s 以下数据传输率的数字存储媒体运动图像及其伴音编码而设计的国际标准，也就是通常所见到的 VCD 制作格式。使用 MPEG-1 的压缩算法，可以把一部 120min 长的电影压缩到 1.2GB 左右大小。这种视频格式的文件扩展名包括.mpg、.mlv、.mpe、.mpeg 及 VCD 光盘中的.dat 文件等。

② MPEG-2：制定于 1994 年，设计目标为高级工业标准的图像质量以及更高的传输率。这种格式主要应用在 DVD/SVCD 的制作（压缩）方面，同时在一些 HDTV（高清晰电视广播）和一些高要求视频编辑、处理上面也有相当的应用。使用 MPEG-2 的压缩算法，可以把一部 120min 长的电影压缩到 4～8GB 的大小。这种视频格式的文件扩展名包括.mpg、.mpe、.mpeg、.m2v 及 DVD 光盘上的.vob 文件等。

③ MPEG-4：制定于 1998 年，是为了播放流式媒体的高质量视频而专门设计的。它可利用很窄的带宽，通过帧重建技术，压缩和传输数据，以求使用最少的数据获得最佳的图像质量。目前，MPEG-4 最有吸引力的地方在于它能够保存接近于 DVD 画质的小体积视频文件。另外，这种文件格式还包含以前 MPEG 压缩标准所不具备的比特率的可伸缩性、动画精灵、交互性甚至版权保护等一些特殊功能。这种视频格式的文件扩展名包括.asf、.mov 和 DivX AVI 等。

④ MPEG-7：制定于 1998 年，被称为“多媒体内容描述接口”。MPEG-7 规定一个用于描述各种不同类型多媒体信息的描述符的标准集合，其目标是支持多种音频和视觉的描述，支持数据管理的灵活性、数据资源的全球化和互操作性等。

⑤ MPEG-21：制定于 2000 年，以内容的创建者和消费者为焦点，创建一个开放的多媒体传输和消费框架，通过将不同协议、标准和技术结合在一起，使用户可以在现有各种网络和设备上透明地使用网络的多媒体信息和内容，实现全部电子化的数字多媒体内容的制作、传输和交易。

（3）RM 格式。Real Networks 公司所制定的音频视频压缩规范称为 Real Media，用户可以使用 RealPlayer 或 RealOne Player 对符合 RealMedia 技术规范的网络音频/视频资源进行实况转播，并且 RealMedia 可以根据不同的网络传输速率制定出不同的压缩比率，从而实现在低速率的网络上进行影像数据实时传送和播放。这种格式的另一个特点是用户使用 RealPlayer 或 RealOne Player 播放器可以在不下载音频/视频内容的条件下实现在线播放。另外，RM 作为目前主流网络视频格式，还可以通过其 Real Server 服务器将其他格式的视频转换成 RM 视频并由 Real Server 服务器负责对外发布和播放。RM 和 ASF 格式可以说各有千秋，通常 RM 视频更柔和一些，而 ASF 视频则相对清晰一些。

(4) RMVB 格式。这是一种由 RM 视频格式升级延伸出的新视频格式，它的先进之处在于 RMVB 视频格式打破了原先 RM 格式那种平均压缩采样的方式，在保证平均压缩比的基础上合理利用比特率资源，就是说静止和动作场面少的画面场景采用较低的编码速率，这样可以留出更多的带宽空间，而这些带宽会在出现快速运动的画面场景时被利用。这样在保证静止画面质量的前提下，大幅地提高了运动图像的画面质量，从而图像质量和文件大小之间就达到了微妙的平衡。另外，相对于 DVDrip 格式，RMVB 视频也有着较明显的优势，一部大小为 700MB 左右的 DVD 影片，如果将其转录成同样视听品质的 RMVB 格式，其大小最多也就 400MB 左右。不仅如此，这种视频格式还具有内置字幕和无须外挂插件支持等独特优点。要想播放这种视频格式，可以使用 RealOne Player 2.0 或 RealPlayer 8.0 加 RealVideo 9.0 以上版本的解码器形式进行播放。

(5) DivX 格式。这是由 MPEG-4 衍生出的另一种视频编码(压缩)标准，也即通常所说的 DVDrip 格式。它采用了 MPEG-4 的压缩算法同时又综合了 MPEG-4 与 MP3 各方面的技术，也就是说，使用 DivX 压缩技术对 DVD 盘片的视频图像进行高质量压缩，同时用 MP3 或 AC3 对音频进行压缩，然后再将视频与音频合成并加上相应的外挂字幕文件而形成的视频格式。这种编码对机器的要求也不高，其画质直逼 DVD 并且体积只有 DVD 的几分之一。

(6) MOV 格式。美国 Apple 公司开发的一种视频格式，默认的播放器是苹果的 QuickTimePlayer，具有较高的压缩比率和较完美的视频清晰度等特点，但是其最大的特点还是跨平台性，即不仅能支持 MacOS，同样也能支持 Windows 系列。

2. 视频信息的检索特征及分析

对于视频的外部特征信息，可以使用与音频、图像信息同样的处理方法，利用无数据标准进行著录，形成文本数据库，以支持简单的初级检索。视频所描述的故事情节，也可进行文本转换，形成剧情简介或字幕文件，作为附加的检索对象提供语义级别的检索。但是，如同音频、图像一样，基于视频本身结构的特征处理方式更能充分揭示视频信息本身的内容，可以为检索提供更加有效的匹配特征。

基于视频本身结构的特征处理方式，需要遵循视频结构逐层展开。这种处理方式通常使用统计学和逻辑学方法，来获得视频信息的统计特性和逻辑语义。

1) 帧级

视频序列中的帧实际上是一幅静态图像，如果不考虑时间维度，独立地看待视频帧，可以利用图像特征的方法来处理，并用类似图像的检索方法来检索。

2) 镜头和场景级

镜头和场景是两个不同的视频逻辑单元，前者由连续的帧组成，后者由相继或内容相似的镜头组成。因为二者之间具有包含的关系，因此可以放在一起讨论。

不同的镜头其帧构成大不一样，因而在视频处理上，需要识别出镜头的变换，也称为“镜头检测”。由于镜头变换的方式不同，镜头检测的方法可以区分为基于切变的镜头检测和基于渐变的镜头检测两大类。

场景具有一定的语义，从叙事的观点来看，场景是在相同的地点拍摄的，因而具有相同的主题内容。场景检测是在镜头检测基础上实施的更高层次的一种视频处理，它主要基于镜头聚类来实现。有关镜头聚类的方法，既有不随视频类型变化的通用聚类方法，例如，基于分割的方法、基于模式分类的方法等；也有针对特定视频类型的聚类方法，例如，针对新闻节目的基于先验模型的方法、针对故事片的基于拍片规则的方法等。

对镜头和场景的内容进行摘要和表达，就可得到关键帧（代表帧）和关键对象，它们能够代表视频内容，具有概括性和总结性，便于用户检索时快速定位。关键帧的提取也是基于底层图像特征（颜色直方图和运动信息）的时间变化。例如，选取一个镜头，把其包含的帧与起始帧、结束帧逐一比较，若直方图发生显著变化，就被当作关键帧提取出来。另一种视频内容的摘要模式是视频略图，这种类型的表现形式主要用于浏览。

3）视频级

视频级作为最高层次的视频内容，代表一个完整的视频故事和节目，它包含视频摘要、视频语义和一般属性描述。

视频摘要是从长视频中抽取出主要的内容，类似于文本摘要，这个过程需要进行高层次的内容分析。视频摘要的形式主要有以下几种。

（1）文字描述。文字描述可由人工加工输入，但基于内容的处理技术希望能够用程序方式自动实现。例如，可以让程序通过识别视频标题或视频中除其他注释文字获得。这种摘要形式也可理解为是一种视频注释（或注解）。

（2）静态视频摘要。静态视频摘要的结果就是提取一系列的关键帧，这些关键帧图像能够尽可能准确、尽可能多地表达这段视频的主要内容。由一幅幅关键帧图像构成的静态视频摘要，非常类似于一组幻灯片。

（3）动态视频摘要。动态视频摘要（或称为视频筛选）是指从原始视频中选取一些认为重要的部分（包括声音和图像），是整个原始视频作品的动态浓缩。用户可以通过播放这些视频片段来了解整个视频序列的内容。

8.1.5 多媒体信息检索

多媒体信息检索是根据用户的要求，对图形、图像、文本、声音、动画等多媒体信息进行检索，得到用户所需的信息。多媒体信息检索，实质上是由计算机将输入的检索策略与系统中存储的多媒体信息内容或特征标识及其逻辑组配关系进行类比、匹配的过程。具体地讲，是检索人员根据某种目的，制定检索策略，借助计算机技术和设备，在一定时间内，使用特定的检索语言和检索指令，在计算机网络及其数据库中检索所需多媒体信息的过程。

1. 多媒体信息检索的方式

（1）基于特征的多媒体信息检索。多媒体信息检索系统收到用户的检索请求后，自动将多媒体信息的物理特征转换为数字多媒体信号，通过网络安全地发送给世界各地的用户；当客户机收到检索系统返回的多媒体信息特征数据后，进行解码，将数字信号转变为数值数据，并进行解码，还原为多媒体信息，作为检索结果输出。基于特征的多媒体信息检索系统有着广阔的应用前景，它将广泛用于电子会议、远程教学、远程医疗、电子图书馆、艺术收藏和博物馆管理、地理信息系统、遥感和地球资源管理、天气预报、时装设计、智能群体决策、计算机支持协同工作、金融市场、军事指挥系统、防汛指挥系统等方面。例如，数字图书馆将物理信息转换为数字多媒体形式，通过网络安全地发送给世界各地的用户；自然语言查询和概念查询对返回给用户的信息进行筛选，使相关数据的定位更为简单和精确；聚集功能将查询结果组织在一起，使用户能够简单地识别并选择相关的信息；摘要功能能够对查询结果进行主要观点的概括，而使用户不必查看全部文本就可以确定所要查找的信息。

(2) 基于内容的检索(Content Based Retrieval，CBR)。基于内容特征的检索是对媒体对象的内容及上下文语义环境所进行的检索，既能对以文本信息为代表的离散媒体进行检索，也能对以图像、声音为代表的连续媒体的内容进行检索。通过检索系统将检索提问与多媒体文本、超文本、图像图形、视频、音频等检索标识进行匹配，如果相符性比较一致，说明命中信息，否则重新检索。基于内容检索的多媒体信息系统的自然语言检索和概念检索对返回给用户的信息进行筛选，使相关数据定位简单和精确；文摘、题录功能可以对检索结果进行概括阐述，用户可以基本确定所要检索的信息；多媒体信息系统聚集功能可以有效地组织、聚集、集成检索结果，用户可以以此检索相关知识信息。

(3) 信息全文全息检索。多媒体信息检索系统支持布尔检索、截词模糊匹配检索、完全字符串匹配检索、位置相邻检索等多种检索机制，且可以利用相关索引机制，提高检索效率；而且支持全息检索，即基于自然语言理解的人-机交互及多媒体信息异构整合检索等。

(4) 内容的创建和获取检索。多媒体信息检索系统能自动地将物理形式的资料转换为系统可识别的数字信息，进行压缩和转换，成为多媒体信息系统的内容。用户可以根据自己的信息需求，向检索系统提交检索提问，系统在与检索标识进行相符性比较的同时，自动创建和获取满足用户需求的多媒体信息。

(5) 跨平台的客户端多媒体信息检索。多媒体信息系统利用XML文件存储数据，提供符合统一标准的多媒体信息服务，解决跨平台检索的基本框架，实现跨平台、一站式的多媒体信息检索与利用。平台的客户端检索技术就是解决网络环境下，多种软、硬件平台上统一的多媒体检索界面问题，利用该检索平台可以实现书目信息、数字图书、数字期刊、学位论文、音频、视频、图形、图像等多媒体信息的检索。

(6) 个性化的用户信息维护与管理。多媒体信息检索系统存储对象可以是文本、图形、图像、视频、音频等数字化信息，检索时，用户可以采用客户机/服务器方式，进行个性化信息维护与管理，如用户账号、密码管理，个人信息维护，检索历史维护、管理，检索日志维护，费用管理等。用户可以研究大容量信息组织管理方法，探索多维空间索引方法以提高多媒体信息管理的有效性及检索的高效性。

2. 多媒体信息检索的过程

多媒体信息的检索是一个逐步求精的过程，经历一个多媒体信息特征的提取、相似性匹配内容特征调整、重新匹配的循环过程。

(1) 初始检索说明。用户需要检索一个多媒体对象时，最初可以用范例检索(Query

By Examples,QBE)或检索语言形成一个检索策略。多媒体信息系统提取示例特征标识或把检索描述映射为具体的特征矢量。

(2) 相似性匹配。根据用户的信息需求,系统将检索特征与特征库中的检索标识按照一定的匹配算法进行相似性匹配。

(3) 输出检索结果。多媒体信息系统将满足一定相似性条件的一组候选结果,按相似度大小递减排列后返回给用户,在客户端显示。此时,用户可以查看检索结果,并与自己的信息需求相比较。

(4) 特征调整。对多媒体信息系统返回的检索结果,用户可以通过遍历(浏览)的方式进行挑选,直到得到满意的检索结果为止;如果检索结果与用户的信息需求不太吻合,可以从候选结果中选择一个示例,经过特征调整后,形成一个新的检索策略,用户可以根据新的检索策略重新确定多媒体检索标识,编写新的检索表达式,进行二次、多次或重新检索。

(5) 选择各种限定条件,分别对多媒体信息的各种提问标识和检索标识进行限定,逐步缩小检索范围,直到用户对检索结果满意为止。

3. 提交检索的方式

多媒体信息检索系统向用户提供直观的多媒体人-机检索界面,主要通过以下两种形式提交检索说明,如果需要可以结合使用。

(1) 示例检索说明。用户可以从系统提供的示例模板中选择或绘制示例,也可以通过浏览来选择数据库中的某个媒体记录作为示例。用户往往通过示例表达检索要求,多媒体信息系统将从用户的示例标识中实时提取特征矢量与多媒体数据库中的检索标识进行相符性比较,开展检索。

(2) 表格说明。用户往往难以描述一种较为复杂的检索要求,多媒体信息系统可以向用户提供统一的表格形式,用于形成文本和音频检索、运动检索、概念检索及利用可视SQL进行检索。表格中的每个描述域包括标识名及可能的描述值,多媒体信息检索系统将利用用户的主客观属性及自动预提取的特征标识进行检索。一般而言,系统在进行检索之前,需要把用户的检索描述映射为具体的特征矢量,而这个映射过程可能需要知识库辅助。

4. 多媒体信息检索的类型

(1) 图像检索。主要依据图像的颜色、纹理、形状等特征标识,以及图像中子图像(目标,又称对象)的特征进行检索。

颜色检索可以检索到与用户所选择的颜色相似的图像;纹理检索可以使用户检索到含有相似纹理的图像;通过图像形状检索,用户可以选择某一形状或勾勒一幅草图,利用形状特征,如区域、主轴方向、矩、偏心率、正切角等,或近似匹配主要边界进行检索;图像对象检索是对图像中所包含的静态子对象(目标)进行检索。检索条件可以综合利用颜色、纹理、形状特征、逻辑特征及其他客观属性等。

(2) 视频浏览和检索。视频可以使用场景、镜头、帧等特征标识进行描述。帧是一幅静态的图像,是组成视频的最小单位;镜头是由一系列帧组成的一段视频,描绘同一场景,表示的是一个摄像操作活动、一个事件或一组连续的动作。一个或多个关键帧表示一个镜头。场景包含多个镜头，针对同一批对象目标，选择不同的拍摄角度，表达不同的含义。

关键帧是一幅幅图像，可以采用与图像检索相似的方法，基于关键帧的检索是对代表视频镜头的关键帧进行检索，一旦检索到目标关键帧，用户就可以播放视频观看所代表的视频信息资料片断。基于运动的检索则基于镜头和视频对象的时间特征进行检索，它是视频信息资料检索的进一步要求，可以检索摄像(影)机的移动操作和场景移动，以及用运动方向和运动幅度等特征标识检索运动的主体对象。

(3) 音频检索。音频检索利用多媒体信息的声学和主观特性标识进行检索。音调、响度、音色等声音的感知特性与音频信号的测量属性非常接近，可以将这些特征提取，进行著录、加工、处理、组织在音频数据库中，并利用这些特征标识进行示例和指定特征值检索。

(4) 图形检索。图形检索是基于空间的约束与被约束关系进行的多媒体信息检索。图形各组成要素中，点检索可以实现某坐标处的目标检索；线检索则检索图形线状目标两侧的目标对象，如检索公路两侧的建筑、河流两侧的景物等；区域检索可以用来检索某区域内的图形标识、对象目标；关联检索利用两个或多个图形对象(目标)之间的空间和拓扑关系进行检索。图形信息之间的空间约束与被约束关系可以标引成方向、邻接、邻近、包含、被包含距离等。

(5) 文本检索。文本信息资料的检索往往利用叙词、关键词、主题词等标识，采用传统的数据库技术实现文本信息的采集、标引、著录、加工、存储和检索。然而，由于叙词、关键词、关键词标引工作量大，而且文本数据库检索标识同用户的检索提问标识可能不一致，导致检准率和检全率下降，因此，多媒体文本信息检索大量采用自然语言直接进行自由词、自然词和字等检索。根据实现方法的不同，文本检索技术可以分为字符串搜索、串匹配、全文检索和全息检索等，以字和词及它们的逻辑组配为条件进行检索。

对于一个具体的检索应用来说，可能只需要以上检索类型中的一种或几种检索，或利用它们的检索类型作为基本操作来构造复合的检索。

5. 索引

为了有效地进行多媒体信息检索，将成千上万的图像、图形、音频、视频和文本等数据按照适宜的存储结构进行检索标识标引，组织多媒体信息数据库显得非常重要。常规数据库中采用类似 R 树的结构索引，根据用户的检索需求返回满足检索提问标识的记录，而不需要逐个检查数据库中的每个记录，从而提供有效的访问机制。对于多媒体信息数据库，有必要打破传统的索引方法，研究新的适合于多媒体内容特征匹配的快速访问索引结构。

索引是对多媒体信息特征数据库的快速访问，构成树结构，索引树中的中间节点是各子节点的抽象，一个索引树既可以自底向上通过抽象来构造，也可以自顶向下通过分类构造。对于多媒体信息数据库中的每个数据项(特征标识)，索引项包含各关键属性的特征值及可以直接访问该数据项的指针(地址)。索引对于多媒体数据，不仅可以用一个关键字属性产生一个索引树，还可以利用一种抽象数据类型或指向数据结构的指针产生一个索引树，其中，抽象数据类型包括特征标识矢量，以及由多维特征、音频数据、图像数据、图像序列等组成的多维矩阵。在索引树的不同级别上，所用的关键属性可以不同，如索引树的顶层,可以用面部轮廓特征作为关键属性,下一级可以是头发或眉毛特征;另外,分组准则和函数可以使用基本逻辑表达式、特征标识矢量的相似性度量等方法对多媒体信息特征进行归类,也可以利用特征的空间和时间约束与反约束进行分类等。

8.2 多媒体数据压缩

多媒体音频和视频数字化的数据量是十分庞大的,如果不进行数据压缩处理,计算机系统无法对它进行存取和交换,因此对多媒体数据进行压缩十分必要。

8.2.1 多媒体压缩原理

1. 离散余弦变换

离散余弦变换(Discrete Cosine Transform,DCT)是一种与傅里叶变换紧密相关的数学运算。在傅里叶级数展开式中,如果被展开的函数是实偶函数,那么其傅里叶级数中只包含余弦项,再将其离散化可导出余弦变换,因此称为离散余弦变换。

DCT 是 N.Ahmed 等人在 1974 年提出的正交变换方法。它常被认为是对语音和图像信号进行变换的最佳方法。为了工程上实现的需要,国内外许多学者花费了很大精力去寻找或改进离散余弦变换的快速算法。由于近年来数字信号处理芯片(DSP)的发展,加上专用集成电路设计上的优势,这就牢固地确立了 DCT 在目前图像编码中的重要地位,成为 H.261、JPEG、MPEG 等国际上公用的编码标准的重要环节。在视频压缩中,最常用的变换方法是 DCT,DCT 被认为是性能接近 K-L 变换的准最佳变换,变换编码的主要特点如下。

(1) 在变换域里视频图像要比空间域里简单。

(2) 视频图像的相关性明显下降,信号的能量主要集中在少数几个变换系数上,采用量化和熵编码可有效地压缩其数据。

(3) 具有较强的抗干扰能力,传输过程中的误码对图像质量的影响远小于预测编码。通常,对高质量的图像,DMCP 要求信道误码率,而变换编码仅要求信道误码率。

2. 压缩原理

压缩算法是针对多媒体数据中存在的各种冗余而设计的,即采用一定的编码方式,消除其中的冗余信息,实现不失真压缩,或以人的视觉和听觉的生理特性为基础,在允许失真限度内进行有失真压缩以得到更高的压缩比。这些冗余可以归纳为以下几类。

1) 空间冗余

空间冗余指处于客观世界中的同一物体或背景(或其中的部分区域)一般具有大致相同的表面物理特性。反映在图像上即表现为有一定的灰度相关性(冗余比特)。对于采样的图像、音频、视频数据中的相同比特流,使用编码机理以重复的数值代替重复的比特序列,可以节省可观的数据容量。例如,一个黑色像素之后是 20 个白色像素,就不必存储全部 20 个白色像素,而只存储白色像素的个数。空间冗余的减少方法如图 8-4 所示。

从硬件和软件实现的角度考虑,选择 8×8 块尺寸不会产生显著的内存需求,并且 8×8DCT 的计算复杂性在大多数计算平台上是可处理的。另外,8×8 块尺寸能够提供比

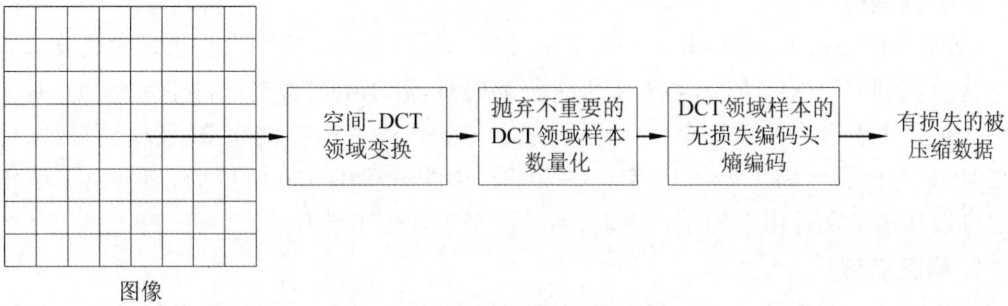

图 8-4　基于 DCT 的编码系统

较好的压缩效率。由于当一个像素附近超过 8 个像素时。空间相关性显著降低，这会降低压缩效率。因此大于 8×8 的块不能提供较好的压缩效率。由于 DCT 是正交变换，变换的正交性可以大大减少编码解码的复杂性，对高度相关的图像数据。DCT 会提供较高的压缩效率。

2）时间冗余

时间冗余指时间上连续的多个帧之间存在相似性，可以将重复存储的相似部分压缩，例如，视频、动画等连续媒体的压缩。由于在图像序列中存在明显的时空相关，因此大多数视频编码器使用 2DCT 以获得好的压缩效率，第一阶段利用帧间时间冗余的方法，第二阶段利用帧内空间冗余的编码方法。时间冗余处理器首先进行运动估值，运动估值的处理包括找到在帧 t 中的每个 16×16 像素域及在帧 $t-1$ 中的相应区域。用 $I(x,y,z)$ 表示帧 t 中的 16×16 的像素域，令帧 $t-1$ 中的相应区域在 $(x-u,y-v)$，其中，(u,v) 为帧 t 中位于 (x,y) 的块的运动矢量。16×16 运动补偿差别块被计算为 $I(x,y,t)-I(x-u,y-v,t-1)$，运动补偿差别是时间冗余减少处理器的输出。

时间冗余和空间冗余是将图像信号看作概率信号时所反映出的统计特性，也被称为统计冗余。

3）结构冗余

有些图像从区域上看有非常强的纹理结构，例如，草席图像、海洋波浪图像等。这些图像中的一些小的局部图像模式在整幅图像中反复出现，甚至有一定的排列规则。

4）视觉冗余

人类的眼睛不同于摄像头，而多媒体对象中存在一些人眼不能觉察的信息，对图像的观察者来说，这些信息是无用的、冗余的。

5）知识冗余

大部分图像都是自然界中客观存在的物体的二维映像，其区域结构、灰度变化等属性服从自然界的规律，也符合人类的知识结构。例如，当看到人脸图像时，已经知道人的脸上必然有对称分布的口、眼、嘴、鼻、耳及它们各自的大致位置和形状。

8.2.2　多媒体压缩编码

针对数据的冗余，计算机在处理中使用很多压缩编码，但最常用的有字典编码、预测编码和变换编码三类。

1. 字典编码

LZW 编码是由 Lemple 和 Ziv 提出并经 Welch 扩充而形成的无损压缩专利技术。它属于基于“字典”的压缩方法，在对文件进行编码时，需要生成特定字符序列表以及对应的代码。每当表中没有的字符串出现时，就把它与其代码一同存储起来。以后当该串再次出现时，只存储其代码。实际上，字符串表是在压缩过程中动态生成的，而且由于解压缩算法可以从压缩文件中重构字符串表，因而字符串表也不必存储。

2. 预测编码

这是一种针对统计冗余性的压缩方法。对于语音，就是通过预测去除语音信号时间上的相关性。而对于图像，帧内预测可以去除空间上的冗余，帧间预测则可以去除时间上的冗余。目前大多数语音、图像编码中都采用了预测技术。例如，语音中的线性预测(Linear Predictive Coding，LPC)、码激励线性预测(CELP)，图像中的 ADPCM 等。

3. 变换编码

这也是针对统计冗余性进行压缩的编码方法。不同的是，变换编码首先把要压缩的数据变换到某个变换域中，然后再进行编码。变换域中表现为能量集中在某些区域，就可以利用这一特点在不同区域间有效地分配量化比特数，或者去掉这些能量很小的区域从而达到数据压缩的目的。例如，声音中的频谱分析实际上是对语音波形进行了快速傅里叶变化(FFT)，将时域信号变到频域中，可以清楚地看到能量集中在哪些频率范围内。

8.3 多媒体内容的理解

8.3.1 分割

分割的目的是把图像空间分成一些有意义的区域。例如，一幅带有大树风景的照片，可以分为大树区和背景区。图像分割可以以各个像素为基础去研究，也可以利用在规定领域中的某些图像信息。分割的依据可建立在图像的相似性和非连续性这两个特征上。图像分割是图像处理与机器视觉中必不可少的重要环节，也是图像理论发展的瓶颈之一。

1. 图像分割

图像分割是一种基本的计算机视觉技术，是图像分析和图像理解的基础，其目的就是按照图像的某些特性将图像分成若干区域，使得在每个区域内的像素有相同或相近的特性，而相邻区域的特性则不同。这里的特性可以是灰度、颜色和问题等；区域可以是单个区域或多个区域。图像分割要满足以下 5 个条件。

(1) 分割所得到的全部子区域的综合应能包括图像中的所有像素。

(2) 各个子区域是互不重叠的。

(3) 分割后得到的属于同一个区域中的像素应该具有某些相同特性。

(4) 分割后得到的属于不同区域中的像素应该具有一些不同的特性。

(5) 同一个子区域应当是连通的。

图像分割是一个经典的难题。从 20 世纪 70 年代起，图像分割问题就吸引了很多研究人员并为之付出了极大的努力，至今已提出了上千种类型的分割算法，但是到目前为止还不存在一个通用的方法。根据相应的文献,图像分割有以下几个比较明显的趋势。

(1) 在将新概念、新方法引入图像分割领域的同时,更加重视多种分割算法的有效结合。采用什么样的结合方式才能取得好的效果,成为人们关注的问题。

(2) 将注意力转向图像的分割方法在某些特定领域的应用。利用这些领域中特有的知识来辅助解决图像分割问题。

(3) 人-机交互式的分割方法引起了广泛的注意。

2. 镜头分割

镜头是视频存储、检索、查询的基本单元,是一些有意义的、便于管理的视频片段,镜头分割就是根据连续视频序列前后帧之间发生的变化特征,以及各帧间的内容相关性,把一段视频序列分割为不同的镜头。

目前视频镜头分割的方法主要是先提取每一帧的某种特征,然后比较连续两帧或三帧之间的特征,计算它们的差值,而后与预设的阈值进行比较,从而确定是否发生镜头切换。镜头分割是实现视频数据浏览、检索和查询的基础。

8.3.2 特征提取

1. 特征提取

特征提取从广义上而言就是指一种变换。具体而言,原始特征的数量很大,或者说原始样本是出于一个高维空间中,通过映射或变换的方法可以将高维空间中的特征用低维空间的特征来描述,这个过程就叫作特征提取。变换后的特征是原始特征的某种组合。

2. 特征降维

提取的原始特征经过特征选择后,数据的维数还是很高的,若把它们直接送入分类器进行分类是不可取的,因为特征空间的维数太高会增加计算量,同时由于这些参数中有些是相关的,存在信息冗余度,可能导致系统性能下降。因此在分类之前,需要进行样本的空间压缩。

特征压缩在广义上就是指一种变换,是另一种减少特征树的方法,即通过映射(或变换)的方法把高维的特征向量变换为低维的特征向量,并保持足够的信息来鉴别事务之间的类别,映射后的特征通常是原始特征的某些组合。

在数据位数压缩的过程中,必须保证以下几点。

(1) 保熵性,即通过变换后不丢失信息的特征。

(2) 去相关性,即去掉彼此相关性较强的信息。

(3) 能量不变性,即保证信息在两种离散空间进行转换时保持能量不变。

(4) 能量的重新分配和集中,即在变换域中尽量使能量集中在少数几个变换系数上。

特征压缩的方法很多,目前主要有以下几种方法:基于概率距离判据的特征压缩、基于散度准则函数的特征压缩、基于判别熵最小化的特征压缩、基于类内类间距离的特征压缩、基于 K-L 变换的特征压缩、基于神经网络的特征压缩和基于小波分析的特征压缩等。

8.3.3 分类

分类是指根据多媒体数据的内容和形式的异同,按照一定的体系有系统地组织和区分。换句话说,分类的任务就是在给定的分类体系下,根据多媒体数据的内容自动地确定数据关联的类别。常用的分类器有:线性分类器和概率分类器。

1. 线性分类器

线性分类器不仅实现简单,而且在同类型分类器中相对于非线性分类器来说计算量最少。但是它是以模式的样品集合线性可分为前提的,因此需要研究一个线性分类器在多大程度上使分类成为可能。

2. 概率分类器

基于概率统计的分类器主要有基于最小错误率的决策、基于最小风险的 Bayes 决策。

直接使用贝叶斯(Bayes)决策需要首先得到有关样品总体分布的知识,包括各类先验概率 $P(\omega_1)$及类条件概率密度函数,计算出样品的后验概率 $P(\omega_1|x)$,并以此作为产生判断函数的必要数据,设计出相应的判别函数与决策面。当各类样品近似于正态分布时,可以算出使错误率最小或风险最小的分界面方程,因此如果训练样品处于近似的正态分布,可以用贝叶斯决策方法对分类器进行设计。

通过训练样品的概率分布进行判别函数设计,然后用它进行分类,这种方法称为参数判别方法。它的前提是对特征空间中的各类样品的分布已很清楚,一旦待测试分类样品的特征向量值 x 已知,就可以确定 x 对各类的后验概率,也就可按相应的准则计算与分类。所以判别函数等的确定取决于样品统计分布的有关知识。因此参数分类判别方法一般只能用在有统计知识的场合,或能利用训练品估计出参数的场合。

贝叶斯分类器可以用一般的形式给出数学上严格的分析以证明:在给出某些变量的条件下,能使分类所造成的平均损失最小,或分类决策的风险最小。因此能计算出分类器的极限性能。贝叶斯决策采用分类器中的最重要的标志-错误率作为产生判别函数和决策面的依据,因此它给出了最一般情况下使用的“最优”分类器设计方法,该方法对各种不同的分类器设计技术在理论上都有指导意义。

8.4 多媒体信息检索的关键技术

多媒体信息检索系统应能对以文本信息为代表的离散媒体和以图像、声音等为代表的连续媒体的内容进行检索。为了达到较好的检索效果,必须掌握以下关键技术。

8.4.1 信息模型

多媒体信息检索依赖于多媒体信息的组织形式,多媒体信息组织的优劣在一定程度上决定了其检索效率的高低。常见的多媒体对象是构造型的复合对象,其本身可用多种数据模型来描述,典型的数据模型有超文本模型(网状模型)、文献模型(层次模型)和信息元模型(层次模型)等。多媒体信息覆盖面宽,对象多且复杂,功能要求多样性。同时,文字与图像、声音需并发处理,这就要求它们之间在时间和空间组合上匹配。要研究一种普遍适用的模型，既适合多媒体对象的组织，又符合多媒体对象的构造，并在此基础上建立一种高层的查询机制，用来对多媒体及其各成分进行统一检索。同时，也可以根据实际情况，改造现有的信息模型和相应的数据结构，以满足多媒体信息处理的需要。

8.4.2 检索技术

对于图像、音频、视频等多媒体信息的早期检索方法主要基于文本描述，即对多媒体信息添加文本说明。这种方法的缺点是难于充分表达媒体的丰富内容，描述具有一定主观性，处理文本涉及自然语言理解问题，以及手工制作文本描述的效率低等。因此，现在主要研究基于内容的多媒体检索技术。

基于内容的检索指根据媒体和媒体对象的内容语义及上下文联系进行检索，它利用图像处理、模式识别、计算机视觉、图像理解等学科中的一些方法作为部分基础技术，首先进行特征抽取，再计算其相似性。研究领域包括表达机制的研究、索引方法的研究、内容描述技术的研究等。例如，对于静止图像特征的提取包括颜色、形状、纹理等，甚至可以对图像的语义特征进行分析和提取。对于视频特征的提取包括分割、镜头组织、主运动估计、层描述等。目前，计算机识别技术尚未完全成熟，且不存在通用、高效的算法。这是多媒体基于内容检索进一步发展的障碍。

8.4.3 查询语言

传统的数据库查询语言 SQL 无法适应多媒体信息的检索，尽管 ISO 对 SQL 做了多次扩充，特别是在 SQL3 中增加了面向对象的概念和功能，并对过程加以扩充，但形式化地表达和实现用于多媒体检索的 SQL，仍是非常困难的。

基于内容检索以 QBE(Query By Example)为代表。这类检索直接依赖于图像理解、语音识别等模式识别技术，首先进行特征抽取，再计算其相似性。目前，计算机模式识别技术尚未完全成熟，且不存在通用、高效的算法，这是多媒体基于内容检索进一步发展的主要障碍。

8.4.4 数据压缩和恢复

将物理形式的资料转换为数字信息，并进行压缩和转换。多媒体信息载体由于采用了大量的图像、声音、影视，其数据量比传统以文字为主的单一媒体要大数百倍。数据的压缩及恢复成为多媒体信息处理的一项关键技术。

数字化信息的数据量相当庞大，将给存储器的存储容量、通信干线信道的传输率(带宽)以及计算机的处理速度增加极大的压力。解决这个问题单纯用增加存储器容量和通信信道的带宽及提高计算机的运算速度等办法是不现实的，多媒体数据压缩编码技术才是行之有效的方法。压缩编码技术是指用某种方法使数字化信息的编码率降低的技术，其核心工作就是去掉信息中的冗余，即保留不确定的信息，去除确定的信息。

静止图像的压缩主要采用 JPEG 静态图像压缩算法。这是一种比较成熟的有损压缩算法，在数字图像领域得到了广泛的应用。

视频图像的压缩，目前比较常用的是 MPEG 动态图像压缩编码算法系列，也有电信行业主要用于视频会议系统的 H.26x 等。MPEG 标准系列由最初的面向家庭电视质量级的视频、音频压缩标准 MPEG-1，经历了面向演播级的视频、音频压缩标准 MPEG-2，发展到了如今的 MPEG-4。MPEG-4 是一种基于内容的压缩方法，它将基于内容的检索与编码结合起来考虑，在压缩数据中应有描述视频内容的信息，从而使对多媒体信息内容的访问可以直接针对压缩数据进行。正在酝酿中的 MPEG-7 则是基于内容的描述。它不是一种压缩算法的标准，而是一种面向内容的描述语言和格式的标准，一旦制定出来，其应用领域将十分广泛。最重要的一点是，有了基于内容的描述之后，就可以对多媒体信息进行分类、检索、识别和加工制作。这对于多媒体数据库和多媒体信息检索的发展是至关重要的。

8.4.5 存储管理

多媒体存储管理多采用客户机/服务器模式。多媒体服务器首先需要的是海量存储系统，构成这样的系统可以采用光盘塔或者光盘库，这些外存储器系统一般都自带管理模块，可以让用户透明地访问庞大的存储空间。对于经常使用的资源，可以考虑采用硬盘的存储方式，以提高存取速度。

存储对象可以是文本、声音、图形、图像的数字化信息。对每一种类型的对象，可以定义它们的索引、查询支持(目录)信息。信息服务器管理数据(或目录)的索引和查询，而对象服务器则用于管理(或收集)数字化的对象。

图像一般是压缩传输的，可以采用递进式压缩格式，使用户在传输过程中就可以看到图像的局部或者低分辨率的全图，以减轻等待感。音频和视频的传输一般采用流技术，即边下载边播放的方式。Real Video 和 Vivo Player 是互联网上比较成熟的视频音频流技术，已广泛应用。

8.4.6 同步技术

多媒体同步技术目的就是向用户展示多媒体信息时，保持媒体对象之间固有的时间关系。尤其是在采用客户机/服务器模式的系统中，各种媒体分布在不同的空间和时间里，将数据按事件顺序和空间缓冲区地址的安排，恰当地组合起来。

多媒体同步包含两类同步：一类是流内同步，其主要任务是保证单个媒体流间的简单时态关系，也就是按一定的时间要求传送每一个媒体对象，以满足感知上的要求；另一类是流间同步，主要任务是保证不同媒体间的时间关系，例如，音频和视频之间的时态关系、音频和文本之间的时态关系等。流间同步的复杂性和需要同步的媒体的数目有关。

小　结

1. 多媒体的基本概念

媒体，又称媒介、媒质，是承载信息的载体。

多媒体技术是指能对多种载体(媒介)上的信息和多种存储体(媒质)上的信息进行处

理的技术。

媒体分为以下5大类。

(1) 感知媒体。指能够直接刺激人的感觉器官,使人产生直观感觉的各种媒体。

(2) 显示媒体。指感知媒体与电磁信号之间的转换媒体。

(3) 表示媒体。对感知媒体的抽象描述形成表示媒体。

(4) 存储媒体。指存储表示媒体的物理设备。

(5) 传输媒体。指传输表示媒体的物理介质。

多媒体具有多样性、集成性和交互性的特点。

当声音以电信号传递,也就是借助电路传输的时候,就称作音频信号。音频信号可分为两类:语音信号和非语音信号。

数字音频信息是一个数据序列,由模拟声音经过采样、量化和编码后得到。

基于音频内容的特征处理方法,就是针对音频信息的物理样本、基本属性等进行分析处理,通过数学与统计学方法来获得音频信息物理、听觉、语义等不同层次(或级别)上的特征,并揭示特征之间的相互关系。

图形是矢量文件,由数学函数生成的一系列计算机指令来进行描述。图像是点阵图,由大量的色点集合而成,通常又称为“位图”。

图像处理的主要内容包括:图像变换、图像编码与压缩、图像的增强与复原、图像分割与识别。

图像信息的数字化过程与音频信息的数字化过程大致相同,也分为采样、量化、编码三个步骤。

图像信息特征可分为物理层、逻辑层和语义层。物理层特征揭示图像的物理特性。物理层特征主要包括颜色、纹理、形状(轮廓)等视觉信息,它们提供最原始和底层的图像数据;逻辑层特征主要包含图像的逻辑属性和图像的逻辑结构;语义层特征主要用于表达作者创作意图、图像的描述主题或者用户需要检索的语义内容等。

视频是图像之外的另一类重要的视觉信息源。视频是由多幅连续的静态图像构成的画面序列,沿着时间轴间隔更换,形成动画、影像等。根据每帧图像产生的形式不同,视频可分为两类:若每帧图像是由人工、计算机产生的图像、图形,称为动画;若每帧图像为实时获取的自然景物图像,就称为影像。

若将视频信息进行分解,其图像序列一般是由帧、镜头及场景等描述单元组成的。对于视频的外部特征信息,可以使用与音频、图像信息同样的处理方法,利用无数据标准进行著录,形成文本数据库,以支持简单的初级检索。视频所描述的故事情节,也可进行文本转换,形成剧情简介或字幕文件,作为附加的检索对象提供语义级别的检索。

多媒体信息检索是根据用户的要求,对图形、图像、文本、声音、动画等多媒体信息进行检索,得到用户所需的信息。

多媒体信息检索基本方式有:基于特征的多媒体信息检索、基于内容的检索、信息全文全息检索、内容的创建和获取检索和跨平台的客户端多媒体信息检索。

多媒体信息的检索是一个逐步求精的过程,经历一个多媒体信息特征的提取、相似性匹配内容特征调整、重新匹配的循环过程。主要有:初始检索说明、相似性匹配、输出检索结果、特征调整以及选择各种限定条件。

2. 多媒体数据压缩

离散余弦变换简称 DCT 变换，是一种与傅里叶变换紧密相关的数学运算。

压缩算法是针对多媒体数据中存在的各种冗余而设计的，即采用一定的编码方式，消除其中的冗余信息，实现不失真压缩，或以人的视觉和听觉的生理特性为基础，在允许失真限度内的有失真压缩以得到更高的压缩比。

冗余可以归纳为：空间冗余、时间冗余、结构冗余、视觉冗余和知识冗余。

针对数据的冗余，最常用的编码有字典编码、预测编码和变换编码三类。

3. 多媒体内容的理解

分割的目的是把图像空间分成一些有意义的区域。图像分割可以以各个像素为基础去研究，也可以利用在规定领域中的某些图像信息。分割的依据可建立在图像的相似性和非连续性这两个特征上。

特征提取是指在原始样本的高维空间中，通过映射或变换的方法将高维空间中的特征用低维空间的特征来描述。变换后的特征是原始特征的某种组合。

分类是指根据多媒体数据的内容和形式的异同，按照一定的体系有系统地组织和区分。分类的任务就是在给定的分类体系下，根据多媒体数据的内容自动地确定数据关联的类别。常用的分类器有：线性分类器和概率分类器。

4. 多媒体信息检索的关键技术

为了达到较好的检索效果，必须掌握以下关键技术。

(1) 信息模型。

(2) 检索技术。

(3) 查询语言。

(4) 数据压缩和恢复。

(5) 存储管理。

(6) 同步技术。

思考题

1. 什么是多媒体？它有哪些基本特性？
2. 媒体分为哪五大类？各具有哪些特点？
3. 音频信息的检索特征有哪些？
4. 图像信息的检索特征有哪些？
5. 视频信息的检索特征有哪些？
6. 举例说明多媒体技术的四个特点。
7. 多媒体信息检索基本方式有哪些？
8. 简要说明多媒体数据压缩的原理。
9. 写出多媒体信息检索的关键技术。

第 9 章 搭建基于 Lucene 的搜索引擎

本章以构建北京林业大学校内网络的搜索引擎为例,着重讲解构建一个简单的网络搜索引擎的具体步骤和过程。本实例仅实现了一个简单的搜索引擎所具备的基本功能,对于比较复杂的问题,如分布式、重要程度计算等大型搜索引擎要考虑的问题没有在本实例中体现。有兴趣的读者可以根据书中所讲述的内容构建一个自己的搜索引擎,还可以参阅参考文献中所列举的书目对构建好的搜索引擎进行改进。

9.1 实例简介

本实例要构建一个北京林业大学校内网络的搜索引擎。搜索引擎的主页面如图 9-1 所示。

图 9-1 简单搜索引擎的主页

用户登录到这个搭建好的网站上,输入所期望获取的信息的关键词之后,搜索引擎会返回给用户一系列包含用户所输入的关键词的网页地址、网页标题以及摘要。例如,输入"北京林业大学"这个关键词后,显示结果如图 9-2 所示。用户可以从显示页面中选中一个标题,双击此标题就能浏览所选定网页的内容。

9.1.1 搜索引擎的体系结构

一个完整的搜索引擎主要包含三部分:网页搜集、网页预处理和提供查询服务。三个部分之间的关系是相互独立又紧密连接。相互独立是因为三个部分应该具有独立工作

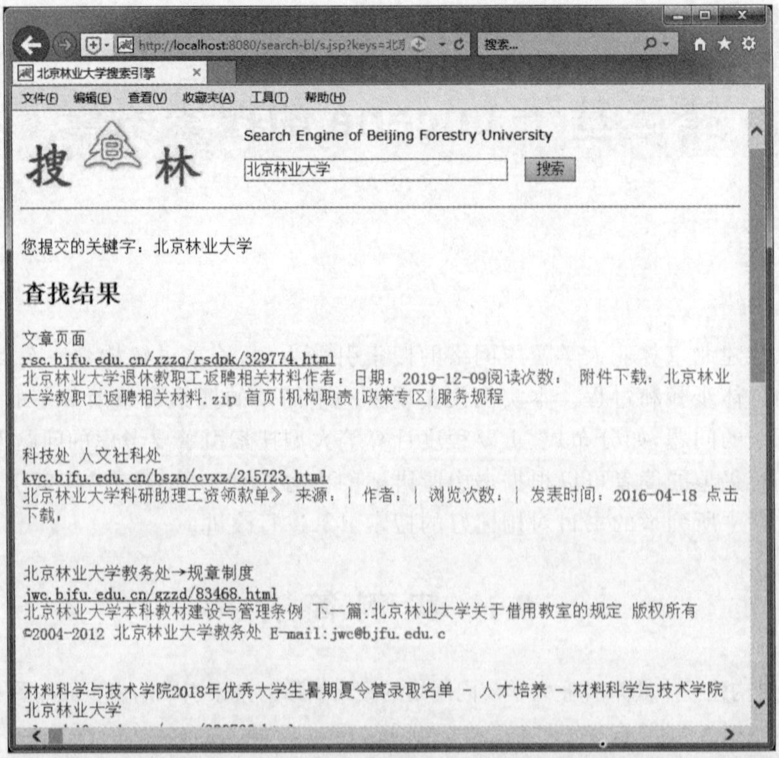

图 9-2　搜索引擎查询页面

的能力，互不影响，任何一部分出现异常而停止时，另外的部分应当正常运行，尽量降低因异常造成的影响；紧密连接是因为网页预处理和查询服务都需要前一部分提供相应的结果。这两点本身并不矛盾。图 9-3 为本搜索引擎实例的体系结构图。

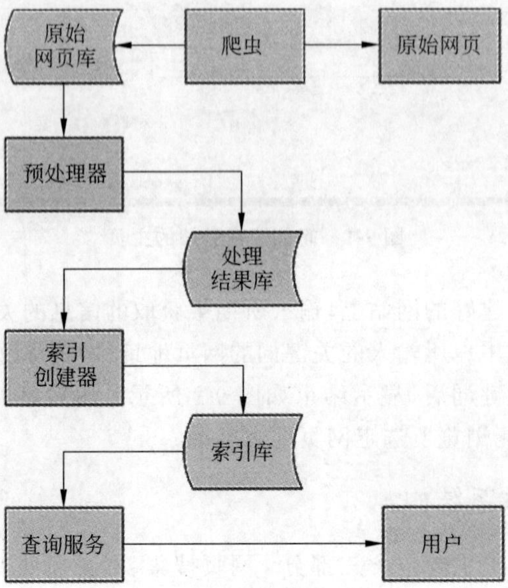

图 9-3　搜索引擎的体系结构图

以下简要介绍各个部分的实现途径。

9.1.2　网页搜集

作为网页搜集的重要组成部分——爬虫(也叫“蜘蛛”或“蜘蛛程序”),本实例采用了开源软件Heritrix。选择Heritrix的原因有以下两点。

(1) Heritrix是由Java语言编写,而本实例的其他部分也都采用了Java语言编写,因此采用Heritrix方便功能的实现。

(2) Heritrix是一款开源的爬虫,并且扩展性很好,可以方便地修改源代码以适应我们的需求。

由于本实例是北京林业大学校内网的搜索引擎,所以也就限定了搜索范围应当是北京林业大学校内网的网页,而这一类网页有一个共同特征:地址中都包含字符串“bjfu”,因此,需要修改Heritrix的抓取类,以实现过滤掉不包含“bjfu”的地址。本实例采用的Heritrix版本是1.14.4。

9.1.3　网页预处理

网页预处理是在网页搜集完成之后进行的。在得到海量的原始网页集合后,还无法直接利用这些原始网页来提供搜索服务。因为这些原始网页中包含大量的HTML标记,事实上,这些标记的数据量远大于网页内容的数据量,网页预处理就是要过滤掉这些HTML标记,提取出其中有用的内容。其次,由于网页上内容的多样性,有些网页的内容也比较随意,或者包含大量的广告,这些信息需要在网页预处理阶段进行处理。此外,网页预处理阶段还要对网页的重要度进行计算,以确保查询服务能够将“更重要”的网页最先返回给用户。

本实例作为一个简单的介绍性应用,只是过滤掉网页中的HTML标记和提取超链接中的重要信息,对于重复或转载网页的消除、广告的过滤以及网页重要度的计算都没有涉及,有兴趣的读者可以自行研究。

网页预处理流程如图9-4所示。

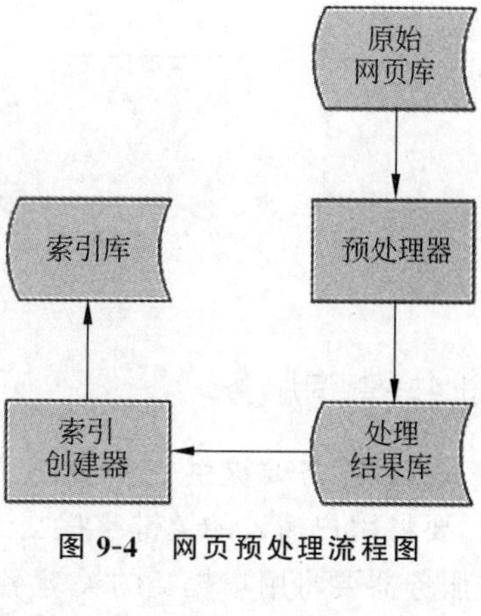

图9-4　网页预处理流程图

本实例中,需要为网页处理程序指定一个用于存放处理好的网页的位置,可以使用数据库,也可以直接使用文件系统,本实例并指定D:\java\workspace\Preprocess\files为保存处理好的网页的存储库,利用数据库来保存处理好的网页所对应的原始网页的URL。

网页预处理程序会首先从原始网页库中依次提取网页,由于原始网页的保存路径即为原始网页的网络地址(注:这是由于Heritrix所采用的保存网页的策略是根据网页的地址创建路径来保存网页,例如http://www.bjfu.edu.cn/index.jsp。Heritrix会先去掉协议头“http://”,然后创建文件夹“www.bjfu.edu.cn”,最后将index.jsp保存在该文件夹下),网页预处理程序会先提取网页的本地存储路径，并将本地存储路径转换成网页的实际网络地址，即 URL。之后，在存储库中创建一个文本文件，将 URL 和其对应的文本文件的文件名写入到数据库中。其次，网页处理程序会提取原始网页的标题，并将标题保存在文本文件的第一行。对于多数网页，标题能够很大程度上反映网页的主要内容，在提供搜索服务时，需要将网页标题返回给用户，因此，本实例将网页标题单独保存。接下来，过滤原始网页中的 HTML 标记，提取其中的内容部分并保存在文本文件中。但并不是所有的 HTML 标记都要过滤掉，超链接标记<a></a>中就包含对超链接内容的说明，因此，在过滤提取的时候，要将这一部分的内容也提取出来保存。

在处理的过程当中，应避免文件名重复，这个可以根据数据库中的记录号来命名文件，这样方便日后可以根据文件名提取数据库中相应的记录，进而获得其 URL。

当所有的原始网页都处理好后，网页预处理程序就要为处理结果建立索引，本实例为索引文件建立了一个库，D:\java\workspace\Preprocess\indexes 用来保存全部的索引文件。

本实例的索引构建工具采用了 Lucenc 2.0，读者可在 http://lucene.apache.org 获得最新版本的 Lucene。索引建立流程如图 9-5 所示。

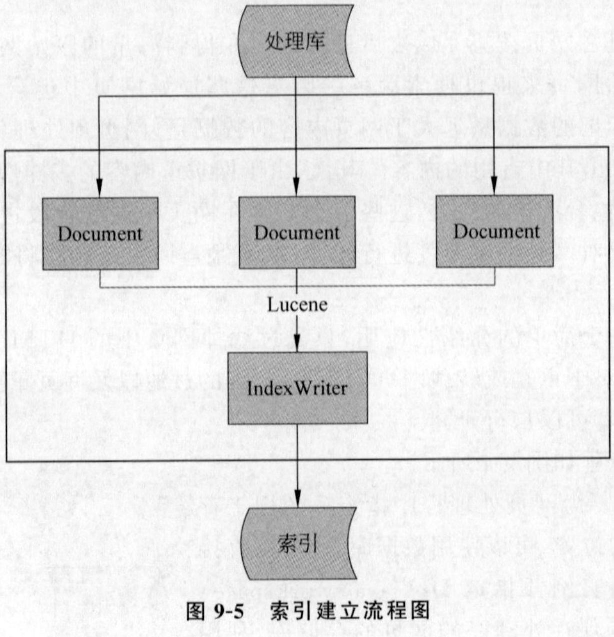

图 9-5 索引建立流程图

9.1.4 查询服务

查询服务要提供一个 Web 界面，供用户输入查询的关键字。当用户单击“查询”按钮时，要将用户输入的关键字提交给服务器，这时，服务器还不能急于根据关键字查询。首先服务器要将用户提交的关键字进行处理，这里主要是将用户输入的全角字符转换为半角字符，不合法的字符要删除；其次还要对用户的输入进行分词，猜测用户的真实意图；最后才将这些处理过的信息送去查询模块，进行查询，然后将查询结果返回给用户。在这里，返回的结果要分页显示。这主要是由于大多数人的查询目标是“找到就可以”，而不是

“找到全部”。经验表明，当人们在使用百度或 Google 这样的大型搜索引擎的时候，通常只会查看前几页的查询结果，因此将全部的查询结果返回给用户实际上造成了一种资源的浪费，因此，本实例采取分页显示，每页显示 10 个查询结果。本实例采用的 Web 服务器为 Tomcat 5.5.36。查询服务的流程图如图 9-6 所示。

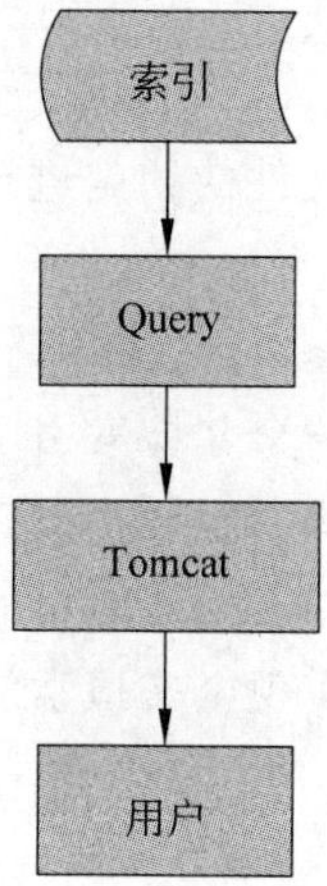

图 9-6　查询服务流程图

9.2　环境搭建与配置

为了构建一个简单的搜索引擎，在本实例中采用的开发语言为 Java，其中用到的爬虫、索引工具和开发工具等及其下载地址如下。

1. JDK 1.6

下载地址为 http://java.sun.com/。JDK(Java Development Kit)包括 Java 开发包和 Java 开发工具，是一个写 Java 的 applet 和应用程序的程序开发环境。它由一个处于操作系统层之上的运行环境，还有开发者编译、调试和运行用 Java 语言写的 applet 和应用程序所需的工具组成。

2. Eclipse 3.3 with J2EE

下载地址为 http://www.eclipse.org/。Eclipse 是一种可扩展的开放源代码 IDE。2001 年 11 月，IBM 公司组建了 Eclipse 联盟，并由该联盟负责这种工具的后续开发。集成开发环境(IDE)经常将其应用范围限定在“开发、构建和调试”的周期之中。为了帮助集成开发环境(IDE)克服目前的局限性，业界厂商合作创建了 Eclipse 平台。Eclipse 允许在同一 IDE 中集成来自不同供应商的工具，并实现了工具之间的互操作性，从而显著改变了项目工作流程，使开发者可以专注在实际的嵌入式目标上。

3. Tomcat 5.5.36

下载地址为 http://tomcat.apache.org/。Tomcat 服务器是一个免费的开放源代码的 Web 应用服务器，它是 Apache 软件基金会(Apache Software Foundation)的 Jakarta 项目中的一个核心项目，由 Apache、Sun 和其他一些公司及个人共同开发而成。由于有了 Sun 的参与和支持，最新的 Servlet 和 JSP 规范总是能在 Tomcat 中得到体现，Tomcat 5 支持最新的 Servlet 2.4 和 JSP 2.0 规范。因为 Tomcat 技术先进、性能稳定，而且免费，因而深受 Java 爱好者的喜爱并得到了部分软件开发商的认可，成为目前比较流行的 Web 应用服务器。

4. Heritrix 1.14.4

下载地址为 http://crawler.archive.org/。Heritrix 是一个开源、可扩展的 Web 爬虫项目。Heritrix 严格按照 robots.txt 文件的约定进行爬取网页。

5. Lucene 2.0

下载地址为 http://lucene.apache.org/。Lucene 是 Apache 软件基金会 Jakarta 项目组的一个子项目，是一个开放源代码的全文检索引擎工具包，即它不是一个完整的全文检索引擎，而是一个全文检索引擎的架构，提供了完整的查询引擎和索引引擎、部分文本分析引擎(英文与德文两种西方语言)。Lucene 的目的是为软件开发人员提供一个简单易用的工具包，以方便地在目标系统中实现全文检索的功能，或者是以此为基础建立起完整的全文检索引擎。

6. JE-analysis-1.5.1

下载地址为 http://www.jesoft.cn/，是一个免费的 Lucene 中文分词组件。

7. Htmlparser

下载地址为 http://sourceforge. net/projects/htmlparser/。Htmlparser 是一个纯 Java 编写的 HTML 解析的库，不依赖于其他的 Java 库，主要用于改造或提取 HTML。

本实例的环境搭建是在 Windows 7 下完成的。由于采用 Java 语言实现，因此对于不同的操作系统，环境搭建过程基本相同。具体的搭建和配置过程如下。

9.2.1 JDK 1.6 的安装与配置

将下载好的 JDK 1.6 安装程序打开，弹出安装许可证对话框，界面如图 9-7 所示。

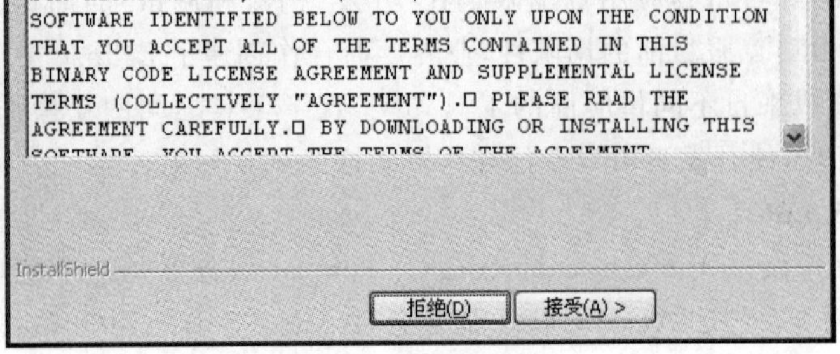

图 9-7 许可证协议界面

单击“接受”按钮，进入 JDK 的自定义安装界面，如图 9-8 所示。

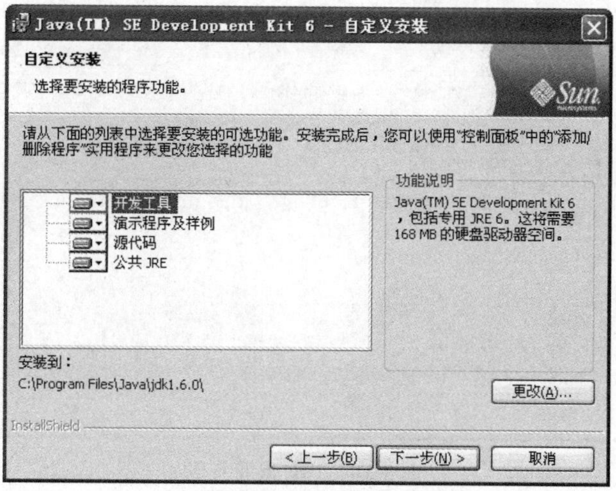

图 9-8　JDK 自定义安装界面

在当前界面中选择一个安装路径，默认路径是“C:\Programe Files\Java\jdk1.6.0\”，单击右侧的“更改”按钮可以更改安装路径。单击“下一步”按钮，开始安装，如图 9-9 所示。

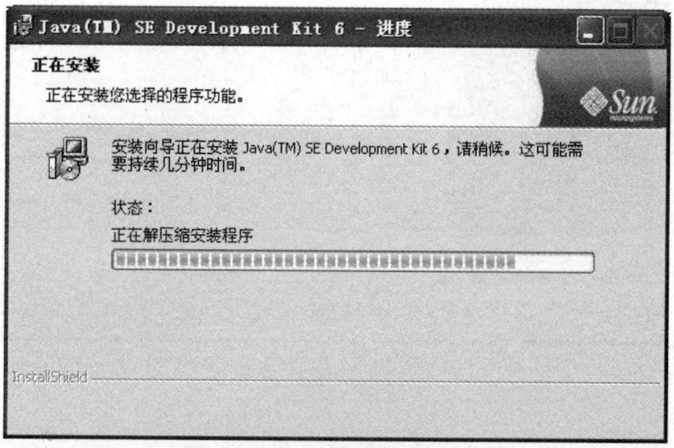

图 9-9　JDK 安装界面

待安装完成后，会弹出一个 JRE 的安装界面，如图 9-10 所示。

JRE 的安装过程与 JDK 类似，在此不再赘述。JRE 安装成功后会弹出安装成功的界面，如图 9-11 所示，单击“完成”按钮结束安装。

接下来要设置环境变量。右击桌面上“我的电脑”图标，在弹出的菜单中选择“属性”，并在弹出的对话框中单击最上方的“高级”标签，如图 9-12 所示。

在图 9-12 中单击“环境变量”按钮，弹出“环境变量”对话框，如图 9-13 所示。

在如图 9-13 所示的“环境变量”对话框中，单击“新建”按钮，新建一个环境变量，变量名是“JAVA_HOME”，变量值为 JDK 的安装路径，如图 9-14 所示。

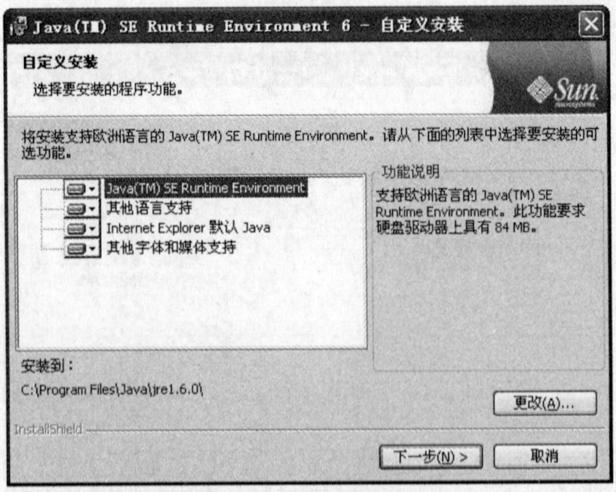

图 9-10 JRE 安装界面

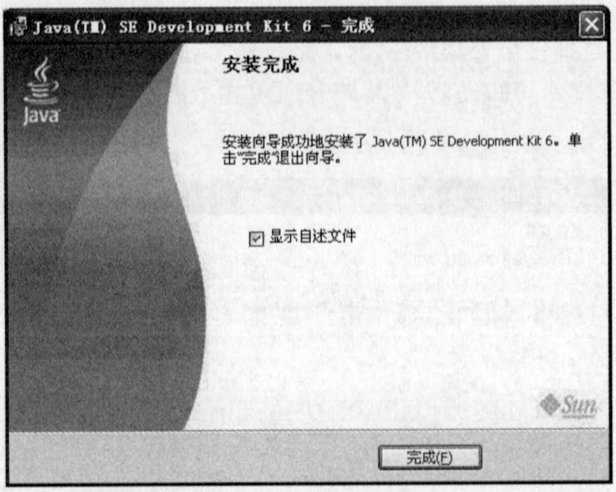

图 9-11 安装完成界面

单击“确定”按钮后，如图 9-15 所示，多了一项环境变量 JAVA_HOME。

用同样的方法再创建以下两个环境变量，冒号左边是环境变量名称，冒号右边是变量值。

(1) PATH：%JAVA_HOME%\bin。

(2) CLASSPATH：%JAVA_HOME%\jre\lib\rt.jar;.;(注意，最后的三个字符是分号、点号和分号)。

9.2.2 Eclipse 的安装与配置

Eclipse 是一个开放源代码的软件开发项目，专注于为高度集成的工具开发提供一个全功能的、具有商业品质的工业平台。它由 Eclipse 项目、Eclipse 工具项目和 Eclipse 技

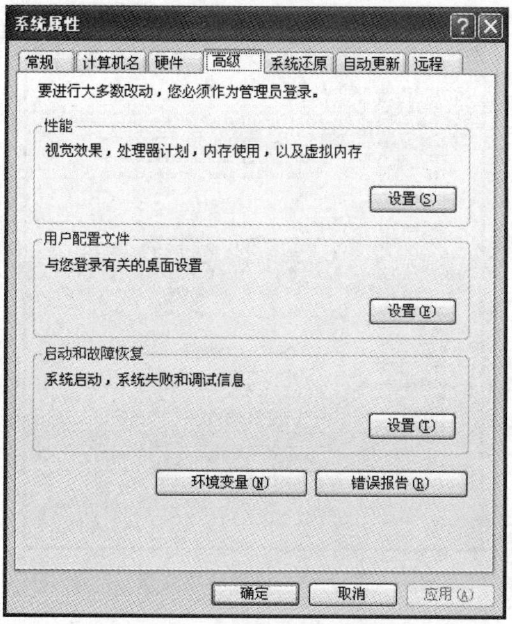

图 9-12　“系统属性”界面

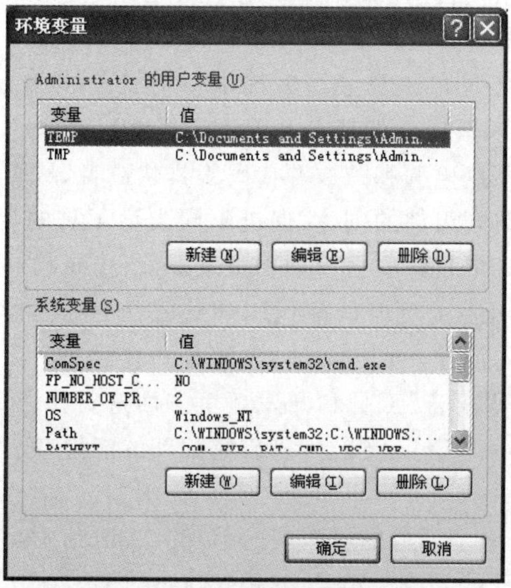

图 9-13　“环境变量”对话框

图 9-14　创建 JAVA_HOME 环境变量

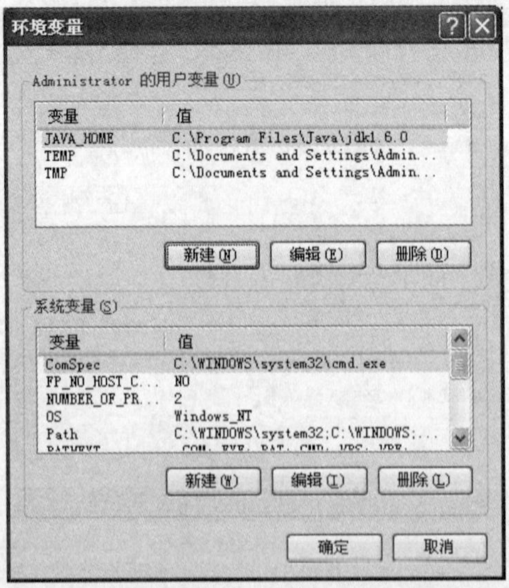

图 9-15 设置环境变量

术项目三个项目组成，每一个项目由一个项目管理委员会监督，并由它的项目章程管理。每一个项目由其自身的子项目组成，并且使用 Common Public License(CPL)1.0 版本许可协议。

Eclipse 工具项目为不同的工具建造者提供一个焦点，以保证为 Eclipse Platform 创建最好的工具。Eclipse 工具项目的任务是为 Eclipse Platform 培育广泛的工具的创建。工具项目提供单一的联系点以调和开放源代码工具建造者，从而使得覆盖和重复最小化，并保证共享的最大化和共同组件的创建，促进不同类型工具的无缝互操作。工具项目由工具开发者委员会和工具项目的项目管理委员会提议、选择和开发的子项目组成。

Eclipse 技术项目的任务是为开放源代码开发者、研究者、学院和教育者提供新的管道，以参与将来 Eclipse 的演化。它按照研究、培育和教育三个项目流来组织，研究项目在 Eclipse 相关领域诸如编程语言、工具和开发环境方面进行探索和研究；培育项目是小型的、未正式结构化的项目，为 Eclipse 软件基础添加新的能力；教育项目聚焦于教育材料的开发、教学帮助和课件。

Eclipse Platform 是一个开放的可扩展的 IDE。Eclipse Platform 提供建造块和构造并运行集成软件开发工具的基础。Eclipse Platform 允许工具建造者独立开发与他人工具无缝集成的工具，用户无须分辨一个工具功能在哪里结束，而另一个工具功能在哪里开始。

Eclipse SDK(软件开发者包)是 3 个 Eclipse 项目的子项目(Platform、JDT、PDE)所生产的组件合并，它们可以一次下载。这些部分在一起提供了一个具有丰富特性的开发环境，允许开发者有效地建造可以无缝集成到 Eclipse Platform 中的工具。Eclipse SDK 由 Eclipse 项目生产的工具和来自其他开放源代码的第三方软件组合而成。Eclipse 项目生产的软件以 CPL 发布，第三方组件有各自的许可协议。

在运行 Eclipse 之前首先应该安装好 JDK(Sun 的 JDK 或 IBM 的 JDK 都可以，应该安装 1.4 以上版本)，设置好环境变量 JAVA_HOME、CLASSPATH 和 PATH。

1. 安装 Eclipse

将下载好的 Eclipse 压缩包直接解压就可以，解压后的 Eclipse 的目录结构如图 9-16 所示。

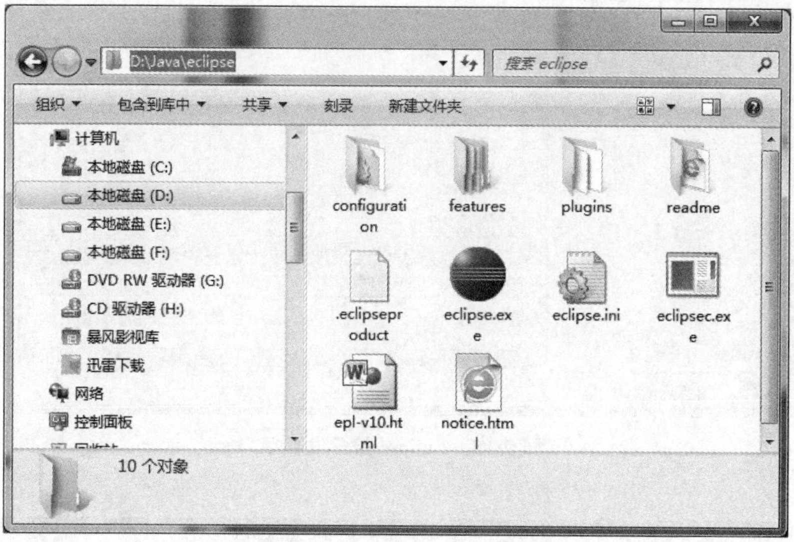

图 9-16　Eclipse 目录结构

双击 eclipse. exe，启动 Eclipse。启动后，会弹出如图 9-17 所示的对话框，询问 Eclipse 的工程将要保存到哪里。

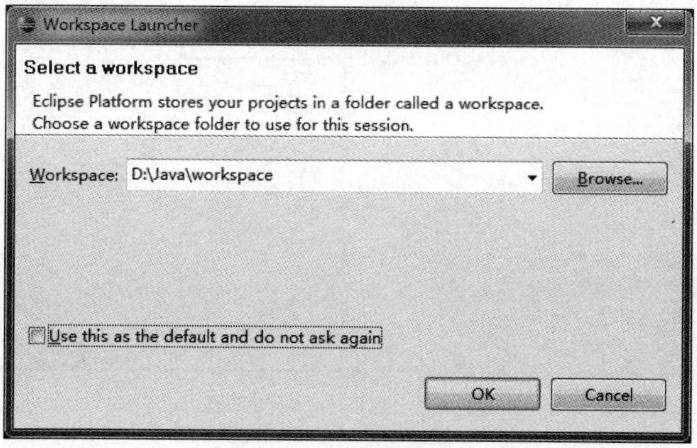

图 9-17　工作空间设置

选择好路径后单击 OK 按钮，进入开发环境，如图 9-18 所示。

2. 创建一个工程

创建一个普通的 Java 工程。单击菜单栏中的 File，在弹出的菜单中选择 New，再选择 Project，如图 9-19 所示。

在弹出的 New Project 窗口中显示了当前 Eclipse 所支持的所有类型的工程，单击

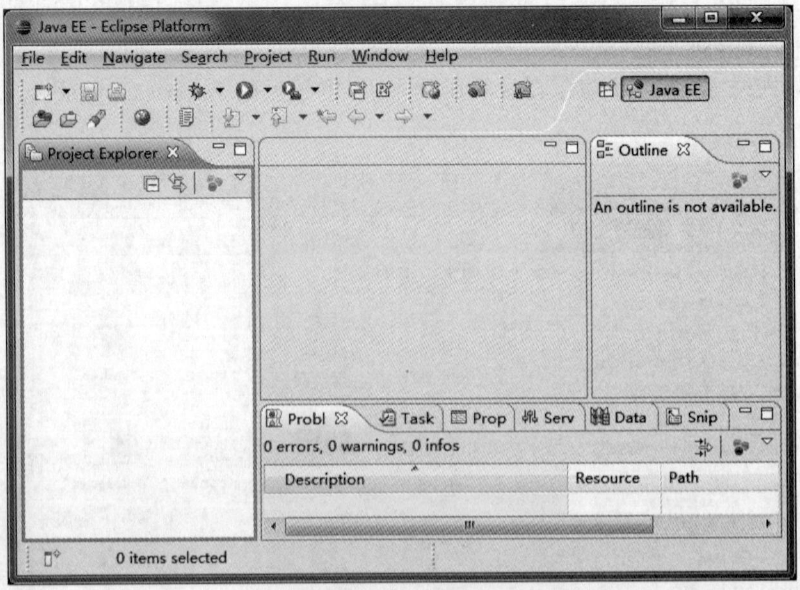

图 9-18 Eclipse 的开发环境

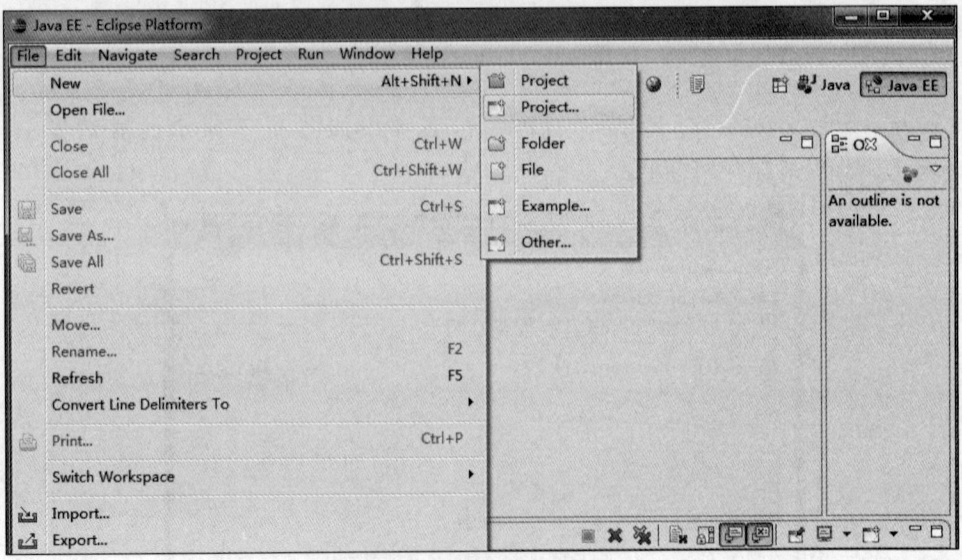

图 9-19 创建一个新的工程

Java 前的加号，在展开的列表中选择 Java Project，单击 Next 按钮，如图 9-20 所示。

在图 9-21 中，设置该工程的名字为 TestProject，之后单击 Finish 按钮。

当单击 Finish 按钮后，可能会弹出如图 9-22 所示的对话框，该对话框是询问是否采用 Eclipse 为用户选择的视图来进行开发，通常会选择 Yes。

如图 9-23 所示，在左侧可以看到新建好的项目工程，其中，src 是用来存放 Java 代码的文件夹，所有的代码，包括代码所存放的包，都要放到这个文件夹下边。

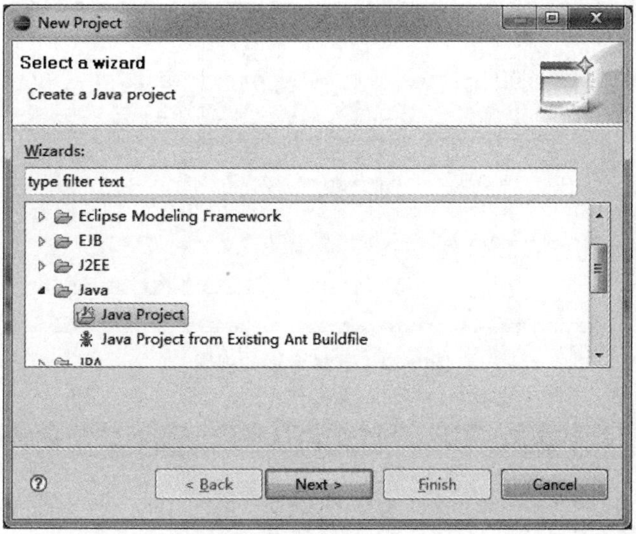

图 9-20　选择 Java Project

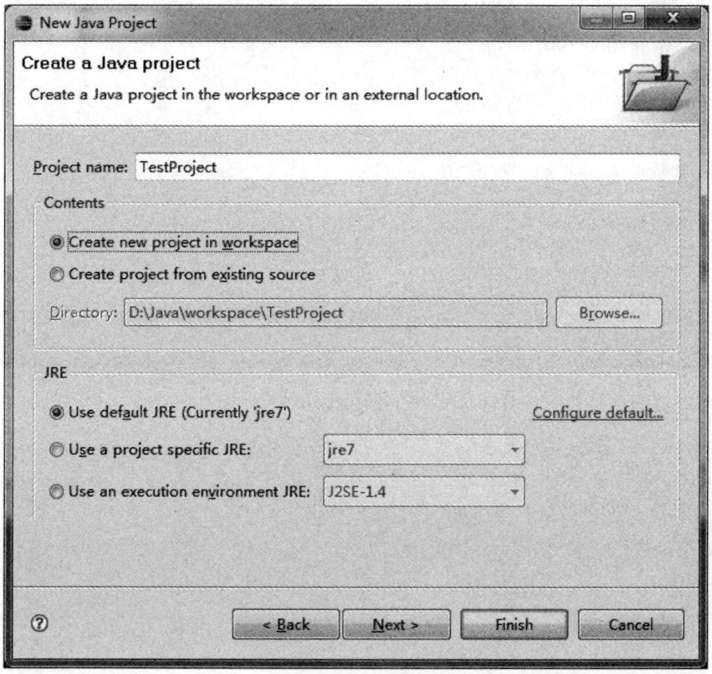

图 9-21　设置工程

3. 编写测试代码

首先要创建一个新的类。右击 TestProject，在弹出的菜单中选择 New，再选择 Class，如图 9-24 所示。

弹出 New Java Class 窗口，在这个窗口中可以对要创建的类进行一些定制，如图 9-25 所示。这里，去掉 Inherited abstract methods 前边的勾，勾选中 public static void main

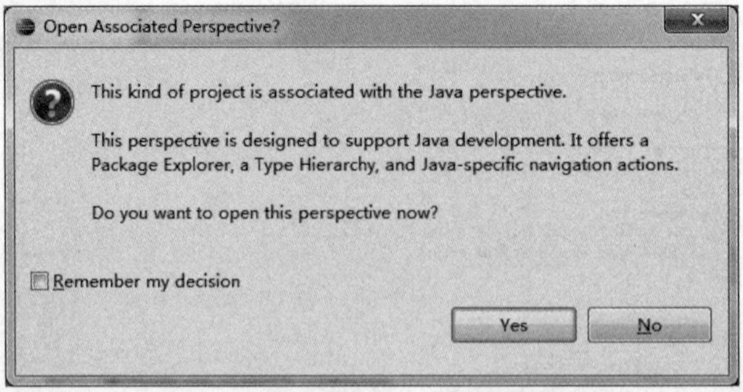

图 9-22 选择合适的视图

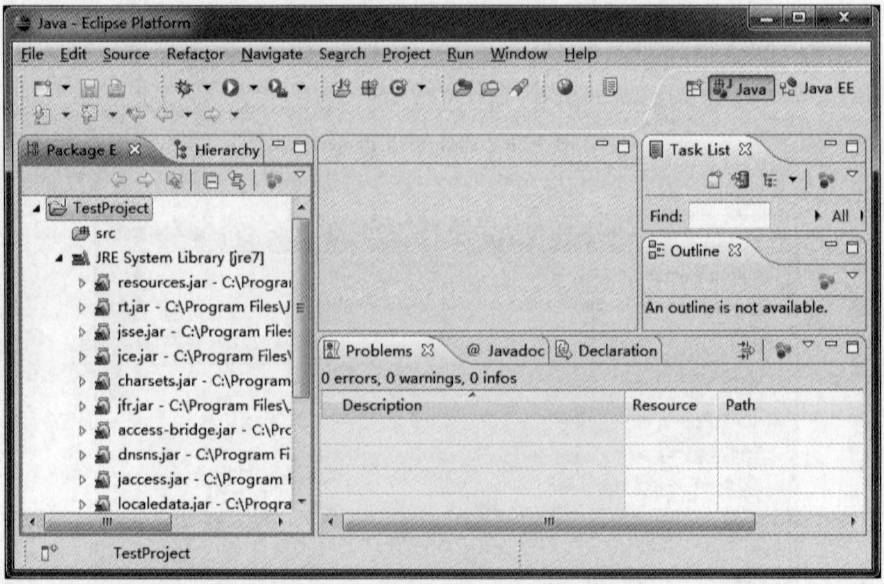

图 9-23 新建好的 Java Project

(String args[])复选框。类名命名为 Test,包名 com.myclass。单击 Finish 按钮。

如图 9-26 所示,Eclipse 已经生成了部分代码。

在 main 方法中添加如下代码。

```
package com.myclass;
public class Test {
    /**
     * @param args
     */
    public static void main(String[] args) {
        // TODO Auto-generated method stub
System.out.println("Hello Word!");
    }
    }
```

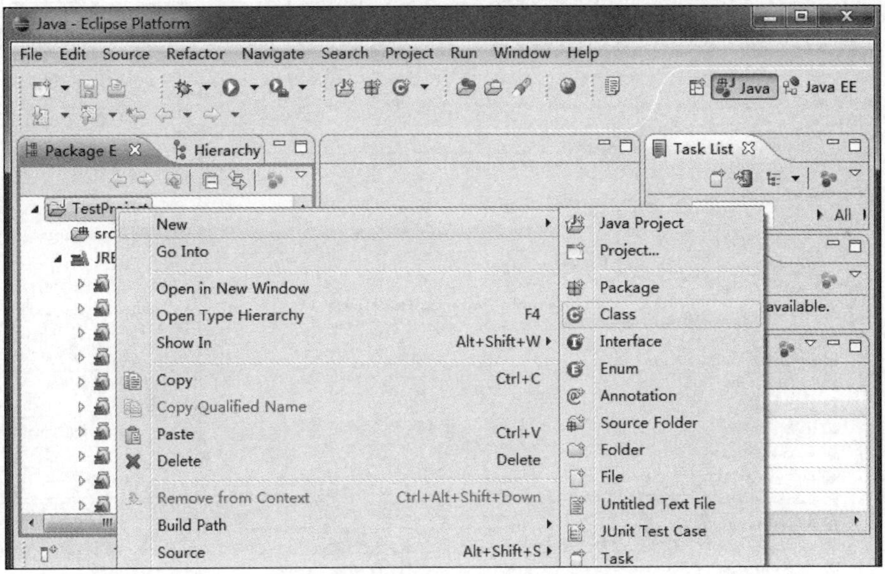

图 9-24　创建一个新类

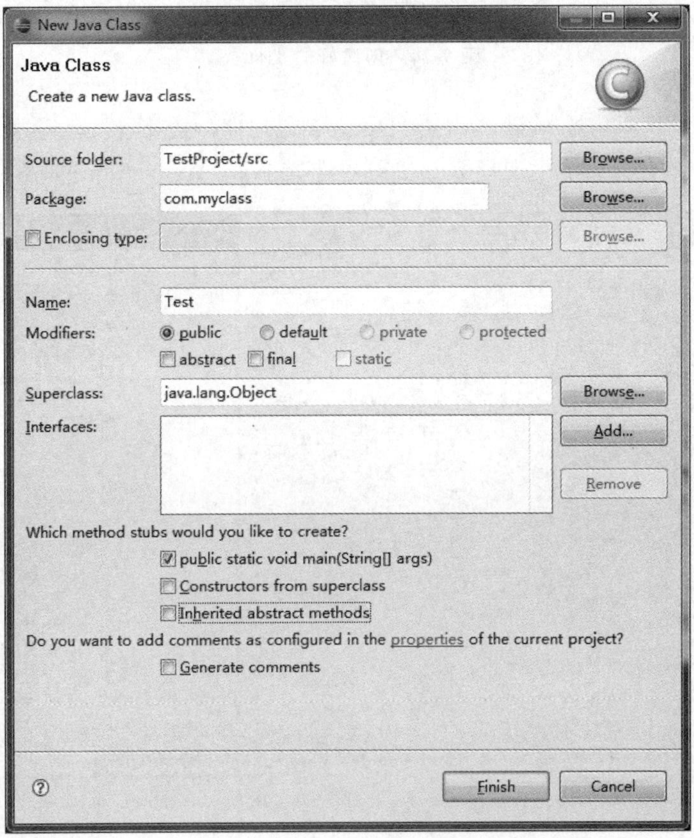

图 9-25　New Java Class 窗口

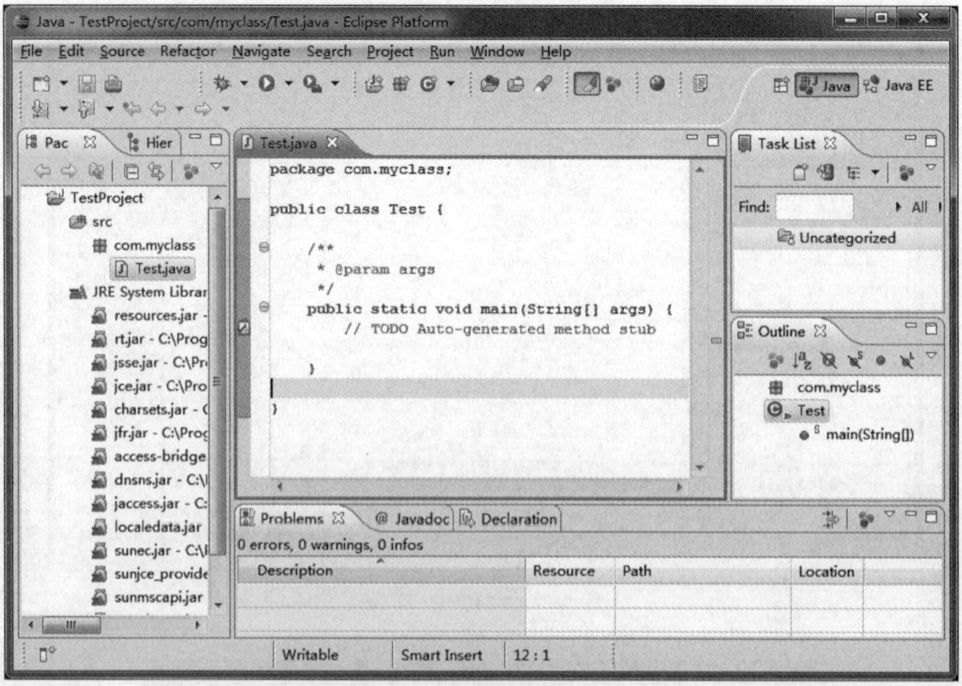

图 9-26　创建好的 Test 类

该代码的作用是在控制台中输出“Hello World!”。接下来，运行这个工程。右击 TestProject，在弹出的菜单中选择 Run As，再选择 Java Application，如图 9-27 所示。

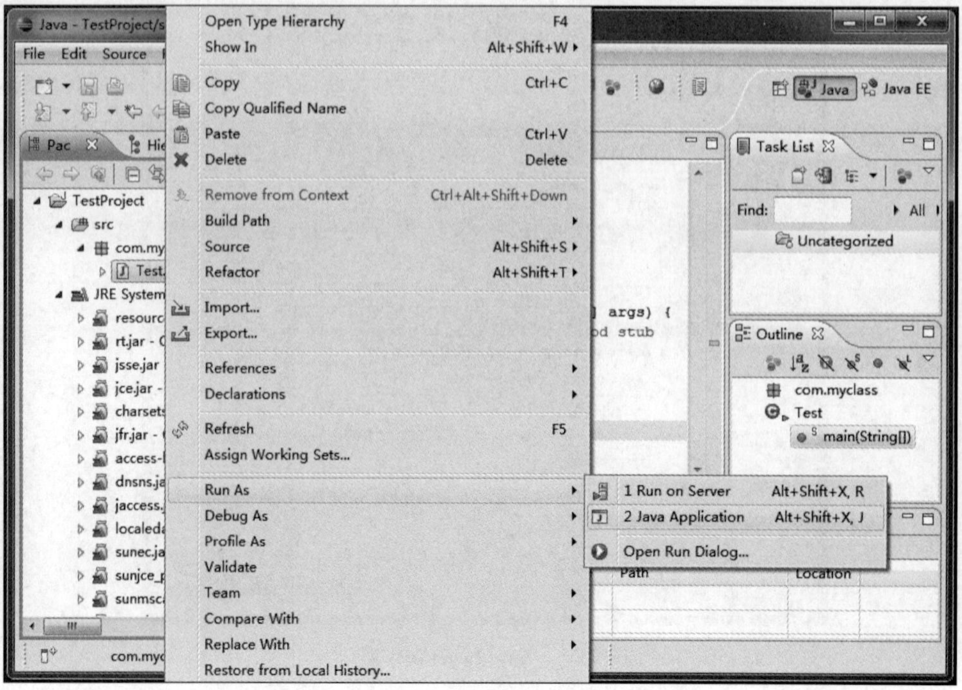

图 9-27　运行项目

在右下方的控制台处，即可看到运行结果，如图 9-28 所示。

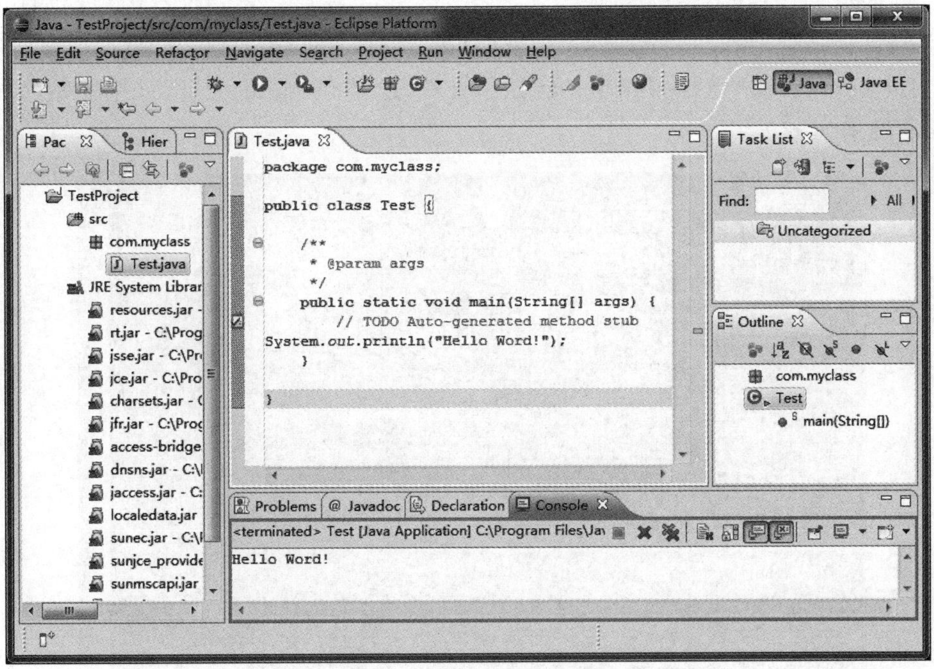

图 9-28　控制台输出结果

9.2.3　Tomcat 的安装与配置

将 Tomcat 的压缩包解压，本实例将 Tomcat 解压到了 C:\下。解压后如图 9-29 所示。

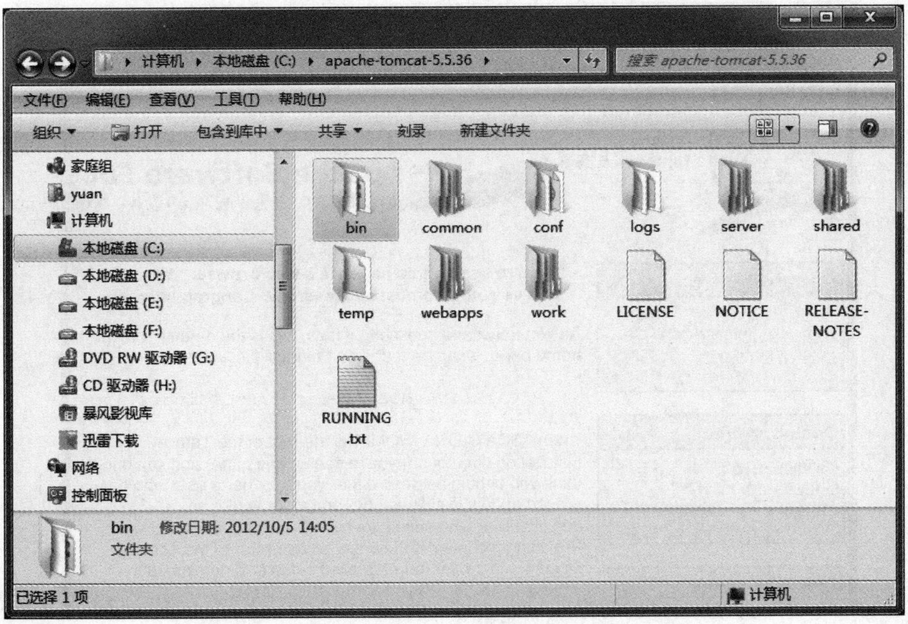

图 9-29　Tomcat 目录结构

设置 Tomcat 的环境变量 TOMCAT_HOME，值为 Tomcat 的根目录路径，如图 9-30 所示，TOMCAT_HOME 变量的值为"C:\apache-tomcat-5.5.36"，即 TOMCAT_HOME =c:\apache-tomcat-5.5.36。设置好环境变量后，测试一下 Tomcat。

打开 bin 文件夹，运行 startup.bat 这个文件，这时，Tomcat 会启动，并监听 8080 端口，运行结果如图 9-30 所示。

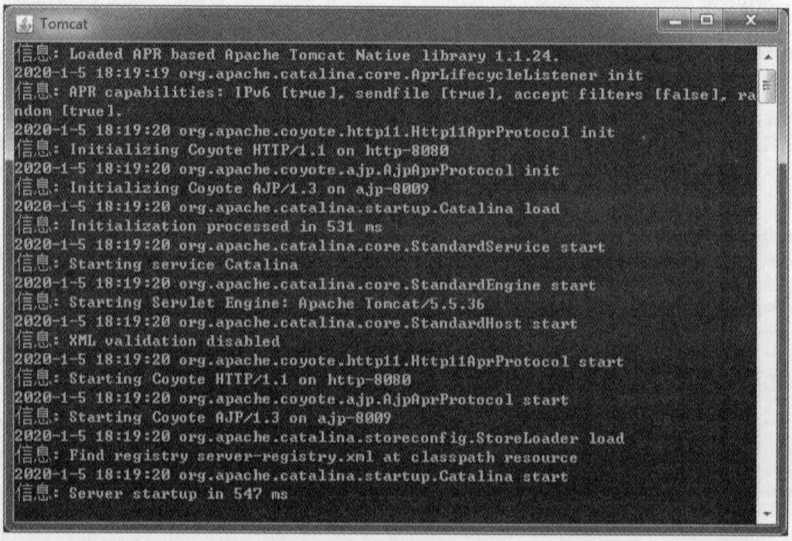

图 9-30 启动 Tomcat

打开浏览器，输入"http://localhost: 8080"(或者"http://127.0.0.1: 8080")，如果看到如图 9-31 所示的界面，表明 Tomcat 运行正常。

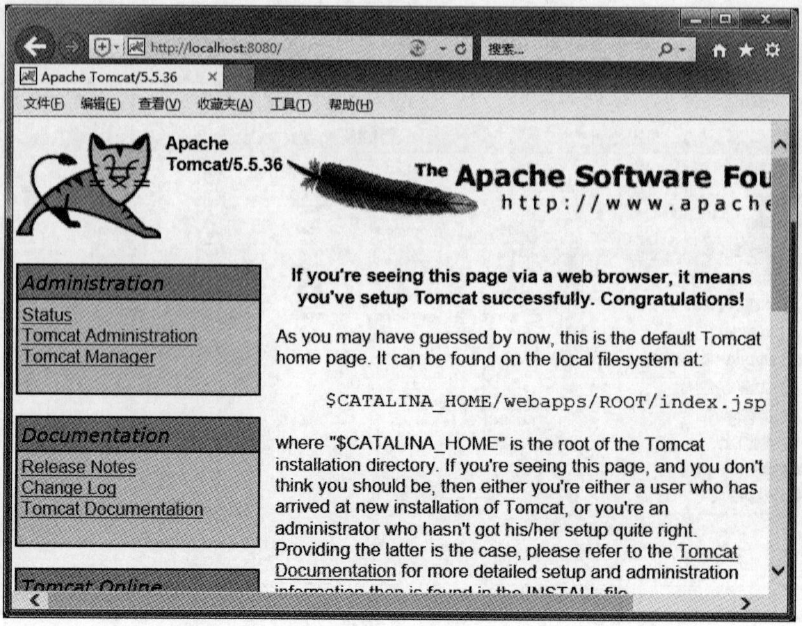

图 9-31 Tomcat 主页

如果要关闭 Tomcat，回到 bin 文件夹下，双击 shutdown.bat 文件，即可关闭 Tomcat。接下来，在 Eclipse 中配置一下。单击 Eclipse 菜单中的 Window→Preferences 选项，在弹出的 Preferences 窗口中展开 Server，选中 Installed Runtimes，如图 9-32 所示。

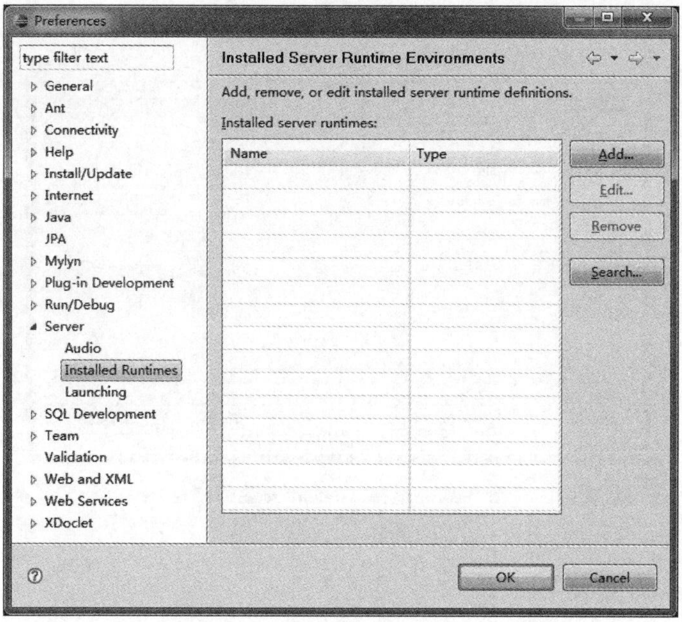

图 9-32 Eclipse 中配置 Tomcat

单击 Add 按钮，打开一个新的窗口，如图 9-33 所示。

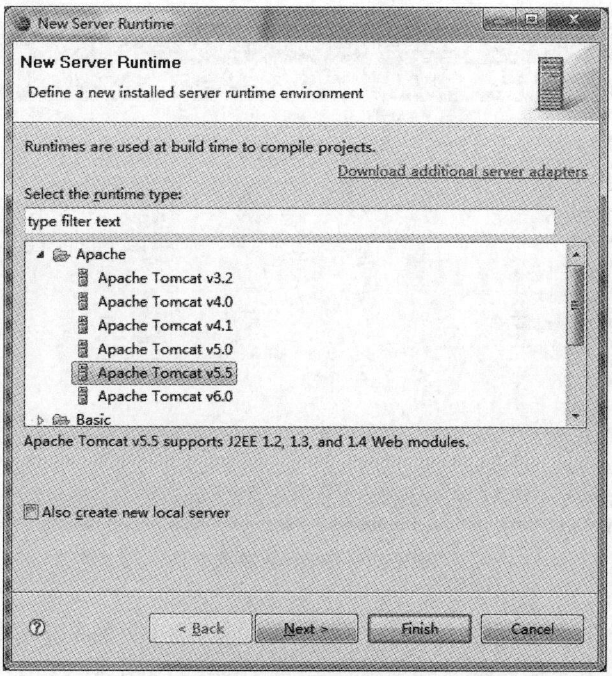

图 9-33 添加新的 Server

展开 Apache 节点并选中 Apache Tomcat v5.5，然后选择 Tomcat 安装的路径，如图 9-34 所示。完成后，单击 Finish 按钮。这样 Tomcat 在 Eclipse 中就配置好了。

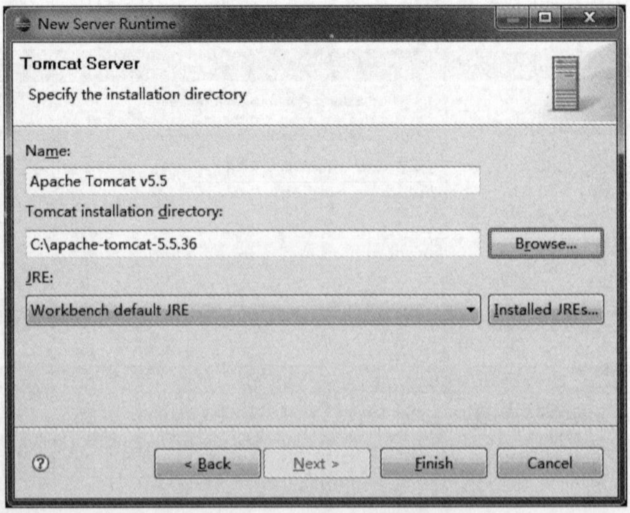

图 9-34 选择 Tomcat 安装的路径

9.2.4 Heritrix 的安装与配置

本实例所用的 Heritrix 为 1.14.4 的源代码版本。之所以采用源代码版本，是因为本实例中需要对 Heritrix 进行一些扩展，以适应本实例的需求。将 Heritrix 的压缩包解压，解压后的文件如图 9-35 所示。

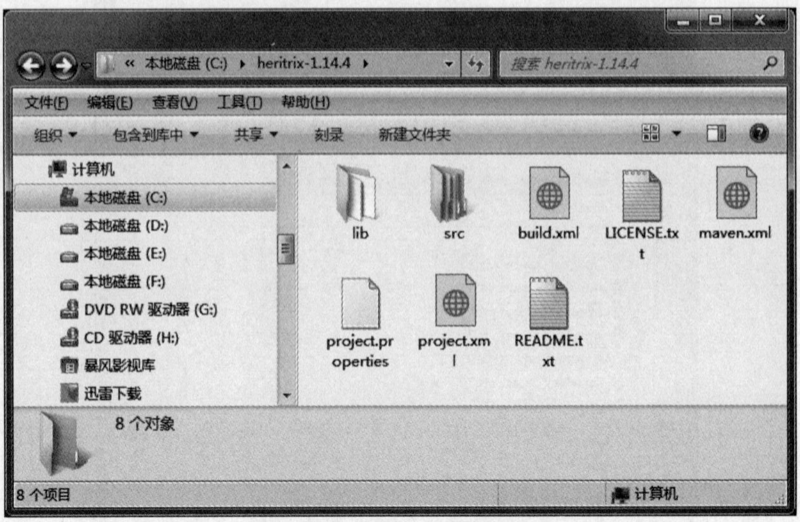

图 9-35 Heritrix 目录结构

目录中的 lib 和 src 是本实例需要的两个文件夹。lib 文件夹下存放的是 Heritrix 运行时所需要的第三方类库，src 文件夹下就是 Heritrix 的源代码。

在 Eclipse 中打开菜单 File→New→Java Project，并在 Project name 中输入"Heritrix"，这样就新建了一个项目名称为 Heritrix 的项目，同时将源代码文件夹下的 lib 文件夹拖放至新建好的项目工程 Heritrix 下，如图 9-36 所示（以下简称 Heritrix）。

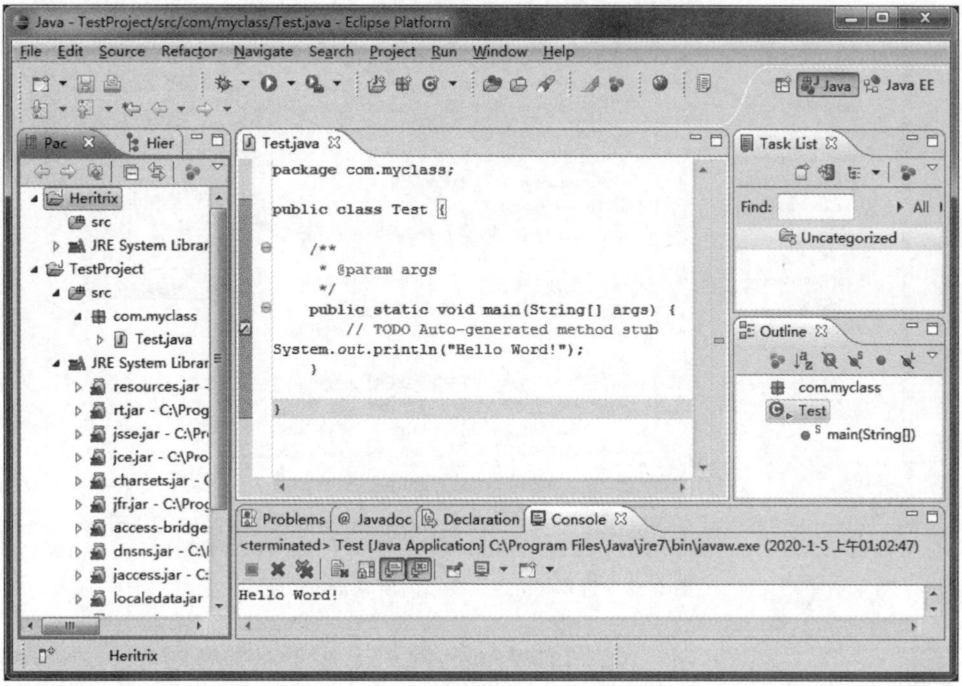

图 9-36　Heritrix 工程

单击菜单栏中的 Window，选择 Open Perspective 中的 Java，将当前视图设置成 Java 视图，如图 9-37 所示。

右击 Heritrix，在弹出的菜单中选择 Build Path→Configure Build Path，弹出 Properties for Heritrix 窗口，选择 Libraries 选项卡，单击右边的 Add External JARs 按钮，将刚才添加到项目工程 Heritrix 的 lib 文件夹下的所有的.jar 文件选中，单击"打开"按钮，如图 9-38 所示。

在图 9-38 中，单击 OK 按钮就完成了运行库的添加任务，如图 9-39 所示。

将位于 Heritrix 源代码文件夹下的 src\java\的 org 和 st 两个文件夹直接拖进 Heritrix 工程的 src 下，如图 9-40 所示。

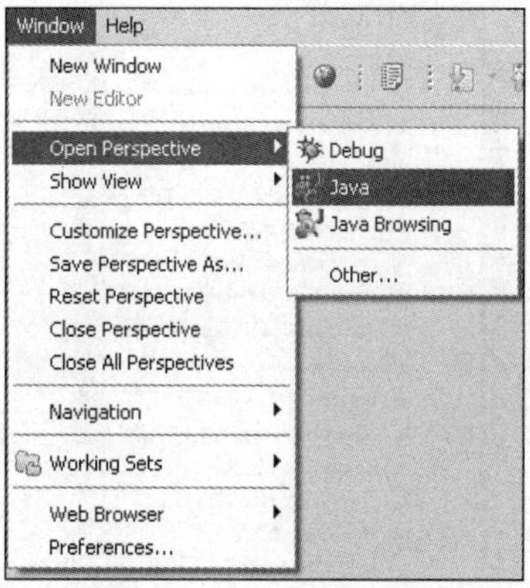

图 9-37　设置 Java 视图

注意，当添加完后可能会报错，这是因为 Eclipse 默认的编译版本为 1.4，所以要改成 5.0 或者 6.0 版本。单击菜单中的 Window，选择 Preferences。之后，展开左边的 Java 选项，单击其中的 Compiler，如图 9-41 所示。将 Compiler compliance level 改成 6.0。

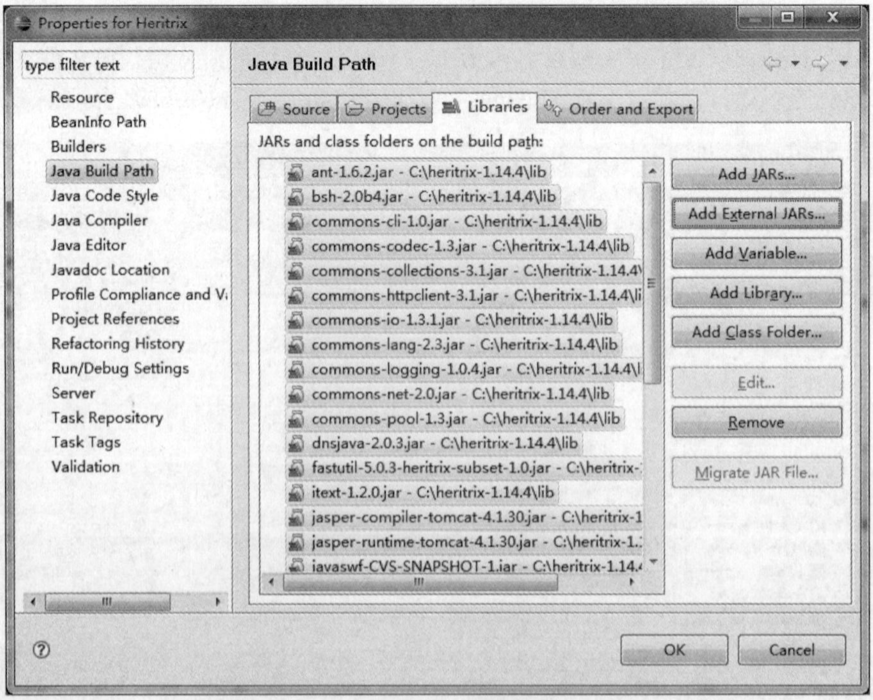

图 9-38　选择 lib 文件夹下的所有.jar 文件

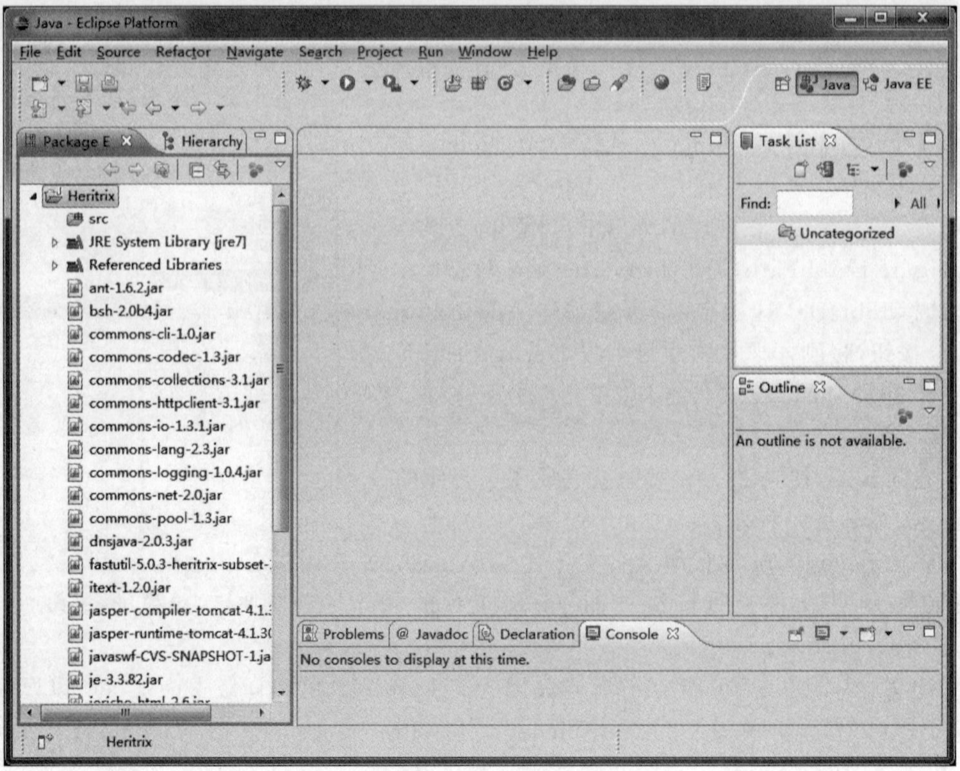

图 9-39　添加运行库

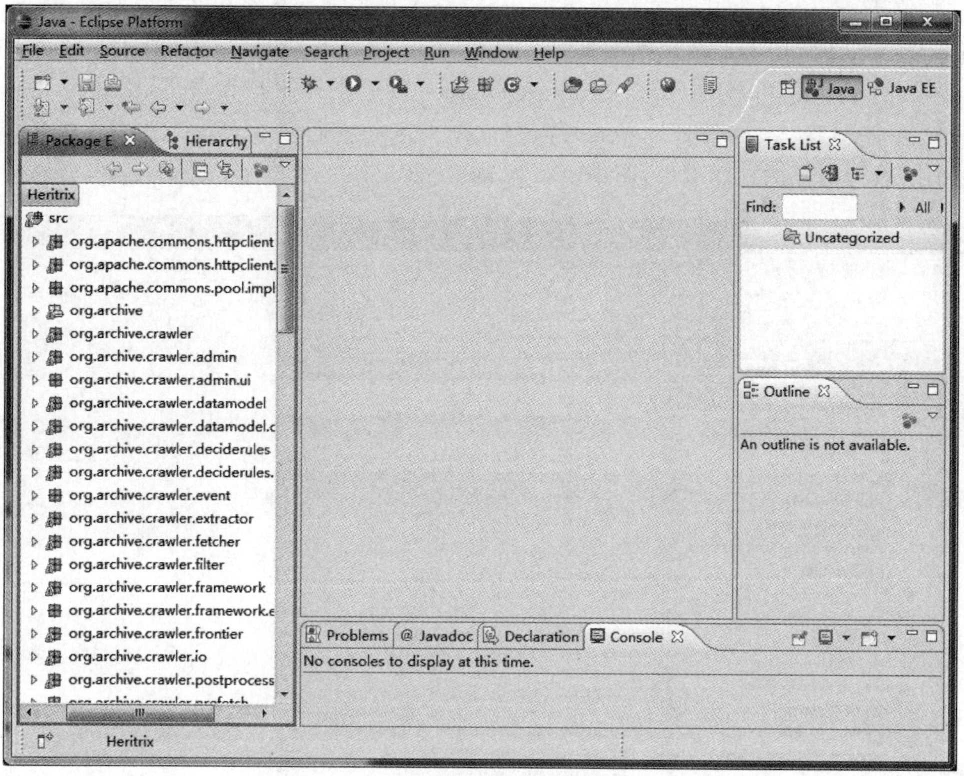

图 9-40　添加后的结果

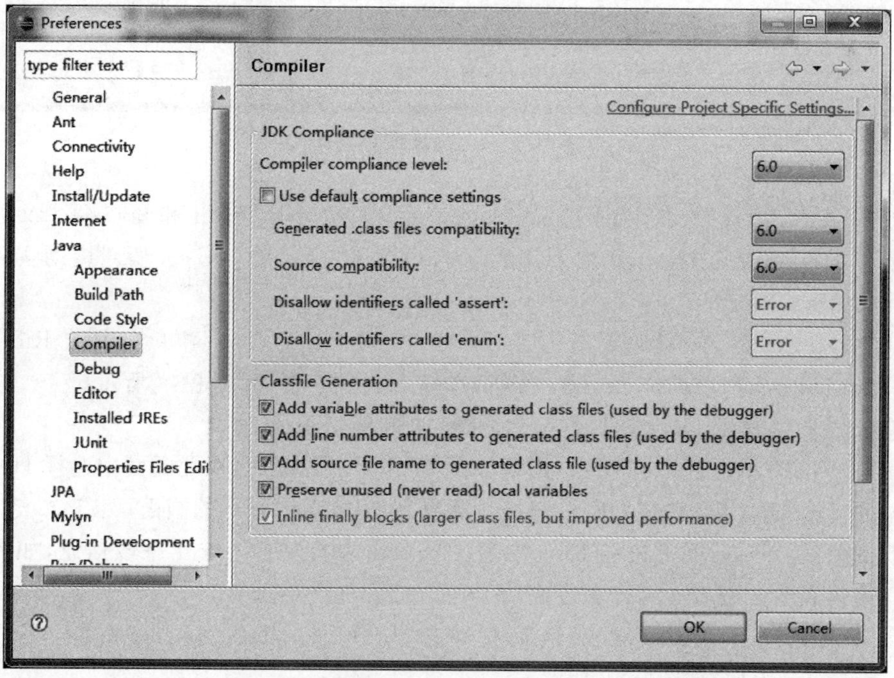

图 9-41　修改 Compiler

将位于 Heritrix 源代码文件夹下的 src\conf\下的所有文件和文件夹拖至 Heritrix 工程下的 src 内，在 src 内找到 heritrix.properties 并打开，如图 9-42 所示。该文件是 Heritrix 的配置文件，在 heritrix.cmdline.admin＝后边添加用户和密码，格式为 admin：admin，在登录 Heritrix 的管理界面时需要此用户名和密码。在配置文件中还能够指定 Heritrix 管理界面的访问端口，图中所示为 8080 端口。

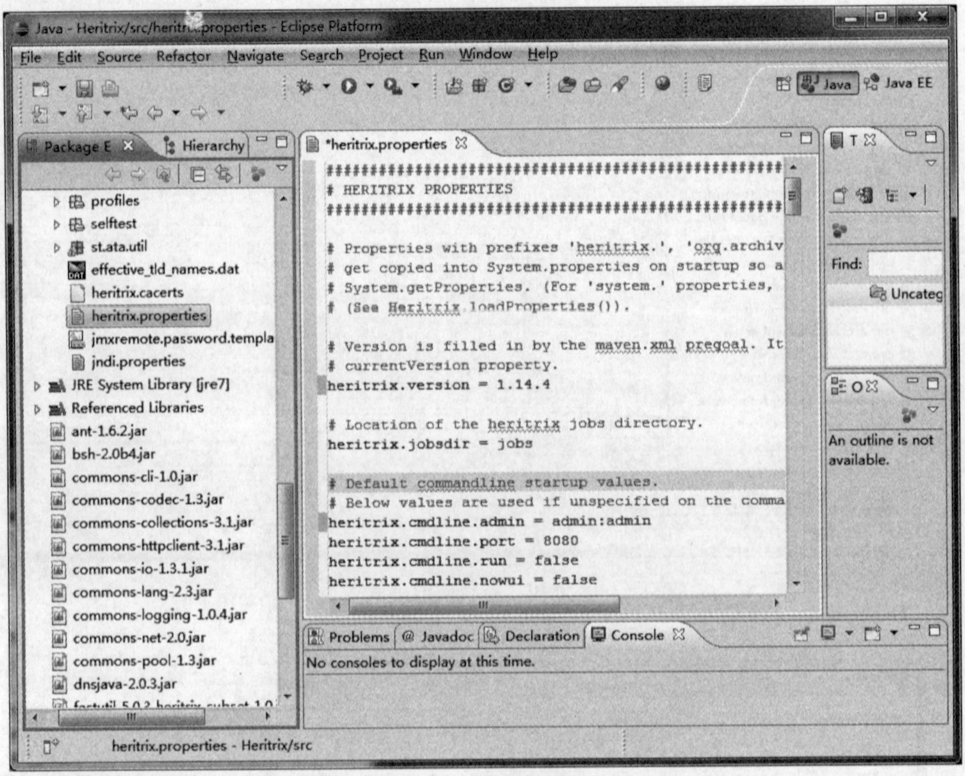

图 9-42 Heritrix 配置文件

将 Heritrix 源代码文件夹下的 src 下的其他文件夹，即除 conf 和 java 两个文件夹以外的所有文件夹，拖至 Heritrix 项目工程下，如图 9-43 所示为 Project 所对应的实际文件目录下的情况。

至此，Heritrix 已经可以运行起来了。运行 Heritrix，单击菜单栏中的 Run，选择 Open Run Dialog，然后单击 Browse 按钮，选择 Heritrix 项，如图 9-44 所示。

单击图 9-44 中的 OK 按钮，弹出对话框，如图 9-45 所示。

在图 9-45 中单击 Search 按钮，出现如图 9-46 所示的画面，在此画面中选择 Heritrix-org.archive.crawler 后，单击 OK 按钮。之后出现如图 9-47 所示的画面。

单击图 9-47 对话框下边的 Run 按钮，Heritrix 在控制台上输出一段信息，如图 9-48 所示。这就表示 Heritrix 已经运行成功了。

启动浏览器并在浏览器的地址栏中输入“http://localhost：8080”，便可看到 Heritrix 的登录界面，如图 9-49 所示。

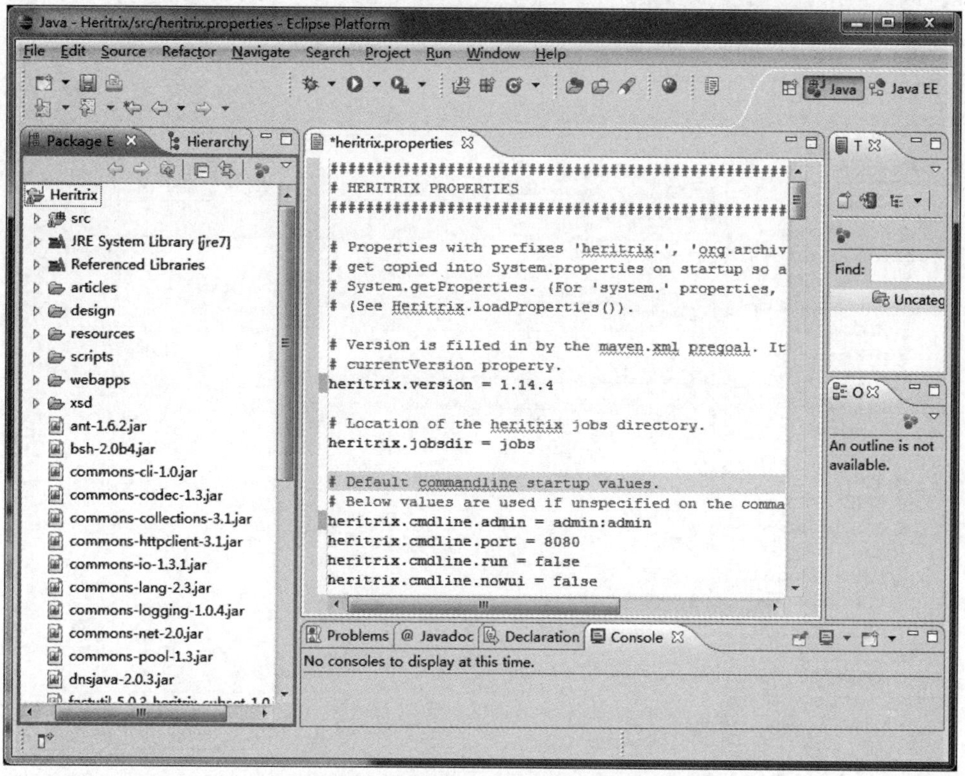

图 9-43　创建好的 Heritrix 目录结构

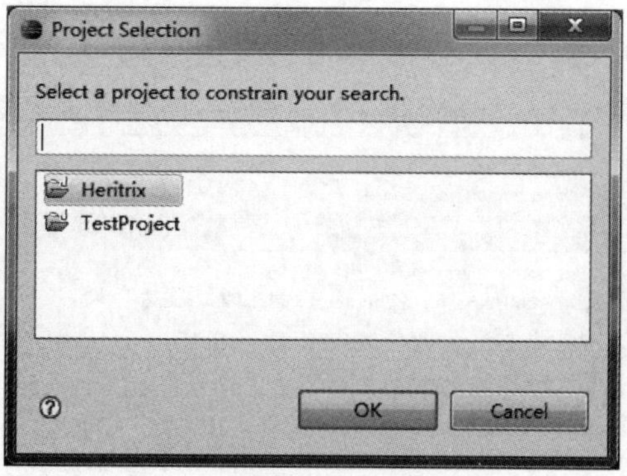

图 9-44　工程选择

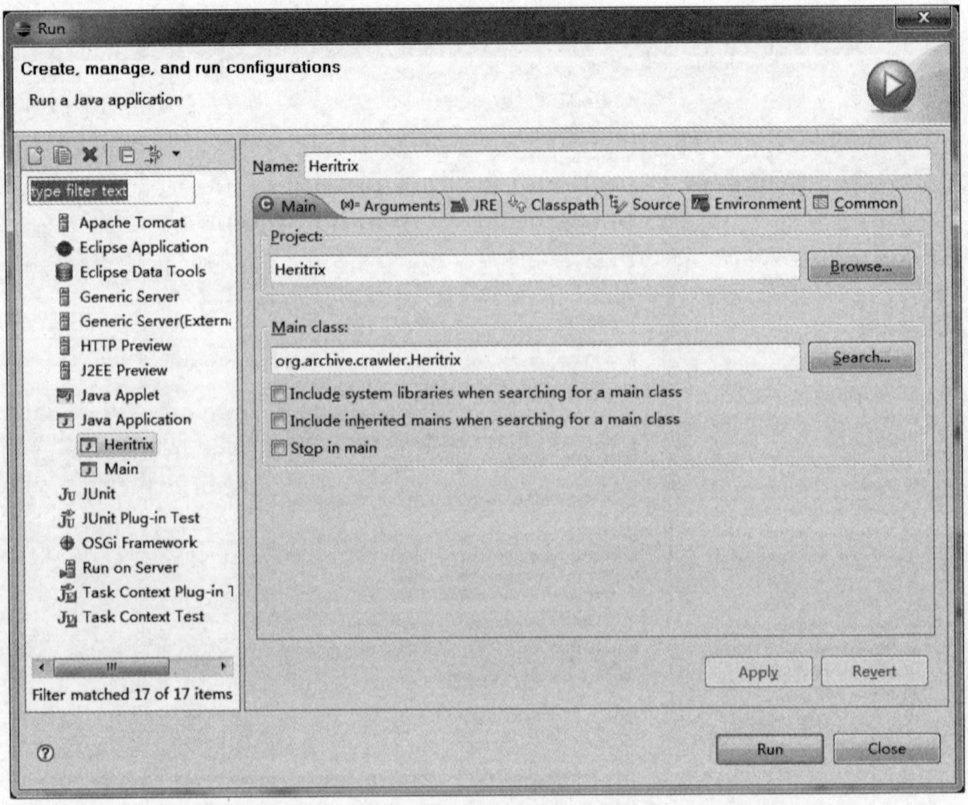

图 9-45　Heritrix 启动配置

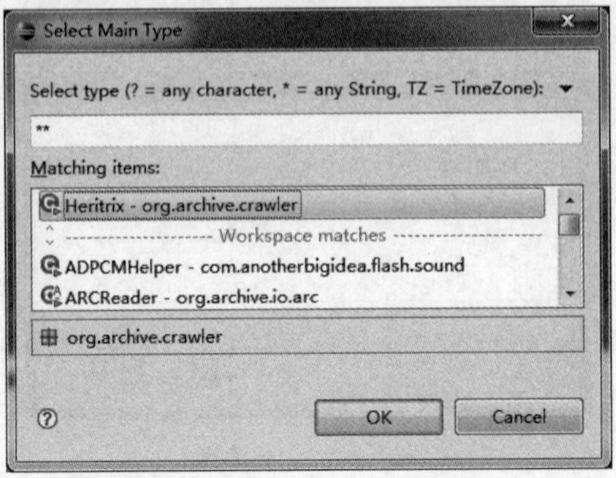

图 9-46　Select Main Type 对话框

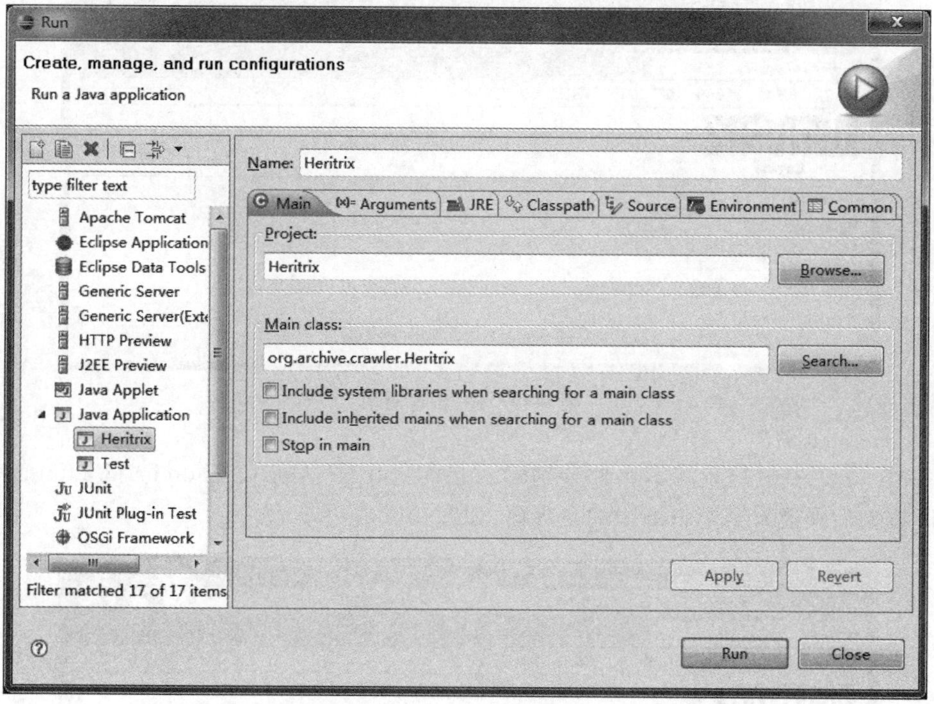

图 9-47　Heritrix 启动配置

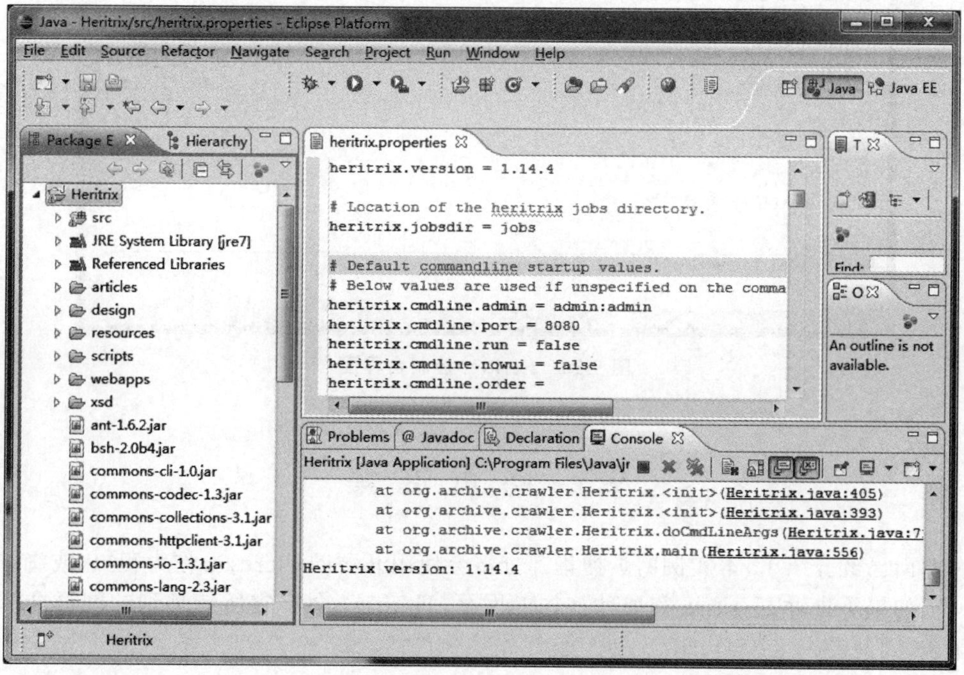

图 9-48　控制台出现的信息

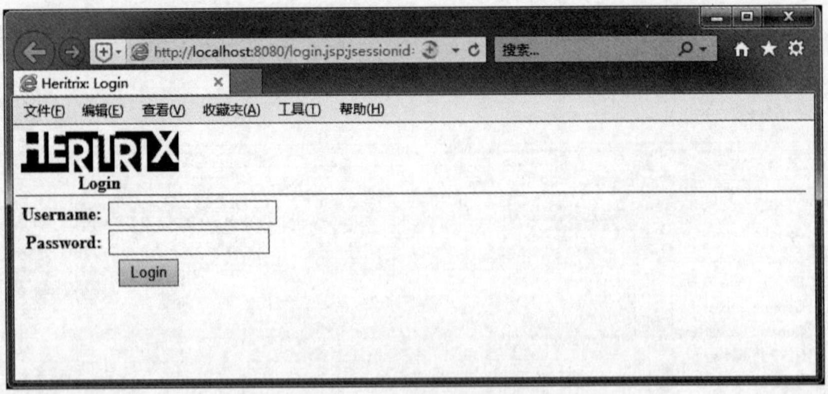

图 9-49 Heritrix 首页

在图 9-49 中用户名和密码处分别输入在配置文件中输入的 admin 和 admin，单击 Login 按钮后便能看到 Heritrix 的主界面，如图 9-50 所示。

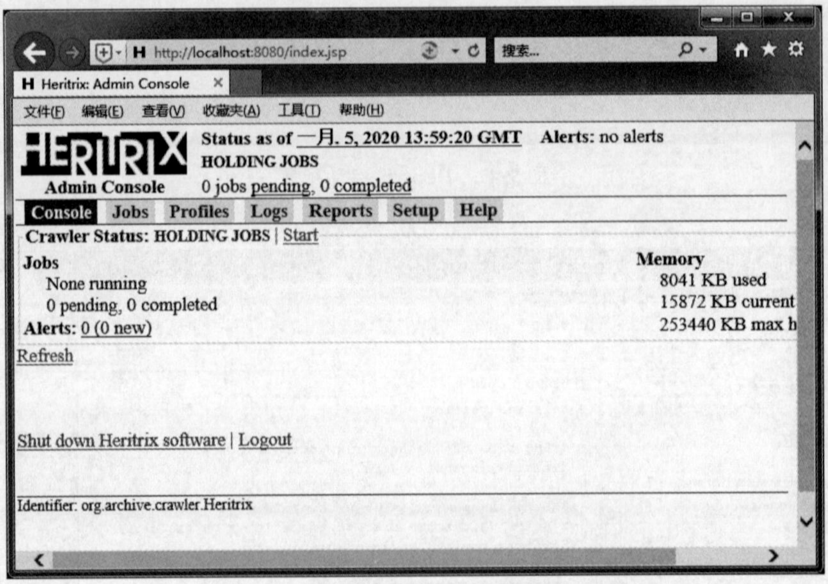

图 9-50 Heritrix 控制台界面

9.3 网 页 搜 集

前面已经介绍了，本实例网页搜集部分将会使用开源的 Heritrix 作为爬虫(或蜘蛛程序)，但如果不告诉 Heritrix 需要什么样的网页，Heritrix 会将它所能爬到的网页全部抓取下来，因此要先定制 Heritrix，使它满足本实例的需求。

9.3.1 设置 Heritrix 抓取任务

启动 Heritrix，并进入如图 9-49 所示的 Heritrix 起始页面。输入用户名 admin 和密码 admin，便可进入到 Heritrix 的控制台页面，如图 9-50 所示。

在如图 9-50 所示的界面中，首先要为 Heritrix 定制一个任务（Job）。单击 Job，选择 With defaults 之后，出现如图 9-51 所示的界面。在此界面中要输入此次任务的名称、描述以及种子（Seeds）。所谓种子，就是 Heritrix 开始抓取的页面，通常会选取一些门户页面或者导航页面作为 Seeds，因为这样的页面里链接很多，是某个网站的入口，从这里实行抓取才能最大限度地遍历整个网站。这里设置了北京林业大学的首页 http://www.bjfu.edu.cn 作为 Seeds，主要目的就是搜索北京林业大学校内网站的内容。

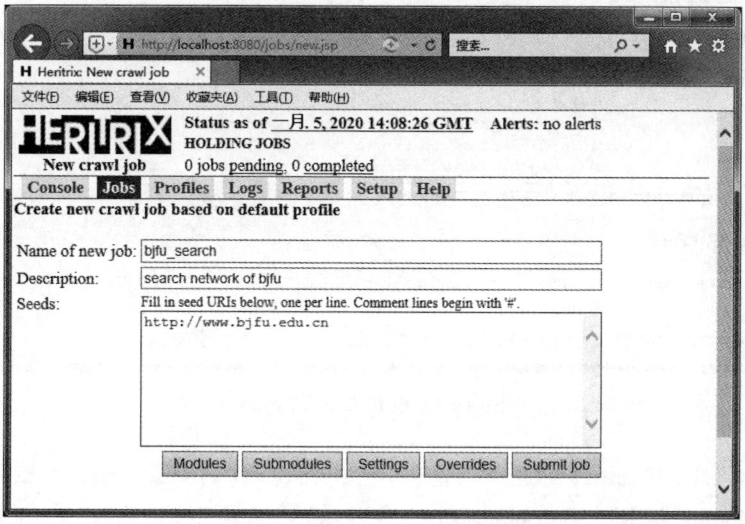

图 9-51　Heritrix 中设置 Seeds

然后，单击 Modules 按钮，出现如图 9-52 所示页面，在这个页面要为此次任务设置各个处理模块。

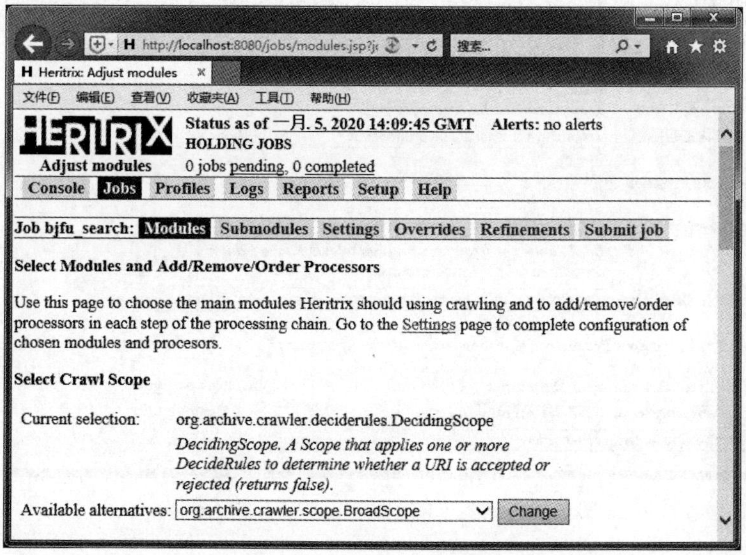

图 9-52　设置各个处理模块

图 9-52 中有很多的选项，逐一进行设置。在 Select Crawl Scope 标题下，在下拉菜单中，选择 org.archive.crawler.scope.BroadScope，并单击右边的 Change 按钮，如图 9-53 所示。需要注意的是，每次设置一项都要单击右侧的按钮才会记录设置状态。

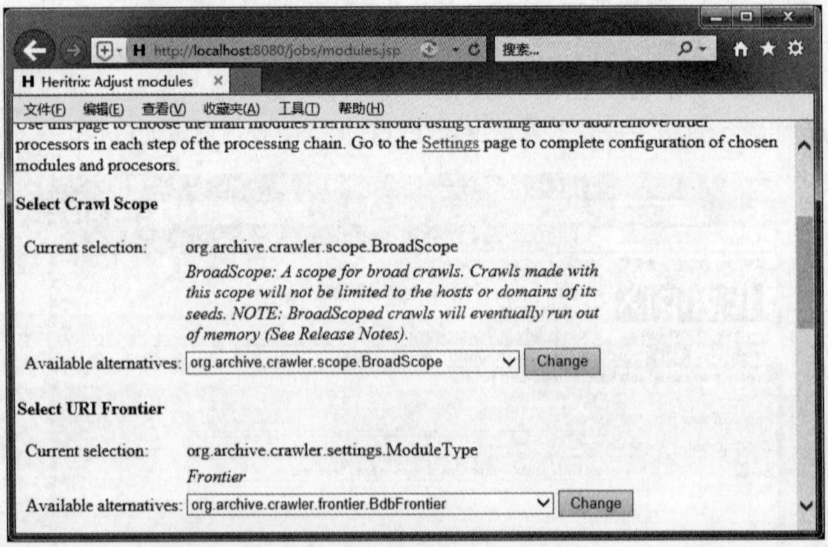

图 9-53 设置 Crawl Scope

在 Select URI Frontier 标题下，选择 org.archive.crawler.frontier.BdbFrontier，并单击右边的 Change 按钮。在 Select Pre Processors 标题下，选择 org.archive.crawler.prefetch.Preselector 和 org.archive.crawler.prefetch.PreconditionEnforcer，并单击右边的 Add 按钮，如图 9-54 所示。

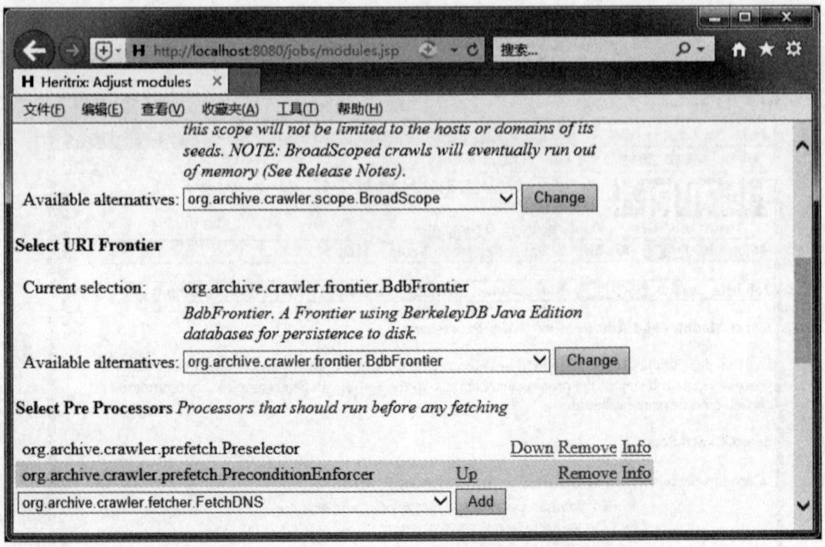

图 9-54 设置 URI Frontier 和 Pre Processors

在 Select Fetchers 标题下，选择 org. archive. crawler. fetcher. FetchDNS 和 org. archive.crawler.fetcher.FetchHTTP，并单击右边的 Add 按钮。在 Select Extractors 标题下，选择 org.archive.crawler.extractor.ExtractorHTTP 和 org.archive.crawler.extractor. ExtractorHTML，并单击右边的 Add 按钮，如图 9-55 所示。

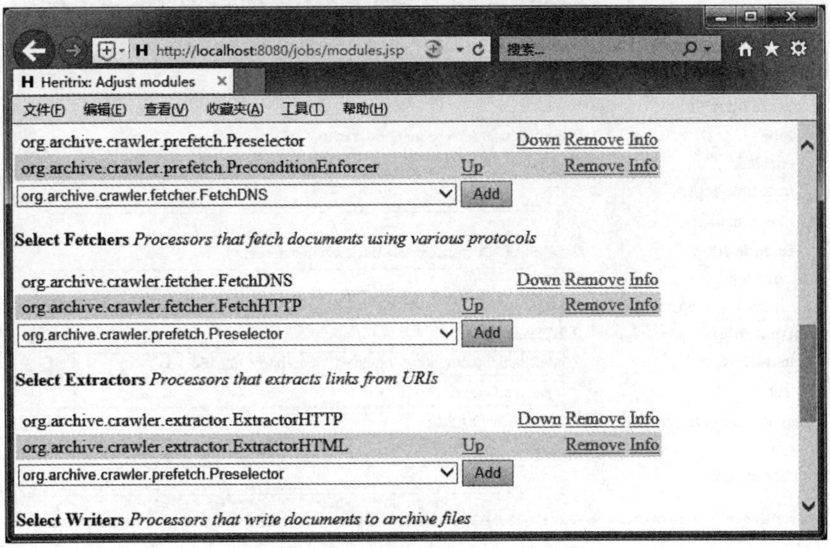

图 9-55　设置 Fetchers 和 Extractors

在 Select Writers 标题下，选择 org.archive.crawler.writer. MirrorWriterProcessor，并单击右边的 Add 按钮。在 Select Post Processors 标题下，选择 org.archive.crawler.postprocessor. CrawlStateUpdater、org. archive. crawler. postprocessor. LinksScoper 和 org. archive. crawler. postprocessor.FrontierScheduler，并单击右边的 Add 按钮，如图 9-56 所示。

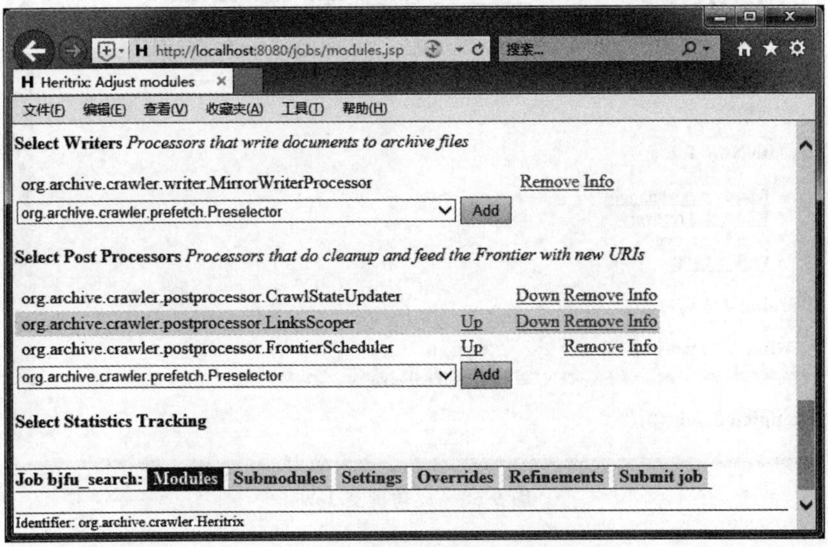

图 9-56　设置 Writers 和 Post Processors

设置好 Modules 后，设置 Settings。单击 Settings，这里只需要修改两个地方：user-agent 和 from，可将它们修改成任意值，如图 9-57 所示。

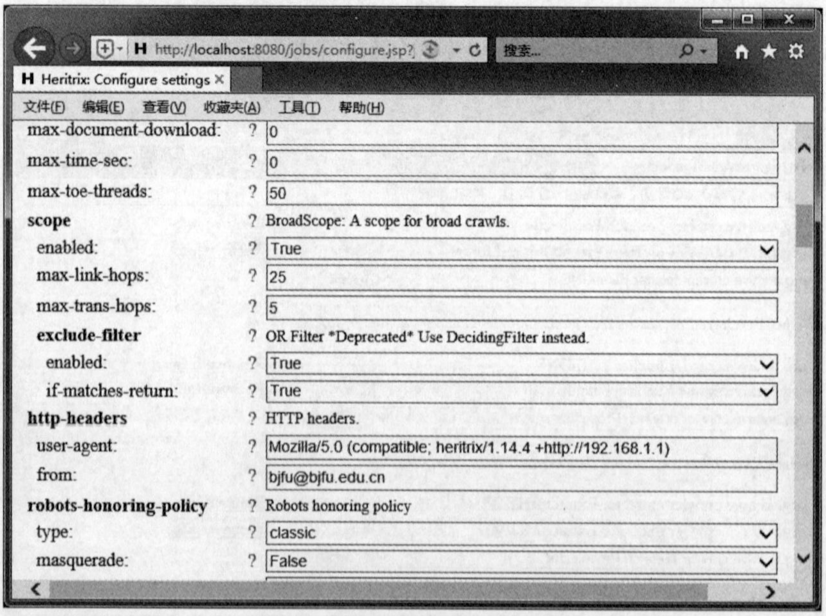

图 9-57 Heritrix 的 Settings 界面

全部设置好后，单击上方的 Submit Job。这时，就新建好了一个 Job，如图 9-58 所示。

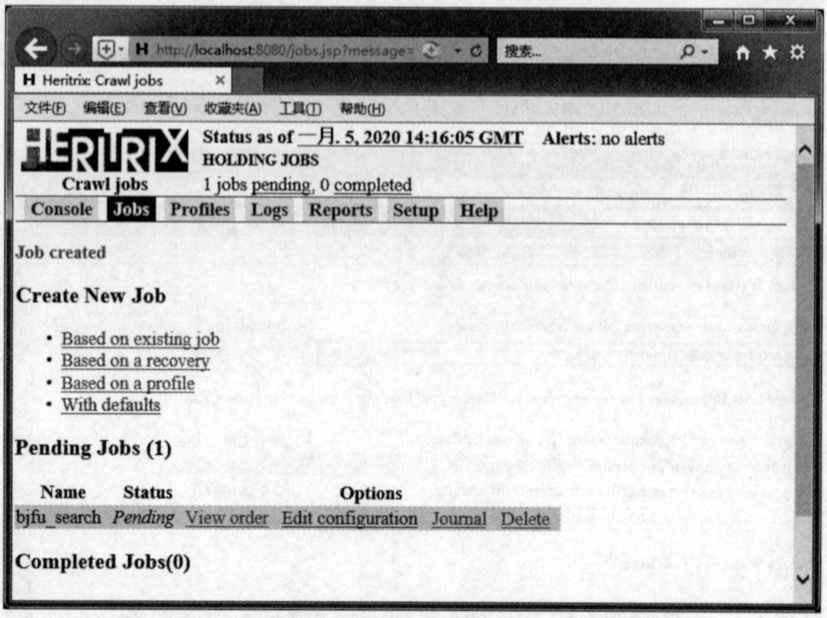

图 9-58 成功提交 Job

单击 Console，回到控制页面，如图 9-59 所示。

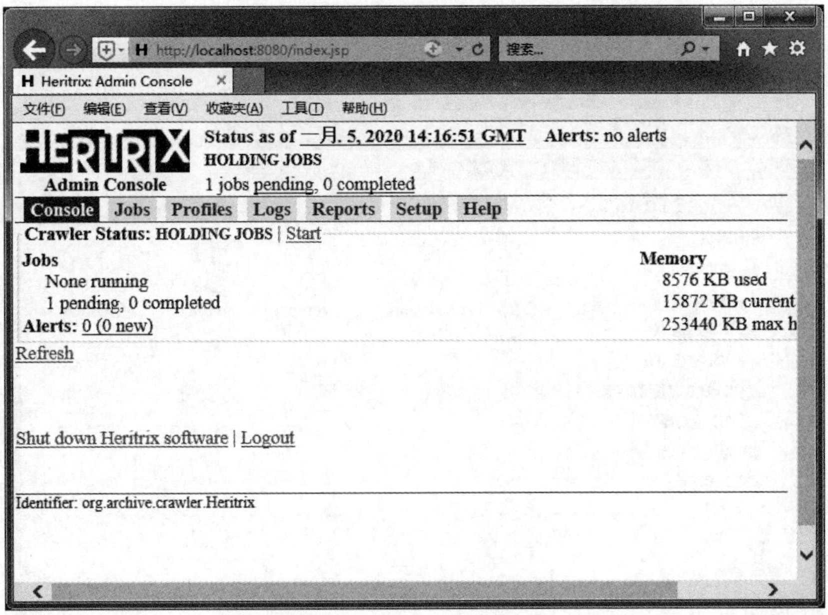

图 9-59　Heritrix 控制台界面

单击 Start 即可运行 Heritrix，运行状态如图 9-60 所示。

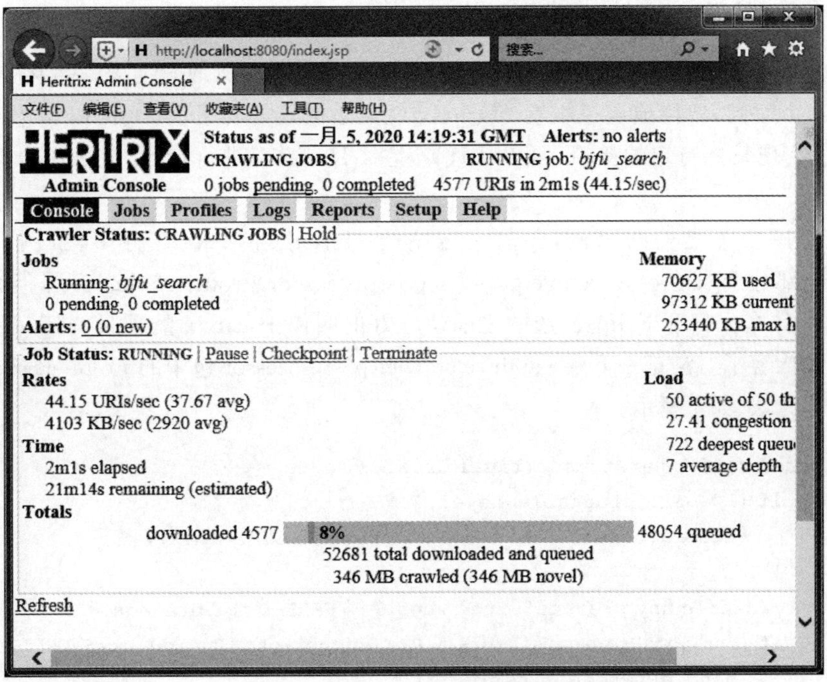

图 9-60　Heritrix 运行界面

当 Heritrix 运行以后，在 Heritrix 的项目文件夹下可以看到一个 jobs 文件夹，打开后便是 Heritrix 抓取的网页，具体路径如图 9-61 所示。

图 8-61 Heritrix 抓取结果

9.3.2 修改 Heritrix 源代码

有的时候，需要指定抓取某一类的网页，例如，仅需要抓取含有某一字符串的网址(URL)，这个时候，单纯地通过设置 Heritrix 就无法满足需要了。Heritrix 留下了相应的接口，通过实现某些特定的接口，可以从代码上对 Heritrix 进行定制，完成更加复杂的搜索任务。

首先回顾一下之前的示例，在前文定制的 Heritrix 的一次任务中，示例中的 Post Processors 部分选取的 org.archive.crawler.postprocessor.FrontierScheduler，但究竟这个类到底做了什么？打开 Eclipse，选中之前建立好的叫作 Heritrix 的项目，将其展开，就能看到里边的内容了。浏览一下 org.archive.crawler.postprocessor 包中的 FrontierScheduler，首先注意这个方法，如下所示。

```
protected void innerProcess(final CrawlURI curi) {
    if (LOGGER.isLoggable(Level.FINEST)) {
        LOGGER.finest(getName() +" processing " +curi);
    }
    //Handle any prerequisites when S_DEFERRED for prereqs
    if (curi.hasPrerequisiteUri() && curi.getFetchStatus() ==S_DEFERRED) {
        handlePrerequisites(curi);
        return;
    }
    synchronized(this) {
```

```
            for (final Iterator iter =curi.getOutLinks().iterator();
                    iter.hasNext();) {
                Object obj =iter.next();
                CandidateURI cauri =null;
                if (obj instanceof CandidateURI) {
                    cauri = (CandidateURI)obj;
                } else {
                    LOGGER.severe("Unexpected type: " +obj);
                }
                if (cauri !=null) {
                    schedule(cauri);
                }
            }
        }
    }
```

在这个方法中，首先将运行状态记录到日志当中，然后开始检查当前的候选链接，之所以称之为候选链接，是因为这个链接还要等待接下来的验证，才能决定是否抓取该链接的网页。在一系列验证之后，执行到 schedule(caUri)这个方法，代码如下。

```
protected void schedule(CandidateURI caUri) {
    getController().getFrontier().schedule(caUri);
}
```

这个方法实际上直接将当前的候选链接加入到抓取队列当中了。之所以这样设计代码，是为了给扩展留下很好的接口。因此，本实例构造了一个 FrontierScheduler 的派生类，叫作 FrontierSchedulerForBjfu，这个类重载了 schedule(caUri)这个方法，在重载方法中加入了一些对链接内容的判断，以保证抓取链接都是北京林业大学内网的地址。

单击 File，选择 New→Class，弹出 New Java Class 窗口，建立一个新类，叫作 FrontierSchedulerForBjfu，派生于 org.archive.crawler.postprocessor.FrontierScheduler，如图 9-62 所示。

单击 Finish 按钮，类就创建好了，代码如下。

```
package org.archive.crawler.postprocessor;
import org.archive.crawler.datamodel.CandidateURI;
public class FrontierSchedulerForBjfu extends FrontierScheduler {
    public FrontierSchedulerForBjfu(String name) {
        super(name);
    }
    protected void schedule(CandidateURI caUri) {
        String uri =caUri.toString();
        if(uri.indexOf("dns:") !=-1) {
            getController().getFrontier().schedule(caUri);
        }
```

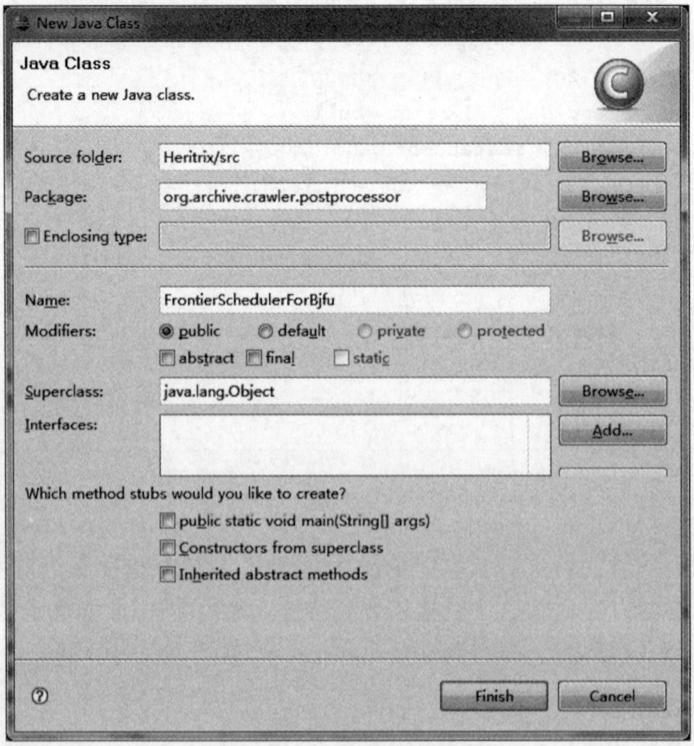

图 9-62 添加新类

```
        else if(uri.indexOf("bjfu") !=-1
                && (uri.indexOf(".html") !=-1
                || uri.indexOf(".htm") !=-1
                || uri.indexOf(".jsp") !=-1
                || uri.indexOf(".asp") !=-1
                || uri.indexOf(".aspx") !=-1
                || uri.indexOf(".php") !=-1
                || uri.indexOf(".shtml") !=-1
                || uri.indexOf(".doc") !=-1
                || uri.indexOf(".xls") !=-1
                )){
            if(uri.indexOf("=")!=-1)
                uri =uri.replaceAll("\\?", "#");
    getController().getFrontier().schedule(caUri);
            }
    }
}
```

在这里，屏蔽了 zip、rar、exe 等文件，只抓取网页，并且抓取的网页中必须包含“bjfu”。同时对动态网页(即内容是从数据库中随机读出，URL 中包含问号)进行了简单处理。之所以包含“dns:”和“robots.txt”，是因为爬虫会先分析 DNS，所以它得到的第一个链接是 dns：*****，因此要包含进来。在爬虫抓取到这样的页面之后，首先使用#号替换掉已有的？号，然后通过在 org.archive.crawler.writer 包中的 MirrorWriterProcessor 类的 joinParts 方法来对该 URL 进行重新组合。具体代码如下。

```
private String joinParts() {
        StringBuffer sb = new StringBuffer(length());
        sb.append(mainPart.asStringBuffer());
        if (null != uniquePart) {
            sb.append(uniquePart);
        }
        if (suffixAtEnd) {
            if (null != suffix) {
                sb.append('.');
                sb.append(suffix);
            }
            if (null != query) {
                sb.append("#");
                sb.append(query);
            }
        }
        return sb.toString();
    }
```

robots.txt 是一个协议文件，具体内容前面的章节已经叙述过。

在 modules 文件夹中的 Processor.options 中添加一行"org.archive.crawler.postprocessor.FrontierSchedulerForBjfu | FrontierSchedulerForBjfu"内容，如图 9-63 所示。

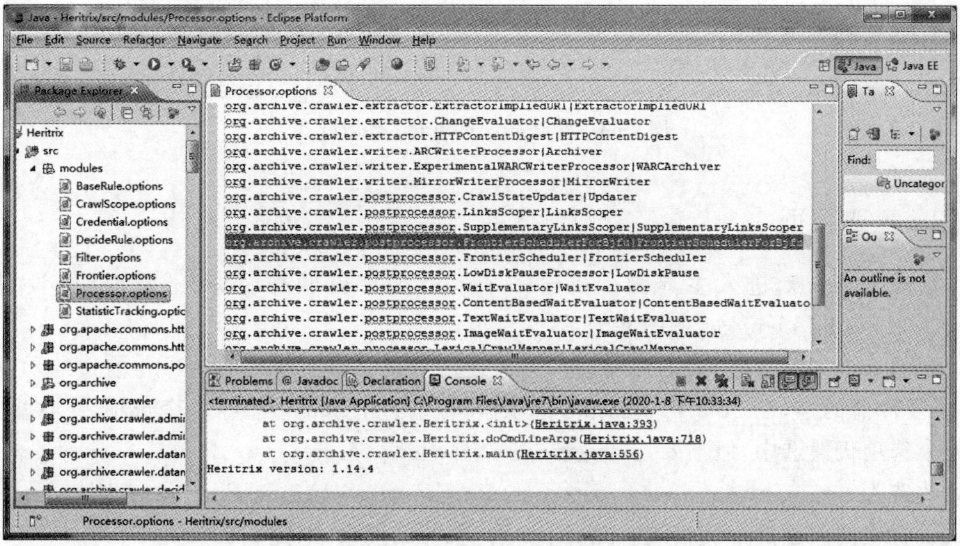

图 9-63　向 Processor.options 中添加一行

接下来，要取消 robots.txt 的限制。

找到 org.archive.crawler.prefetch 包中的 PreconditionEnforcer 这个类，它有一个方法，叫作 considerRobotsPreconditions，将方法内的全部代码注释掉或者直接删除，添上 return false 即可，这样 Heritrix 就不会考虑 robots.txt，如图 9-64 所示。在保存之后，重新启动 Heritrix 来进行抓取任务，如下所示。

```
/**
 * Consider the robots precondition.
 */
private boolean considerRobotsPreconditions(CrawlURI curi) {
        return false;
}
```

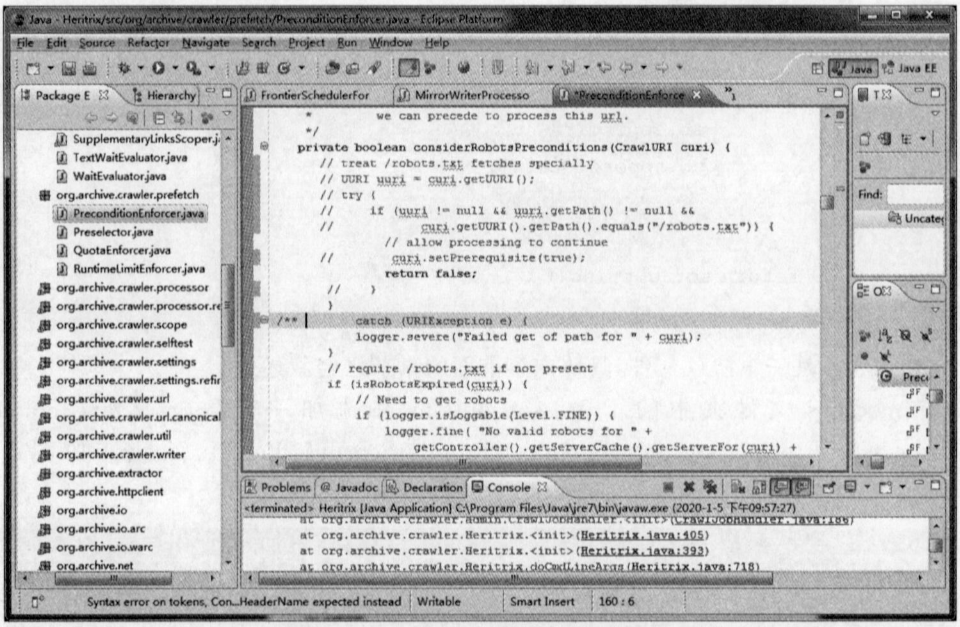

图 9-64 修改 PreconditionEnforcer 类

9.3.3 抓取网页

启动 Heritrix，进入主界面。新建一个 job，名字就叫作 mysearch，Seeds 设置为 http://www.bjfu.edu.cn，如图 9-65 所示。

在图 9-65 中，单击 Modules 按钮，进入设置界面。设置界面的选项与前边的示例相同，需要注意的是，在 Post Processors 选项中，在前边的示例选中了 3 个选项，在这里，另外两个选项仍然选中，但不要选 org.archive.crawler.postprocessor.FrontierScheduler 了，而是改选为 org.archive.crawler.postprocessor.FrontierSchedulerForBjfu。此外，Settings 中的设置也同前边的示例相同。提交 job 后，就开始搜索，如图 9-66 所示。

待抓取完毕后，在 Heritrix 下会生成一个 jobs 文件夹，打开后有一个 mysearch2020*

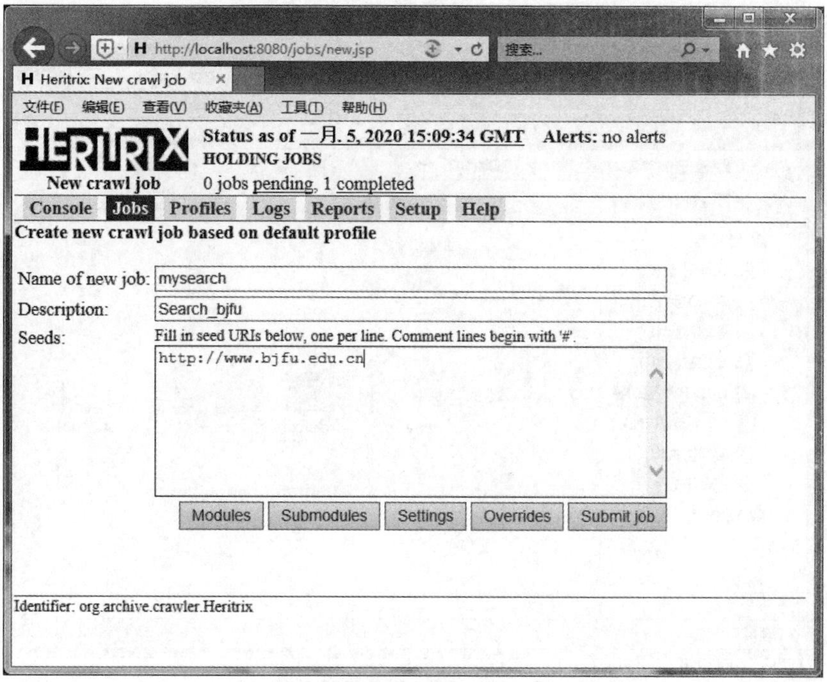

图 9-65　新建 job

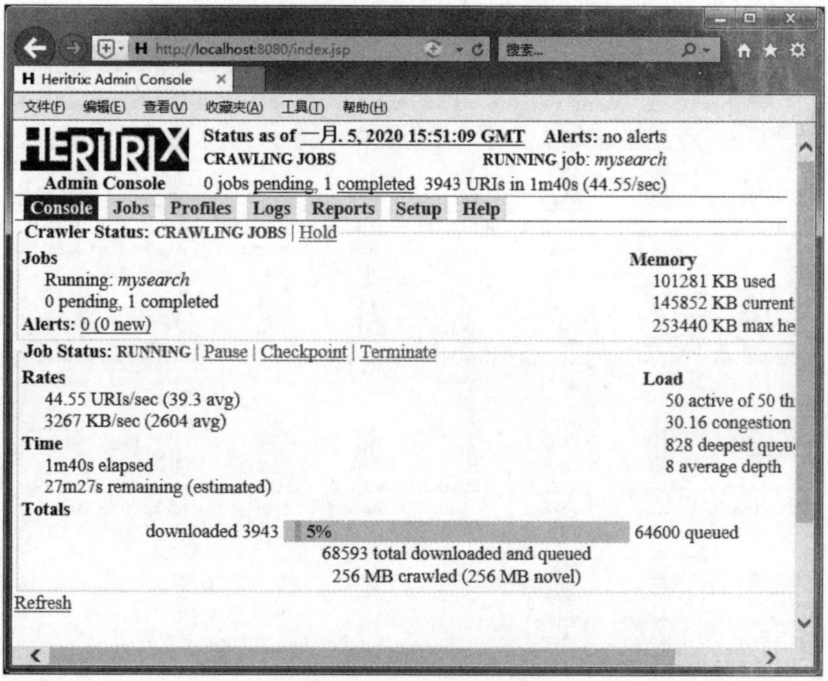

图 9-66　Heritrix 运行界面

***的文件夹，这就是刚才设置的抓取任务，它的命名方式为设置的抓取任务名加上启动任务的时间，打开后可以看到如图 9-67 所示的目录结构。

图 9-67　抓取任务目录结构

mirror 文件夹下保存的是抓取的网页，如图 9-68 所示。

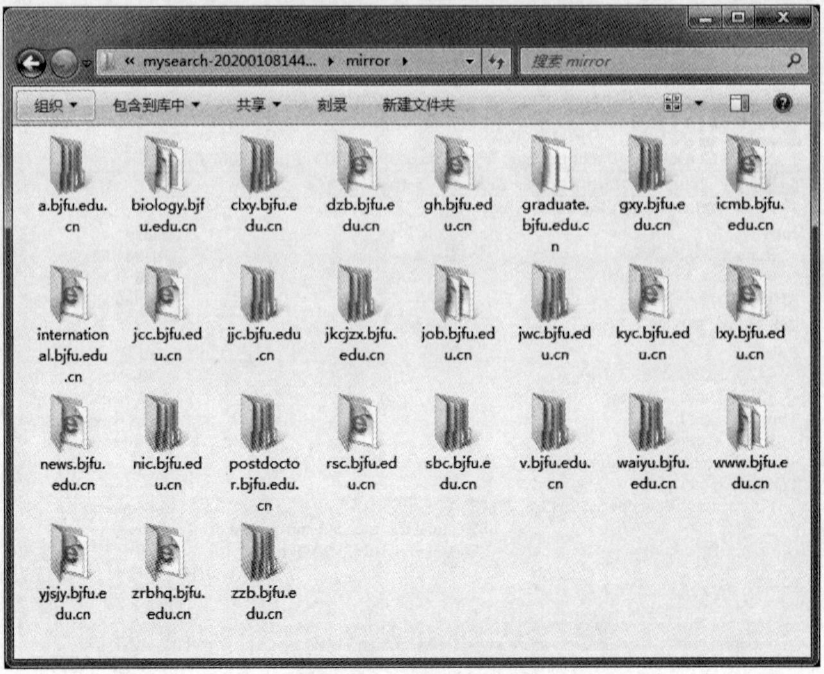

图 9-68　抓取结果

路径名为网页所对应的 URL，了解这点对于进行网页预处理工作有很重要的意义。接下来进入下一部分——预处理。

9.4　网页预处理

Heritrix 将网页抓取下来后，并没有对网页进行任何的修改，因此网页源码中还包含着大量的 HTML 标签，这些都是没有价值的信息，网页预处理的功能就是要从网页源码中提取出有用的信息，保存起来，并为将来建立索引所用。

9.4.1　原始网页的处理

网页中信息的重要性要视具体需要而定，一般来说，简单的搜索引擎会将网页中的文本部分全部提取出来作为信息，一些高级的搜索引擎还会过滤掉这些信息中的广告内容。原始网页的处理目的是将网页中无关的 HTML 标签过滤，只取出有用的信息，过滤广告，按照某一格式重新存储网页的内容。现在只是将 HTML 标签进行过滤。

网页中的文本内容一般会在＜DIV＞＜TD＞等标签当中，另外，超链接标签＜A＞中也会包含一些重要的信息，因此，在过滤的时候要首先识别是哪一类标签，然后再有选择地进行过滤。Htmlparser 是一个开源的标签过滤包，利用 Htmlparser 提供的一些方法，可以将网页中的各种标签以节点的方式表现出来，并能从中获取节点的各项属性和信息。

首先，构造一个用来表示处理后的网页模型类 Page，代码如下。

```
package cn.edu.bjfu.search.page;
public class Page {
    private String url;
    private String title;
    private String summary;
    private String context;
    private int score;
        public Page() {
        url = null;
        title = null;
        summary = null;
        context = null;
        score = 10;
    }
    public String getUrl() {
        return this.url;
    }
    public void setUrl(String url) {
        this.url = url;
    }
```

```
    public String getTitle(){
        return this.title;
    }
    public void setTitle(String title){
        this.title = title;
    }
    public String getSummary(){
        return this.summary;
    }
    public void setSummary(String summary){
        this.summary = summary;
    }
    public String getContext(){
        return this.context;
    }
    public void SetContext(String context){
        this.context = context;
    }
    public int getScore(){
        return this.score;
    }
    public void setScore(int score){
        this.score = score;
    }
}
```

具体的代码实现参照附带的示例程序。Page 类要做的事情就是保存处理后的网页，并被其他的控制类来调用，例如负责存储的类。

接下来看解析器类。解析器类的作用是解析原始网页，提取有用的信息。由于 HTML 没有像 XML 那样严格的语法限定，所以简单地用 Java 中的 Pattern 和 Match 类来过滤标签会有一些困难，因此本实例采用了第三方的开源包 Htmlparser 来作为解析工具。

在 Eclipse 下新建一个 Java Project，取名为 Preprocess，如图 9-69 所示。

建立好后，单击 Preprocess 前边的"+"号，展开文件夹，看到一个 JRE System Library，如图 9-70 所示。

将鼠标移动到图 9-70 的运行库上，右击并在弹出菜单下选择 Build Path→Configure Build Path，如图 9-71 所示。

右击 Preprocess，在弹出的菜单中选择 Build Path→Configure Build Path，弹出 Properties of Preprocess 窗口，选择 Libraries 选项卡，单击右边的 Add External JARs 按钮，添加 htmlparser.jar 到项目工程 Preprocess 下，如图 9-72 所示。

单击 OK 按钮。现在就可以使用 Htmlparser 中提供的解析网页的类了。

新建一个类，名字叫作 Page，Package 名取为 cn.edu.bjfu.search.page（这个名字可以自定义，具体格式参照 Java 包命名规则），如图 9-73 所示。

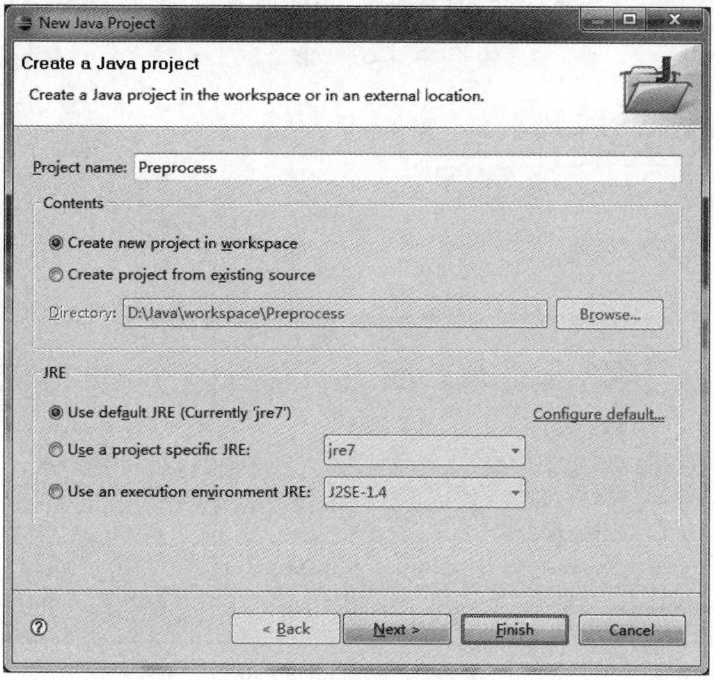

图 9-69　新建工程 Preprocess

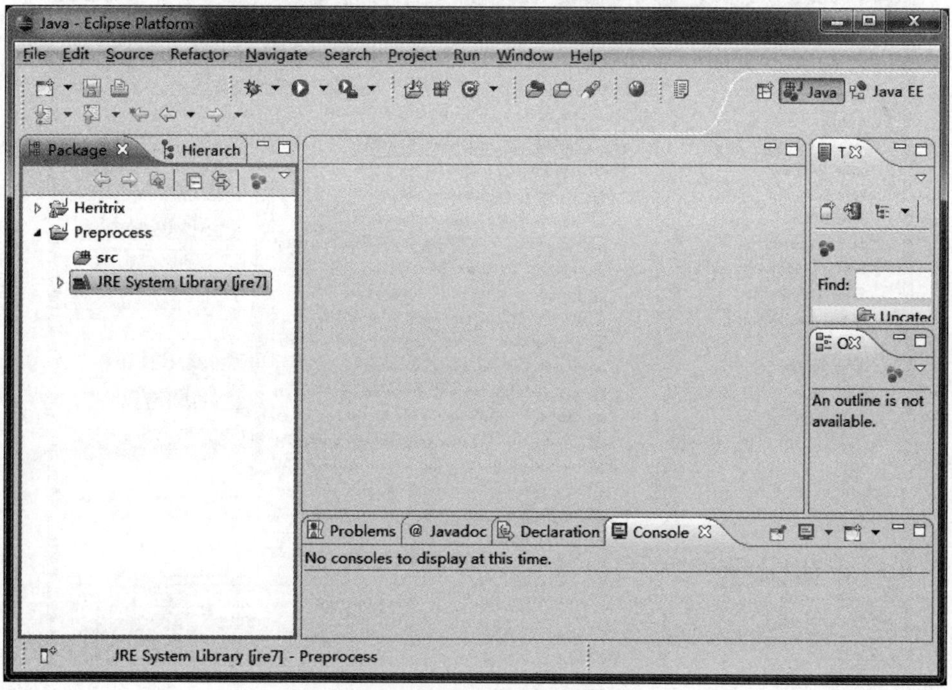

图 9-70　所需要的运行库

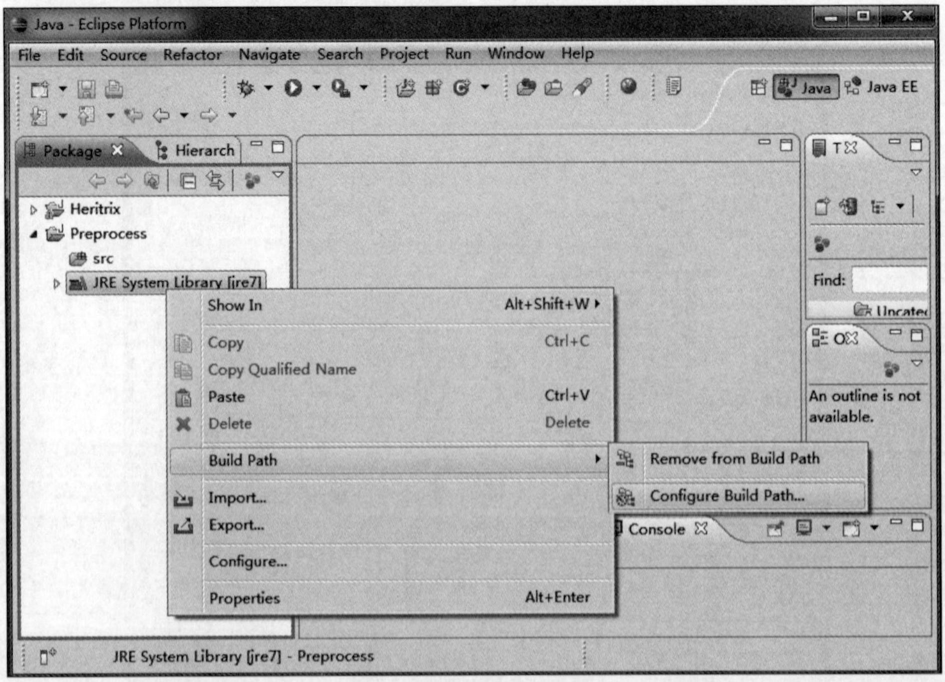

图 9-71 配置 Build Path

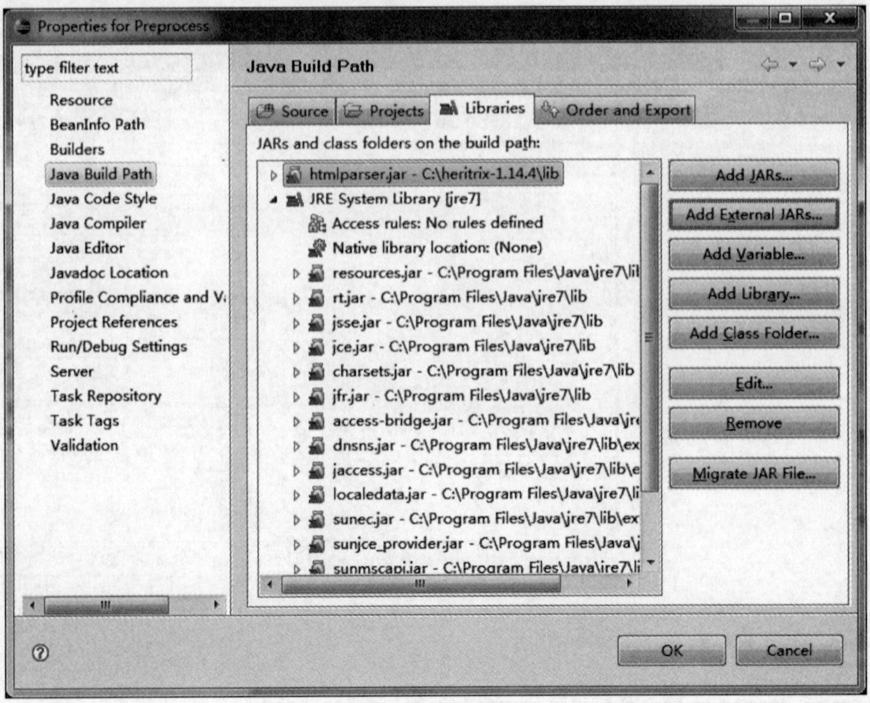

图 9-72 添加 Htmlparser

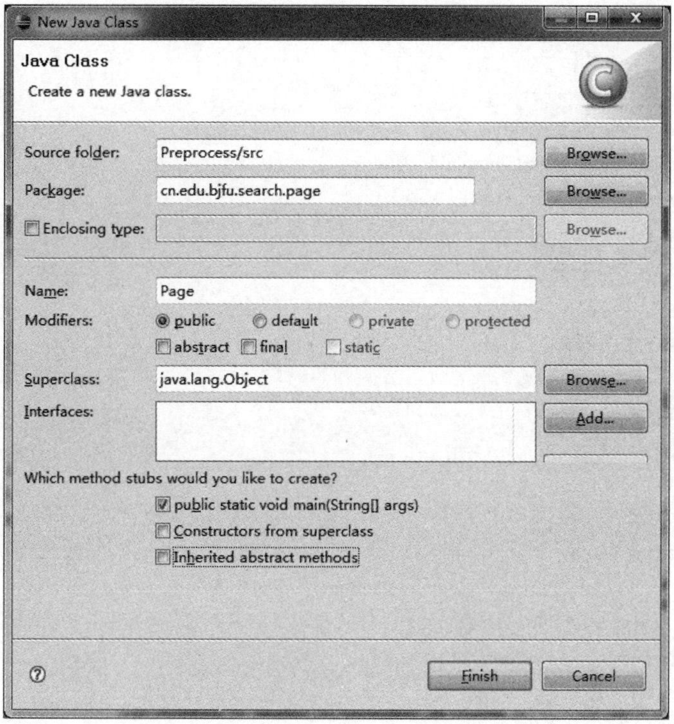

图 9-73　新建 Page 类

在图 9-73 中单击 Finish 按钮，出现如图 9-74 所示的画面。在 Page.java 类中输入如下的代码。

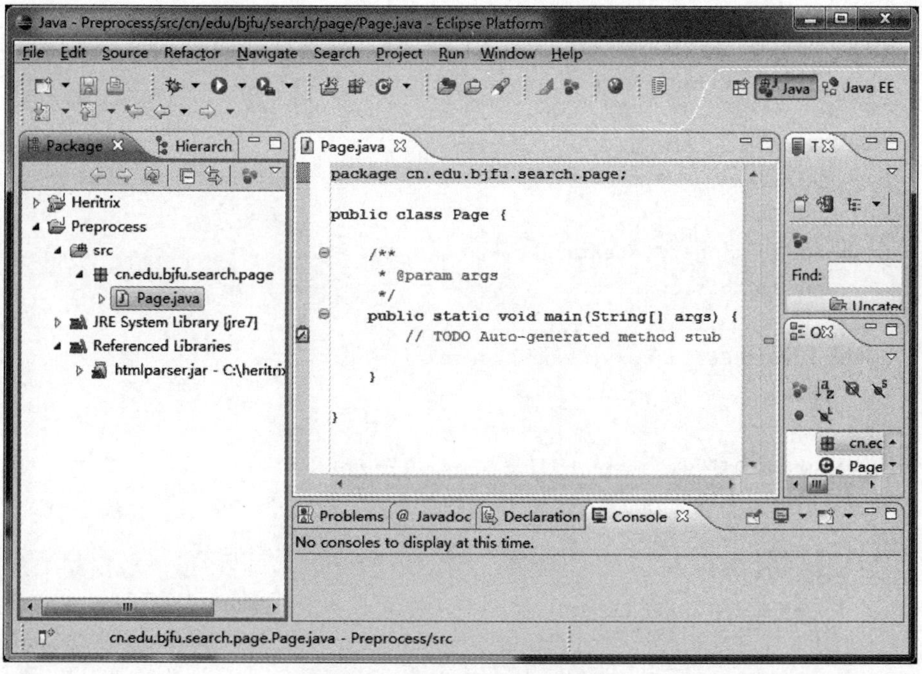

图 9-74　Page.java 类输入窗口

```
package cn.edu.bjfu.search.page;
public class Page {
    private String url;
    private String title;
    private String summary;
    private String context;
    private int score;
    public Page() {
        url = null;
        title = null;
        summary = null;
        context = null;
        score = 10;
    }
    public String getUrl() {
        return this.url;
    }
    public void setUrl(String url) {
        this.url = url;
    }
    public String getTitle() {
        return this.title;
    }
    public void setTitle(String title) {
        this.title = title;
    }
    public String getSummary() {
        return this.summary;
    }
    public void setSummary(String summary) {
        this.summary = summary;
    }
    public String getContext() {
        return this.context;
    }
    public void SetContext(String context) {
        this.context = context;
    }
    public int getScore() {
        return this.score;
    }
    public void setScore(int score) {
        this.score = score;
    }
}
```

按照同样的步骤，再新建一个类 Extractor，package 命名为 cn. edu. bjfu. search. extractor，Extractor 类的全部代码如下。

```
package cn.edu.bjfu.search.extractor;
import org.htmlparser.*;
import org.htmlparser.util.*;
import org.htmlparser.visitors.*;
import org.htmlparser.nodes.*;
import org.htmlparser.tags.*;
import cn.edu.bjfu.search.page.*;
import cn.edu.bjfu.search.util.*;
public class Extractor implements Runnable{
    private String filename;
    private Parser parser;
    private Page page;
    private String encode;
public void setEncode(String encode) {
        this.encode = encode;
    }
    private String combineNodeText(Node[] nodes) {
        StringBuffer buffer = new StringBuffer();
        for(int i = 0; i < nodes.length; i++) {
            Node anode = (Node) nodes[i];

            String line = null;

            if(anode instanceof TextNode) {
                TextNode textnode = (TextNode) anode;
                line = textnode.getText();
            }
            else if (anode instanceof LinkTag) {
                LinkTag linknode = (LinkTag) anode;
                line = linknode.getLinkText();
            }
            else if (anode instanceof Div) {
                if(anode.getChildren() != null) {
                    line = combineNodeText(anode.getChildren().toNodeArray());
                }
            }
            else if (anode instanceof ParagraphTag) {
                if(anode.getChildren() != null) {
                    line = combineNodeText(anode.getChildren().toNodeArray());
                }
            }
```

```
        else if (anode instanceof Span) {
            if(anode.getChildren() != null) {
                line = combineNodeText(anode.getChildren().toNodeArray());
            }
        }
        else if (anode instanceof TableTag) {
            if(anode.getChildren() != null) {
                line = combineNodeText(anode.getChildren().toNodeArray());
            }
        }
        else if (anode instanceof TableRow) {
            if(anode.getChildren() != null) {
                line = combineNodeText(anode.getChildren().toNodeArray());
            }
        }
        else if (anode instanceof TableColumn) {
            if(anode.getChildren() != null) {
                line = combineNodeText(anode.getChildren().toNodeArray());
            }
        }
        if(line != null) {
            buffer.append(line);
        }
    }
    return buffer.toString();
}
private String getUrl(String filename) {
    String url = filename;
    url = url.replace(ProperConfig.getValue("mirror.path") +"/mirror", "");
    if(url.lastIndexOf("/") == url.length() -1) {
        url = url.substring(0, url.length() -1);
    }
    url = url.substring(1);
    return url;
}
private int getScore(String url, int score) {
    String[] subStr = url.split("/");
    score = score - (subStr.length -1);
    return score;
}
private String getSummary(String context) {
    if(context == null) {
        context = "";
    }
```

```
        return MD5.MD5Encode(context);
    }
    public void extract(String filename){
        System.out.println("Message: Now extracting " +filename);
        this.filename = filename.replace("\\", "/");
        run();
        if(this.page != null){
            PageLib.store(this.page);
        }
    }
    public void run(){
        try{
            parser = new Parser(this.filename);
            parser.setEncoding(encode);
            HtmlPage visitor = new HtmlPage(parser);
            parser.visitAllNodesWith(visitor);
            page = new Page();
            //获取网页的 URL
            this.page.setUrl(getUrl(this.filename));
            //获取网页的标题
            this.page.setTitle(visitor.getTitle());
            //验证网页<body>标签内是否为空,如果是空则不用进行内容提取
            if(visitor.getBody() == null){
                this.page.SetContext(null);
            }
            else{
                //如果不为空,则提取内容
    this.page.SetContext(combineNodeText(visitor.getBody().toNodeArray()));
            }
            //计算网页的得分
              this. page. setScore (getScore (this. page. getUrl (), this. page.
getScore()));
            //计算网页的摘要
            this.page.setSummary(getSummary(this.page.getContext()));

        }
        catch(ParserException pe){
            this.page = null;
            pe.printStackTrace();
            System.out.println("Continue...");
        }
    }
}
```

这里对 Extractor 做一个简要的解释。Extractor 类中的第一属性 filename 是用来保

存当前要解析的网页路径;parser 是一个 Parser 类的对象,Parser 包含在 Htmlparser 当中,它的作用就是解析;Page 是之前定义的 Page 类的对象;encode 是一个 String 对象,用来保存网页的编码,方便 parser 进行解析。Extractor 继承了 Runnable 接口,因此,要重载 run()方法。其中,combineNodeText()方法是自己定义的。

parser 对象可以将网页划分成不同层次的元素集合,有点儿类似于 XML,而 combineNodeText()方法通过递归来解析网页中各个层次的元素,而网页的内容会出现在 parser 划分的文本节点,用 TextNode 对象来表示一个文本节点。当解析到的是文本节点,则读取其内容;再有,如果是链接节点,其中也会包含一些有用的内容,因此,当遇到节点为链接节点(LinkTag)时也要提取内容。如果遇到的是层节点(Div)或者类似的表节点(TableTag)则需要递归,因为这一类节点会包含子节点,而子节点很可能是个文本节点。在反复不断的递归后,就能将网页的文本内容提取出来了。

当然,这种算法的效率不高,本实例测试了约 19 000 个网页的解析,耗时超过了 10min,算法效率可提高的空间很大,本实例只是对原理进行讲解,如何提高算法效率请读者自行研究。

每处理一个网页后,可获得一个保存了网页信息的对象 page,但 page 对象是在内存中的,因此还要将它保存到文件中,这里定义了一个 PageLib 类,它有一个静态方法,用来保存 page 对象到文件中。

在 Eclipse 中生成一个 PageLib 类,Package 名为 cn.edu.bjfu.search.page,如图 9-75 所示。

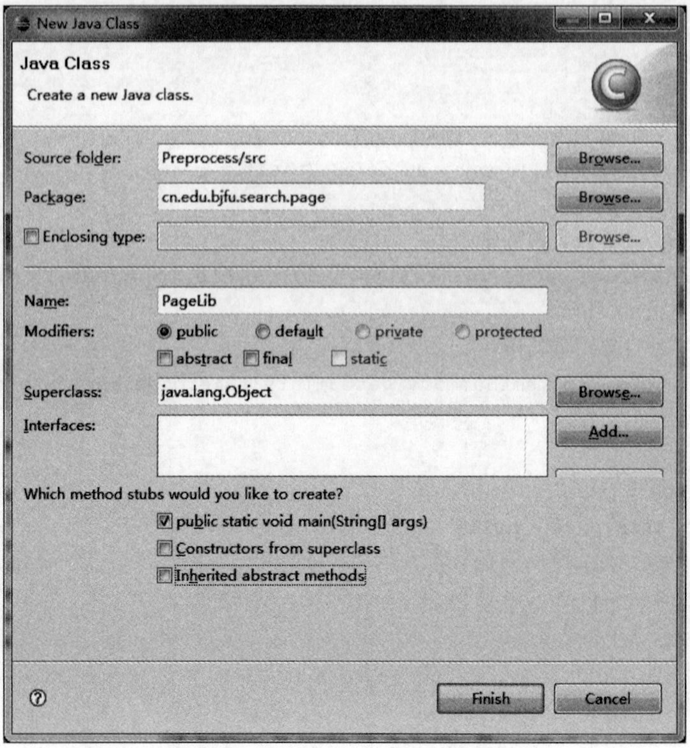

图 9-75 PageLib 类生成窗口

这个包名同 Page 所在包，里面只有一个方法，如下。

```
package cn.edu.bjfu.search.page;
import java.io.BufferedWriter;
import java.io.FileWriter;
import java.io.File;
import java.io.IOException;
import cn.edu.bjfu.search.util.*;
public class PageLib {
    public static void store(Page page){
        String storepath = ProperConfig.getValue("files.path") +"/" +page.
getSummary();
        if(new File(storepath).exists() == true){
            System.out.println("Message: " +storepath +" is existed!");
            return;
        }
        try{
            BufferedWriter writer = new BufferedWriter(new FileWriter(storepath));
            //第一行为 URL
            writer.append(page.getUrl());
            writer.newLine();
            //第二行为标题
            writer.append(page.getTitle());
            writer.newLine();
            //第三行为得分
            writer.append(String.valueOf(page.getScore()));
            writer.newLine();
            //第四行为网页内容
            writer.append(page.getContext());
            //关闭输出流
            writer.close();
        }
        catch(IOException ioe){
            System.out.println("Error: Processing " +page.getUrl() +" accurs
error");
            ioe.printStackTrace();
        }
    }
}
```

解析后的文件保存在 storepath 这个对象中，这个对象通过 ProperConfig 这个类来获得存储位置。首先建立一个包 util，在 util 下建立 ProperConfig 类，过程如图 9-76 所示。单击 Finish 按钮后，出现如图 9-77 所示的界面，在此界面下输入 ProperConfig 类的内容。

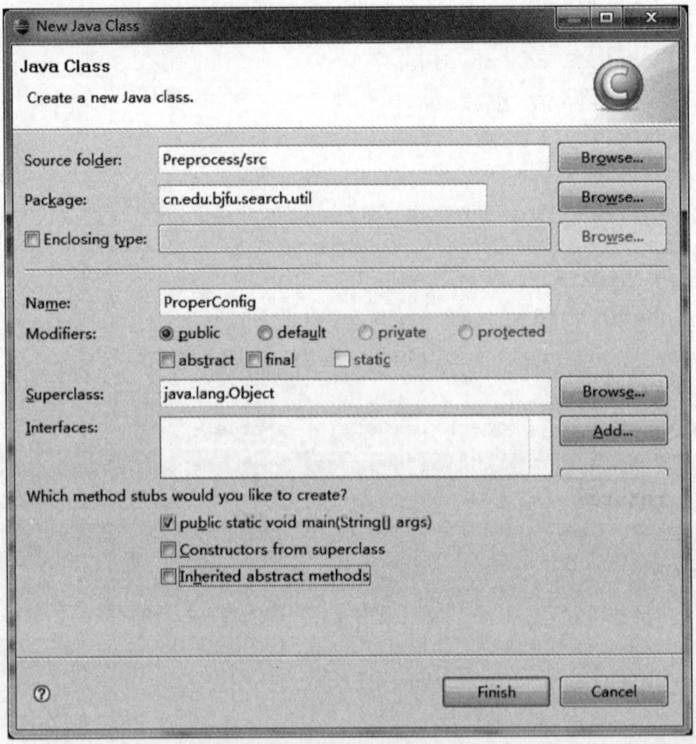

图 9-76 建立 ProperConfig 类

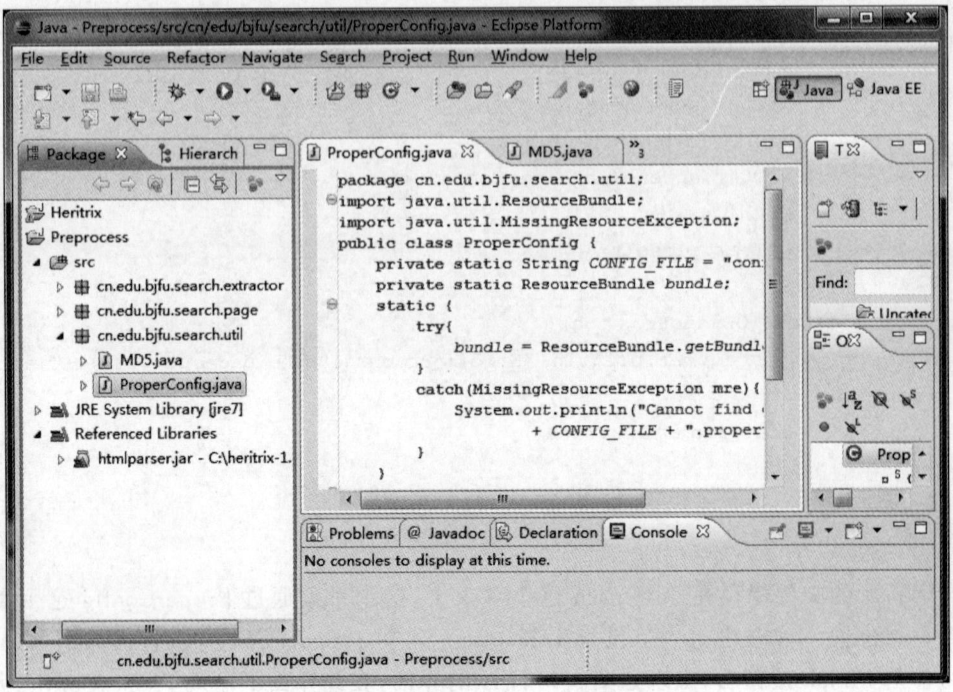

图 9-77 输入 ProperConfig 类代码

ProperConfig 类代码内容如下。

```java
package cn.edu.bjfu.search.util;
import java.util.ResourceBundle;
import java.util.MissingResourceException;
public class ProperConfig {
    private static String CONFIG_FILE ="config";
    private static ResourceBundle bundle;
    static {
        try{
            bundle =ResourceBundle.getBundle(CONFIG_FILE);
        }
        catch(MissingResourceException mre){
            System.out.println("Cannot find config file "
                    +CONFIG_FILE +".properties.");
        }
    }
    public static String getValue(String key){
        return bundle.getString(key);
    }
}
```

同样，在包 util 下建立 MD5 类，过程和图 9-76 类似。单击 Finish 按钮后，出现如图 9-78 所示的界面，在此界面下输入 MD5 类的内容。

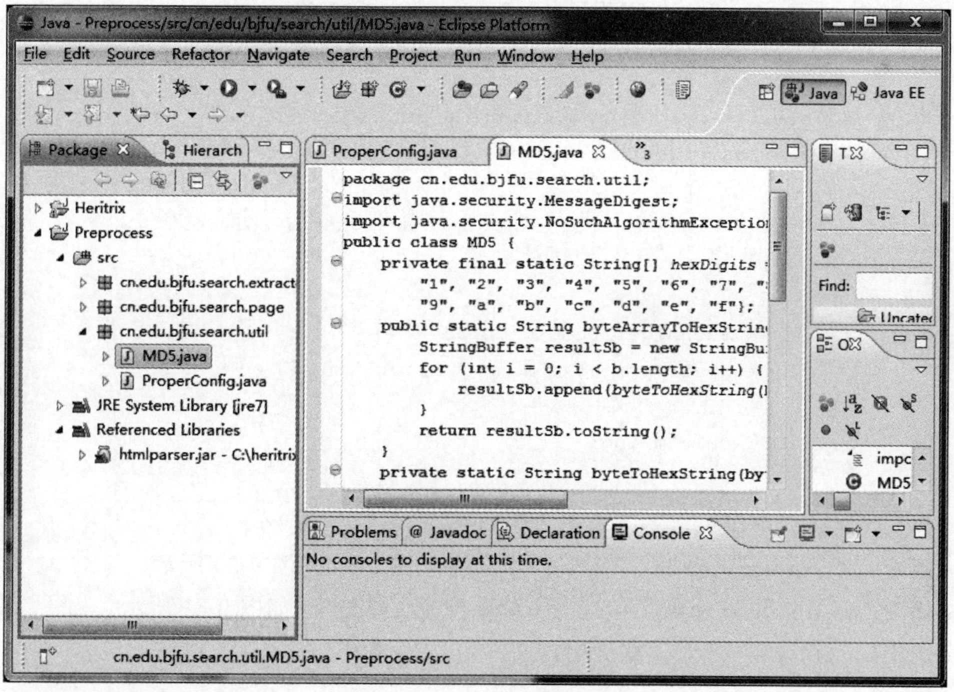

图 9-78　MD5 类建立窗口

MD5 类代码内容如下。

```
package cn.edu.bjfu.search.util;
import java.security.MessageDigest;
import java.security.NoSuchAlgorithmException;
public class MD5 {
    private final static String[] hexDigits = {"0",
        "1", "2", "3", "4", "5", "6", "7", "8",
        "9", "a", "b", "c", "d", "e", "f"};
    public static String byteArrayToHexString(byte[] b) {
        StringBuffer resultSb = new StringBuffer();
        for (int i = 0; i < b.length; i++) {
            resultSb.append(byteToHexString(b[i]));
        }
        return resultSb.toString();
    }
    private static String byteToHexString(byte b) {
        int n = b;
        if (n < 0)
        n = 256 + n;
        int d1 = n / 16;
        int d2 = n %16;
        return hexDigits[d1] + hexDigits[d2];
    }
    public static String MD5Encode(String origin) {
        String resultString = null;
        try {
            resultString = new String(origin);
            MessageDigest md = MessageDigest.getInstance("MD5");

    resultString = byteArrayToHexString(md.digest(resultString
.getBytes()));
        }
        catch (NoSuchAlgorithmException nsae) {
            System.err.println("No such Algorithm called \"MD5\"!");
        }
        return resultString;
    }
}
```

新建一个 config.properties 配置文件，过程如图 9-79 和图 9-80 所示。

而 ProperConfig 这个类实际是一个读取配置文件的类，如图 9-81 所示。

图中的 config.properties 就是配置文件，其内容如下。

```
#configuration about page preprocessor
```

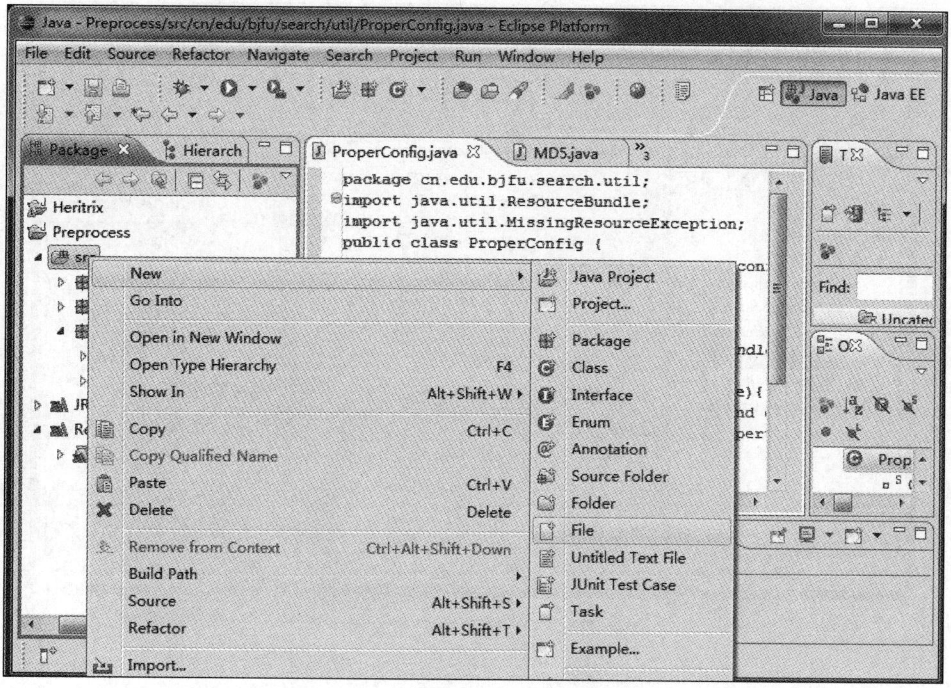

图 9-79　新建 config.properties 配置文件

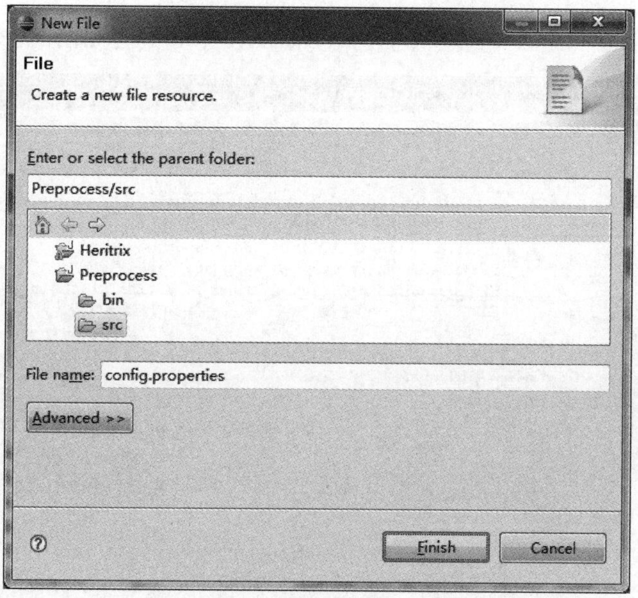

图 9-80　输入 config.properties 配置文件名

```
#path where crawled webpages were saved
mirror.path = D:/Java/workspace/Heritrix/jobs/mysearch-20200105154746823
#path where processed pages saved
files.path = D:/java/workspace/Preprocess/files
```

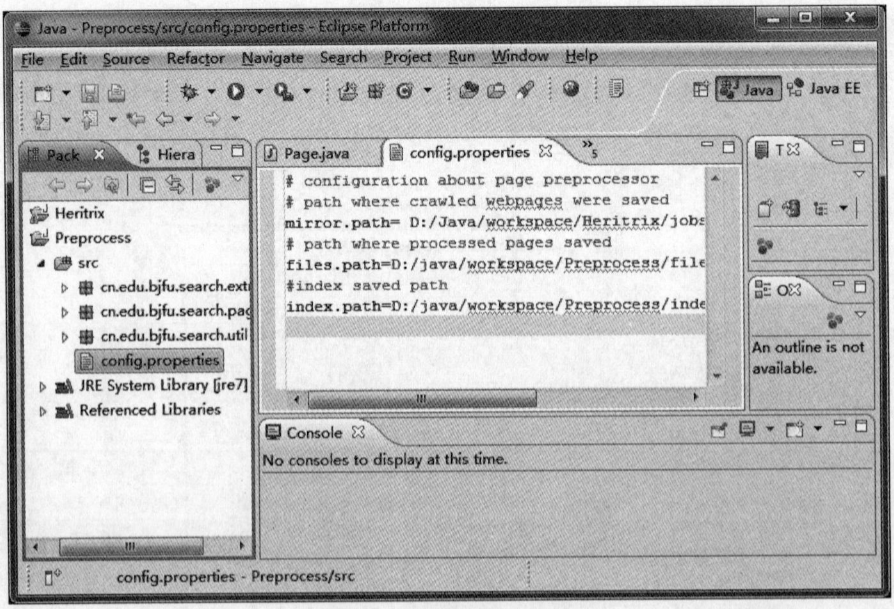

图 9-81 需要的配置文件

```
#index saved path
index.path = D:/java/workspace/Preprocess/indexes
```

在 util 包下新建一个 Test 类，命名为 TestExtractor，过程如图 9-82 和图 9-83 所示。

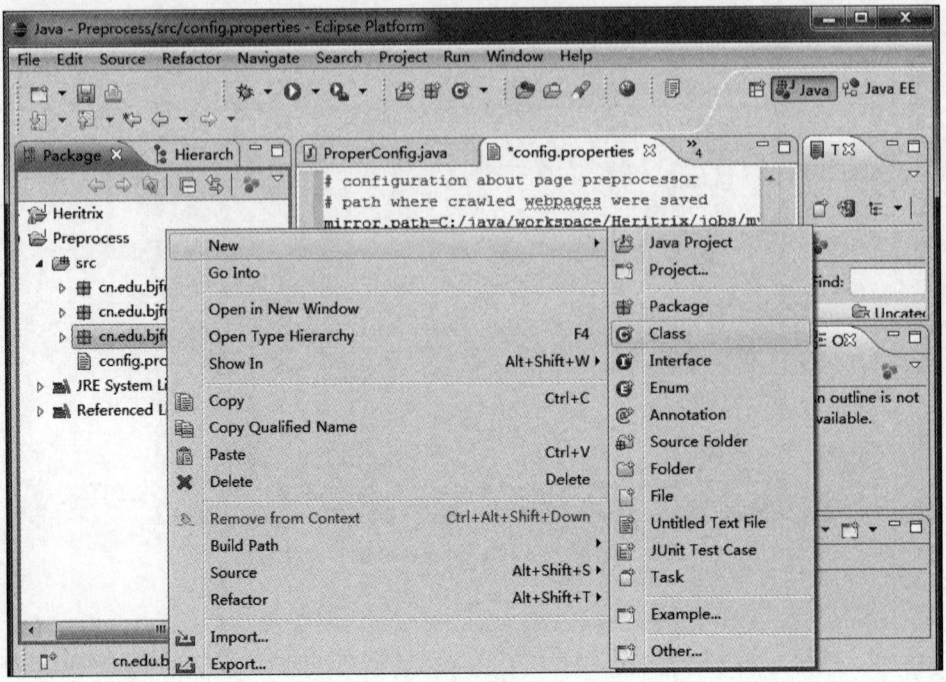

图 9-82 新建类

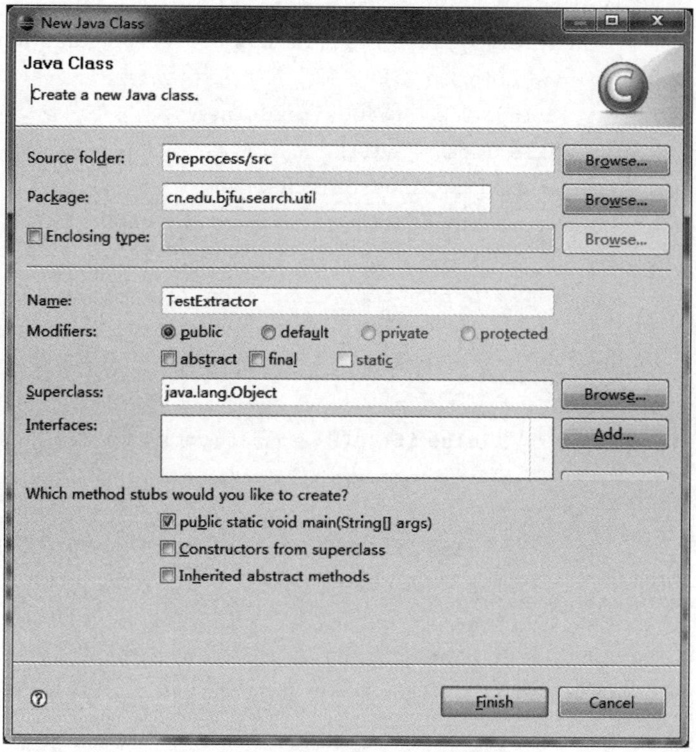

图 9-83　建立 TestExtractor 类

在 TestExtractor 类中添加如下代码。

```
package cn.edu.bjfu.search.util;
import java.io.*;
import cn.edu.bjfu.search.extractor.*;
import cn.edu.bjfu.search.util.ProperConfig;
public class TestExtractor {
    public static void main(String[] args) {
        System.out.println("Start extracting pages...");
        processExtract(ProperConfig.getValue("mirror.path"));
        System.out.println("Extraction is end.");
        System.out.println("=================");
    }
    private static void processExtract(String path){
        File[] files = new File(path).listFiles();
        for(int i = 0; i < files.length; i++){
            if(files[i].isDirectory() == true){
                processExtract(files[i].getAbsolutePath());
            }
            else{
                String encode = "GB2312";
```

```
                try{
                    BufferedReader reader = new BufferedReader(new FileReader
    (files[i].getAbsoluteFile()));
                    String line = reader.readLine();
                    while(line != null){
                        if(line.indexOf("charset=") != -1){
                            int start = line.indexOf("charset=");
                            start = start + 8;
                            String tmp = line.substring(start, start + 3);
                            if("ISO".equals(tmp) || "iso".equals(tmp)){
                                encode = "ISO-8859-1";
                            }
                            else if("UTF".equals(tmp) || "utf".equals(tmp)){
                                encode = "UTF-8";
                            }
                            else if("GBK".equals(tmp) || "gbk".equals(tmp)){
                                encode = "GBK";
                            }
                            else{
                                encode = "GB2312";
                            }
                            reader.close();
                            break;
                        }
                        else{
                            line = reader.readLine();
                        }
                    }
                }
                catch(IOException ioe){
                    ioe.printStackTrace();
                }
                Extractor extractor = new Extractor();
                extractor.setEncode(encode);
                extractor.extract(files[i].getAbsolutePath());
            }
        }
    }
}
```

在 Eclipse 控制台界面单击 Run 菜单，选择 Open Run Dialog 菜单后，出现如图 9-84 所示的运行界面。在此界面下新建一个运行程序，名字为 TestExtractor。单击 Run 按钮后，程序就开始运行。

预处理程序运行的界面如图 9-85 所示。此过程需要的时间比较多，需要耐心等待。

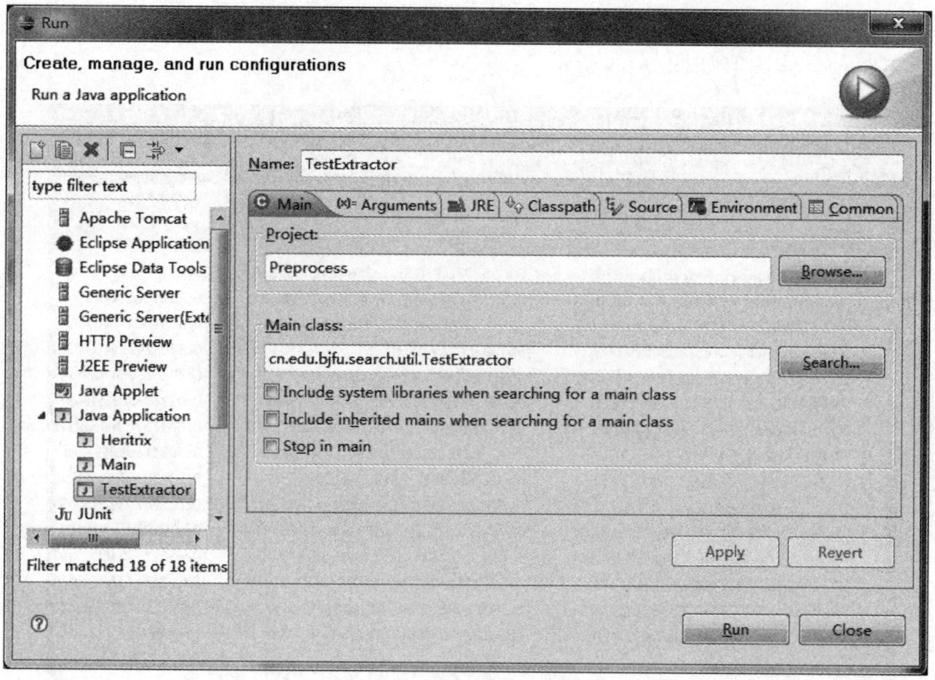

图 9-84　新建运行程序

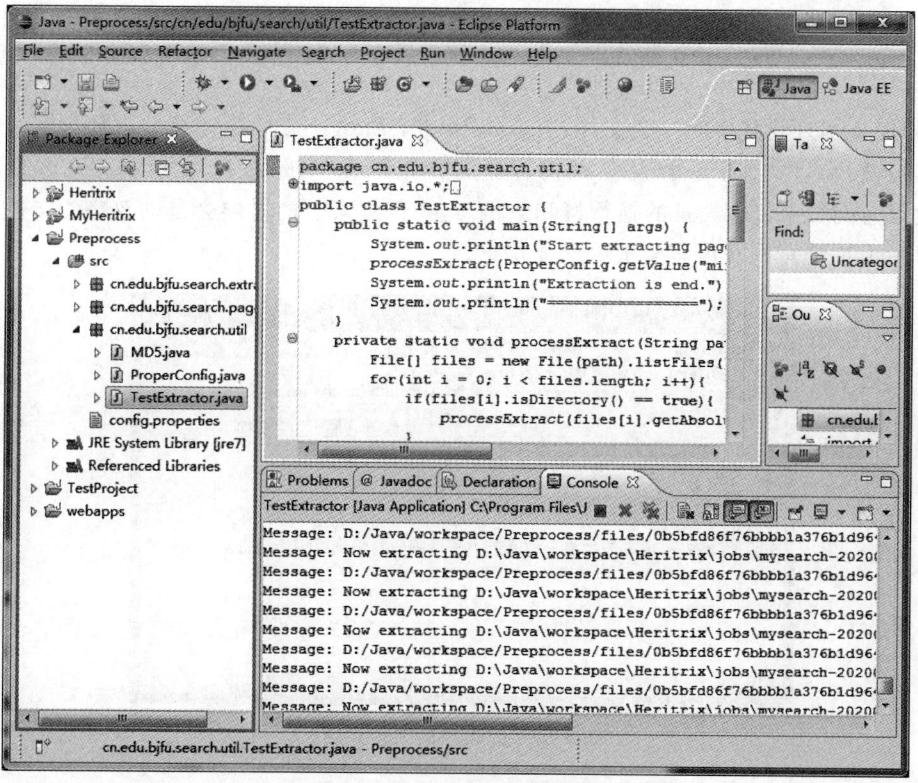

图 9-85　预处理程序运行界面

当预处理程序运行结束后，可在 D:/java/workspace/Preprocess/files 文件夹下生成很多的文件。具体内容如图 9-86 所示。

图 9-86 处理结果

用记事本打开其中的一个文件，内容如图 9-87 所示。文件第一行为 URL，第二行是标题，第三行是网页的得分，之后的内容是网页的 body 内的内容，之所以存在大量的空白，是因为网页中包含大量的换行符和空格，这在创建索引的时候会自动忽略。文件的名称是用 MD5 计算网页内容生成的摘要信息。

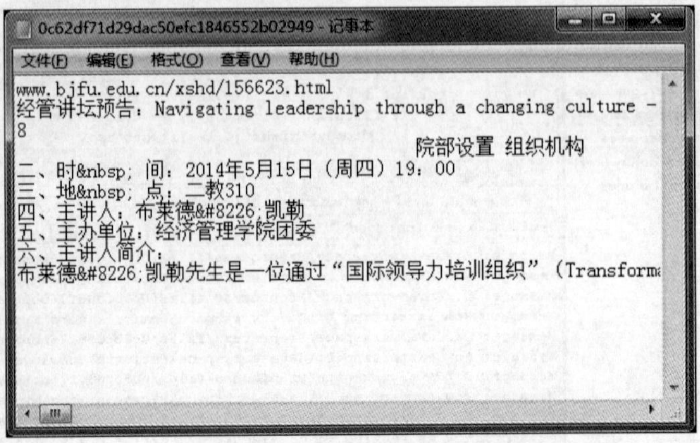

图 9-87 处理后的文件内容

9.4.2 建立简单的索引

在这里先举一个建立英文索引的例子，以此说明索引的建立过程。

1. 建立一个简单的索引

新建一个 Java Project，命名为"LuceneSample"，在 LuceneSample 中创建三个文件夹，分别命名为 lib、index 和 data，lib 用来存放 Lucene 的 jar 包，index 用来保存生成的索引，data 用来保存需要被索引的内容，如图 9-88 所示。

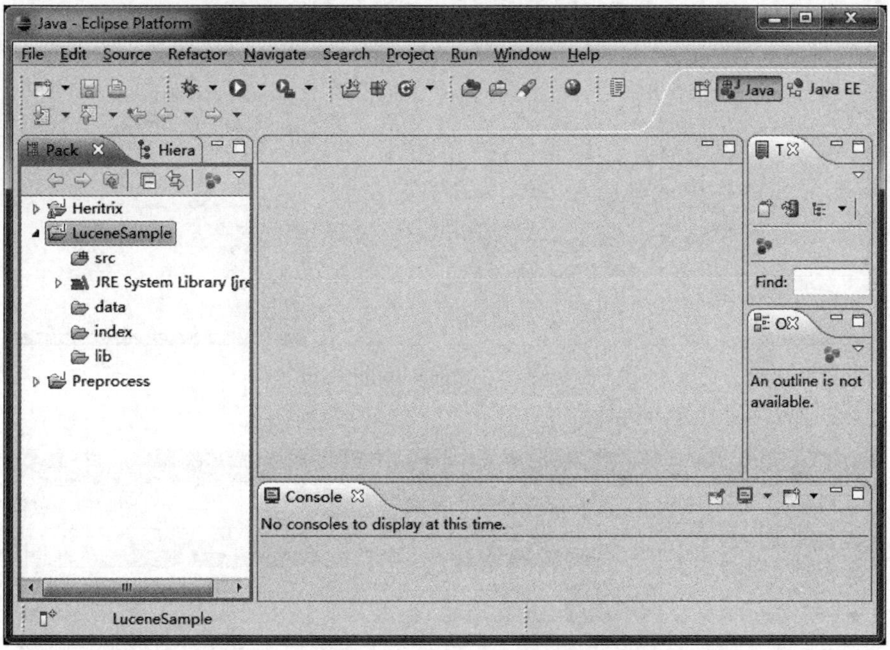

图 9-88　LuceneSample 结构

将 Lucene 的 jar 包放到 lib 中，右击 LuceneSample，选择 Build Path 中的 Configure Build Path，如图 9-89 所示。

在弹出的窗口中将 Lucene 的索引包 lucene-core-2.1.0.jar 添加至运行库中，如图 9-90 所示。

在 data 文件夹中放入一些英文文档，并且以".txt"为后缀，这些文档用来建立索引。新建一个类，叫作"Indexer"，包名字为"sample.index"，如图 9-91 所示。

将如下的代码添加到类中。

```
package Sample.index;
import java.io.File;
import java.io.FileReader;
import java.io.IOException;
import java.util.Date;
import org.apache.lucene.analysis.standard.StandardAnalyzer;
import org.apache.lucene.document.Document;
```

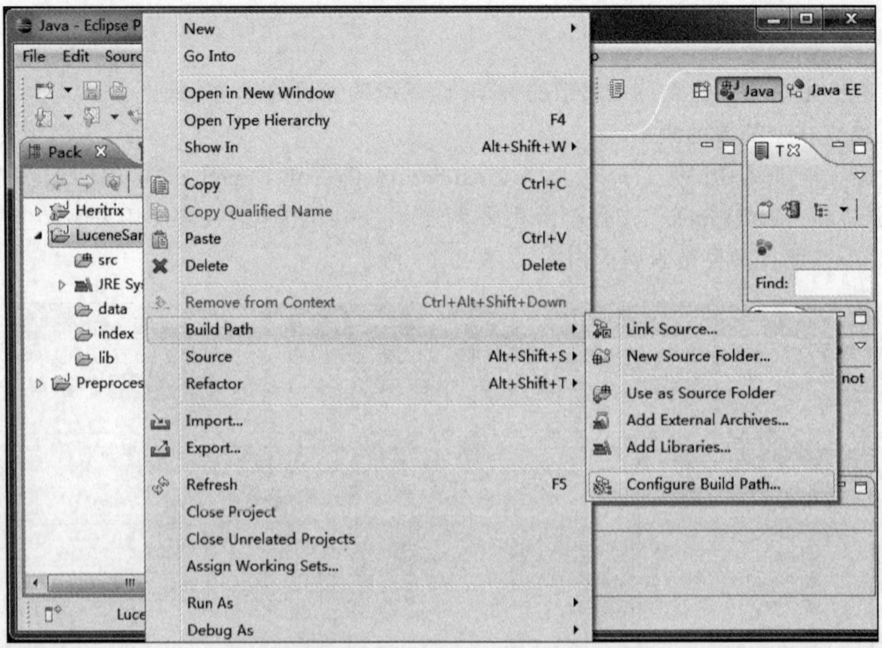

图 9-89 Configure Build Path

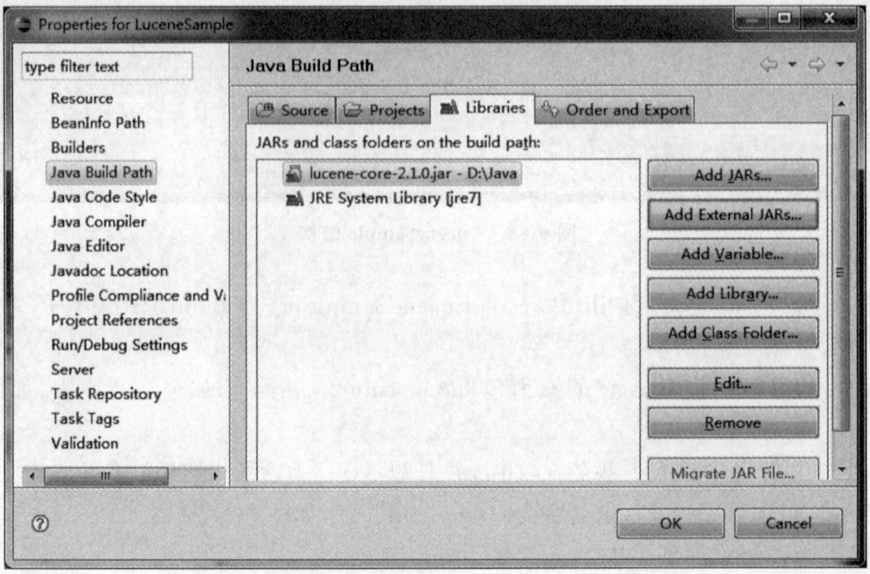

图 9-90 添加 Lucene 索引包

```
import org.apache.lucene.document.Field;
import org.apache.lucene.index.IndexWriter;
public class Indexer {
    public static void main(String[] args) {
        //索引路径
```

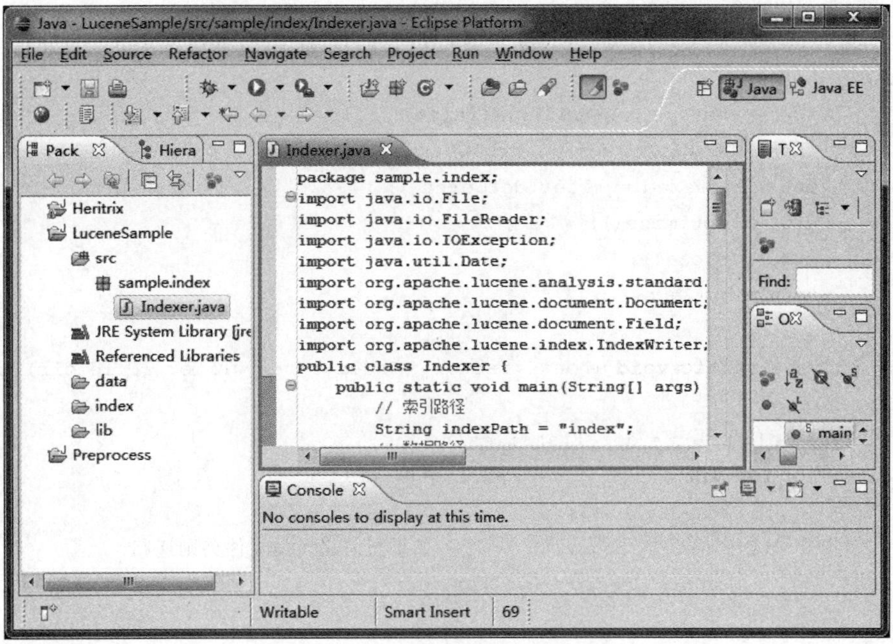

图 9-91　添加 Indexer 的过程

```
        String indexPath = "index";
        //数据路径
        String dataPath = "data";
        File indexDir = new File(indexPath);
        File dataDir = new File(dataPath);
        long start = new Date().getTime();
        int numIndexed = 0;
        try {
            numIndexed = index(indexDir, dataDir);
        }
        catch(IOException ioe) {
            ioe.printStackTrace();
        }
        finally {
            long end = new Date().getTime();
            System.out.println("Indexing " +numIndexed +" files took "
                    +(end -start) +"s");
        }
    }
    public static int index(File indexDir, File dataDir) throws IOException{
        if(dataDir.exists() == false || dataDir.isDirectory() == false) {
                throw new IOException (dataDir + " does not exist or is not a
directory");
        }
```

```
        //创建索引
        IndexWriter writer = new IndexWriter(indexDir, new StandardAnalyzer(),
true);
        writer.setUseCompoundFile(false);
        indexDirectory(writer, dataDir);
        int numIndexed =writer.docCount();
        writer.optimize();
        writer.close();
        return numIndexed;
    }
    private static void indexDirectory(IndexWriter writer, File dir) throws
IOException {
        File[] files = dir.listFiles();
            for(int i = 0; i <files.length; i++) {
            File f = files[i];
            if(f.isDirectory()) {     //如果当前路径是文件夹则递归
                indexDirectory(writer, dir);
            }
            else if(f.getName().endsWith(".txt")) {
                indexFile(writer, f);
            }
        }
    }
     private static void indexFile (IndexWriter writer, File f) throws
IOException {
        if(f.isHidden() || !f.exists() || !f.canRead()) {
            return;
        }
        else {
            System.out.println("Indexing " +f.getCanonicalPath());

            Document doc = new Document();
            doc.add(new Field("contents", new FileReader(f)));
            doc.add(new Field("filename", f.getCanonicalPath(), Field.Store.
YES, Field.Index.TOKENIZED));
            writer.addDocument(doc);
        }
    }
}
```

Lucene 中最重要的类是 IndexWriter，只有通过这个类才能生成索引。在 Lucene 中用 Document 类来表示索引源。Document 不仅能是文档，甚至可以是字符串等可以被索引的信息。Document 由 Field 组成，这就有些类似于数据库中“表”的概念，Document 是表，Field 则是表中的各个字段。

运行以上的代码，data 文件夹下的文件全部都被索引，如图 9-92 所示。生成的索引如图 9-93 所示。

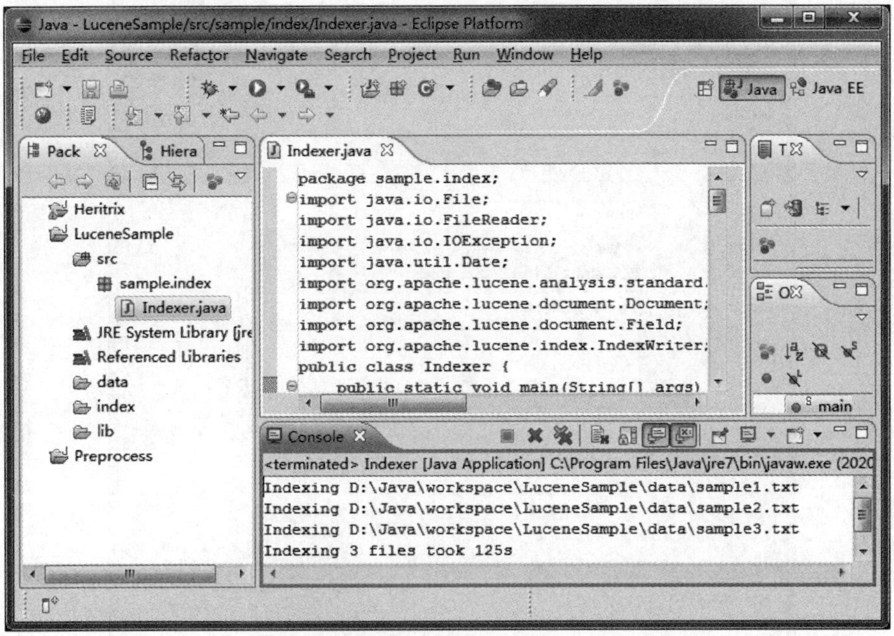

图 9-92　执行索引

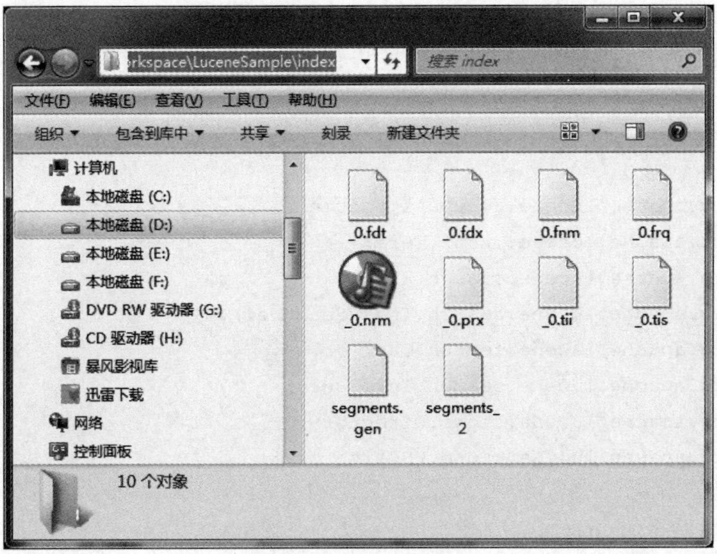

图 9-93　生成的索引

2. 简单的查询

在上述建立的 LuceneSample 的基础上再添加一个类，命名为“Searcher”，如图 9-94 所示。具体代码如下所示。

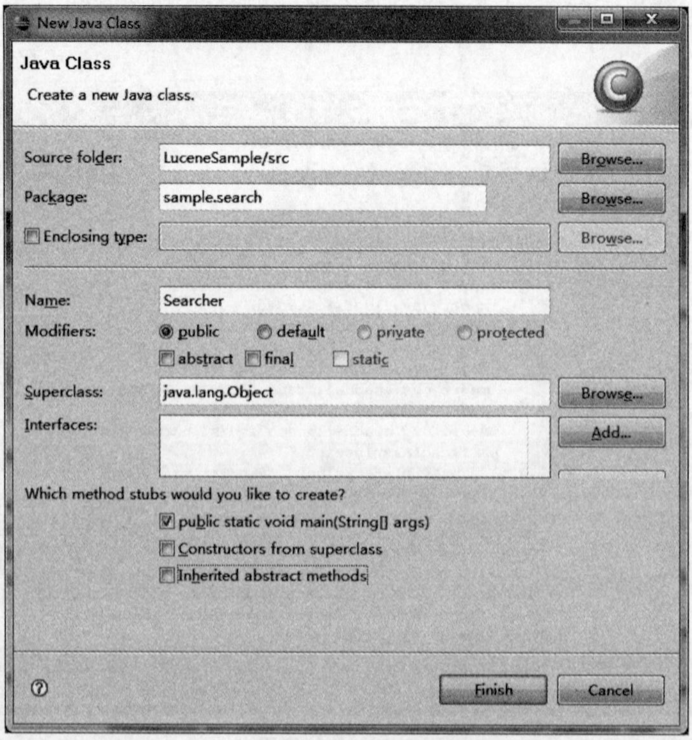

图 9-94 创建查询类

```
package sample.search;
import java.io.File;
import java.io.IOException;
import java.util.Date;

import org.apache.lucene.document.Document;
import org.apache.lucene.index.Term;
import org.apache.lucene.search.Hits;
import org.apache.lucene.search.IndexSearcher;
import org.apache.lucene.search.Query;
import org.apache.lucene.search.TermQuery;
import org.apache.lucene.store.Directory;
import org.apache.lucene.store.FSDirectory;

public class Searcher {
    public static void main(String[] args) {
        //索引路径
        String indexPath = " libraries";
        //查询字符串
        String q = "Lucene";
```

```
        File indexDir = new File(indexPath);
        if(!indexDir.exists() || !indexDir.isDirectory()) {
            System.err.println(indexDir +
                    " does not exist or is not a directory");
        }
        else {
            try {
                search(indexDir, q);
            }
            catch(IOException ioe) {
                ioe.printStackTrace();
            }
        }
    }

    public static void search(File indexDir, String q) throws IOException {
        Directory fsDir = FSDirectory.getDirectory(indexDir);
        //打开索引
        IndexSearcher is = new IndexSearcher(fsDir);
        Term t = new Term("contents", q);
        Query query = new TermQuery(t);
        long start = new Date().getTime();
        Hits hits = is.search(query);
        long end = new Date().getTime();
        System.out.println("Found " + hits.length() +
                " document(s) (in " +(end -start) +
                "s) that matched query '" +q +"'");
        for(int i = 0; i < hits.length(); i++) {
            Document doc = hits.doc(i);
            System.out.println(doc.get("filename"));
        }
    }
}
```

在查询的过程中涉及的最重要的一个类是 IndexSearcher，它的地位与生成索引的 IndexWriter 一样。查询的结果用 Hits 来保存，Hits 实际上是一组 Document 的集合。Lucene 通过 Query 和 Term 来保存查询串，Term 与 Field 很类似，Term 需要指明在哪个域进行查询，只不过 Term 存储的是查询串而不是内容。

需要注意的是语句 String q＝" libraries";是在建立索引后的文章里查找单词"libraries"。读者可以根据自己的文章来查找具体的单词。

选中 Searcher.java 类，单击鼠标右键并运行该类。程序输出结果如图 9-95 所示。在该示例程序中，找到了在两个文件中包含"libraries"这个单词。

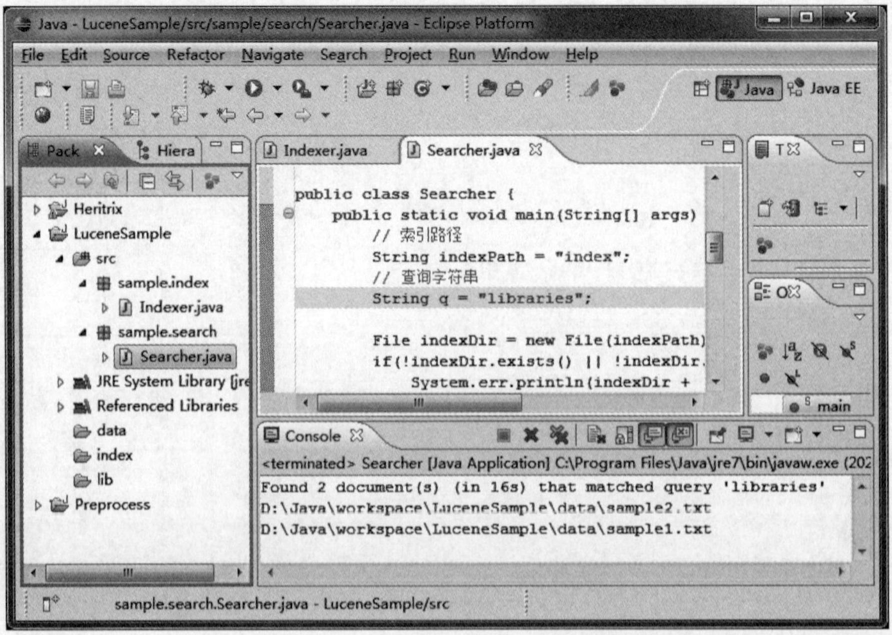

图 9-95 运行程序 Searcher 的结果

9.4.3 为实例建立索引

下面具体介绍如何建立一个中文的索引。首先，将 Lucene 的 jar 包"lucene-core-2.1.0.jar"和 je 分词的 jar 包"je-analysis-1.5.1.jar"导入到 Project 当中，导入方法同前面章节所示的 Htmlparser 的导入方法。

为了更全面地搜索北京林业大学校内的信息，满足搜索校内网页的需要，词库中需要添加诸如"北京林业大学""信息学院""生物学院"等学院信息和机构设置的信息。词库的添加可以直接用 WinRAR 打开 je-analysis-1.5.1.jar，然后找到\jeasy\analysis\data 下的 sDict.txt 文件，直接在相应位置输入要添加的词再重新压缩即可。

导入成功后，再新建一个包，命名为 cn.edu.bjfu.search.index，添加一个新的类，叫作 IndexBuilder。从名称能够看出来，这是用来建立索引的类。IndexBuilder 只有一个属性 writer，它是 IndexWriter 的一个对象，也就是用来建立索引的工具。

IndexBuilder 类的代码如下。

```
package cn.edu.bjfu.search.index;
import org.apache.lucene.document.*;
import org.apache.lucene.index.*;
import jeasy.analysis.*;
import java.io.IOException;
import java.io.FileReader;
import java.io.BufferedReader;
import java.io.File;
```

```
public class IndexBuilder {
    IndexWriter writer;
    public IndexBuilder(String path) throws IOException{
        writer = new IndexWriter(path, new MMAnalyzer());
    }
    public void build(String path) throws IOException{
        BufferedReader reader = null;
        File[] files = new File(path).listFiles();
        for(int i = 0; i <files.length; i++){
            System.out.print(".");
            reader = new BufferedReader(new FileReader(files[i]));
            Document doc = new Document();
            Field[] fields = new Field[5];
             fields[0] = new Field("id", String.valueOf(i), Field.Store.YES,
Field.Index.NO);
             fields[1] = new Field("url", reader.readLine(), Field.Store.YES,
Field.Index.NO);
            fields[2] = new Field("title", reader.readLine(), Field.Store.YES,
Field.Index.TOKENIZED);
            fields[3] = new Field("score", reader.readLine(), Field.Store.YES,
Field.Index.NO);
            fields[4] = new Field("context", getBodyFile(files[i].getAbsolutePath
(), reader), Field.Store.YES, Field.Index.TOKENIZED);
            //创建 Document
            for(int j = 0; j < fields.length; j++){
                doc.add(fields[j]);
            }
            //将 Document 添加至 IndexWriter 中
            writer.addDocument(doc);
        }
        writer.optimize();
        writer.close();
        reader.close();
    }
     private String getBodyFile (String path, BufferedReader reader) throws
IOException{
        StringBuffer buffer = new StringBuffer();
        String line = reader.readLine();
        while(line != null){
            buffer.append(line);
            line = reader.readLine();
        }
        return buffer.toString();
    }
}
```

建立过程及完成后的结果如图 9-96 和图 9-97 所示。

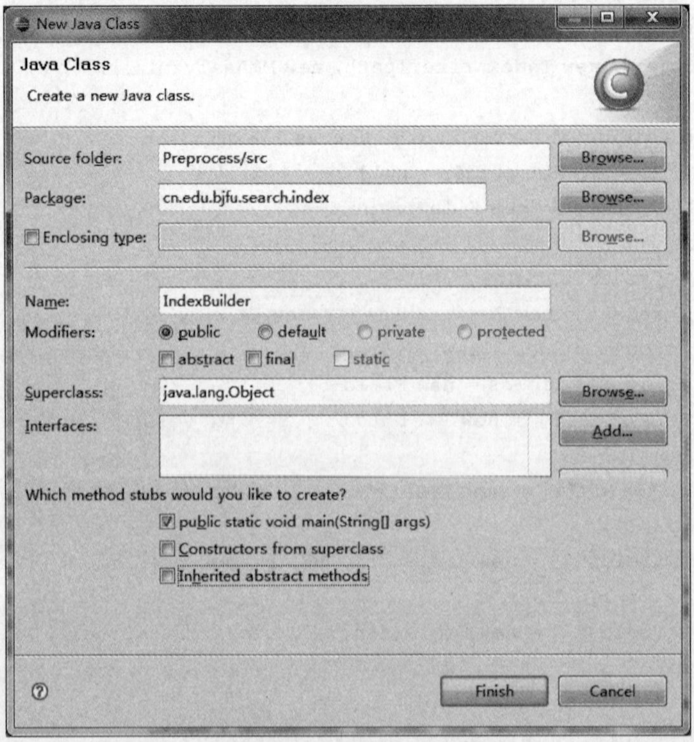

图 9-96 建立 IndexBuilder 类

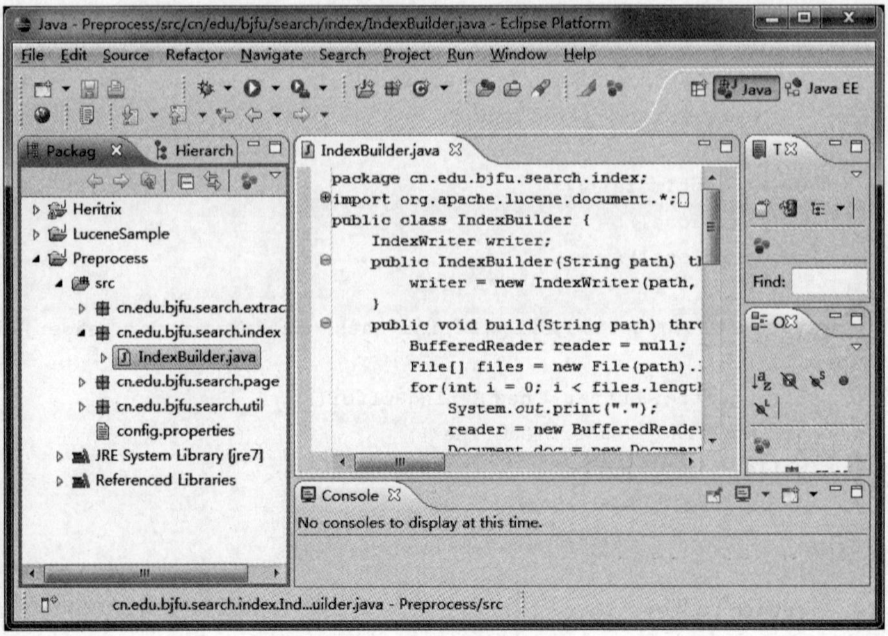

图 9-97 预处理项目结构

在 IndexBuilder 类的代码中，build 方法先获得所有的预处理后的文件，每个文件分为 5 个 Field，放到一个 Document 中。这里注意到保存内容的 Field，本实例用的是 Field(String, FileReader)这个构造方法。因为内容很多，如果直接放到内存中会很占内存，因此利用 FileReader 来读入到 Field 中。但由于预处理后的文件中保存了 URL 等其他信息，因此，要先将内容读取出来放到一个临时内存，代码中的 getBodyFile 就是这样的一个过程。

到目前为止，本实例已经将预处理部分基本实现了，现在要构造一个测试类来测试一下预处理过程。在 cn.edu.bjfu.search.util 包下新建一个 TestIndexer 类，如图 9-98 所示。

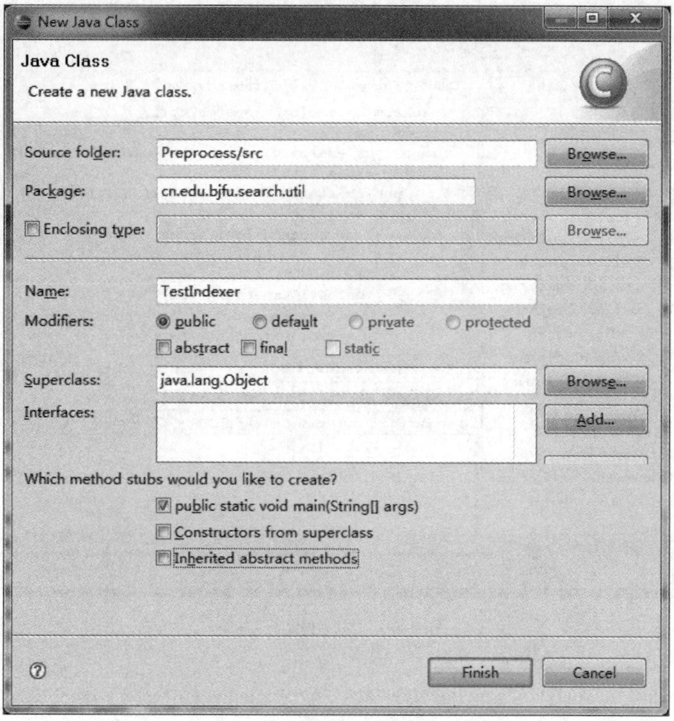

图 9-98　新建 TestIndexer 类

类中的内容如下。

```
package cn.edu.bjfu.search.util;
import java.io.*;
import cn.edu.bjfu.search.index.IndexBuilder;
public class TestIndexer {
    public static void main(String[] args) {
        try{
            IndexBuilder index =new IndexBuilder(ProperConfig.getValue
("index.path"));
            index.build(ProperConfig.getValue("files.path"));
        }
        catch(IOException ioe){
            System.out.println("Index creating failed!");
            ioe.printStackTrace();
```

```
        }
        System.out.println("Index creating finished!");
    }
}
```

TestIndexer 要做的事情就是将之前所定义的 IndexBuilder 类运转起来，main 方法中按部就班地利用了之前定义的类和其方法。运行结果见图 9-99。

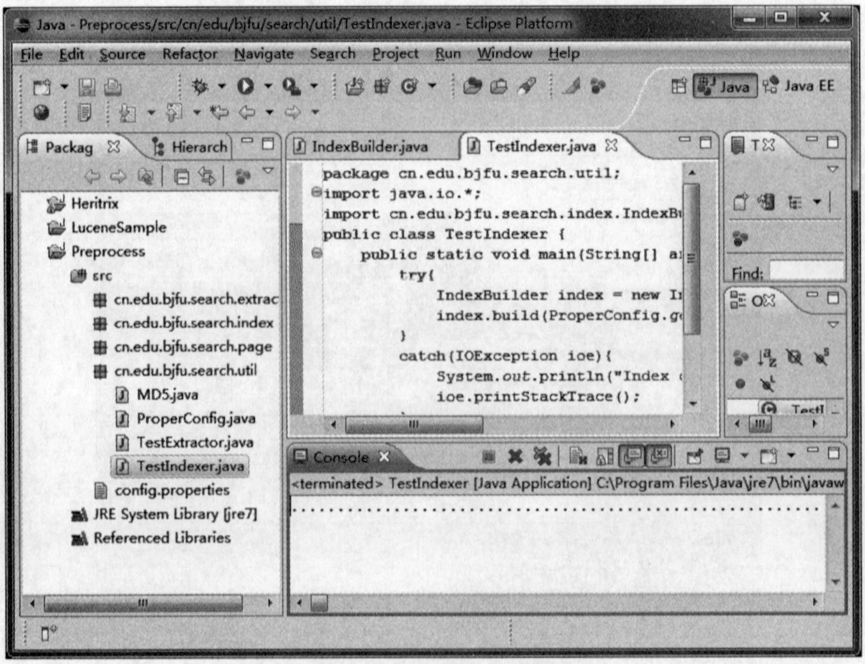

图 9-99　索引运行结果

最后，生成的索引如图 9-100 所示。读者有兴趣的话可以打开索引文件，看看里边的结构。有了索引之后，就可以提供查询服务了。

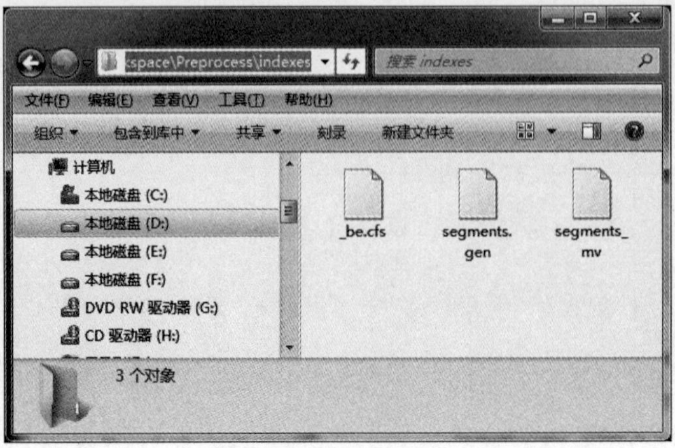

图 9-100　生成的索引

9.5　查询服务

提供查询服务实际只需要两部分,一部分用来接收用户提交的关键字,另一部分用来根据关键字显示查询结果。

9.5.1　结构设计

由于是演示性示例,本实例采取了一种简单的结构设计,如图 9-101 所示。

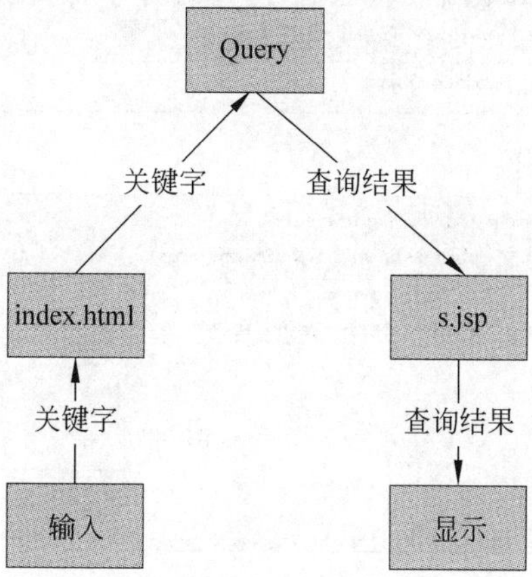

图 9-101　搜索引擎架构

本实例共需要两个页面来完成。第一个页面用来接收用户的关键字,叫作 index.html,第二个页面叫作 s.jsp,用来显示查询结果。查询结果的获得需要将用户的关键字提交给一个叫作 Query 的类,它负责查询结果,并按照一定的格式返回结果至 s.jsp,s.jsp 将结果显示出来即可。

需要注意的是,要分页显示查询的结果,因为通常用户不需要将所有的结果都显示出来,往往只需要找到查询的内容即可,本实例默认采用每页 10 条记录的方式显示。

9.5.2　查询设计

后台部分只涉及一个类,就是 Query,它负责根据关键字查询,并将查询结果返回。首先建一个 Query 类,如图 9-102 所示。

建好 Query 类的位置如图 9-103 所示。

对于 Query 类的实现如下。

```
private String INDEX_STORE_PATH = "D:/java/workspace/Preprocess/indexes";
private IndexSearcher searcher;
private BooleanQuery query;
```

Query 中包含三个成员属性,第一个属性用来保存索引文件所在的位置。第二个属性是一个 Lucene 中的查询对象,叫作 IndexSearcher。第三个属性是 Lucene 中代表某一

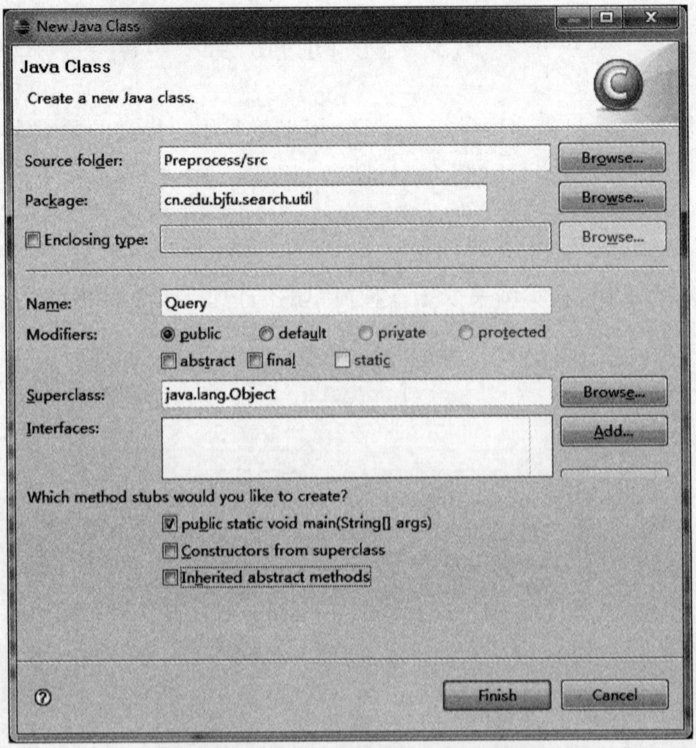

图 9-102 新建 Query 类

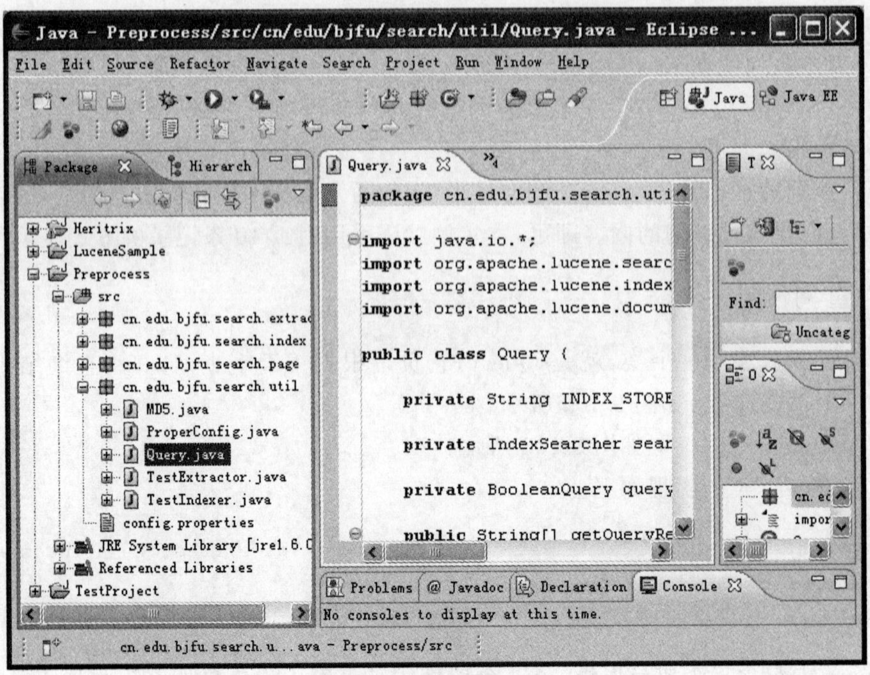

图 9-103 Query 类的位置

种查询方法的对象，叫作BooleanQuery。其中，最重要的是IndexSearcher，它能够根据定义的查询方式，从Lucene创建的索引中获得符合查询条件的数据，数据以Document对象返回。

Query的完整代码如下。

```
package cn.edu.bjfu.search.util;
import java.io.*;
import org.apache.lucene.search.*;
import org.apache.lucene.index.Term;
import org.apache.lucene.document.*;
public class Query {
    private String INDEX_STORE_PATH = "D:/java/workspace/Preprocess/indexes";
    private IndexSearcher searcher;
    private BooleanQuery query;
    public String[] getQueryResult(String[] keys) throws IOException{
        searcher = new IndexSearcher(INDEX_STORE_PATH);
        query = new BooleanQuery();
        if(keys == null){
            return null;
        }
        int length = keys.length;
        TermQuery[] term = new TermQuery[length];
        for(int i = 0; i < length; i++){
            term[i] = new TermQuery(new Term("context", keys[i]));
            query.add(term[i], BooleanClause.Occur.MUST);
        }
        //Sort sort = new Sort(new SortField("score"));
        Hits hits = searcher.search(query);
        length = hits.length();
        String[] result = new String[length];
        for(int i = 0; i < length; i++){
            Document doc = hits.doc(i);
            String tmp = doc.getField("title").stringValue();
            tmp = tmp +"|" +doc.getField("url").stringValue();
            tmp = tmp +"|" +doc.getField("context").stringValue();
            result[i] = tmp;
        }
        return result;
    }
}
```

简述一下查询过程。首先，初始化IndexSearcher对象，并指定索引文件的路径。初始化查询对象。用TermQuery类型的数组保存关键字，之后添加到BooleanQuery的对象query，用BooleanQuery.add()方法来添加。调用IndexSearcher的search方法进行查询，查询的结果要用 Hits 对象来保存。有了查询结果之后，要从 Hits 对象中提取出每一条结果，并返回。Hits 对象实际上是一个 Document 对象的数组，而 Document 对象的数据可以使用 Field 对象来提取，这有点儿像前边用 IndexWriter 建立索引的逆过程。提取出来每一字段的数据后，按照自定义的一种数据格式保存，并返回。

接下来，在 Eclipse 中新建一个 Project，叫作 search-engine，Project 的类型选择为 Dynamic Web Project，如图 9-104 所示。

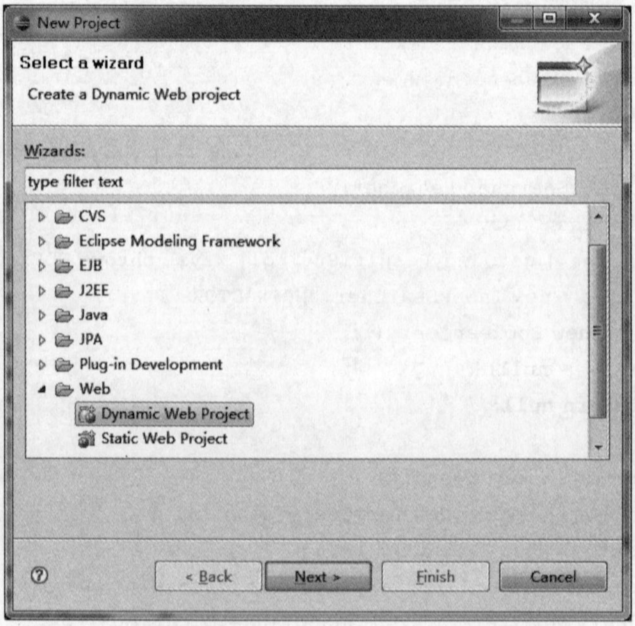

图 9-104 建立 Dynamic Web Project

建好后的结构如图 9-105 所示。

完成后可以看出，这与之前所建的 Java Project 不一样。里面多了很多文件夹，重点说一下 WebContent 文件夹。本实例所有的网页都放到这个文件夹下。

全部配置完成之后，文件结构如图 9-106 所示。

将 index.html 和 s.jsp 文件放入图 9-106 中相应位置，特别需要注意的是 WEB-INF 文件夹下的 lib 文件夹，要放入 Lucene 的 jar 文件。此外，还要导入其他的一些包。

右击 search-engine，选择 Build Path→Configure Build Path，如图 9-107 所示。

在弹出的窗口中选择 Libraries 选项卡，单击 Add Library 按钮，在弹出的窗口中选中 Server Runtime，如图 9-108 所示。

之后，单击 Next 按钮，在新窗口中选中 Apache Tomcat v5.5，如图 9-109 所示。

注意，如果没有看到 Apache Tomcat v5.5，表示前边 Tomcat 配置的时候出了问题，可能没有将 Tomcat 在 Eclipse 中正确配置，具体配置过程请参照前边所示的 Tomcat 的配置过程。当正确地完成了导入库的过程后，运行库中便多了一行，如图 9-110 所示。

回到开发界面，接下来右键单击 search-engine，添加一个新的类叫作 Query，Package 名称可以取 cn.edu.bjfu.search.util，这个类就是之前提到的负责查询的类，其完整代码参

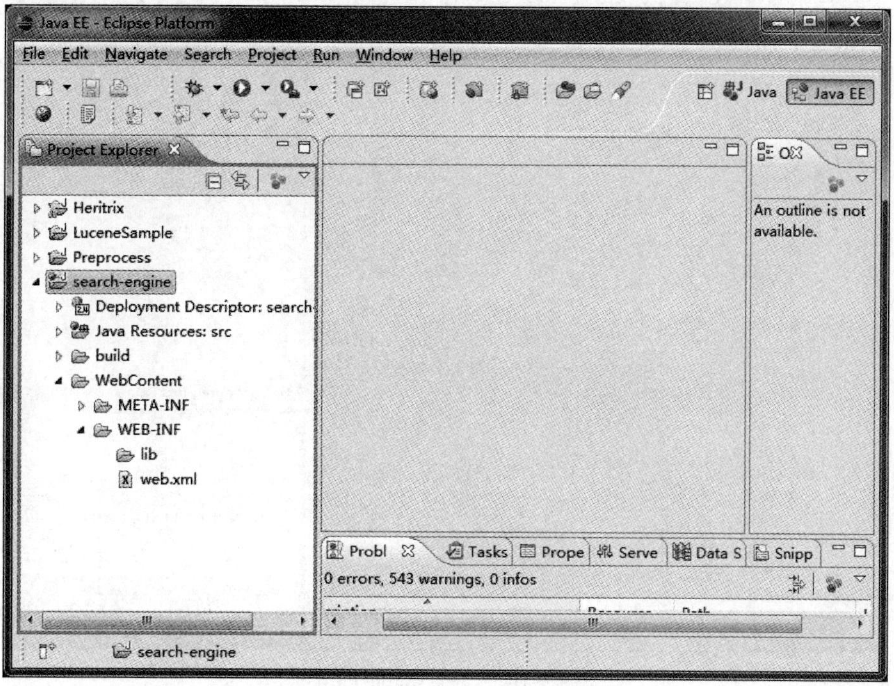

图 9-105　search-engine 结构

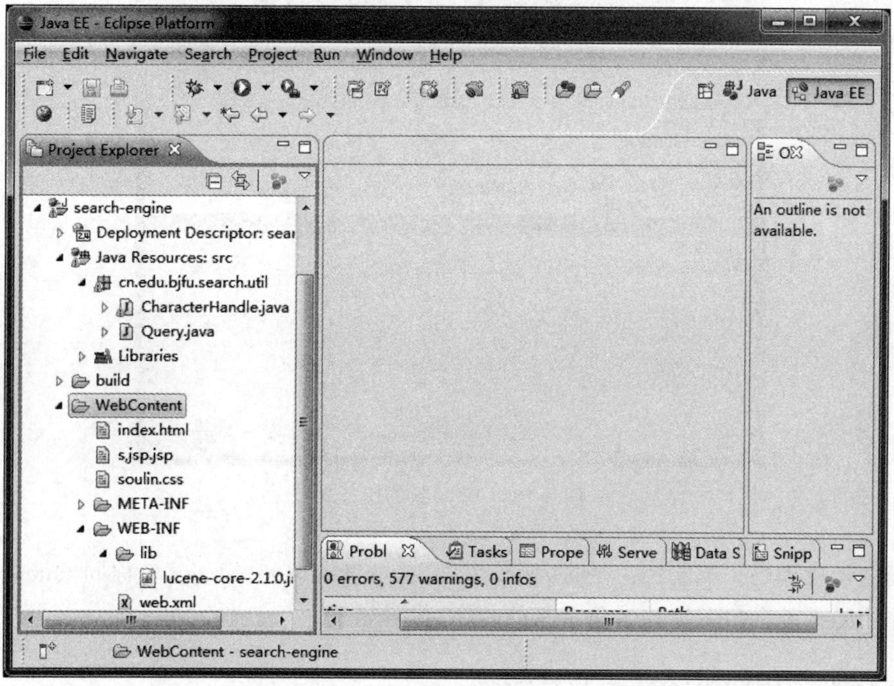

图 9-106　search-engine 配置完成的结构

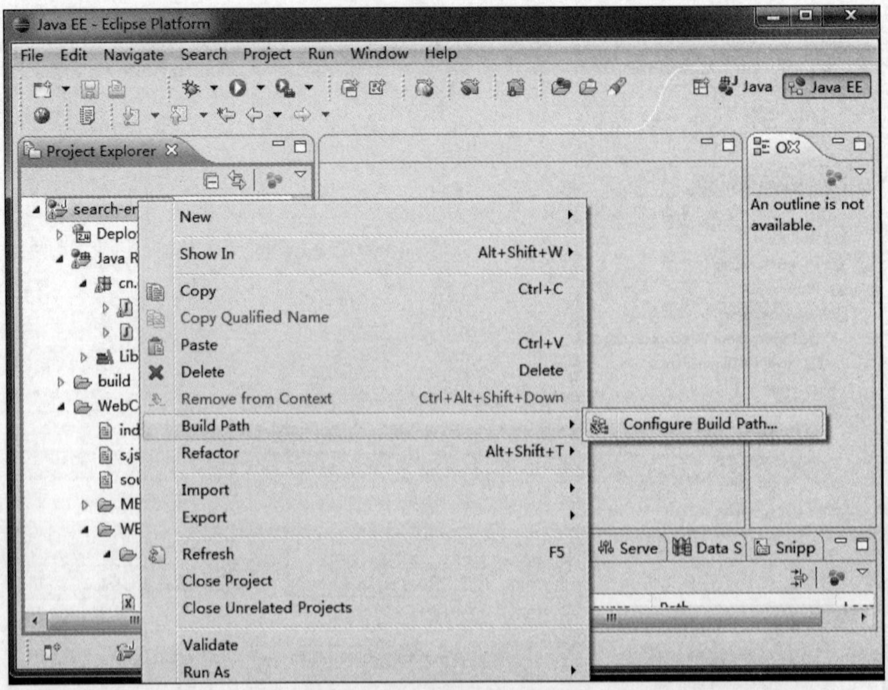

图 9-107　配置 Build Path

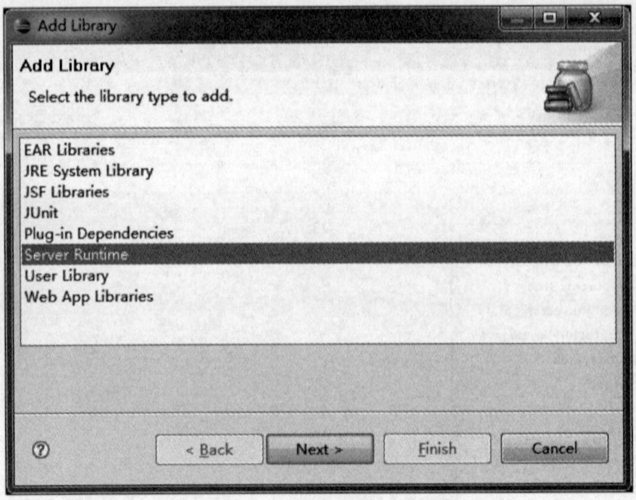

图 9-108　添加新的运行库

照前面的示例程序。再新建一个类，叫作 CharacterHandle，Package 名称同 Query，这个类的作用是处理全角字符和半角字符的转换，代码如下。

```
package cn.edu.bjfu.search.util;
import java.util.HashMap;
/**
```

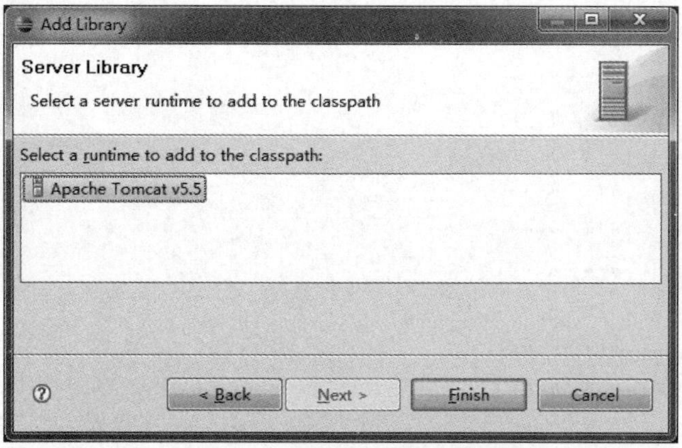

图 9-109　添加 Apache Tomcat

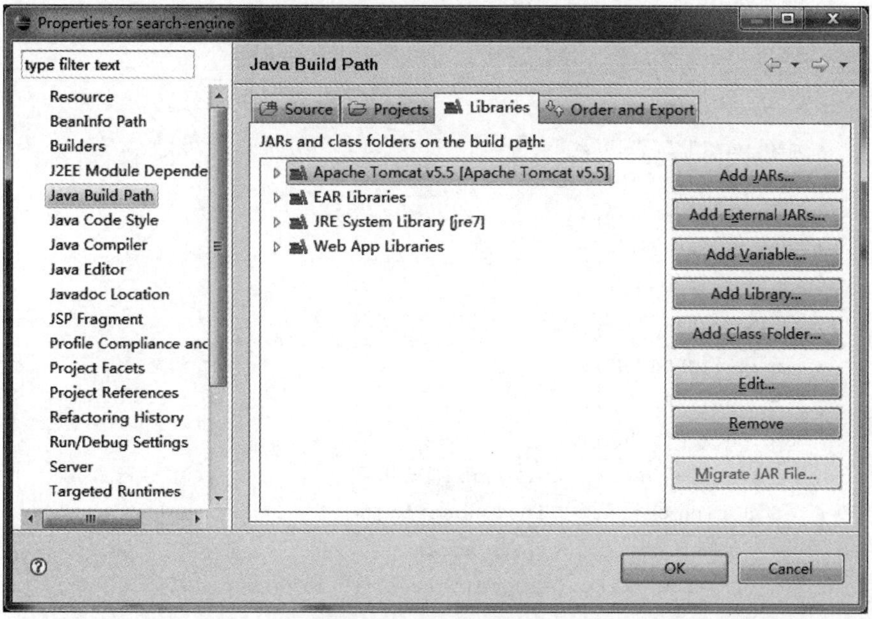

图 9-110　添加好的结果

```
* 该类用来将文本中的全角字符转换成半角字符，并将大写字母转换成小写
*/
public class CharacterHandle {
    private static HashMap map = new HashMap();
    public static String trans(String line){
        map.put("　", " ");
        map.put("，", ",");
        map.put("。", ".");
        map.put("《", "<");
        map.put("》", ">");
```

```
        map.put("<", "<");
        map.put(">", ">");
        map.put("［", "[");
        map.put("］", "]");
        map.put("?", "?");
        map.put("“", "\"");
        map.put("”", "\"");
        map.put(":", ":");
        map.put(";", ";");
        map.put("、", ",");
        map.put("｛", "{");
        map.put("｝", "}");
        map.put("(", "(");
        map.put(")", ")");
        map.put("+", "+");
        map.put("-", "-");
        map.put("!", "!");
        map.put("1", "1");
        map.put("2", "2");
        map.put("3", "3");
        map.put("4", "4");
        map.put("5", "5");
        map.put("6", "6");
        map.put("7", "7");
        map.put("8", "8");
        map.put("9", "9");
        map.put("0", "0");
        for(int i = 0; i <line.length(); i++){
            String charat = line.substring(i, i + 1);
            if(map.get(charat) != null){
                line =line.replace(charat, (String)map.get(charat));
            }
        }
        line =line.toLowerCase();
        return line;
    }
}
```

9.5.3 预搜索设计

为了提高检索效率，可以使用 OSCache 进行缓存搜索，即预搜索。具体步骤如下。

(1) 新建一个 pre.xml 文件，并添加相关的热门词汇，其具体格式如下。

```
<?xml version="1.0" encoding="UTF-8"?>
```

```
<KeyWords>
<keyword>
   <value>北京林业大学</value>
</keyword>
</KeyWords>
```

(2) BaseCache类继承了OSCahce框架的GeneralCacheAdministrator，其中的方法如下。

```
private int refreshPeriod;                                          //过期时间(单位为s)
public BaseCache(int refreshPeriod) {
   super();
   this.refreshPeriod = refreshPeriod;
}
public void put(String key, Object value) {}                        //添加被缓存的对象
public void remove(String key) {}                                   //删除被缓存的对象
public void removeAll(Date key) {}                                  //删除所有被缓存的对象
public void removeAll() {}
public Object get(String key) throws Exception {}                   //获取被缓存的对象
```

(3) 由于缓存搜索是在应用服务器启动的时候对一些热门词汇进行搜索，以便缩短用户的等待时间，因此该类是继承了HttpServlet方法，然后通过解析第一步中的XML文档中的热门词汇进行预搜索。具体代码如下。

```
public void init() throws ServletException {
      cache =new BaseCache(60000);
      XMLParse xml = new XMLParse();
      String[] words = xml.getElement("C:\\java\\workspace\\search-engine\\
webcontent\\ pre.xml","keyword", "value");
      for(int i = 0; i<words.length; i++){
         list = InitSearch.getList(words[i]);
         cache.put(words[i], list);
         System.out.println("[" +(i+1) +"]:" +words[i] +"已被加入缓存!");
      }
   }
```

9.5.4　页面设计

本实例重点介绍如何实现，已假定读者具有一些Web编程和网页制作方面的知识，对于Web编程原理就不在此赘述。

在图9-106的结构中，添加index.html的过程如图9-111和图9-112所示。添加s.jsp和soulin.css文件与添加index.html类似。

为了提供良好的用户体验，在了解Ajax和JavaScript的基础上，可以添加自动补全功能。

(1) 建立一个JSP页面。其中用户输入的标签代码如下。

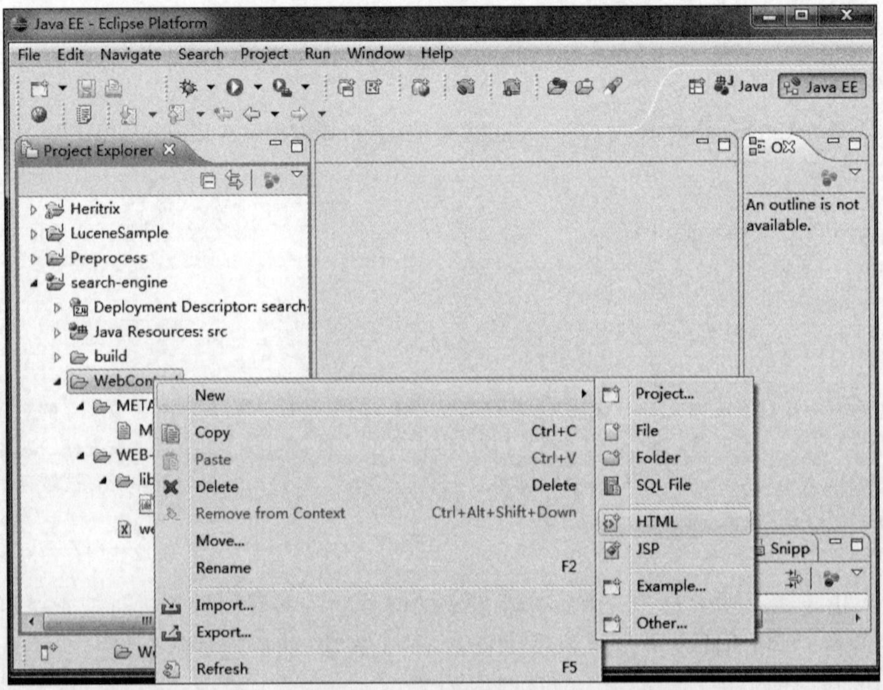

图 9-111　新建 HTML 网页

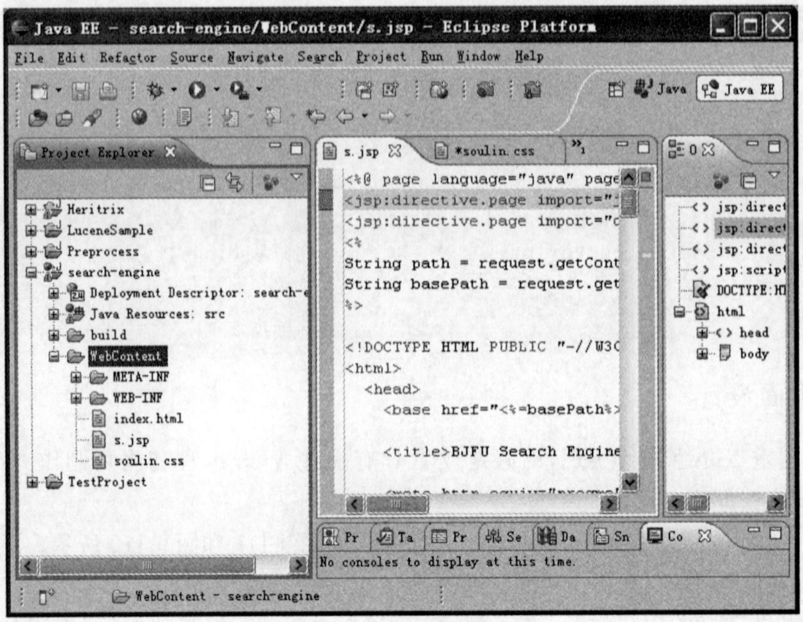

图 9-112　建好后的窗口

```
< INPUT onkeypress= goSearch(event) id= keyword onblur="$('suggest').style.
display = 'none';" onkeyup = myhint(event)  onmouseover=this.focus();
onmouseenter=this.focus() name=keyword>
```

（2）编写相应的 JavaScript 事件处理函数。主要函数代码如下。

```
function search(type){
    if (type == 0)
    {
        if (event.keyCode != 13 || event.keyCode != 0)
        {
            return;
        }
    }
    var kw =$('keyword').value.replace(/(^\s*)|(\s*$)/g, "");
    $("wd").value = kw;
    $("search").submit();
    $("suggest").style.display ="none";
}
function goSearch(event) {
    if(!isIE)  return ;
    if(!event) return;
    if(event.keyCode == 13)
        search(0);
}
window.google.ac.Suggest_apply=function(a,b,c,d){    //Google Suggest 回调函数
  if(!c || c.length<3) return;
  if(b !=  $('keyword').value) return;
  var ihtml='';
  if (document.readyState == "complete")
  {
  for(var j = 1;j < c.length;j += 2)
    ihtml+='<tr style="cursor:hand" onmouseover="this.style.background=\'#
E6E6E6\'; $(\'keyword\').value = \'' +c[j] +'\';" onmouseout = "this.style.
background = \'#FFF\';"><td style="color:#000" align="left">' +c[j] +'</td>
<td style="color:#090" align="right" style="font-size:11.5px;"></td></tr>';

    $('suggest').innerHTML = '<table width = "100%" border = "0" cellpadding
= "0" cellspacing = "0">'+ihtml+'</table>';
    $('suggest').style.display="block";
  }else{
    setTimeout("myhint(event)", 2000);
  }
};
```

简单搜索引擎的首页如图 9-113 所示。

图 9-113 实例首页

查询首页的制作很简单，只需提供一个文本框供用户输入关键字，以及一个按钮，来提交这些关键字。首页所对应的 index.html 文件代码如下。

```
<!DOCTYPE HTML PUBLIC "-//W3C//DTD HTML 4.01 Transitional//EN">
<html>
  <head>
    <title>北京林业大学搜索引擎</title>
  </head>
  <body>
    <div align = "center" id = "topline">
     <table width = "600" border = "0">
      <tr>
       <td valign = "middle" width = "84"><img vspace = "0" hspace = "0" border
= "0" src = "img/head1.jpg"></td>
       <td valign = "middle" align = "center"><font color = "#008000"><strong>
<font size = "7">北京林业大学搜索引擎</font></strong></font><br><font face =
"Arial" size = "5" color = "#008040">Search Engine of Beijing Forestry
University</font><br></td>
      </tr>
     </table>
    </div>
    <br>
    <br>
    <div id = "search" align = "center">
    <table width = "500" border = "0">
     <tbody><tr>
      <td></td></tr>
     <tr>
```

```
        <td align = "center">
        <form action = "s.jsp" method = "GET">
          <input type = "text" name = "keys" size = 36 class = kw maxlength = "100"
>  <input type = "submit" value = "搜索" class = sb>
          <font size = "2" face = "宋体"><a href = "advanced.html">高级</a></font>
        </form>
        </td></tr>
      <tr>
        <td></td></tr>
      </tbody></table>
    </div>
  </body>
</html>
```

其中引用的CSS样式表文件soulin.css代码如下。

```
.kw {
font-family:Verdana;font-size:16px;height:1.78em;padding-top:2px;
}
.sb {
height:2em;width:5.6em;font-size:14px;
}
.inf {
font-family:Verdana, Arial, Helvetica, sans-serif font:14px;
}
.result {
font-family:Verdana, Arial, Helvetica, sans-serif font:16px;
}
```

在查询结果页面,其对应的文件为s.jsp。代码如下。

```
<%@page language = "java" pageEncoding = "GB2312"%>
<jsp:directive.page import = "java.lang.Integer"/>
<jsp:directive.page import = "cn.edu.bjfu.search.util.*"/>
<!DOCTYPE HTML PUBLIC "-//W3C//DTD HTML 4.01 Transitional//EN">
<html>
  <head>
    <title>北京林业大学搜索引擎</title>
  </head>
  <body>
   <div>
   <table width = 600>
     <tr>
      <td valign = "middle">
      <a href = "index.html"><img vspace = "0" hspace = "0" border = "0" src =
"img/head1.jpg"></a>
```

```
    </td>
    <td height = "80px">
    <table height = "80px">
    <tr><td valign = "bottom"><font size = "2" face = "Verdana">北京林业大学搜
索引擎  Search Engine of Beijing Forestry University</font></td></tr>
    <tr><td>
    <form action = "s.jsp" method = "GET">
       <input type = "text" name="keys" size = 36 maxlength = "100">  
 <input type = "submit" value = "搜索">
    </form>
    </td></tr>
    </table>
    </td>
   </tr>
  </table>
  </div>
  <div><hr></div>
  <div id = "inf" class = "inf" style = "visibility:visible"><font face=
"Verdana">Loading...</font></div>
  <div class = "inf">
  <%
     String param = request.getParameter("keys");
     param = new String(param.getBytes("iso-8859-1"), "gb2312");
     out.print("您提交的关键字:" +param);
   %>
  </div>
  <div><h2>查找结果</h2></div>
  <div id = "result" class = "result" style = "visibility:hidden">
  <%
    //提取关键字
    String keys = CharacterHandle.trans(param);
    String[] results = new Query().getQueryResult(keys.split(" "));
    //结果总数
    int length = results.length;
    //显示记录的起始序号
    int start = 1;
    //显示记录的终止序号
    int end = 0;
    //提取显示页数,如果为空,表示从第一页显示
    if(request.getParameter("page") != null){
       start = Integer.parseInt(request.getParameter("page"));
    }
    //计算页数同序号的对应关系
    start = (start -1) * 10;
```

```
    end = start + 10;

    if(end >= length){
        end = length;
    }
    //从返回的查询结果中提取需要显示的部分
    for(int i = start; i < end; i++){
        int position = results[i].indexOf("|");
        String title = results[i].substring(0, position);
        String url = results[i].substring(position +1, results[i].indexOf("
|", position +1));
        position = results[i].indexOf("|", position +1);
        String context = results[i].substring(position +1);
        context = context.replace(" ", "");
        context = context.replace(" ", " ");
        String summary = "";
        String[] k = keys.split(" ");
        int maxChar = 100;
        int l = k.length;
        int summaryStart = 0;
        int summaryEnd = 0;
        //单关键字
        if(l == 1){
            summaryStart = context.indexOf(k[0]) +k[0].length();
            summaryEnd = summaryStart +maxChar;
            if(summaryEnd > context.length()){
                summaryEnd = context.length();
            }
            summary = context.substring(summaryStart, summaryEnd);
            //将关键字置为红色
            summary = "<font color=\"#FF0000\">" +k[0] +"</font>" +summary;
        }
        //多关键字
        else{
            int count = maxChar / l;
            if(count < 5){
                count = 5;
            }
            for(int j = 0; j < l; j++){
                summaryStart = context.indexOf(k[j]) +k[0].length();
                summaryEnd = summaryStart +count;
                if(summaryEnd > context.length()){
                    summaryEnd = context.length();
                }
```

```
                if("".equals(summary)){
                    summary ="<font color=\"#FF0000\">" +k[j] +"</font>" +
context.substring(summaryStart, summaryEnd);
                }
                else{
                    summary = summary +"..." +"<font color = \"#FF0000\">" +k
[j] +"</font>" +context.substring(summaryStart, summaryEnd);
                }

            }
        }
        //输出查询结果
        out.print("<font color = \"#0033CC\">" +title +"</font><br />");
        out.print("<a href = \"http://" +url +"\">" +"<font color = \"#000000
\">" +url +"</font>" +"</a><br />");
        out.print("<font color = \"#008000\">" +summary +"</font><br /><br /
><br />");
    }
  %>
  </div>
  <div id = "page">
  <%
    //显示页数导航栏
    for(int j = 0; j <= length; j += 10)
    out.print("<a href = \"s.jsp? keys = " +keys +"&page=" +(j / 10 +1 ) +"\">["
+(j / 10 +1 )+"]</a> ");
  %>
  </div>
  <%--显示结果 --%>
  <script type = "text/javascript">
  document.getElementById("inf").style.visibility = "hidden";
  document.getElementById("result").style.visibility = "visible";
  </script>
 </body>
</html>
```

查询结果如图 9-114 所示。图中查找结果下面的第一行表示网页的标题,第二行表示对应的 URL,第三行中突出的文字是用户查找的关键字。

9.5.5 网页快照实现

由于搜索引擎在对用户输入的关键词进行检索,返回给用户的是相关网页的内容摘要、标题和 URL。如果该网站出现异常,用户访问原始地址,则可以通过网页快照来进行访问。其主要实现代码如下。

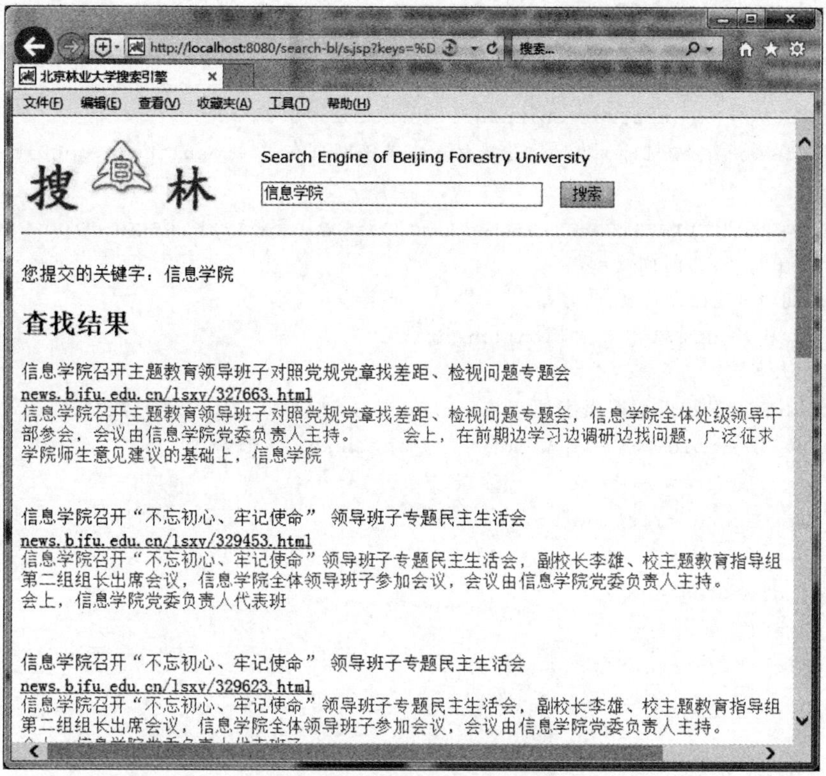

图 9-114　实例查询结果页面

```
req.setCharacterEncoding("GB2312");
resp.setContentType("text/html;charset = GB2312");
int id = Integer.parseInt(req.getParameter("c"));
String keyWords = String.valueOf(req.getParameter("q"));
String keyWord = java.net.URLDecoder.decode(new String(keyWords.getBytes
("ISO8859_1"),"UTF-8"),"UTF-8");
QueryParser queryParser = new QueryParser("sng",new MMAnalyzer());
Query query = null;
try {
    query = queryParser.parse(keyWord);
    } catch (Exception e) {
    //TODO: handle exception
    }
//添加高亮显示
SimpleHTMLFormatter sFormatter = new SimpleHTMLFormatter("<span style = \"
background:#ffff66;color:black;font-weight:bold\">","</span>");
Highlighter highlighter = new Highlighter(sFormatter, new QueryScorer(query));
SimpleFragmenter sf = new SimpleFragmenter(60000);
highlighter.setTextFragmenter(sf);
String stitle = "<div style = \"margin:12px;padding:8px;border:1px solid #999;
```

```
background:#ddd;font:13px arial,sans-serif;color:#000;font-weight:normal;
text-align:left\">"
+"这是林业大学搜索引擎对 <a href=\""+resultBean.getUrl() +"\""
+" style=\"text-decoration:underline;color:#00c\">"
+resultBean.getUrl() +"</a>的缓存。这是该网页在 " +resultBean.getDate() +" 的
快照。"
+"<a href=\"" +resultBean.getUrl() +"\" style=\"text-decoration:underline;
color:#00c\">当前页</a>"
+"在此期间可能已经更改。"
+"<br><br><div style=\"float:right\">"
+"</div>"
+"<div>突出显示以下搜索字词: <span style=\"background:#ffff66; color:black;
font-weight:bold\">" +keyWord +"</span> </div>"
+"</div></div><div style=\"position:relative\">";
PrintWriter out =resp.getWriter();
out.print(stitle);
out.print("<center>");
out.print(context);
out.print("</center>");
}
```

9.5.6 部署到 Tomcat

现在整个应用已经全部完成,还要部署到 Tomcat 中运行才行。在如图 9-115 所示的窗口中,选择 search-engine 工程,并单击右键,在弹出菜单中选择 Export→WAR file。

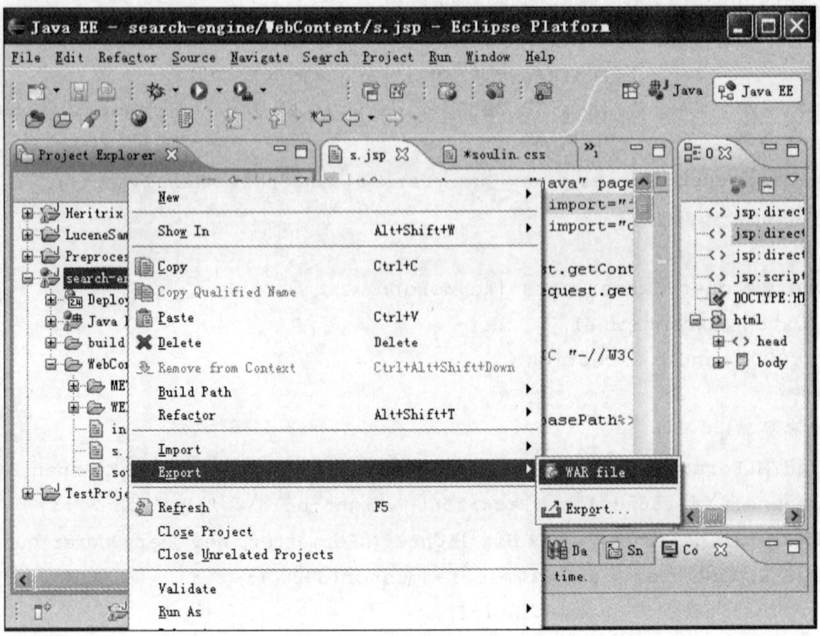

图 9-115 导出 WAR 文件

如图 9-116 所示，在 Destination 中指定路径并且起一个名字，如 search-bl.war，然后单击 Finish 按钮就生成了一个如图 9-117 所示的.war 文件。将生成的这个文件直接放到 Tomcat 下的 webapps 文件夹下，然后直接启动 Tomcat，它会自动部署这个项目。

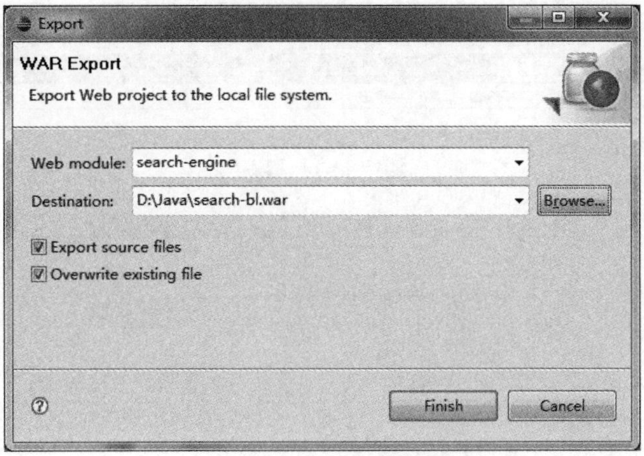

图 9-116　导出操作窗口

图 9-117　导出后生成文件

启动 Tomcat 服务器，在 Tomcat 的 bin 目录下，运行 startup.bat，就可以在运行窗口中看到新部署的文件，如图 9-118 所示。

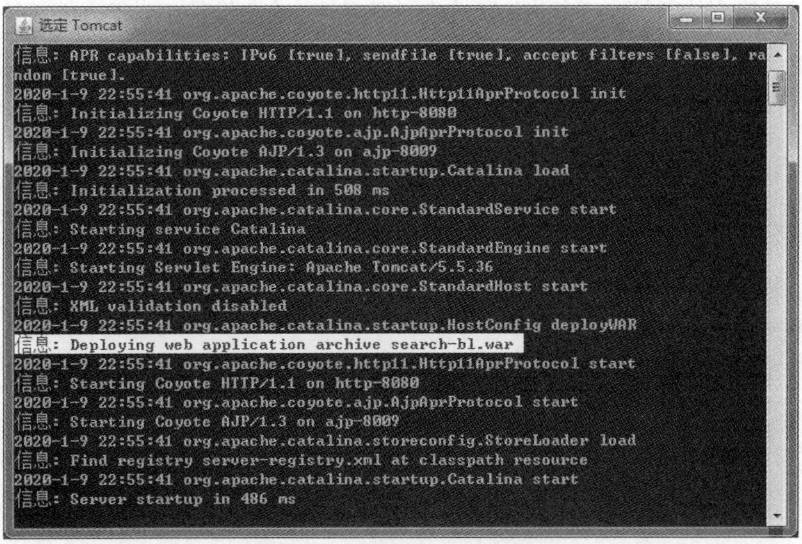

图 9-118　部署成功后的显示

在浏览器地址栏中输入"http://localhost:8080/search-bl/index.html"就可以看到这个项目。注意,search是和.war文件名称相同的,如果.war文件叫作test,那么浏览器中8080之后要输入test。运行结果如图9-119所示。

图9-119 运行界面

小 结

本章用实例构建了一个非常简单的搜索引擎,它包含搜索引擎最主要的三个部分,并且能提供基本的搜索服务,对于初学者来说有一定的帮助。目前,实际中应用的搜索引擎,例如Google或者Baidu,除了算法先进以外,还采用了分布式的结构,这样不仅可以很大程度上提高搜索引擎的工作效率,还能提高稳定性。但这种分布式实现起来需要一定的技术实力。本实例作为一个示例性程序,只实现了基本的功能,与实际应用还有相当的差距,并且,由于作者能力有限,示例程序的运行效率、算法实现和健壮性等方面还做得不够完善,希望读者多提宝贵意见。

实 验

实验1:网页搜集练习

主要内容:下载网络爬虫Heritrix的源程序,学会配置网络爬虫,创建一个新的抓取任务并运行和完成抓取。

实验2:网页预处理练习

主要内容:过滤原始网页,进行网页重要度计算,生成摘要。

实验3:建立索引

主要内容:学会使用IndexWriter建立索引,熟悉建立索引的过程,了解Lucene中形成索引的几个关键组件。

实验4：建立搜索

主要内容：学会使用IndexSearcher进行搜索，了解对搜索结果的评分。构建各种类型的搜索，如词条搜索、布尔搜索、前缀搜索、短语搜索、模糊搜索、通配符搜索等。

实验5：构建一个简单的搜索引擎

主要内容：根据前4个实验构建一个简单的搜索引擎，熟悉Lucene和Heritrix的使用，对搜索引擎的工作过程有一个整体的了解。

参考文献

[1] 吕云翔,等. Python 网络爬虫从入门到精通[M]. 北京:机械工业出版社,2019.

[2] 明日科技. 零基础学 Python[M]. 长春:吉林大学出版社,2018.

[3] 韦玮. 精通 Python 网络爬虫[M]. 北京:机械工业出版社,2017.

[4] 崔庆才. Python 3 网络爬虫开发技术[M]. 北京:人民邮电出版社,2017.

[5] 袁津生,李群. 搜索引擎基础教程[M]. 北京:清华大学出版社,2010.

[6] 王鹏. 移动搜索引擎原理与实践[M]. 北京:机械工业出版社,2009.

[7] 袁津生,等. 搜索引擎原理与实践[M]. 北京:北京邮电大学出版社,2008.

[8] 刘晓红. 搜索引擎技术及其发展趋势[J]. 广西医科大学学报,2008(9).

[9] 赵丹群. 现代信息检索[M]. 北京:北京大学出版社,2008.

[10] 李树清,韩忠愿. 个性化搜索引擎原理与技术[M]. 北京:科学出版社,2008.

[11] 梁斌. 走进搜索引擎[M]. 北京:电子工业出版社,2007.

[12] 邱哲,符滔滔. 开发自己的搜索引擎——Lucene 2.0+Heritrix[M]. 北京:人民邮电出版社,2007.

[13] 卢亮,张博文. 搜索引擎原理、实践与应用[M]. 北京:电子工业出版社,2007.

[14] 李刚,宋伟,邱哲. 征服 Ajax+Lucene 构建搜索引擎[M]. 北京:人民邮电出版社,2006.

[15] 郃晓英,北研二. 信息检索技术导论[M]. 北京:科学出版社,2006.

[16] 李晓明,等. 搜索引擎——原理、技术与系统[M]. 北京:科学出版社,2005.

[17] 苏新宁. 信息检索理论与技术[M]. 北京:科技文献出版社,2004.

[18] 徐宝文,张卫丰. 搜索引擎与信息获取技术[M]. 北京:清华大学出版社,2003.

[19] 胡吉明. 浅析基于内容的视频信息检索技术[J]. 图书馆学研究,2006(2).

[20] 吴雅娟,柳培林. 基于统计分词的中文文本分类系统[J]. 电脑知识与技术,2005(11).

图书资源支持

感谢您一直以来对清华版图书的支持和爱护。为了配合本书的使用，本书提供配套的资源，有需求的读者请扫描下方的“书圈”微信公众号二维码，在图书专区下载，也可以拨打电话或发送电子邮件咨询。

如果您在使用本书的过程中遇到了什么问题，或者有相关图书出版计划，也请您发邮件告诉我们，以便我们更好地为您服务。

我们的联系方式：

地　　址：北京市海淀区双清路学研大厦 A 座 701

邮　　编：100084

电　　话：010-83470236　010-83470237

资源下载：http://www.tup.com.cn

客服邮箱：2301891038@qq.com

QQ：2301891038（请写明您的单位和姓名）

资源下载、样书申请

书圈

扫一扫，获取最新目录

课 程 直 播

用微信扫一扫右边的二维码，即可关注清华大学出版社公众号“书圈”。